Stefan Walter

Logistik in Dienstleistungsunternehmen

GABLER EDITION WISSENSCHAFT

Logistik-Management

Herausgegeben von
Professor Dr. Helmut Baumgarten
Technische Universität Berlin

Produkte und Dienstleistungen entstehen heute nicht mehr in einzelnen Unternehmen, sondern in Supply Chains und Netzwerken, die aus Herstellern, Lieferanten und Logistik-Dienstleistern aufgebaut werden. Mit dieser zunehmenden Verteilung der Wertschöpfung steigt die Bedeutung der Logistik mit ihren Aufgaben der kollaborativen Planung und Steuerung von Güter- und Informationsflüssen. Die Schriftenreihe stellt Instrumente und Konzepte vor, mit denen Unternehmen diesen Anforderungen dauerhaft standhalten und die Supply Chain aktiv gestalten können.

Stefan Walter

Logistik in Dienstleistungsunternehmen

Entwicklung einer prozessorientierten Konzeption

Mit einem Geleitwort von Prof. Dr. Helmut Baumgarten

Deutscher Universitäts-Verlag

Bibliografische Information Der Deutschen Bibliothek
Die Deutsche Bibliothek verzeichnet diese Publikation in der Deutschen Nationalbibliografie; detaillierte bibliografische Daten sind im Internet über <http://dnb.ddb.de> abrufbar.

Dissertation Technische Universität Berlin, 2002

D 83

1. Auflage Juli 2003

Lektorat: Brigitte Siegel / Stefanie Loyal

Der Deutsche Universitäts-Verlag ist ein Unternehmen der Fachverlagsgruppe BertelsmannSpringer.
www.duv.de

Umschlaggestaltung: Regine Zimmer, Dipl.-Designerin, Frankfurt/Main
Druck und Buchbinder: Rosch-Buch, Scheßlitz
Gedruckt auf säurefreiem und chlorfrei gebleichtem Papier
Printed in Germany

ISBN 3-8244-7872-2

Geleitwort

Die Umsetzung logistischer Konzepte führt zu erheblichen Potenzialen für Kostensenkungen und Effizienzsteigerungen. Veränderte Arbeitsteilung, wachsende Prozessorientierung, zunehmende Unternehmenskooperationen und fortschreitende globale Vernetzung bewirken, dass sich die Unternehmenslogistik zu einem bedeutenden Erfolgsfaktor und strategischen Führungsinstrument entwickelt. Die Innovations- und Anpassungsfähigkeit der Logistik bezieht sich auf wachsende Aufgabenumfänge in fast allen Branchen und auf die strategische und organisatorische Verankerung in Unternehmen und in der Unternehmensführung. In der Dienstleistungs- bzw. Informationsgesellschaft entsteht zudem der Bedarf, Daten und Informationen z. T. als eigenständiges Gut zu betrachten und auch losgelöst von physischen Produkten zu behandeln.

Angesichts dieser Entwicklungen erscheint eine Übertragung von system- bzw. prozessorientierten Konzepten des Logistik-Managements auch auf Dienstleistungsunternehmen bzw. Verwaltungsinstitutionen viel versprechend, in denen der Wettbewerbsfaktor Logistik bisher häufig nicht ausreichend berücksichtigt wurde. Im Lichte dieser Veränderungen liegt die (Weiter-) Entwicklung einer prozessorientierten Logistik-Konzeption unter besonderer Berücksichtigung dienstleistungsspezifischer Aspekte nahe, die auf bestehenden systemorientierten Konzeptionen basiert.

Die vorliegende Arbeit stellt eine sehr gut strukturierte und ausgearbeitete, schlüssige Bearbeitung sowohl der prozessorientierten Logistik-Konzeption im Allgemeinen als auch der Logistik in Dienstleistungsunternehmen im Besonderen dar. Im Mittelpunkt der Betrachtungen stehen dabei große bzw. große mittelständische Dienstleistungsunternehmen bzw. –konzerne. Das theoretische Fundament wird sehr ausführlich und durchgängig zielorientiert aufbereitet.

Die in sich konsistente Konzeption eines prozessorientierten, modularen und unternehmensübergreifenden Logistik-Gesamtsystems ist ein innovativer Ansatz zur Gestaltung effizienter und effektiver Unternehmensstrukturen sowie deren Management. Die Argumentation greift die zu beachtenden Einflussfaktoren umfassend und in klar strukturierten Erwägungen auf. Die explizite Berücksichtigung von dienstleistungsspezifischen Aspekten, Logistik-Trends und –Strategien bei der Ausgestaltung der Logistik-Konzeption ist neuartig. Auch die grundsätzliche Ableitung von Aufgaben- und Funktionsclustern als Module der prozessorientierten Logistik-Konzeption sowie insbesondere die unternehmensübergreifende Ausgestaltung des verwendeten Referenz-Prozesskettenmodells ist eine Neuerung für Wissenschaft und Praxis.

Die entwickelte Konzeption weist durch die Kombination aus theoretischen Grundlagen und die Orientierung an Herausforderungen bei der Wertschöpfung und Wandlungsfähigkeit in Unternehmen praktische Relevanz auf und kann allgemein auf Industrie-, Handels- und Dienstleistungsunternehmen angewendet werden sowie fallspezifisch adaptiert bzw. modifiziert werden, was die Verwendbarkeit der Ergebnisse der vorliegenden Arbeit über den Nutzerkreis der wissenschaftlichen Forschung hinaus ausdehnt.

Helmut Baumgarten

Vorwort

„Kaum sind wir heimisch einem Lebenskreise

Und traulich eingewohnt, so droht Erschlaffen,

Nur wer bereit zu Aufbruch ist und Reise,

Mag lähmender Gewöhnung sich entraffen."

(Auszug aus „Stufen" von Hermann Hesse.)

Die vorliegende Arbeit entstand während meiner Tätigkeit als wissenschaftlicher Mitarbeiter bei Prof. Dr.-Ing. Helmut Baumgarten am Bereich Logistik der Technischen Universität Berlin. An dieser Stelle danke ich meinem verehrten akademischen Lehrer für die kritische Begleitung meiner Dissertation und anderer wissenschaftlicher Veröffentlichungen sowie seine umfassende Förderung und Unterstützung.

Professor Baumgarten betraute mich im Februar 1999 mit der Durch- und Fortführung seiner Untersuchung zu den Trends und Strategien in der Logistik. In dieser Arbeit konnte ich die über die bereits in zweiter Auflage erschienene Studie „Trends und Strategien in der Logistik *2000+*" hinausgehenden, dienstleistungsspezifischen Ergebnisse verwenden. Auch an gemeinsam geschlagene „Schlachten" in verschiedenen Gremien der Technischen Universität Berlin und der Fakultät VIII Wirtschaft und Management denke ich gerne zurück. Die Professor Baumgarten zu eigene, ausgeprägte Qualitäts- und Zielorientierung habe ich dabei in weiten Teilen übernommen.

Herrn Prof. Dr. Ulrich Krystek danke ich für seine spontane Bereitschaft zur Übernahme des Korreferats. Auch die bereitwillige Übernahme des Prüfungsvorsitzes durch Herrn Prof. Dr. Axel Hunscha hat mich sehr gefreut.

Für die kritischen Diskussionen über diese Arbeit danke ich Herrn Dr.-Ing. Michael Benz, Herrn Dipl.-Ing. Thorsten Keller, Herrn Dipl.-Ing. Carsten Benke, M. A., und Frau Dr.-Ing. Inga-Lena Darkow, die insbesondere in der Endphase auch die Rolle der Prozesspromotorin übernommen hat und mich stets unterstützte. Auch die Diskussion mit meinen Diplomanden und Mitarbeitern bei der Trendstudie *2000+* Herrn Dipl.-Kfm. Jack Thoms und Herrn Dipl.-Ing. Steffen Zacharias war für mich stets wertvoll und qualitätsfördernd.

Mein besonderer Dank gilt jedoch meiner Familie: Meine Frau Andrea, meine Tochter Isabel und mein Sohn Moritz waren letztlich die entscheidende Motivation und Quelle des Ansporns, diese Arbeit abzuschließen. Sie mussten mich während der Entstehungsphase oft und lange sowohl physisch als auch geistig entbehren. Ich bin sehr glücklich, dass wir kritische und fröhliche Momente gemeinsam geteilt haben. Meinem Vater Rainer Walter danke ich für frühe Anregungen zur Logistik, die sich auch aus – teilweise in dieser Arbeit verwendeten – Büchern in seinem Arbeitszimmer und gemeinsame Diskussionen als Prüfungsvorbereitung ergaben. Meiner Mutter Jutta, meinen Brüdern Michael und Fabian, dem „Rest“ der Familie und meinen Freunden danke ich für ihre Geduld und Unterstützung.

Stefan Walter

Inhaltsübersicht

Inhaltsverzeichnis

Abbildungsverzeichnis

Tabellenverzeichnis

Abkürzungsverzeichnis

3PL	Third Party Logistics Provider
4PL	Fourth Party Logistics Provider
BMVg	Bundesministerium für Verteidigung
BVL	Bundesvereinigung Logistik
bzw.	beziehungsweise
CLM	Council of Logistics Management
d. h.	das heißt
DBW	Die Betriebswirtschaft
DIN	Deutsches Institut für Normung
EN	Europäisches Kommittee für Normung
et al.	und andere
etc.	et cetera (und so weiter)
FAZ	Frankfurter Allgemeine Zeitung
ggf.	gegebenenfalls
ggü.	gegenüber
Hrsg.	Herausgeber
ISO	International Standards Organisation
Jg.	Jahrgang
krp	Kostenrechnungspraxis
KVP	Kontinuierlicher Verbesserungsprozess
NGO	Non Governmental Organisation
OEM	Original Equipment Manufacturer
o. V.	ohne Verfasser
ROI	Return on Investment
S.	Seite(n)
Sp.	Spalte(n)
TU	Technische Universität

u. a.	unter anderem
USA	Vereinigte Staaten von Amerika
vgl.	vergleiche
Vol.	Volume (Ausgabe)
z. B.	zum Beispiel
ZfB	Zeitschrift für Betriebswirtschaft

1 Einleitung

Die Logistik übernimmt in der dynamischen Entwicklung des zunehmend globalisierten Wettbewerbs die Aufgabe der Gewährleistung der Effizienz arbeitsteiliger Wirtschaftssysteme durch die Sicherstellung spezifischer Verfügbarkeiten. Durch erhebliche Kostensenkungspotenziale hat sich die Unternehmenslogistik vor dem Hintergrund veränderter Arbeitsteilung, wachsender Prozessorientierung, zunehmender Unternehmenskooperationen und fortschreitender globaler Vernetzung mittlerweile zu einem bedeutenden Erfolgsfaktor und strategischen Führungsinstrument mit weiter steigender Bedeutung entwickelt.[1] In der Vergangenheit stand dabei die Planung, Steuerung, Durchführung und Kontrolle von physischen Bewegungs- und Speichervorgängen in Industrie- und Handelsbetrieben im Fokus der logistischen Betrachtung.[2] Angesichts dieser Entwicklungen erscheint eine Übertragung von system- bzw. prozessorientierten Konzepten des Logistik-Managements auch auf Dienstleistungsunternehmen bzw. Verwaltungsinstitutionen, in denen der Wettbewerbsfaktor Logistik bisher häufig nicht ausreichend berücksichtigt wurde, viel versprechend.

Ein wesentliches Kennzeichen der Logistik ist ihr beständiger Wandel. Sie muss sich zur effizienten Erfüllung ihrer Aufgabenstellungen kontinuierlich neuen Anforderungen und Entwicklungen stellen.[3] Die Innovations- und Anpassungsfähigkeit der Logistik bezieht sich sowohl auf wachsende Aufgabenumfänge in fast allen Branchen als auch auf die strategische und organisatorische Berücksichtigung und Verankerung in Unternehmen[4] und der Unternehmensführung.[5]

Gerade die zunehmende Bedeutung des Dienstleistungssektors und der nachhaltige und wachsende Einfluss innovativer Informations- und Kommunikationstechnologien – z. B. des Internets – sind anspruchsvolle Herausforderungen für die Logistik. Diese Einflussfaktoren fördern die Weiterentwicklung der modernen Industriegesellschaften, insbesondere Europas, Ostasiens und Nordamerikas zu Dienstleistungs- bzw.

---

[1] Diese Auffassung ist in Literatur und Praxis gleichermaßen anerkannt. Vgl. z. B. Baumgarten (2001a), S. 9, sowie die Ausführungen in Kapitel 2.2.

[2] Vgl. Keller, Walter (2000), S. 37.

[3] Vgl. Baumgarten, Darkow, Walter (2000), S. 12.

[4] Die Fachbegriffe „Unternehmung" als wirtschaftswissenschaftlicher Begriff und „Unternehmen" als Terminus, der insbesondere dem Sprachgebrauch des Aktiengesetzes entlehnt ist, werden im weiteren Verlauf dieser Arbeit im Wesentlichen synonym verwendet. Vgl. zur genaueren Abgrenzung dieser Begriffe insbesondere Wöhe (2000), S. 6f. und S. 12ff.

[5] Vgl. zur Entwicklung der Logistik als Funktion und als Managementkonzept Kapitel 2.1 und 2.2.

Informations- und Wissensgesellschaften. Die Relevanz der Ressourcen Information und Wissen wird in hocharbeitsteiligen Wirtschaftssystemen immer deutlicher. Damit wächst auch die Notwendigkeit, diese ständig gezielt abrufbereit vorzuhalten.

In diesem Zusammenhang entstehen neue Aufgabenfelder für die Logistik: In der Industriegesellschaft traten Dienstleistungs- und Informationsflüsse in der Regel als warenbegleitende Erscheinungen auf. In der Dienstleistungs- bzw. Informationsgesellschaft entsteht jedoch der Bedarf, Daten und Informationen z. T. als eigenständiges Gut zu betrachten und auch losgelöst von physischen Produkten zu behandeln. Die Logistik von Dienstleistungen und Informationen muss sich daher von einem Nebenprodukt der Material- und Warenlogistik zu einer eigenständigen Dienstleistung weiterentwickeln. Diese Weiterentwicklung ist insbesondere für Unternehmen, deren Hauptprodukte Dienstleistungen bzw. die Verarbeitung von Wissen, Daten und Informationen sind, von essenzieller Bedeutung.

Durch die erweiterten Möglichkeiten des Informations- und Wissensaustausches eröffnen sich neue Formen der Kooperation und Interaktion. Gleichzeitig ist ein fundamentaler Trend zur Bildung von Netzwerken u. a. durch Outsourcing operativer logistischer Aufgaben an leistungsfähige Logistik-Dienstleister festzustellen. Im Lichte dieser Veränderungen erscheint die (Weiter-) Entwicklung einer auf bestehenden systemorientierten Konzeptionen basierenden prozessorientierten Logistik-Konzeption unter besonderer Berücksichtigung dienstleistungsspezifischer Aspekte notwendig und sinnvoll. Im Mittelpunkt der Betrachtungen stehen dabei große bzw. große mittelständische Dienstleistungsunternehmen bzw. –konzerne. Durch die Rückübertragung der spezifischen, in Bezug auf die Logistik in Dienstleistungsunternehmen gewonnenen Erkenntnisse kann die allgemeine, prozessorientierte Logistik-Konzeption weiterentwickelt und universell anwendbar ausgestaltet werden.

Bereits an dieser Stelle ist eine klare definitorische Abgrenzung der Dienstleistungslogistik als der Logistik *in* Dienstleistungsunternehmen von den Aufgaben von Logistikunternehmen, die häufig und in dieser Arbeit unter dem Begriff Logistik-Dienstleistung zusammengefasst werden, notwendig. Die Logistik-Dienstleistung umfasst die Erfüllung von Logistikaufgaben als externe Dienstleistung *für* Unternehmen.[6]

---

[6] Vgl. dazu auch die Ausführungen zur institutionellen Gliederung der Logistik in Kapitel 2.1.4 und Abbildung 7.

1.1 Problemstellung und Zielsetzung

Die Logistik galt bislang vor allem in Industrie und Handel als wesentlicher Wettbewerbsfaktor. Heute bietet die Logistik jedoch auch für Dienstleistungsanbieter wie Banken und Versicherungen oder für öffentlich-rechtliche Institutionen erfolgversprechende Ansätze. Dienstleister müssen vor der Herausforderung des starken Wettbewerbs durch eine konsequente Orientierung am Kunden dessen Erwartungen möglichst übertreffen, um dem Konkurrenzdruck langfristig standzuhalten bzw. die Gegebenheiten des Marktes mitbestimmen zu können. Allerdings unterliegen sowohl die Marktsituation als auch die Wettbewerbsstruktur gerade durch die fortschreitende Globalisierung bzw. Internationalisierung einem stetigen Wandel und beeinflussen damit insbesondere den Qualitäts-, Service-, Preis-/ Kosten- und Zeitwettbewerb. Hier kann die Implementierung einer effizienten Logistik-Konzeption einen Beitrag dazu leisten, durch die Nutzung bzw. Schaffung von Effizienzsteigerungs- und Rationalisierungspotenzialen die Wettbewerbssituation des Unternehmens nachhaltig zu verbessern.

„Deutschland ist ein Dienstleistungsland. [...] Dienstleistungsunternehmen prägen [...] die Spitze der Unternehmenswelt, die größten Konzerne des Landes.“[7] Trotz der volkswirtschaftlichen Bedeutung des Dienstleistungssektors[8] und der anerkanntermaßen hohen Bedeutung der Logistik in Industrie und Handel für den Markterfolg besteht eine Synthese zwischen Theorie und Praxis des Logistik-Managements und dem Dienstleistungsmanagement nur in Ansätzen. Aus dem großen Kreis der Dienstleistungsunternehmen wurden vornehmlich Logistik-Dienstleister, deren Kernleistungsbereich in der Erbringung logistischer Dienstleistungen für Dritte – insbesondere für Industrie und Handel – liegt, unter logistischen Gesichtspunkten wissenschaftlich untersucht, weniger jedoch andere Dienstleistungsunternehmen.[9] Mit dieser Dissertation werden daher zwei wesentliche Zielsetzungen verfolgt:

1. Zum einen soll eine moderne systembasierte und prozessorientierte, allgemeine Logistik-Konzeption entwickelt werden. Voraussetzung dafür ist eine Bewertung

---

7 Zu diesem Schluss kommt die FAZ in ihrer Übersicht „Die 100 größten Unternehmen“ Deutschlands, Europas und der Welt. Giesberg (2001), S. U 1.

8 Allein zwischen 1945 und 1999 verdoppelte sich der Dienstleistungsanteil an der Bruttowertschöpfung in Deutschland von 35 % auf fast 70 % und betrug 1999 absolut 1.272 Mrd. Euro. Vgl. o.V. (2001); Wert berechnet zu Preisen von 1999. Die neueste Auswertung (Zeitreihe) des Statistischen Bundesamts beziffert die Bruttowertschöpfung für 2001 auf 1.323 Mrd. Euro, dies entspricht einem Gesamtanteil der Dienstleistungen von 68,86 % an der Bruttowertschöpfung.

9 Eine genauere Spezifikation der zu betrachtenden Dienstleistungsunternehmen erfolgt in Kapitel 2.1.4.2 bzw. 3.1.

der Logistik im Kontext der wissenschaftlichen und praktischen Entwicklungen sowie die Erweiterung bzw. Präzisierung der institutionellen Gliederung der Logistik.

2. Auf dieser Basis erfolgt zum anderen die Erweiterung bzw. Anpassung der Logistik-Konzeption durch dienstleistungsspezifische Aspekte – insbesondere Logistik-Trends und -Strategien – sowie die Berücksichtigung geeigneter Besonderheiten – z. B. der Faktoren Information und Wissen – in der o. g. allgemeinen Logistik-Konzeption. Im Ergebnis soll eine *unternehmensübergreifende*, prozessorientierte Logistik-Konzeption erarbeitet werden.

Voraussetzung für die Berücksichtigung dienstleistungsspezifischer Aspekte ist die Anwendung der allgemeinen Logistik-Konzeption auf die Logistik in Dienstleistungsunternehmen. Dabei ist die Zweckmäßigkeit einer Synthese zwischen Elementen des Logistik-Managements und des „allgemeinen“ Dienstleistungsmanagements in Form der „Dienstleistungslogistik“ zu prüfen und die Frage zu beantworten, ob und wann eine spezielle Logistik-Konzeption für Dienstleistungsunternehmen gerechtfertigt ist und welcher Nutzen sich aus deren Strukturierung und Anwendung ergibt. Dazu muss diese als System dargestellt und strategisch ausgerichtet werden. Daher ist es notwendig, theoretische Grundlagen zu erarbeiten, die Aufgaben und Funktionen der Dienstleistungslogistik festzustellen, dienstleistungsrelevante Logistik-Trends aufzuzeigen und schließlich Strategien für eine erfolgreiche Dienstleistungslogistik und für deren organisationale Verankerung in Unternehmen und Unternehmensnetzwerken abzuleiten. Auf diese Weise wird im Ergebnis eine Basis geschaffen, die Ausgangspunkt für die weitere praxisorientierte wissenschaftliche Forschung zum Thema Logistik in Dienstleistungsunternehmen sein kann und gleichzeitig zur prozessorientierten und unternehmensübergreifenden Weiterentwicklung der Logistik im Allgemeinen beiträgt.

1.2 Vorgehensweise

Im Anschluss an dieses Kapitel wird in Kapitel 2 die Entwicklung der Logistik in der Praxis sowie im Spiegel der Wissenschaft analysiert. In Kapitel 2.2 wird eine grundsätzliche systemorientierte Konzeption der Unternehmenslogistik entworfen, die insbesondere neben einer strategischen und taktischen bzw. koordinierenden auch eine operative Dimension enthalten muss. Daher erfolgt als Grundlage in Kapitel 2.1 eine Einteilung der zeitlichen Entwicklungsphasen der Logistik und eine dementsprechende Darstellung der Aufgaben- und Bedeutungsänderung der Logistik im Zeitablauf. Im dritten Abschnitt von Kapitel 2 werden die wettbewerbsstrategische Bedeutung der Logistik sowie die aus den Entwicklungsphasen der Logistik folgenden Wandelprozesse in Bezug auf die Aufbau- und Ablauforganisation der Logistik vertieft. Als eine mögliche organisatorische Synthese wird im weiteren Verlauf von Kapitel 2.3 die Prozessorganisation daraufhin untersucht, ob sie in der Lage ist, den Anforderungen der Logistik im Hinblick auf Flexibilität und organisatorische Effizienz gerecht zu werden und gleichzeitig das betriebswirtschaftliche Paradigma der getrennten Betrachtung von Aufbau- und Ablauforganisation abzulösen. Dabei wird ein allgemeines Referenz-Prozesskettenmodell dargestellt, das die Basis für die Ableitung der allgemeinen, prozessorientierten Konzeption der Unternehmenslogistik in Kapitel 2.4 ist. Diese Logistik-Konzeption umfasst gleichzeitig die normative, strategische und operative Ebene der Logistik und wird im weiteren Verlauf der Arbeit auf die Logistik in Dienstleistungsunternehmen übertragen sowie jeweils durch die Ergebnisse bzw. Erkenntnisse aus den folgenden Kapiteln spezifiziert.

In Kapitel 3 wird die Bedeutung der Logistik als Koordinationsinstrument in Dienstleistungsunternehmen untersucht. Ziel ist die analytisch-deduktive Zusammenführung der Systeme Logistik und Dienstleistung zu einer prozessorientierten Dienstleistungslogistik. Zuerst werden dazu im ersten Teil des Kapitels 3 die theoretischen Grundlagen für die Dienstleistungslogistik erarbeitet. In diesem Zusammenhang werden auch Unterschiede in der Behandlung von Sachgütersystemen gegenüber Dienstleistungssystemen erläutert. Als Ausgangspunkt der weiterführenden Überlegungen dient dann die Darstellung der Bedeutung der Logistik in der heutigen Dienstleistungsgesellschaft. Dies ist Anlass für die Kombination der bislang zumeist isoliert betrachteten Gebiete Logistik-Management und Dienstleistungsmanagement und zur inhaltlichen Ausgestaltung einer dienstleistungsorientierten Logistik-Konzeption in Kapitel 3.2. Es werden bestehende wissenschaftliche Ansätze zur Dienstleistungslogistik diskutiert und auf ihre Tragfähigkeit sowie Anwendbarkeit im Rahmen dieser Arbeit überprüft. Im Weiteren erfolgt die Herausarbeitung der logistikrelevanten Charakteristika von Dienstleistungen, aus denen die Potenziale für eine prozessorientierte Dienstleistungslogistik abgeleitet werden sowie die Definition der Dienstleistungslogistik. Im nächsten Schritt werden mögliche Inhalte bzw. Aufgaben der Logistik in Dienstleistungsunternehmen erläutert und in Form von Aufgaben- bzw. Funktionsclustern zu Modulen zusammengefasst. Auf dieser Basis erfolgt in Kapitel 3.3 die Konzeption einer prozessorientierten Dienstleistungslogistik. Als Strukturierungsinstrument wird dabei das in Kapitel 2.3.3 dargestellte Referenz-Prozesskettenmodell – angepasst für Dienstleistungsunternehmen – eingesetzt. Damit steht ein theoretisch fundiertes Rahmenkonzept für die weiteren Betrachtungen zur

Verfügung. Die Erkenntnisse aus der Ausgestaltung der Dienstleistungslogistik-Konzeption dienen im abschließenden Kapitel 3.4 der ersten Spezifikation, insbesondere im Sinne der Modularisierung der allgemeinen Logistik-Konzeption aus Kapitel 2.4.

Die dienstleistungsorientierte Logistik-Konzeption wird im vierten Kapitel durch eine Analyse der spezifischen logistischen Trends und Entwicklungstendenzen auf ihre Tragfähigkeit bzw. Nachweisbarkeit in der Unternehmenspraxis untersucht. Basierend auf der Darstellung der Grundlagen der logistischen Trendanalyse und des Marktszenarios der Logistik in Dienstleistungsunternehmen in Kapitel 4.1 werden in den folgenden Kapiteln 4.2 bis 4.5 die Trends Kundenorientierung, Informationslogistik, Wissensmanagement und Koordination von Netzwerken aus einer empirisch gestützten, dienstleistungsorientierten Perspektive beleuchtet. Über die Identifizierung und Analyse von logistikrelevanten Trends im Dienstleistungsbereich und die darauf folgende Projektion dieser Ergebnisse auf die logistischen Prozessketten entsteht die Basis für die Ableitung von Erfolgsstrategien für die Dienstleistungslogistik in Kapitel 5. Die Datengrundlage der empirischen Betrachtungen bilden schwerpunktmäßig die Ergebnisse der an der Technischen Universität Berlin vom Bereich Logistik 1999/ 2000 durchgeführten Untersuchung zu den „Trends und Strategien in der Logistik *2000+*".[10] Ein wesentliches Ergebnis des Kapitels ist die grundsätzliche Bewertung der logistischen Aufgaben-Module auf der operativen Ebene der dienstleistungsorientierten sowie der allgemeinen Logistik-Konzeption in Kapitel 4.6, u. a. bezüglich ihres Outsourcingpotenzials.

In Kapitel 5 erfolgt die strategieorientierte Umsetzung der Dienstleistungslogistik-Konzeption. Unter Berücksichtigung der Erkenntnisse der vorherigen Kapitel werden Handlungsempfehlungen für das Dienstleistungslogistik-Management und die organisatorische Ausgestaltung der Logistik-Konzeption abgeleitet. Dies beinhaltet Kernstrategien, auf deren Basis die weiteren Logistik-Systeme gestaltet werden sollen, in Kapitel 5.1, grundsätzliche Empfehlungen bezüglich der logistikgerechten Ausgestaltung des Prozessmanagements in Dienstleistungsunternehmen in Kapitel 5.2 und Aspekte der Integration logistischer Komponenten in das Gesamtsystem von Dienstleistungsunternehmen sowie der Organisationsgestaltung im Rahmen der spezifischen Logistik-Konzeption in Kapitel 5.3. Nach einer kurzen Darstellung der realisierbaren Effizienzsteigerungs- und Rationalisierungspotenziale in Kapitel 5.4 werden im abschließenden Kapitel 5.5 die dienstleistungsspezifischen Ergebnisse im Rahmen der dritten Spezifikation der allgemeinen Logistik-Konzeption berücksichtigt

---

[10] Vgl. Baumgarten, Walter (2001), bzw. vertiefend Baumgarten (2000b).

und dabei – ebenso wie das Referenz-Prozesskettenmodell – unternehmensübergreifend ausgestaltet.

Die Arbeit schließt in Kapitel 6 mit der Zusammenfassung der wesentlichen Ergebnisse und der Überprüfung, ob die für die Arbeit gesetzten Ziele erreicht wurden, sowie einem Ausblick auf die weitere Entwicklung von Forschung und Praxis zur Dienstleistungslogistik.

Die Vorgehensweise und die Hauptziele der Dissertation sind in der nachfolgenden Abbildung 1 zusammenfassend dargestellt.

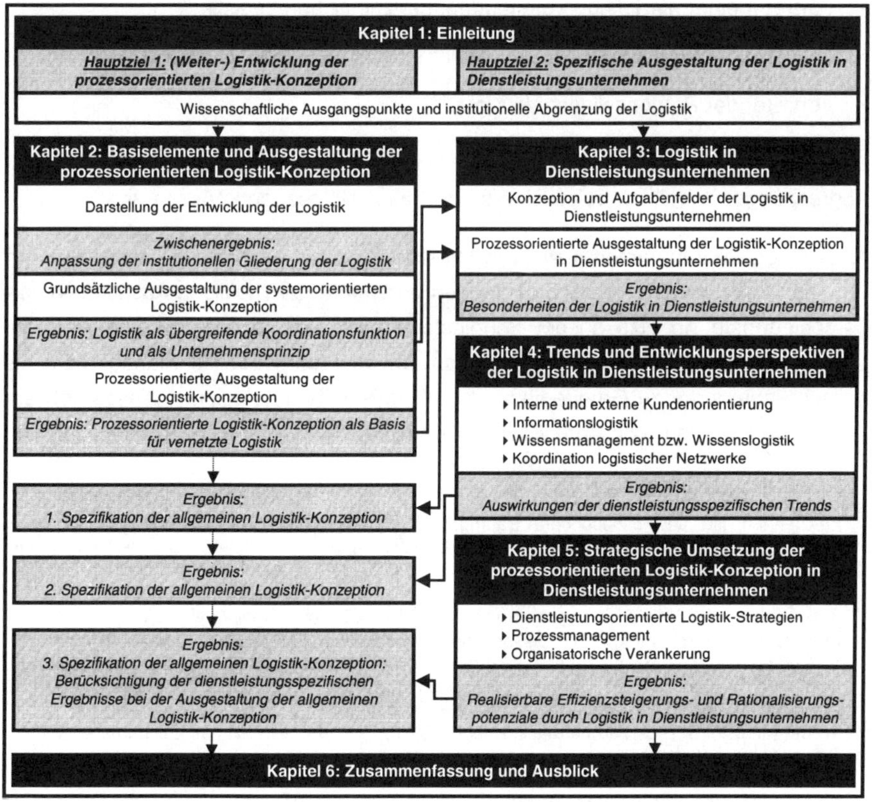

Abbildung 1: Zusammenfassende Darstellung der Vorgehensweise der Dissertation

Die linke Seite der obigen Abbildung bezieht sich dabei jeweils auf die (Weiter-) Entwicklung der prozessorientierten, allgemeinen Logistik-Konzeption, während auf der rechten Seite das Vorgehen bei der spezifischen Ausgestaltung der Logistik in

Dienstleistungsunternehmen dargestellt ist. Die Pfeile verdeutlichen die wechselseitige Berücksichtigung von entscheidenden Ergebnissen in den einzelnen Kapiteln.

1.3 Wissenschaftliche Einordnung der Vorgehensweise

Die Logistikforschung ist stetig mit dem Anspruch der Interdisziplinarität konfrontiert. Sie wird dabei von drei wissenschaftlichen Forscher-Gruppen vorangetrieben, die sich aus unterschiedlichen Perspektiven intensiv mit der Logistikforschung beschäftigen:

- Vertreter einer disziplinübergreifenden, ganzheitlichen Logistik,[11]
- Vertreter der Ingenieurwissenschaften[12] und
- Vertreter der Betriebswirtschaftslehre.[13]

Eine genaue Betrachtung der von den Wissenschaftsdisziplinen vorgenommenen Abgrenzungen[14] ergibt dabei zwei wesentliche logistikbezogene Aussagen:

1. Die Logistik übernimmt sowohl in Unternehmen als auch in der Wissenschaft[15] eine Querschnittsfunktion. Sie integriert durch ihre ganzheitliche Ausrichtung verschiedenste Ansätze an der Schnittstelle zwischen Technologie und Management.[16] Die Logistik besteht damit sowohl aus dem Logistik-Management als auch aus den – zu Grunde liegenden – Logistik-Technologien.[17] Dieses notwendigerweise interdisziplinäre Konzept kann bei der universitären Ausbildung von

---

11 Zu nennen ist hier insbesondere Baumgarten (2001a, 2000a), der von Beginn an einen interdisziplinären Ansatz der ganzheitlichen Logistik an der Schnittstelle von Technologie und Management verfolgt, jedoch auch Wildemann (2001), der als Betriebswirt einen dezidiert ingenieurwissenschaftlichen Ansatz vertritt.

12 Z. B. Gudehus (2000a, 2000b), Jünemann et al. (1999, 1998) oder Kuhn et al. (2002).

13 In diesem Zusammenhang sind insbesondere die Ansätze von Pfohl (2000a) bzw. Pfohl (1999a), S. V, Göpfert (1999, 2002a), Weber (1999), Klaus (1999, 2000a) und Delfmann (1999, 2000a) zu nennen, die die Logistikforschung aus einem dezidiert betriebswirtschaftlichen Blickwinkel vorantreiben. Vgl. zu dieser Einschätzung Large, Stölzle (1999), S. 5.

14 Weber (2002a), S. D 5-1, sowie Klaus, Krieger (2000), S. XVIII, betonen das Zusammenwirken der Betriebswirtschaftslehre und der Ingenieurwissenschaften. Weitergehende Betrachtungen zum Wesen und der Entwicklung der Logistik erfolgen in Kapitel 2.2.

15 Vgl. z. B. Krampe, Lucke (2001), S. 28f.

16 *Large* und *Stölzle* untersuchen daher bei ihrer Suche nach typischen Forschungsmustern der Logistik Dissertationen sowohl von betriebswirtschaftlichen als auch von ingenieurwissenschaftlichen Fachgebieten. Dabei tragen sie dem Aspekt der Interdisziplinarität durch die Berücksichtigung der Fakultätszugehörigkeit der Forschungsarbeiten Rechnung. Vgl. Large, Stölzle (1999), S. 5f.

17 *Jünemann* und *Schmidt* nennen als die drei Säulen der Logistik die Technik, die Informatik sowie die Betriebs- und Volkswirtschaft. Vgl. Jünemann, Schmidt (1999), S. 1f.

einem managementorientierten, ingenieurwissenschaftlich ausgerichteten Fachgebiet „Logistik" insgesamt gelehrt werden. Gerade an einer Technischen Universität ist jedoch auch eine Aufteilung der Lehrinhalte auf verschieden ausgerichtete Fachgebiete denkbar, die dann zum einen „Logistik-Management", zum anderen „Logistik-Technologien" vertiefen.

2. Die Logistik hat in der Forschung und in der Praxis sowohl in den Ingenieurwissenschaften als auch in der Betriebswirtschaftslehre eine große und stetig steigende Bedeutung. Dies bezieht sich insbesondere auf die beruflichen Arbeitsbereiche und Einsatzfelder von Ingenieuren und Managern.[18] In diesem Zusammenhang treten neben Forschungs-, Entwicklungs- und Konstruktionsaufgaben verstärkt Managementaufgaben in das Zentrum der Ingenieurtätigkeiten.[19]

Eine Folge dieser Feststellungen ist, dass Entwicklungen, die sich in einer betriebswirtschaftlichen Teildisziplin Logistik abzeichnen, gleichzeitig direkte Auswirkungen auf ingenieurwissenschaftliche Disziplinen haben.[20] Diese Feststellung gilt jedoch gerade auch im Umkehrschluss: Entwicklungen z. B. in der Technischen Informatik haben insbesondere Auswirkungen auf Managementaufgaben wie die Steuerung komplexer unternehmensübergreifender Produktions-, Distributions- und Beschaffungsnetzwerke und damit z. B. für eine betriebswirtschaftliche Teildisziplin Logistik – hier insbesondere das Logistik-Management oder auch Supply Chain Management.

Die vorliegende Arbeit verfolgt entsprechend den obigen Ausführungen einen dezidiert interdisziplinären Ansatz im Sinne von *Baumgarten*, wobei das Erkenntnisinteresse auf eine Erweiterung der Beschäftigung mit den Entwicklungslinien der Logistik

---

18 *Czichos* verweist auf eine VDI-Studie zum Ingenieurbedarf, aus der hervorgeht, dass das Aufgabenfeld „Organisation, Logistik" vor „Planung, Konzeption" und „Marketing, Vertrieb" in den 1990er gegenüber den 1980er Jahren den größten Bedeutungszuwachs bei den Einsatzfeldern von Ingenieuren zu verzeichnen hat. Vgl. Czichos (2000), S. 4f. *Göpfert* fordert und belegt empirisch die Nachfrage nach einem eigenen Aus- bzw. Weiterbildungsstudiengang „Logistik", vgl. u. a. Göpfert (2002a), S. 230ff.

19 Vgl. Czichos (2000), S. 5f. *Baumgarten* und *Feilhauer* weisen in diesem Zusammenhang nach, dass sich der berufliche Erfolg der Wirtschaftsingenieure insbesondere auf deren interdisziplinären Ausbildung an der Schnittstelle von Ingenieur- und Wirtschaftswissenschaften gründet. Vgl. Baumgarten, Feilhauer (2000). Folgerichtig weisen *Baumgarten, Tufinkgi, Walter* (2000), S. 7ff., bzw. *Baumgarten, Walter* (2000a), S. 156ff., auf die Prädestinierung der Wirtschaftsingenieure als Top-Logistiker hin. Zum Anforderungs- und Qualifikationsprofil des Logistikers vgl. auch Kapitel 5.1.5.

20 Als die für Ingenieurleistungen und ihre Zwecke erforderlichen Grundlagen benennt *Czichos* (2000), S. 13f., technologische sowie mathematisch-naturwissenschaftliche Grundlagen sowie die technische Gestaltung, die als Fachdisziplin neben z. B. Produktion oder Recht insbesondere die Betriebswirtschaftslehre enthält. Vgl. zur Betriebswirtschaftslehre als ingenieurwissenschaftliche Fachdisziplin z. B. Plinke (2000), S. M1-M19.

und der Anwendungsfelder der Logistik um Dienstleistungsunternehmen und damit einer Weiterentwicklung der Logistik-Konzeption zielt. Dabei orientiert sich die Arbeit zunächst an der derzeit grundsätzlich akzeptierten institutionellen Gliederung der Logistik, die in Abbildung 2 dargestellt ist.

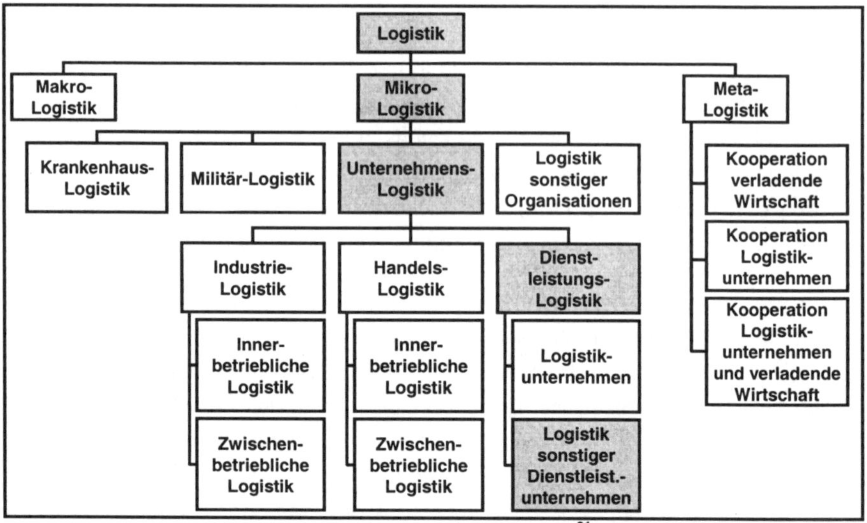

Abbildung 2: Institutionelle Abgrenzung von Logistik-Systemen[21]

Die primäre Eingrenzung des Erkenntnisobjekts der Dissertation wurde in der Abbildung durch eine graue Hinterlegung verdeutlicht. Im weiteren Verlauf der Arbeit ist zu prüfen, ob vor dem Hintergrund gewonnener Erkenntnisse eine Zusammenfassung oder weitere Ausdifferenzierung der institutionellen Kategorien sinnvoll und/ oder notwendig ist.

Dabei ist es eine wesentliche Herausforderung, eine Synthese zwischen Theorie und Praxis des Logistik-Managements, des Dienstleistungsmanagements und gleichzeitig des Organisationsmanagements herbeizuführen. In diesem Zusammenhang muss vor dem Hintergrund einer bisher kaum vorhandenen theoretischen Beschäftigung mit diesem Segment der Logistik eine wissenschaftliche Überprüfung ergeben,

---

[21] Vgl. Pfohl (2000a), S. 15, und die dort angegebene Literatur. Diese institutionelle Abgrenzung der Logistik hat sich im Wesentlichen durchgesetzt und wird so oder ähnlich in der Regel übernommen, z. B. in Bloech (1997a), S. 720, oder Aberle (2000), S. 470. Vgl. zur Unterscheidung von Mikro- und Makrologistik auch Ihde (1999), S. 116ff. oder Kirsch et al. (1973), S. 82ff. Vgl. zu notwendigen Anpassungen auch die Ausführungen in Kapitel 2.1.4.

ob eine spezielle Logistik-Konzeption für – sonstige – Dienstleistungsunternehmen gerechtfertigt ist und inwieweit diese spezifische Logistik-Konzeption grundsätzliche Auswirkungen auf die allgemeine Konzeption der Logistik und ihre wissenschaftliche Bedeutung hat. Zu erwarten sind normative Handlungsempfehlungen bezüglich Aufbau, Organisation und Steuerung der Logistik in Dienstleistungsunternehmen sowie eine Erweiterung der Anwendungsmöglichkeiten der Unternehmenslogistik.

Das wissenschaftliche Vorgehen der Dissertation kann dabei anhand der folgenden, in Abbildung 3 dargestellten, Matrix strukturiert werden, die bereits zur Einordnung sowohl von ingenieurwissenschaftlichen als auch betriebswirtschaftlichen Dissertationen und der Ableitung grundsätzlich korrelierender Ansätze und verfolgter Forschungsmuster in der Logistik herangezogen worden ist.

Art der Wahrnehmung / Forschungsparadigma	Direkte Beobachtung der Wirklichkeit	Wahrnehmung der Wirklichkeit durch andere Personen	Künstliche Nachbildung der Wirklichkeit
Axiomatischer Ansatz	–	–	▸ Normative Modellierung ▸ Deskriptive Modellierung
Positivistischer Ansatz	▸ Feldstudien ▸ Feldexperimente	▸ Strukturierte Interviews ▸ Schriftliche Befragungen	▸ Prototypenerstellung ▸ Simulation
Interpretativer Ansatz	▸ Aktionsforschung ▸ Fallstudien	▸ Delphi-Methode ▸ Expertenbefragung	▸ Konzeptentwurf

Abbildung 3: Matrix zur Methodenorientierten Einordnung von Logistik-Dissertationen[22]

Stölzle versteht diesen Ansatz als Vorschlag zur Identifikation von Forschungsmustern nach Maßgabe der methodischen Ausrichtung, weist jedoch darauf hin, dass nur bisher präferierte Forschungsmuster in der Logistik ex post von diesem Vorgehen erfasst werden.[23] Das grundsätzliche Vorgehen in dieser Dissertation, das wiederum grau hinterlegt wurde, kann dabei als analytisch-deduktiv klassifiziert werden, wobei die Ergebnisse der Modellbildung auf Basis von empirischen Er-

[22] Vgl. Large, Stölzle (1999), S. 7; in Anlehnung an Dunn et al. (1993), S. 136. Vgl. auch Fußnote 15.

[23] Vgl. Stölzle (2002), S. 518f.

hebungen praktisch hinterfragt werden. Auf dieser Grundlage werden normative Handlungsempfehlungen zur Umsetzung einer dienstleistungsspezifischen und der allgemeinen Logistik-Konzeption entworfen.

2 Basiselemente und Ausgestaltung einer prozessorientierten Logistik-Konzeption

Die Logistik steht auf Grund des sich stetig wandelnden wirtschaftlichen Umfelds und des nachhaltigen, industriellen Strukturwandels fortlaufend im Blickfeld der wissenschaftlichen Betrachtung. Die bereits stark ausgeprägte und weiter steigende strategische Bedeutung der Logistik für den wirtschaftlichen Erfolg eines Unternehmens[24] wird angesichts veränderter Arbeitsteilung und Zusammenarbeit von Unternehmen im Industrie-, Handels- und Dienstleistungssektor seit Beginn der 1990er Jahre immer deutlicher. Wegen der hohen Kostensenkungs- und Leistungssteigerungspotenziale bei Anwendung logistischer Systemansätze ist mit einer weiteren Ausweitung des Einflusses der Logistik in diesen Bereichen zu rechnen.[25] Die Flexibilität von Logistik-Strategien unter anderem für die Schaffung übersichtlicherer Unternehmensstrukturen und die Querschnittsfunktion der Logistik, durch die die Verbindung des Unternehmens zu seinen Beschaffungs- und Distributionsmärkten gewährleistet wird, ermöglichen dabei eine stetige Ausweitung ihrer Betätigungsfelder.

Die Einordnung der Logistik-Konzeption in die Unternehmensstruktur ist im Wesentlichen abhängig von der Gestaltung der Logistik-Organisation. Diese muss eine qualitativ hochwertige Leistungserstellung unterstützen, flexible Reaktionen ermöglichen sowie geringe Reibungsverluste und verzögerungsfreie Abläufe sicherstellen. Mit Hilfe kurzer Rückkopplungen, optimierter Informationsflüsse und der Integration des Controllings ist eine effiziente Logistik-Organisation umsetzbar.[26]

Ausgehend von dem von *Chandler* geprägten Leitsatz für die Gestaltung der Unternehmensorganisation „Structure follows Strategy“[27] wird im folgenden Kapitel 2.1 zunächst der Stand und die Entwicklung der Logistik beleuchtet sowie in Kapitel 2.2 insbesondere die Rolle der Logistik als Führungskonzeption diskutiert und betrachtet. In diesem Zusammenhang wird die grundsätzliche Ein- und Zuordnung der Logistik-Konzeption in die Strategische Unternehmungsführung und -zielfindung vorgenommen. Nachdem damit die im Zeitablauf mit einer Logistik-Konzeption verfolgten, grundsätzlichen Strategien fest stehen, werden im folgenden Kapitel 2.3 die

---

24 Vgl. z. B. Baumgarten, Walter (2001), Göpfert (2002a), Dehler (2001) oder Weber, Dehler (1999) sowie Wildemann (2001).

25 Dies prognostizierten bereits Baumgarten, Wolff (1993), S. 3ff. Dieser Trend hat sich nachhaltig verfestigt.

26 Vgl. Baumgarten (2000a), S. 8.

27 Chandler (1995), S. 14, oder auch Darkow (2001), S. 133.

Auswirkungen auf die (Organisations-) Struktur der Logistik in Unternehmen herausgestellt.

In diesem Rahmen wird insbesondere die Prozessorganisation als mögliche Synthese aus aufbau- und ablauforganisatorischen Strukturen evaluiert und deren Auswirkung auf o. g. Leitsatz diskutiert.

2.1 Stand und Entwicklung der Logistik

Arbeitsteilig organisierte Wirtschaftssysteme sind durch vielfältige Güteraustauschbeziehungen gekennzeichnet.[28] Die Logistik hat dabei traditionell die Aufgabe der Versorgung der logistischen Haupt- und Teilprozesse durch die Sicherstellung spezifischer Verfügbarkeiten. Die art- und mengenmäßige, räumlich und zeitlich abgestimmte Bereitstellung von Gütern bestimmt die Leistungsfähigkeit arbeitsteiliger Prozesse. Im Folgenden wird die Entwicklung der Logistik im Spiegel der praktischen Anwendung dargestellt und der für diese Arbeit zu verwendende, aktuelle Logistik-Begriff abgeleitet. Im Anschluss erfolgt die systematische Strukturierung der Logistik nach institutionellen Kriterien.[29] Dieser Ansatz ist an dieser Stelle zweckmäßig, da er die unterschiedlichen Aufgaben der Logistik – insbesondere in Industrie- und Handelsunternehmen – im Zeitablauf nachzeichnet.

2.1.1 Historische Entwicklung der Logistik

Der Begriff „Logistik“ für die materielle Versorgung von Bedarfs- und Leistungsträgern stammt aus dem militärischen Sprachgebrauch.[30] In diesem Bereich hat er eine bis in das 9. Jahrhundert nach Christus zurückreichende Tradition. Zu dieser Zeit werden der Logistik Aufgaben wie beispielsweise die Bewaffnung und Ausstattung des Heeres, die Vorbereitung, Analyse und Planung der Feldzüge und die Aufstellung dazu notwendiger Regelungen und Anordnungen zugeschrieben. Der byzantinische Kaiser Leontos VI. (865-912) sieht die Logistik – neben Strategie und Taktik – als militärische Führungsaufgabe und spricht ihr damit erstmalig Führungs-

[28] Vgl. Ihde (1997), S. 548.

[29] Vgl. zur Abgrenzung des institutionellen Logistik-Begriffs z. B. Pfohl (2000a), insbesondere S. 14ff.

[30] *Ihde* weist darauf hin, dass die zu Grunde liegenden Wortstämme der „Logistik“ – griechisch: *logos* = Verstand, Rechenkunst bzw. germanisch-französich: *loger* = versorgen, unterstützen, bzw. *logis* = Quartier – beide jeweils aus dem militärischen Bereich stammen. Vgl. Ihde (2001), S. 22. Siehe auch Bjelicic (1987).

funktionen zu.[31] Im Rahmen der Intensivierung der wissenschaftlichen Beschäftigung mit dem Krieg, die im 18. und 19. Jahrhundert in Europa durch die Entwicklung der Kriegsgeschichtsschreibung einen Aufschwung erlebt, werden logistische Fragestellungen zunehmend thematisiert. Das Werk des preußischen Generals *Clausewitz* (1780-1831), dessen Hauptwerk „Vom Kriege" nach seinem Tod 1832 zum ersten Mal veröffentlicht wird, gilt noch heute als die beste und philosophisch tiefgreifendste Auseinandersetzung mit dem Phänomen Krieg im Allgemeinen und den Problemen von Logistik, Taktik und Strategie im Besonderen.[32] Der Schweizer *Jomini* (1779-1869), General in französischen und russischen Diensten, greift den Begriff Logistik in seinem bis in die heutige Zeit in regelmäßigen Abständen neu aufgelegten „Abriss der Kriegskunst" für die Gestaltung des Nachschubwesens und von Truppenbewegungen ebenfalls wieder auf.[33] Dieser umfasst auch den Transport, die Lagerung und Wartung sowie sogar bereits die Entsorgung militärischer Güter.[34] Dabei regt er die Entwicklung einer neuen Wissenschaft und die strategische Verankerung im Generalstab an.[35] Diese Arbeit *Jominis* entwickelt sich schnell zur Standardlektüre und Basis für die Ausbildung amerikanischer Offiziere und findet damit insbesondere als ökonomische Komponente Eingang in den allgemeinen militärischen Sprachgebrauch. Im 2. Weltkrieg werden in den USA interdisziplinäre logistische Planungsteams berufen, die in der Folge zum einen die Grundlage für das Operations Research als mathematische Planungswissenschaft und zum anderen für die wissenschaftliche Disziplin Logistik legen.[36] Die historische Entwicklung des Logistik-Begriffs ist damit auch bis zum Ende des 2. Weltkriegs – mit Ausnahme der beginnenden wissenschaftlichen Beschäftigung mit der Distribution, z. B. von Feldfrüchten, in den USA[37] – weitgehend militärisch geprägt.

2.1.2 Entwicklung der Unternehmenslogistik bis 1970

In den zivilen Bereich hält der Begriff „Logistik" als „Unternehmenslogistik" bzw. „business logistics"[38] – aufbauend auf teilweise unterschiedlichen Verwendungen des

---

31 Vgl. Jähns (1889) nach Frodl (1998), S. 9, oder Ihde (1997), S. 549, bzw. Ihde (2001), S. 22f. Diese Quelle wird in der Literatur übereinstimmend als die früheste Quelle zur Logistik bezeichnet.

32 Vgl. Clausewitz (1832) bzw. Krumeich (2000), S. 181.

33 Vgl. u. a. Ehrmann (1999), S. 26, oder Binner (2000), S. 29f.

34 Vgl. Jomini (1881), S. 271f., bzw. Ihde (2001), S. 22f.

35 Ebenda.

36 Vgl. Ihde (2001), S. 23, bzw. Kapitel 1.3.

37 Vgl. Stock, Lambert (2001), S. 11ff.

38 Vgl. Isermann (1998), S. 22.

Begriffs in der Militär-Logistik[39] – nach dem 2. Weltkrieg Einzug, auch wenn logistische Teilaufgaben wie beispielsweise Lagern oder Transportieren schon seit jeher auch in Unternehmen durchgeführt werden.

Im Zuge der weltweiten Umstellung von der Kriegs- auf die Friedenswirtschaft beginnen sich die Konsumgütermärkte zunehmend von Verkäufer- zu Käufermärkten zu entwickeln, so dass eine marktorientierte Unternehmensführung – und damit das Marketing sowie als deren Bestandteil die „physical distribution" – zu einem Schlüssel für den Unternehmenserfolg werden.[40] Basierend auf dem militärischen Sprachgebrauch beginnt man in den USA in Wirtschaftswissenschaft und -praxis unter Logistik die materielle Versorgung und Unterstützung von Leistungsprozessen zu verstehen.[41] *Ihde* weist in diesem Zusammenhang auf die Bedeutung der alltäglichen Diffusion von (militär-) logistischen Denkweisen, Begriffsinhalten und Instrumenten durch ehemalige Soldaten bzw. Mitglieder der Planungsteams im Wirtschaftsleben hin, die sich unter anderem im frühen Einsatz von interdisziplinären Projektteams – task forces – äußert, z. B. im Anlagengeschäft.[42]

Nach Ende des 2. Weltkriegs werden damit – zunächst in den USA – die in den militärischen Bereichen gewonnen Logistikkenntnisse auf den Bereich der Wirtschaft übertragen.[43] In den 1970er Jahren setzt sich diese Entwicklung in Europa und Deutschland fort.[44] Dabei lassen sich grundsätzlich zwei verschiedene Ausbreitungslinien unterscheiden: die Verwendung in der Praxis, die insbesondere durch technologische und marktseitige Entwicklungen forciert wird, und die daraus folgende Übernahme des Logistik-Begriffs in die wissenschaftliche Lehre und Forschung.[45]

---

[39] Vgl. Ihde (2001), 23, und Bloech (1997a), S. 577. Rode (1997), S. 721ff. erläutert die unterschiedlichen Aufgabenabgrenzungen der Militär-Logistik und zeichnet deren aktuellen Stand nach. Er bezeichnet diese in Anlehnung an die zentrale Dienstvorschrift ZDV 30/41 als die Lehre von der Planung, der Bereitstellung und vom Einsatz der für militärische Zwecke erforderlichen Mittel und *Dienstleistungen* zur Unterstützung der Streitkräfte oder die Anwendung dieser Lehre. Vgl. auch Bloech (1997a), S. 577. oder Ihde (2001), S. 23. Damit sind Dienstleistungen expliziter Bestandteil der militärischen Logistik-Konzeption.

[40] Vgl. Stabenau (2000), S. 127.

[41] Vgl. Ihde (1997), S. 549.

[42] Vgl. Ihde (2001), S. 24.

[43] Vgl. Weber (1999), S. 4, der auf Bowersox, Closs, Helferich (1986) verweist. Ausführlich zur Rezeption der militärischen Nachschubmodelle für die Warenverteilung durch die Wirtschaft nach dem 2. Weltkrieg in den USA vgl. Kortschak (2001), S. 659f.

[44] Vgl. Weber, Kummer (1994), S. 2ff. und Weber (1999), S. 4.

[45] Vgl. Ihde (2001), S. 24.

Bereits in der Vergangenheit haben sich technische Entwicklungsschübe und logistische Fortschritte und Veränderungen wechselseitig bedingt.[46] Die wesentlichen Entwicklungsschübe der Logistik sind dabei in der Regel aus der Wirtschaftspraxis heraus initiiert worden. Logistische Funktionen werden grundsätzlich bereits seit der Entstehung der Betriebe und Unternehmungen wahrgenommen und die ältere Literatur enthält auch bereits Aussagen und Analysen über einzelne logistische Teilfunktionen. Der ganzheitliche Logistik-Begriff wird jedoch erst seit einigen Jahrzehnten verstärkt in wissenschaftlichen Veröffentlichungen verwendet.[47]

Etwa seit dem Jahr 1950 sind in zunehmendem Maße Veröffentlichungen über logistische Probleme in wirtschaftlichen Systemen zu verzeichnen. *Morgenstern*[48] war einer der ersten, der die Logistik als wissenschaftliche Disziplin betrachtete und 1955[49] die ersten fundierten Beiträge zur Theorie der Logistik formulierte.[50]

Die weitere Beschäftigung mit der Logistik basierte auf der wachsenden Bedeutung der Warenverteilung – „Physical Distribution“[51] – und dem Bemühen, den überproportionalen Kostenanstieg im Distributionskanal[52] zu bekämpfen, nachdem Marketingaktivitäten allein keinen Erfolg erbracht hatten. Dieser Logistikansatz liegt auch dem ersten Lehrbuch[53] zur Logistik von *Smykay, Bowersox, Mossman* (1961) zu Grunde.[54] Nachdem sich die reine Fokussierung auf den Kostenansatz jedoch als zu eng erwies, definieren *Heskett et al.* die „Physical Distribution“ als „System“, das „übergreifend“ zu betrachten sei.[55]

---

46 *Bloech* zeichnet die historischen Zusammenhängen zwischen Technologie und „Logistik“ von 7200 vor Christus bis in die heutige Zeit nach. Vgl. Bloech (1997a), S. 577ff. Analog: Gudehus (2000a), S. 3f.

47 Vgl. Bloech (1997a), S. 578.

48 Morgenstern (1955) nach Ihde (2001), S. 24, Weber (1999), S. 4. *Kortschak* verweist darauf, dass Morgenstern 1951 die für das Militär geschaffenen Operations-Research-Modelle auf die Optimierung der Warenverteilung auf den regulierten US-Verkehrsmarkt übertrug. Vgl. Kortschak (2001), S. 659, bzw. Morgenstern (1951).

49 Vgl. Morgenstern (1955)

50 Vgl. Weber, Kummer (1998), S. 2 oder Ihde (2001), S. 24, der die Arbeiten von *Morgenstern* als ersten systematischen Versuch der Begründung einer Theorie der Logistik bezeichnet. Gleichlautend Weber (1999), S. 4. *Klaus* nennt unter Bezug auf Stock, Lambert (1987), S. 23ff., den Beitrag von Lewis, Culliton, Steele (1956), als Klassiker der angelsächsischen Logistikliteratur. Vgl. Klaus (1998), S. 61.

51 Vgl. Heskett, Ivie, Glaskowsky Jr. (1964), S. 7 bzw. S. 38 sowie Kortschak (2001), S. 659.

52 Zur Kostenproblematik im Distributionskanal vgl. Smykay, Bowersox, Mossman (1961), S. 29.

53 So bezeichnet u. a. von Ballou (1973), zu weiteren Quellen vgl. Kortschak (2001), S. 659.

54 Vgl. Kortschak (2001), S. 659.

55 Vgl. zum „logistics system concept“ Heskett, Ivie, Glaskowsky Jr. (1964), insbesondere S. 445.

Sie betonen den Einsatz der Logistik als Querschnittsfunktion für die Güter- und Warenflüsse in der Distribution und führen die Systemtheorie als Instrument für die operative Aufdeckung von logistischen Zielkonflikten ein.[56] *Mossman* und *Morton* führen darauf aufbauend 1965 die Zielorientierung bei der logistischen Aufgabenerfüllung ein und betonen die dynamischen Aspekte der Distribution. Sie stellen dabei bereits das Fließprinzip im Rahmen des Systemgedankens als zentralen Punkt der Logistik-Konzeption heraus.[57] Diese Logistik-Konzeption wird von *Bowersox, Smykay, La Londe* 1968 um den Netzwerkgedanken zur Erklärung des Zusammenwirkens von Subsystemen, Elementen und Komponenten in Logistik-Systemen ergänzt.[58] Damit existiert 1970 eine ausgereifte und entwickelte Logistik-Konzeption[59], die in der Folge auch im deutschsprachigen Raum rezipiert wird.[60]

2.1.3 Entwicklung der Unternehmenslogistik von 1970 bis heute

Im deutschsprachigen Raum überwiegen bis 1970 Untersuchungen logistischer Fragestellungen unter den Überschriften der Materialwirtschaft, Lagerhaltung, Transportwirtschaft, des Verkehrs und der Distributionsplanung.[61] Dies kann als ein nachhaltiger Hinweis auf die ingenieurwissenschaftlichen Grundlagen der wissenschaftlichen Disziplin gewertet werden.[62] Erst seit 1970 wird der Begriff „Logistik“ zunehmend verwendet, obwohl zu diesem Zeitpunkt in den USA bereits zahlreiche Bücher über logistische Probleme erschienen waren. Folgerichtig übernahm *Kirsch* die konzeptionelle Logistiksichtweise *Mossman* und *Mortons* mit seinem Ansatz, die Verkehrsbetriebslehre durch die „betriebswirtschaftliche Logistik“ zu ersetzen.[63]

Im ersten deutschsprachigen Lehrbuch zur Logistik – *Ihde* (1972) – formuliert dieser die Verknüpfung der entscheidungsorientierten mit der systemtheoretischen Betrachtungsweise durch die Logistik sowie darauf aufbauend deren Fließsystemorientierung.[64] Diese Sichtweise wird im Folgenden von *Kirsch et al.* übernommen.[65] *Pfohl* fordert in Anlehnung an *Bowersox et al.* die Anwendung des systemtheoretischen

---

56 Vgl. Kortschak (2001), S. 659f.
57 Vgl. Mossman, Morton (1965), S. 3ff.
58 Vgl. Bowersox, Smykay, La Londe (1968), S. 103, sowie Kortschak (2001), S. 659.
59 *Bloech* nennt darüber hinaus noch weitere Autoren, die zwischen 1962 und 1970 in den USA zu logistischen Themen publiziert haben. Vgl. Bloech (1997a), S. 578.
60 Vgl. Kortschak (2001), S. 660.
61 Vgl. Bloech (1997a), S. 578.
62 Vgl. Weber (2002a), S. D 5-1.
63 Vgl. Mossman, Morton (1965) bzw. Kirsch (1971), S. 221ff. und Kortschak (2001), S. 660.
64 Vgl. Ihde (2001), S. 21.
65 Vgl. Ihde (2001), S. 21, mit Verweis auf Kirsch et al. (1973).

Ansatzes für die logistischen Aktivitäten in der Unternehmung[66], um zu gewährleisten, dass Entscheidungen auf der Grundlage der Systemtheorie und des Gesamtkostenprinzips[67] erfolgen. Dies gewährleistet die Berücksichtigung von Interdependenzen zwischen den Elementen des logistischen Systems bei der Entscheidungsfindung.[68] Damit war die Rezeption der vorherrschenden US-amerikanischen Logistik-Konzeption für den deutschsprachigen Raum gelungen. Allerdings musste sich die Logistik – insbesondere in Bezug auf die geographisch unterschiedlichen Distributionswege der Güter und die Durchdringung des logistischen Gedankens in der Wirtschaftspraxis – in Europa anderen Herausforderungen stellen, so dass die Entwicklung der Logistik zunächst unterschiedliche Verläufe nahmen, wobei im Laufe der Jahre stets ein wechselseitiger Austausch stattfand. In Deutschland wurde – ausgehend vom Ansatz von *Kirsch* (1971) bis dato – insbesondere die Entwicklung einer betriebswirtschaftlichen[69] bzw. wissenschaftlichen Teildisziplin Logistik u. a. in Abgrenzung bzw. als Ersatz einer Verkehrsbetriebslehre diskutiert.[70]

Seit dem Beginn der wissenschaftlichen Auseinandersetzung mit der Logistik in Deutschland hat sich das vorherrschende Logistikverständnis radikal verändert und weiter entwickelt. Ein grundlegendes Merkmal der Logistik ist ihr beständiger Wandel,[71] als zweites und im deutschsprachigen Raum von Beginn an als Teil der Logistik-Konzeption verstandenes Merkmal ist die Flussorientierung zu nennen.[72] Daraus folgt, dass sie in Unternehmen neben operativen insbesondere koordinative bzw. übergreifende Querschnittsaufgaben übernimmt. Die Logistik muss sich einer kontinuierlichen Neuorientierung unterziehen, um auch bei veränderten Rahmenbedingungen die effiziente Erfüllung ihrer Aufgabenstellungen zu gewährleisten. In den letzten 30 Jahren hat sich die Logistik dabei von einer stark auf die physischen Abläufe fokussierten Unternehmensfunktion zu einem ganzheitlichen, prozess- und kundenorientierten Managementkonzept und Führungsinstrument entwickelt.[73] Die einzelnen Phasen dieses Entwicklungsprozesses können in Anlehnung an *Baum-*

---

66 Vgl. Bowersox, Smykay, La Londe (1968), S. 103-121.

67 Vgl. Pfohl (1972), S. 21. Siehe vertiefend Kapitel 2.2.

68 Vgl. Kortschak (2001), S. 660.

69 Das Stichwort „Logistik" wurde ab 1974 in das Handwörterbuch der Betriebswirtschaftslehre aufgenommen. Vgl. Ihde (1974), S. 2.524-2.531, bzw. Isermann (1998), S. 22.

70 Ein umfassender und durchaus kritischer Überblick über die Entwicklung der Diskussion in der Literatur findet sich bei Kortschak (2001), S. 659-662.

71 Vgl. Baumgarten, Walter (2001), S. 2, oder Baumgarten, Darkow, Walter (2000), S. 12.

72 Vgl. Ihde (2001), S. 21f., der auf Pfohl (1972) bzw. Kirsch et al. (1971) verweist. Im Rahmen von Kapitel 2.2.2 wird dieser Gesichtspunkt noch einmal eingehend vor dem Hintergrund der theoriebegründeten Ableitung von Entwicklungsstufen der Logistik diskutiert.

73 Vgl. Baumgarten (2001a), S. 4., sowie Baumgarten, Walter (2001), Vorwort.

garten, wie in Abbildung 4 dargestellt, strukturiert werden. Diese Strukturierung orientiert sich dabei an dem vorherrschenden Verständnis der Logistik und von deren Aufgabenspektrum in der Unternehmenspraxis und hier insbesondere an den Logistik-Führern aus Industrie und Handel.

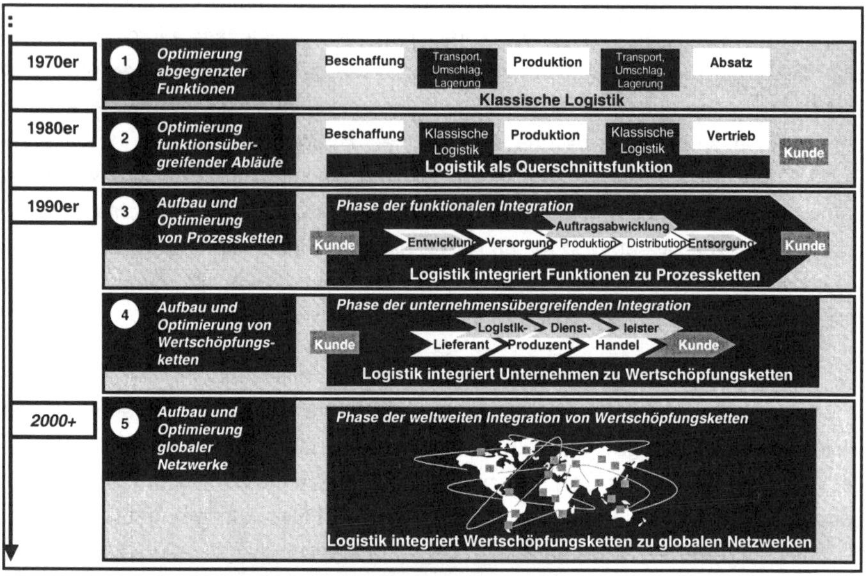

Abbildung 4: Fünf Entwicklungsphasen der Logistik[74]

Diese aus der Wirtschaftspraxis abgeleiteten Phasen der Logistikentwicklung werden nachfolgend kurz beschrieben, um die begriffliche Basis für die weiteren Betrachtungen zu legen. Eine Auseinandersetzung mit den in Literatur und Wissenschaft vertretenen Paradigmen[75] – als einem geteilten Verständnis der Logistik – erfolgt in Kapitel 2.2, insbesondere Kapitel 2.2.2.2. Zunächst werden jedoch die Entwicklungsphasen im Spiegel von Definitionen der Logistik dargestellt. Im Anschluss erfolgt die Ableitung einer geeigneten Logistik-Definition, die insbesondere für die Ausgestaltung einer allgemeinen, jedoch auch einer spezifischen, dienstleistungsorientierten Logistik-Konzeption notwendige Voraussetzung ist.

---

[74] In Anlehnung an Baumgarten (2001a), S. 10, Baumgarten, Walter (2001), S. 2, oder Baumgarten, Walter (2000b), S. 3.

[75] Vgl. zum Begriff des Paradigmas und einer ausführlichen Diskussion über Weltsichten der Logistik Klaus (1999), insbesondere S. 18f., bzw. Kuhn (1977) und Kuhn (1989).

2.1.3.1 Entwicklungsphasen des Logistik-Begriffs

Zur Strukturierung der Entwicklungsstufen der Unternehmenslogistik wird im Folgenden ein kurzer Überblick über die Entwicklung der Definition der Logistik im Zeitablauf anhand ausgewählter Quellen gegeben. Die folgende Tabelle 1 verdeutlicht dabei eine stetige Weiterentwicklung des Logistik-Begriffs, aber auch eine große Variationsbreite, seit dem Beginn der wissenschaftlichen Beschäftigung mit der Unternehmenslogistik.

Definitionen der Logistik	
Autor	**Definition**
Morgenstern (1955)[76]	"A logistic operation consists in the supply of definite quantities of physical means *and services* for activities that according to their missions consume these means *and services* in order that the activities be maintained at particular present or expected future rates. The supplies come from a source and must be moved, in other words, transformed in space and time, by means of transportation to the activity."[77]
Pfohl (1974), S. 71	„Alle Tätigkeiten, durch die Bewegungs- und Speichervorgänge in einem Netzwerk gestaltet, gesteuert oder kontrolliert werden. Durch das Zusammenwirken dieser Tätigkeiten soll ein Strom von Objekten durch ein Netzwerk in Gang gesetzt werden, so dass Raum und Zeit möglichst effektiv überbrückt werden."
Baumgarten (1985), S. 3	„Logistik, verstanden als System zur Steuerung von Material- und Warenbewegungen innerhalb und außerhalb eines Unternehmens, von der Beschaffung bis zur Auslieferung der Produkte an die Verbraucher, dient vorrangig wirtschaftlichen Zielsetzungen von Unternehmen. [...] Nur durch den Verbund von Ver- und Entsorgung und Produktion auf einem hohen, abgestimmten Niveau sind Produktivität und Wirtschaftlichkeit weiter zu steigern."
Weber, Kummer (1990), S. 776	„Das Management von Prozessen und Potenzialen zur koordinierten Realisierung unternehmensweiter und unternehmensübergreifender Materialflüsse und der dazugehörigen Informationsflüsse. Die materialflussbezogene Koordination beinhaltet insbesondere die horizontale Koordination zwischen Lieferanten [...], Unternehmensbereichen und Kunden [...] sowie die vertikale Koordination zwischen allen Planungs-, Steuerungs-, Durchführungs- und Kontrollebenen."

---

[76] Zitiert nach Ihde (2001), S. 24.
[77] Anmerkung: Hervorhebungen durch den Verfasser.

Ihde (1991), S. 13	„Logistik umfaßt die Gestaltung und Steuerung von Güterflußsystemen. Diese können als Netzwerke modelliert werden, bei denen Knoten als Zustände oder Transformationen und die Kanten als raum- bzw. zeitüberbrückende Zustandsveränderung oder Transfers erscheinen."
Piontek (1994), S. 9	„System zur erfolgsoptimalen Steuerung sämtlicher Material- und Warenbewegungen innerhalb und außerhalb eines Unternehmens."
CLM (1997)[78]	"Logistics is the term describing the process of planning, implementation and controlling the efficient, cost effective flow and storage of raw-materials, in-process inventory, finished goods and related information from point of origin to point of consumption of conforming customer requirements."
Klaus (1998), S. 29	„Eine spezifische Sichtweise, die wirtschaftliche Phänomene und Zusammenhänge als Flüsse von Objekten durch Ketten und Netze von Aktivitäten und Prozessen interpretiert [...], um diese nach Gesichtspunkten der Kostensenkung und der Wertsteigerung zu optimieren, sowie deren Anpassungsfähigkeit an Bedarfs- und Umfeldveränderungen zu verbessern."
Baumgarten (2000a), S. 3	„Die Unternehmenslogistik umfasst die Planung, Steuerung, Durchführung und Kontrolle aller Material- und Informationsflüsse innerhalb und zwischen Unternehmen vom Kunden bis zum Lieferanten sowie aller Personenflüsse im Wirtschaftsleben. Die Beschaffungs-, Produktions-, Distributions-, Entsorgungs- und Verkehrslogistik sind wichtige Teilgebiete der Logistik, die in alle Prozessketten und –kreisläufe einfließen. Die Ausrichtung der Logistik an den für die Wertschöpfung und den Kundenservice zentralen Kernprozess unterstreicht ihre Bedeutung als strategisches Instrument der Unternehmensführung."
CLM (2001)[79]	"Logistics management is that part of the supply chain process that plans, implements, and controls the efficient, effective flow and storage of goods, *services*, and related information from the point-of-origin to the point-of-consumption in order to meet customers' requirements."

Tabelle 1: Definitionen der Logistik[80]

Die aus diesen Logistik-Definitionen ablesbare Entwicklung des Logistik-Begriffs vollzog sich in den vergangenen 30 Jahren in mehreren großen Schritten. *Baumgarten* geht von vier wesentlichen Stufen und fünf Phasen aus, da die Stufen teilweise mehrere Entwicklungsphasen enthalten.[81] *Binner* kommt unabhängig davon zu einem ähnlichen Ergebnis, wobei er die Phasen der „Funktionsorientierten Logistik",

[78] Vgl. Cooper, Lambert, Pagh (1997), S. 1.

[79] Vgl. Stock, Lambert (2001), S. 3.

[80] Diese Definitionen können nur eine Auswahl darstellen, zu einer genaueren Übersicht vgl. z. B. Göpfert (1999).

[81] Vgl. Baumgarten (2000a), S. 4.

der „Querschnittsfunktion der Logistik", der „Prozessorientierten Logistik" und der „Unternehmensübergreifenden Logistik" unterscheidet.[82]

In der *ersten Entwicklungsphase* der Logistik in Deutschland Anfang der 1970er Jahre entdeckten deutsche Unternehmen die Logistik als einen Ansatz zur Kostenreduzierung durch Spezialisierung bei der Erbringung von material- und warenflussbezogenen Dienstleistungen.[83] Dabei übernahm insbesondere die Automobilindustrie eine Vorreiterrolle,[84] wobei zunächst – mit stark ingenieurwissenschaftlich-technischem Schwerpunkt – die Sichtweise der Logistik als integrierte Transport-, Lager- und Umschlagswirtschaft dominierte.[85] Die Sicherstellung der Verfügbarkeit von Materialien und Waren erhielt innerhalb des Produktionsprozesses einen höheren Stellenwert.[86] Der Entwicklungsstand auf dem Gebiet der Materialflusstechnik war bereits relativ weit fortgeschritten,[87] der Stand der Informationstechnik war dagegen noch vergleichsweise niedrig. Die Rationalisierungserfolge in der Logistik wurden daher zunächst durch ingenieurwissenschaftliche Aktivitäten in der Distributions- und Produktionslogistik getragen, insbesondere durch die Entwicklung von Hochregallagertechniken, fahrerlosen Transportsystemen sowie Materialfluss- und Kommissioniertechniken.[88] Die Logistik war dabei zumeist in die in den Unternehmen vorherrschende funktionale Organisation integriert und daher überwiegend funktionsorientiert organisiert.[89] Eingebettet in eine funktionsorientierte Organisationskultur stand die Optimierung der Material- und Warenflüsse innerhalb der einzelnen Funktionsbereiche im Vordergrund. Dabei wurde jedoch den Ineffizienzen, die sich an den Schnittstellen zwischen diesen Funktionsbereichen ergaben, nur geringe Beachtung geschenkt. Folgen dieser effizienzmindernden organisatorischen Zersplitterung der

---

82 Vgl. Binner (2000), S. 30f. Unklar bleibt bei diesem Ansatz die Verwendung des „Grads der Flussorientierung" auf der Koordinate, da im Wesentlichen eine historische Darstellung gewählt wurde.

83 Vgl. Binner (2000), S. 30.

84 Auf Grund der spiegelbildlichen physischen Güterflusskomplexität im Beschaffungsbereich lagen die Anfänge der logistischen Betrachtung in dieser Branche im Gegensatz zur grundsätzlichen Entwicklung nicht im Distributions- bzw. Marketingbereich. Damit übernimmt die Automobilindustrie eine Schlüsselrolle bei der Entwicklung der Logistik. Vgl. Weber (1999), S. 6. Vertiefend vgl. Weber, Kummer (1998), S. 3f.

85 Vgl. Weber (2002a), S. D 5-1. Für die Hauptaufgaben *T*ransport, *U*mschlag, *L*agern ist die Abkürzung „TUL" gebräuchlich, die ebenfalls gebräuchliche Bezeichnung als „TUL-Prozesse" in der ersten Entwicklungsstufe, z. B. bei Heiserich (2000), S. 5, ist jedoch missverständlich, da diese Funktionen nicht als Prozesse im heutigen Sinne sondern eher als Einzelaufgaben ausgeführt wurden. Vgl. auch Jünemann, Schmidt (2000), S. 4ff.

86 Vgl. Baumgarten (2001a), S. 11.

87 Vgl. z. B. Budde (1972), Krippendorff (1965) oder Kaarst, Walter (1974), S. 185ff.

88 Vgl. Binner (2000), S. 30.

89 Vgl. Baumgarten (2000a), S. 4f. bzw. Weber (1999), S. 5.

Leistungsbereiche waren zum Teil redundante Arbeitsstrukturen, unwirtschaftliche Teilprozesse, hohe Lagerbestände, verteilte Sicherheitsbestände und lange Auftragsbearbeitungszeiten.[90] Spezialisierungsvorteile wurden durch die Zusammenfassung und Automatisierung von Lagertransport und Umschlagtätigkeiten erreicht.[91]

Die Rationalisierungseffekte im Bereich der Transport-, Lager- und Umschlagswirtschaft waren durch die stark voneinander abgegrenzten Verantwortungsbereiche begrenzt. Es wurde deutlich, dass Voraussetzung für die Realisierung weiterer Effizienzsteigerungs- und Rationalisierungspotenziale eine engere logistische Abstimmung und Koordination zwischen den einzelnen Funktionsbereichen ist.[92] In der *zweiten Entwicklungsphase* rückten daher die effektivitäts- und effizienzmindernden funktionalen Schnittstellen zwischen den Teilbereichen Beschaffung, Produktion und Vertrieb im Zuge der Entwicklung eines Logistik-Managements in das Zentrum des Interesses. Wissenschaft und Praxis begannen daher in den 1980er Jahren, den Charakter der Logistik als Querschnittsfunktion zu betonen: Die klassische Logistik wurde um die Betrachtung der Schnittstellen erweitert und Abläufe funktionsübergreifend optimiert. Dadurch konnten erhebliche Effektivitäts- und Effizienzsteigerungen realisiert werden. Die Logistik entwickelte sich damit zu einem Managementkonzept.[93]

Das Logistik-Management versetzte die Unternehmen in die Lage, die logistischen Leistungen durch eine integrierte Betrachtung der in den Unternehmen früher getrennt voneinander geplanten und gesteuerten Funktionen zu optimieren. In diesem Kontext vollzog sich innerhalb der Logistik ein Wandel von einer funktionsorientierten zu einer flussorientierten, übergreifenden Betrachtungsweise, die insbesondere die Gestaltung und Optimierung von Prozessen beinhaltete. Als Folge der verstärkten Prozessorientierung entwickelte sich die Logistik zunehmend zu einer unternehmensweiten und -übergreifenden Koordinationsfunktion, die in erster Linie der Schaffung effizienter Material- und Warenflüsse diente.[94] Das Ziel war die Bildung funktionsbereichsübergreifender Logistik-Ketten, durch die das Logistik-Management in die Lage versetzt wird, die logistischen Aufgaben unter einem einheitlichen Logistikverständnis zusammenzufassen. Im Ergebnis wurden Produktionsplanung

---

[90] Vgl. Baumgarten (2000a), S. 5, oder Baumgarten, Walter (2001), S. 2f.
[91] Vgl. Binner (2000), S. 30.
[92] Vgl. Binner (2000), S. 30f.
[93] Vgl. Baumgarten, Walter (2001), S. 3 oder Baumgarten (2001a), S. 11.
[94] Vgl. Baumgarten (2001a), S. 11.

und Steuerung (PPS) mit den dahinter stehenden PPS-Systemen ein wesentlicher Bestandteil des Logistik-Begriffs.[95]

Die zweite Phase in der Entwicklung der Logistik ist damit eine direkte Folge der (Funktions-) Spezialisierung. Die Rationalisierung stieß an Grenzen, die nur durch eine übergreifende Koordination mit anderen Unternehmensbereichen durchstoßen werden konnten.[96] Die Bedeutung der Logistik wandelt sich zur Koordination und der Integration betrieblicher Funktionen und von der Effizienz zur Effektivität.[97]

In den 1990er Jahren, die zwei Entwicklungsphasen der Logistik beinhalten, wird der ganzheitliche und prozessorientierte Ansatz als Wirkbereich des gesamten Unternehmens herausgestellt.[98] Das gestiegene material- und warenflussbezogene Know-how und die Spezialisierung wird teilweise wieder zurückgeführt. Die neuen Anforderungen durch flussbezogene Koordinationsleistungen machen einen Fokussierungswandel von Strukturen zu Prozessen in der Aufbauorganisation und die damit einhergehende Respezialisierung unumgänglich. Die Durchsetzung des Flussprinzips wird zentrale Aufgabe für die Logistik und Schlüssel für erfolgreiche Unternehmen.[99]

In der Phase der funktionalen Integration, der *dritten Entwicklungsphase* der Logistik, liegt der Fokus dabei auf der wachsenden Bedeutung der Koordination von Informationsflüssen.[100] Die Informations- und Kommunikationstechnik entwickelt sich zu einem wesentlichen Treiber der Logistik.[101] Der Abbau von Informationsdefiziten zwischen und innerhalb von Prozessketten wird – nicht zuletzt wegen der erheblichen Potenziale durch die rasante Entwicklung der Informationstechnologien – als ein wesentlicher Bestandteil der Logistik angesehen. Für eine wirksame Prozesssteuerung und –kontrolle müssen an jedem Ort des Warenflusses Informationen über den physischen Prozesszustand jederzeit verfügbar und abrufbar sein.[102]

Durch den intensivierten Wettbewerb tritt der Kunde zunehmend in den Mittelpunkt. Tätigkeiten werden unter dem Aspekt der Wertschöpfung beurteilt und die Fortschritte auf dem Gebiet der Informations- und Kommunikationstechnologien ermögli-

---

95 Vgl. Binner (2000), S. 30.
96 Vgl. Weber, Kummer (1998), S. 15.
97 Vgl. Weber (1999), S. 8, bzw. Weber, Kummer (1998), S. 14.
98 Vgl. Baumgarten (2000a), S. 5f.
99 Vgl. Weber, Kummer (1998), S. 22.
100 Vgl. Baumgarten (2001a), S. 11.
101 Als Beispiele nennt *Weber* die Anwendung des Elektronischen Datenaustauschs (EDI) oder die Automatisierung der Lagertechnik. Vgl. Weber (1999), S. 7f.
102 Vgl. Baumgarten (2001a), S. 11f.

chen das Beherrschen auch komplexer Systeme mit vergleichsweise begrenztem Aufwand. Ganzheitliches Denken und Handeln löst funktionsorientierte Grenzen auf und macht den Weg frei zur Realisierung von teilsystemübergreifenden Optimierungspotenzialen. Durch die rasante Weiterentwicklung der Informationstechnologien erlangt durch die verbesserten Möglichkeiten der Datenverarbeitung nun auch der Faktor Information als entscheidende Größe für den Aufbau und Betrieb effizienter Prozessketten verstärkt Beachtung. Hüllen Informations- und Datenflüsse materielle Abläufe ein, lassen sich Produktionsprozesse wirksamer planen, steuern und kontrollieren. Die Logistik von Informationen ist Voraussetzung für das Management komplexer Güterströme und für Konzepte wie Kanban, Just-in-time oder Total Quality Management, aber auch für das Logistik-Controlling.[103]

Der Trend der funktionalen Integration führt konsequenterweise zur unternehmensübergreifenden Integration. Diese stellt die *vierte Phase* der Logistik-Entwicklung dar. Neben den Hauptprozessen Beschaffung, Produktion und Distribution werden die Bereiche Entwicklung und Entsorgung in die Planung und Koordination von Güter-, Material- und Informationsströmen einbezogen. Diese prozessorientierte und ganzheitliche Betrachtungsweise erlaubt eine bereichsübergreifende Optimierung über die gesamte Prozesskette. Das Prozesskettenmanagement ist Ausdruck und konsequente Umsetzung des Prozessgedankens.[104] Das Unternehmen wird nicht mehr als Summe einzelner Teilfunktionen, sondern als ganzheitliches System untereinander vernetzter Prozessketten verstanden und geführt.

Durch das Prozesskettenmanagement wird insbesondere der wachsenden Bedeutung des Wettbewerbsfaktors „Zeit“ Rechnung getragen. Die steigenden Erwartungen an Schnelligkeit und Flexibilität machen die Zeit zu einem kritischen Faktor in Logistik-Systemen, was sich in der Forderung nach einer Verkürzung von Durchlauf-, Liefer- und Reaktionszeiten niederschlägt. Zunächst erfolgte die Optimierung von Prozessketten jedoch häufig nur auf ein einzelnes Unternehmen bezogen. Als Folge dieser „Inseloptimierungen” entstanden Probleme und Ineffizienzen für andere Akteure in der Wertschöpfungskette, die zu Leistungseinbußen und zusätzlichen Kosten für das gesamte System führten. Die ganzheitliche Betrachtung und Verbesserung dieser suboptimalen Einzellösungen stellt auch heute noch eine we-

[103] Vgl. Frodl (1998), S. 4.
[104] Vgl. Baumgarten (2001a), S. 11, oder Baumgarten, Walter (2001), S. 4. Siehe vertiefend Kapitel 2.3 oder auch Wildemann (2001).

sentliche Herausforderung für die Logistik dar.[105] Die Logistik integriert nun die Funktionen zu Prozessketten und Unternehmen zu Wertschöpfungsketten.[106]

Im Zuge der *fünften Entwicklungsphase* – der Phase der weltweiten Integration von Prozessketten – seit Ende der 1990er Jahre und auch zukünftig wendet sich die Logistik verstärkt der Gestaltung und dem Management von globalen Unternehmensnetzwerken zu. Eine Anpassung an unternehmensübergreifende Prozessketten und Netzwerkstrukturen findet bereits – häufig unter Bezug auf das Supply Chain Management – statt.[107] Führende Unternehmen erweitern ihren Blick über die Grenzen des eigenen Unternehmens hinaus und kooperieren mit ihren Wertschöpfungspartnern mit dem Ziel, die gesamte Wertschöpfungskette vom Zulieferer bis zum Endkunden zu optimieren. Neue, insbesondere interorganisational ausgerichtete Logistik-Konzepte wie das Supply Chain Management (SCM) in der Industrie und die konsequente Umsetzung von Efficient Consumer Response (ECR) im Handel sind Ausdruck dieser Bemühungen. Innerhalb dieser Ansätze kommt das Prozesskettenmanagement über die gesamte Wertschöpfungskette zur Anwendung.[108] Dabei steht der Kunde im Mittelpunkt. Er beeinflusst mit seinen Erwartungen an das Produkt oder die zu erbringende Leistung den gesamten Wertschöpfungsprozess.

2.1.3.2 Exkurs: Entwicklung des Logistik-Verständnisses in den USA

Das Council of Logistics Management (CLM) und US-amerikanische Autoren – z. B. *Bowersox, Closs, Cooper* gehen in einem weiteren Definitionsschritt sogar so weit, die Logistik in das Supply Chain Management zu integrieren. In der Definition des CLM besteht die Logistik nicht mehr nur aus den einzelnen Prozessen sondern ist „part of the supply chain process“ und würde damit selbst zum Teilprozess des Supply Chain Managements, der Produzenten und Endkunden in die Wertschöpfungskette einbindet.[109] Unter anderem auf Grund der unterschiedlichen geographischen Problemstellungen gegenüber Europa bzw. Deutschland im Rahmen der Distribution hat sich die wissenschaftliche Beschäftigung mit der Logistik in den USA im Wesentlichen auf die Entwicklung und Verbesserung der „physical distribution“, insbesondere unter Verwendung makrologistischer sowie mathematisch gestützter Methoden konzentriert. Eine ganzheitliche und bereichsübergreifende Betrachtung

---

[105] Vgl. Baumgarten (2001a), S. 5; oder Baumgarten, Walter (2001), S. 3.
[106] Vgl. Baumgarten (2000a), S. 7.
[107] Vgl. Baumgarten (2000a), S. 7f. bzw. Baumgarten, Walter (2001), S. 4f.
[108] Vgl. zum Prozesskettenmanagement Kapitel 2.3.3.
[109] Vgl. Bowersox, Closs, Cooper (2002), S. 4f.

auch der Beschaffung und Produktion unter logistischen Gesichtspunkten war daher lange nicht Gegenstand des wissenschaftlichen Diskurses. Auf Grund der bereits mit Beginn der 1970er Jahre ausgereiften Logistik-Konzeption[110] war die Logistik eher Gegenstand des operativen, weniger des strategischen Managements bzw. der Unternehmensführung und geriet sogar teilweise in – wissenschaftliche – Vergessenheit. *Bowersox, Closs, Cooper* konstatieren daher für die heutige Zeit eine *logistische Renaissance*, die mit einer „supply chain revolution" einherginge. Supply Chain Management (SCM) umfasst in ihrer Definition Unternehmen, die ihre strategische Positionierung positiv beeinflussen und ihre operative Leistungsfähigkeit verbessern wollen. Dabei gelangen sie zu dem Schluss, dass „supply chain operations" funktionale Bereiche in Unternehmen übergreifend sowie die beteiligten Partner in Wertschöpfungsketten und deren Kunden über organisatorische Grenzen hinweg koordinieren müssen. Logistik ist dagegen nur die operative Teilmenge, wobei dem „integrated logistics management" immerhin die Aufgaben der Synchronisation und der operativen Verkettung der übergreifenden Supply Chain zugewiesen wird.[111]

Der der Logistik in Deutschland und Europa übereinstimmend zugeordnete ständige Wandel ergibt sich für *Bowersox et al.* erst aus dem SCM und bezieht sich ausschließlich auf die Art der Aufgabenerfüllung, während sich der Inhalt der Logistik in den letzten Jahrzehnten nicht verändert hätte.[112] Die dem SCM zugeschriebenen Aufgaben wurden in Deutschland jedoch bereits in den 1980er und 1990er Jahren von Wissenschaft und Praxis als Aufgabengebiete der *Logistik* zugeordnet.[113] Insoweit ist der Neuheitsgrad des Supply Chain Managements in Europa natürlich abweichend von den USA zu bewerten, wobei auch in den USA einzelne Autoren andere Zuordnungen vornehmen. *Stock* und *Lambert* z. B. zählen für den Begriff „*Logistics management*" eine Vielzahl von Bezeichnungen auf, insbesondere „Business logistics, Channel management, Distribution, Industrial logistics, Logistical Management, Logistics, Material management, Physical distribution, Quick-response systems" sowie „*Supply chain management*", wobei sie darauf hinweisen, dass der

[110] Vgl. die Ausführungen in Kapitel 2.1.2 sowie Kortschak (2001), S. 659.

[111] Noch 1996 bezeichnen *Bowersox* und *Closs* das Logistik-Management umfassender: „Logistical management includes the design and administration of systems to control the flow of material, work in process, and finished inventory to support business unit strategy." Vgl. Bowersox, Closs (1996), S. 5. Auch die „logistische Renaissance" wird nicht im Zusammenhang mit Supply Chain Management gesehen sondern eher im Sinne einer Entwicklung des integrativen Logistik-Managements, dessen Teil das Supply Chain Management ist. Vgl. Bowersox, Closs (1996), S. 13ff. bzw. 33f.

[112] Vgl. Bowersox, Closs, Cooper (2002), S. 4. Übersetzung durch den Verfasser.

[113] Vgl. u. a. die Ausführungen zu den Phasen 2 bis 4 in Abbildung 4.

am weitesten akzeptierte Begriff in der Praxis „Logistics management" sei.[114] Im Rahmen einer Darstellung der historischen Entwicklung des Logistik-Managements – die mit dem Jahr 1901 beginnt – wird das Supply Chain Management als derzeit letzter und damit aktuellster Ansatz und Konzept des Logistik-Managements qualifiziert.[115]

Der Definitionsfortschreibung des CLM kann daher an dieser Stelle nicht gefolgt werden. Die Betrachtung der institutionellen Gliederung der Logistik und gerade interorganisationaler Aspekte in Kapitel 2.1.4 wird zudem zeigen, dass die Logistik – zumindest in Deutschland bzw. Europa – die Aufgaben des Supply Chain Managements bereits heute wahrnimmt. Durch die Erweiterung des Betrachtungshorizonts von der effizienten Warenflusssteuerung zu einer ganzheitlichen, kundenorientierten Optimierung der gesamten Wertschöpfungskette hat sich die Logistik damit zu einem strategischen Instrument der Unternehmensführung, zu einer Managementphilosophie und zu einem entscheidenden Faktor im Wettbewerb entwickelt.[116]

2.1.3.3 Bewertung der Logistik heute

Die Entwicklungsstufen der Logistik spiegeln die Evolution der Logistik in Praxis und Wissenschaft bei den jeweils führenden Vertretern wider. *Pfohl* weist – zurecht – grundsätzlich darauf hin, dass die höheren Entwicklungsstufen bisher nur von wenigen, als Logistik-Führer bezeichneten, Unternehmen in vollem Umfang umgesetzt wurden, die gerade deshalb Wettbewerbsvorteile gegenüber eher durchschnittlichen Unternehmen realisieren konnten.[117] Dabei ist der Grad der Implementierung der Logistik-Konzeption auch abhängig von unternehmensspezifischen Möglichkeiten bzw. Gegebenheiten. Der Entwicklungsstand der Unternehmen ist dabei insbesondere abhängig von der Branchenzugehörigkeit und deren Logistikaffinität.[118] *Weber* weist darauf hin, dass die kontinuierliche Veränderung der logistischen Aufgabenstellungen zur Veränderung der Sichtweisen der Logistik führen und daher das Erreichen eines neuen Entwicklungsstadiums einen elementaren Lernprozess innerhalb des Unternehmens voraussetzt. Gleichzeitig weist er auf die Gefahr des „Vergessens" früherer Stufen des Logistikwissens hin, die auf Grund der fokussierten Beschäftigung mit der jeweils aktuellen logistischen Rationalisierungs- bzw. Koordi-

---

[114] Vgl. Stock, Lambert (2001), S. 2. Übersetzung durch den Verfasser.
[115] Vgl. Stock, Lambert (2001), S. 11ff., insbesondere S. 13 und 16. Übersetzung durch den Verfasser.
[116] Vgl. Baumgarten, Walter (2001), S. 4, oder Baumgarten, Darkow, Walter (2000), S. 12.
[117] Vgl. Pfohl (2001a), S. 196f., und die dort angegebenen Quellen.
[118] Vgl. dazu z. B. Weber, Dehler (2000), S. 58, Pfohl (2001a), S.196f, oder Dehler (2001), S. 18.

nationsaufgabe sonst zu Ineffizienzen bei den Kernaufgaben der Logistik führen kann.[119] „Supply-Chain-Management funktioniert nur bei funktionierenden Material- und Warenströmen!“[120]

Auf der Basis der historischen Entwicklung der Logistik kann nun eine Logistik-Definition abgeleitet werden, die als Grundlage für diese Arbeit dient. Die folgende Definition der Logistik nach *Baumgarten* berücksichtigt alle Aufgaben und Funktionen, die im Rahmen der verschiedenen Phasen der Logistik dieser im Zeitablauf als wesensbestimmende Merkmale zuzuordnen waren. Sie unterstreicht den ganzheitlichen, prozess- und kundenorientierten Anspruch einer als Managementkonzept verstandenen modernen Unternehmenslogistik und ist damit Grundlage der weiteren Betrachtungen.

> *„Die Unternehmenslogistik umfasst die ganzheitliche Planung, Steuerung, Koordination, Durchführung und Kontrolle aller unternehmensinternen und unternehmensübergreifenden Güter- und Informationsflüsse.[121] Die Logistik stellt für Gesamt- und Teilsysteme in Unternehmen, Konzernen, Netzwerken und sogar virtuellen Unternehmen prozess- und kundenorientierte Lösungen bereit.“[122] „Die Beschaffungs-, Produktions-, Distributions-, Entsorgungs- und Verkehrslogistik sind wichtige Teilgebiete der Logistik, die in alle Prozessketten und -kreisläufe einfließen.“[123]*

Der Fokus der Logistik heutiger Unternehmen geht damit weit über die eigenen Unternehmensgrenzen hinaus. Dabei werden entlang aller Wertschöpfungsstufen vom Zulieferer bis zum Endkunden Optimierungspotenziale aufgedeckt und erschlossen. Unter dem Einfluss der Globalisierung, der Besinnung und Konzentration auf die eigenen Kernkompetenzen und der daraus resultierenden Notwendigkeit von Wertschöpfungspartnerschaften, sowie der kundengetriebenen Prozessgestaltung lassen sich in der Logistik derzeit drei Haupttrends erkennen: die Kundenintegration, Globale Netzwerke und E-Business im Sinne der elektronischen Unterstützung der Prozesse durch geeignete Informations- und Kommunikationssysteme bzw. durch Informationslogistik.[124]

---

[119] Vgl. Weber (2002a), S. D 5-1f. Ein grundsätzliches Integrationsdefizit konstatiert auch *Klaus*. Vgl. ausführlich Klaus (1998), S. 61ff.
[120] Weber (2002a), S. D 5-2.
[121] Siehe vertiefend zum Güterbegriff Kapitel 3.2.2.2.
[122] Baumgarten (2000a), S. 13.
[123] Baumgarten (2000a), S. 3.
[124] Vgl. Baumgarten, Walter (2001), S. 79.

2.1.4 Anpassung der institutionellen Gliederung der Logistik

In Kapitel 1.3 wurde die institutionelle Gliederung der Logistik und die Aufteilung der Betrachtungsperspektiven in Mikro-, Makro- und Metalogistik[125] kurz dargestellt. Diese soll im Folgenden noch einmal vertiefend betrachtet und ggf. angepasst werden.

Logistische Systeme sind als Güterflusssysteme Ausschnitte aus der realen Welt. *Ihde* leitet die Notwendigkeit einer weiteren Untergliederung der Logistik-Systeme aus der Komplexität und Intransparenz dieses ersten Realitätsausschnitts her, da letztlich alle Wirtschaftssubjekte, Unternehmungen und Haushalte Elemente eines weltweiten Güterflussnetzwerks sind.[126] Die notwendige Modellbildung nimmt er nach der Maßgabe der Konnektivität und Vernetzung[127] durch objektorientierte Differenzierung zunächst in makro- und eine mikrologistische Systeme vor. *Mikrologistische* Systeme sind dabei einzelwirtschaftliche, insbesondere unternehmerische bzw. betriebswirtschaftliche Systeme, die von der (Makro-) Umwelt dadurch abzugrenzen sind, dass alle diejenigen logistischen Aufgaben – insbesondere Güterströme in bzw. zwischen Unternehmen – einbezogen werden, die einzelwirtschaftlich gesteuert werden.[128] Bevorzugt werden hier Industrie- und Handelsunternehmen betrachtet, wobei diese logistischen Gesamtsysteme häufig dem unternehmensinternen Wertschöpfungsprozess folgend in eine Beschaffungs-, Produktions-, Distributions- und Entsorgungslogistik differenziert werden.[129]

Die *Makrologistik* umfasst dagegen die volks- bzw. gesamtwirtschaftliche Komponente und damit insbesondere Marktbetrachtungen und aggregierte Betrachtungen von gesamtwirtschaftlichen Auswirkungen.[130] Die Abgrenzung makrologistischer Systeme erfolgt nach gesamtwirtschaftlichen Zusammenhängen und Problemen bzw. Zielsetzungen. Dabei werden die mikrologistischen Subsysteme als „black boxes" und nur in Bezug auf ihre Güteraustauschbeziehungen betrachtet. Durch Verkettung und Vernetzung ergeben sich makrologistische Güterflussnetze.[131]

---

[125] Vgl. Abbildung 2 und die Ausführungen in Kapitel 1.3 sowie Weber (1999), S. 4, oder Pfohl (2000a), S. 14ff., bzw. Ihde (2001), S. 40ff.

[126] Vgl. Ihde (2001), S. 40.

[127] Ziel ist eine möglichst große Konnektivität innerhalb des Systems und eine möglichst geringe Vernetzung nach außen mit dem Umsystem. Vgl. Ihde (2001), S. 40.

[128] Vgl. Ihde (2001), S. 40, Ihde (1999), S. 116ff. Oder Weber (1999), S. 4.

[129] Vgl. Weber (1999), S. 4, oder Ihde (1999), S. 117.

[130] Vgl. Aberle (2000), S. 469.

[131] Vgl. vertiefend Ihde (1999), S. 116ff.

Die *Metalogistik* steht als funktionale Verkettung mikrologistischer Subsysteme[132] zwischen diesen beiden grundsätzlichen Ansätzen. Interorganisationale Ansätze wie Supply Chain Management im Sinne eines logistischen Netzwerkmanagements[133] sind dieser Betrachtungsperspektive zuzuordnen. Diese Perspektive hat die Sicherstellung materieller Verfügbarkeiten auf allen aufeinander bezogenen Stufen der Wertschöpfung zum Ziel. Damit koordiniert dieses Konzept des Logistik-Managements die jeweils als Kunden und Lieferanten verbundenen Glieder der einzelnen Wertschöpfungsketten und muss dabei Regelungen nicht nur für intraorganisatorische – unternehmensinterne – sondern vor allem für interorganisatorische Systeme – bestehend aus unabhängigen Marktpartnern, Lieferanten, logistischen Dienstleistern und Kunden – treffen. Dabei erfordert die Optimierung der Logistiknetzwerke neue Formen der Integration von Prozessen und die enge Kooperation von Unternehmen.[134]

2.1.4.1 Berücksichtigung aktueller interorganisationaler Entwicklungen

Die traditionelle institutionelle Abgrenzung der Logistik[135] stößt in der derzeitigen Entwicklung der logistischen Aufgaben im Sinne einer Planung, Koordination, Steuerung, Durchführung und Kontrolle unternehmensübergreifender Netzwerke an ihre Grenzen. Da die Systemabgrenzung der Logistik problembestimmt und damit noch nicht endgültig ist,[136] sind durch neue Entwicklungen bzw. Anwendungsfelder Anpassungen der institutionellen Gliederung der Logistik möglich und – abhängig von der Zielsetzung – sinnvoll. Die interorganisatorische Komponente der Logistik wird – wie in Kapitel 2.1.3.1 ausgeführt – von ganzheitlichen unternehmungsübergreifenden Konzepten berücksichtigt, insbesondere Supply Chain Management (SCM), Efficient Consumer Response (ECR) und als Erweiterung Collaborative Planning, Forecasting and Replenishment (CPFR) in Handel und Konsumgüterindustrie.[137]

---

132 Vgl. Ihde (1999), S. 116f. bzw. Pfohl (2000a), S. 16.

133 *Ihde* verweist darauf, dass dieses Konzept des Logistik-Managements in der neueren Literatur als Supply Chain Management bezeichnet wird. Vgl. Ihde (2001), S. 17, der wiederum auf Houlihan (1987), Christopher (1994), Vahrenkamp (1999) und Kotzab (2000) verweist.

134 Vgl. Ihde (2001), S. 17f.

135 Vgl. Abbildung 2 in Kapitel 1.3.

136 Vgl. Ihde (1999), S. 117.

137 Vgl. zu Inhalt und Abgrenzung dieser Konzepte die Ausführungen in Seifert (2001). Zu einer komprimierten Darstellung des Verhältnisses von ECR und CPFR vgl. auch Seifert (2002), S. 50f.

Dabei verwischen die Grenzen zwischen den Institutionen nicht nur bei der Anwendung der Konzepte, die nicht mehr ausschließlich auf einzelne Sektoren beschränkt sind: Logistik-Dienstleister übernehmen weit reichende Aufgaben für Industrie und Handel und setzen dabei insbesondere auf die Möglichkeiten der Informations- und Kommunikationstechnologien. Gleichzeitig stehen nicht mehr einzelne Unternehmen oder Konzerne – Institutionen – sondern Supply Chains im Wettbewerb zueinander, wobei diese in der Regel Schnittmengen z. B. bezüglich einzelner Lieferanten mit Alleinstellungsmerkmalen enthalten. Diese Mega-Supplier – z. B. Bosch in der Automobilindustrie – sind dann jeweils Mittelpunkte eines von ihnen mitbestimmten Supply-Chain-Netzwerks und dabei relativ unabhängig von der Marktmacht auch großer Hersteller, die ihrerseits im Rahmen von Mehrprodukt- und Regionalmarktstrategien in verschiedene Supply Chains eingebunden sind. Dies gilt ähnlich auf der Handelsseite, hier sind Unternehmen wie die Metro- oder die Otto-Gruppe zu nennen. Auch für Dienstleistungsunternehmen gelten analoge Spielregeln: In einem quantitativ und qualitativ homogenen Wettbewerbsumfeld entscheidet insbesondere die Güte des Netzwerks an Lieferanten und Dienstleistern sowie die Fähigkeit der effizienten Steuerung bzw. Koordination dieses Netzwerks über den Erfolg. Dieser Zusammenhang lässt sich insbesondere am Bild der „Spinne im Netz" verdeutlichen, die den Systemkopf des Netzwerks darstellt. Die Aufgaben der verschiedenen Netzwerk-Partner werden in der folgenden Abbildung 5 deutlich:

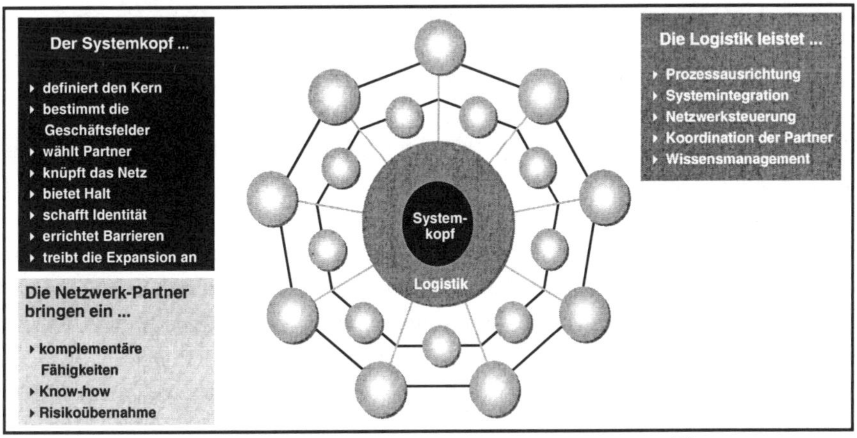

Abbildung 5: Ausrichtung und Koordination von Unternehmensnetzwerken[138]

[138] Quelle: In Anlehnung an Baumgarten (2001), S. 19, bzw. Baumgarten, Walter (2001), S. 54.

In allen Fällen liegt es nahe, die Koordination der komplexen Sachzusammenhänge innerhalb der Supply Chains als wettbewerbsentscheidend zu qualifizieren. Mikrologistisch bedingt dies einen Bedeutungszuwachs der Logistikunternehmen bzw. Logistik-Dienstleister, die in der Lage sind, diese Probleme für ihre Kunden zu lösen. Kunden dieser Logistik-Dienstleister sind dann de facto alle in einer Supply Chain beteiligten Unternehmen. Auf der anderen Seite ist die Metalogistik – die interorganisationale Perspektive der Logistik – das eigentliche Strukturierungsmerkmal. Hier gilt es, das Augenmerk auf die Ausgestaltung der vorhandenen Institutionen bzw. Kooperationen zu richten. Aufgabenträger im Sinne einer Spinne im Netz können hierbei die internen Logistikabteilungen der Mega-Supplier bzw. OEM[139] oder aber ein Logistik-Dienstleister sein. Aus diesen Überlegungen folgt ein grundsätzlicher Anpassungs- bzw. Aktualisierungsbedarf der institutionellen Gliederung der Logistik.

2.1.4.2 Notwendige Anpassungen der Gliederung der Mikrologistik

Grundsätzlich ist bei der institutionellen Betrachtung der Logistik anzumerken, dass die bisherige Gliederung der Mikrologistik Krankenhäuser bzw. Krankenhausbetriebe nicht als Unternehmen zählt. Dies ist angesichts des rapiden Wandels im Gesundheitswesen so nicht mehr haltbar. Richtig ist stattdessen eine Zuordnung zu sonstigen Dienstleistungsunternehmen, die im Zuge der zügigen Privatisierung von z. B. Krankenkassen, Bäderbetrieben, Arbeitsvermittlung etc. zukünftig in noch stärkerem Maße dem Wettbewerb ausgesetzt sein werden. Daher ist damit zu rechnen, dass die Logistik als wirksame Koordinationsfunktion rasch an Bedeutung gewinnen wird.

Vor dem Hintergrund, dass die mikrologistische Aufteilung bisher in Bezug auf die Dienstleistungslogistik auf einer Gliederungsebene höher endet[140], als dies bei Industrie- und Handelslogistik der Fall ist, ist – auf Grund der grundsätzlich unterschiedlichen logistischen Aufgabenstellungen – in eine Trennung der Dienstleistungslogistik in die Bereiche Logistikunternehmen – oder Logistik-Dienstleister – sowie (Sonstige) Dienstleistungsunternehmen vorzunehmen. Dieses Vorgehen wird zudem dadurch notwendig, dass nach der Drei-Sektorentheorie[141] der Handel ansonsten der bisherigen Dienstleistungslogistik zuzuordnen wäre. An dieser

[139] OEM = Original Equipment Manufacturer. Mit diesem Terminus wird der Hersteller gekennzeichnet, der das Endprodukt unter Verwendung von Original-Einzelteilen von anderen Herstellern – Zulieferern – unter eigenem Namen auf den Markt bringt.

[140] Vgl. Kapitel 1.3.

[141] Vgl. dazu Kapitel 3.1.

Stelle ist dabei aus terminologischen Gründen die klare Abgrenzung der mikrologistischen Begriffe Dienstleistungslogistik und Logistik-Dienstleistung sinnvoll. Die folgende Abbildung 6 verdeutlicht diese Abgrenzung:

Begriff	Logistik-Dienstleistung (Logistikunternehmen)	Dienstleistungslogistik
Kurz-Definition	Logistik als externe Dienstleistung ***für*** Unternehmen	Logistik ***in*** Dienstleistungsunternehmen
Beispiele	▸ Transporteure ▸ Spediteure ▸ Kontraktlogistik-Anbieter ▸ KEP-Dienstleister ▸ Systemdienstleister (3PL) ▸ Systemintegratoren (4PL) ▸ u. a.	▸ Krankenkassen ▸ Banken ▸ Versicherungen ▸ Unternehmensberatungen ▸ Krankenhäuser ▸ Stiftungen ▸ u. a.

Abbildung 6: Abgrenzung Logistik-Dienstleistung versus Dienstleistungslogistik

Im Gegensatz zu den Überlegungen zur Verankerung der Krankenhauslogistik scheint eine Herausstellung der Militär-Logistik gegenüber der Logistik sonstiger Organisationen gerechtfertigt, sowohl aus Gründen der historischen Entstehung der Logistik als auch auf Grund wieder gestiegener Aufmerksamkeit und Aufgabenumfänge in diesem Sektor. Dabei spielt dieser Bereich in Deutschland eine noch deutlich höhere Rolle, da zum einen die Kompetenz der Bundeswehr im Bereich der koordinativen Logistik – weniger in der klassischen Logistik – im Verhältnis zur Gesamtleistungsfähigkeit sehr hoch eingeschätzt wird. Gleichzeitig ist die Aufgabenstellung in der Militär-Logistik grundsätzlich kontrovers zur Logistik in Wirtschaftsunternehmen, so dass die spezifische Betrachtung der Militär-Logistik beibehalten werden sollte. Auch im Bereich der Logistik sonstiger Organisationen ist mit einem weiteren Bedeutungsanstieg der Logistik im Allgemeinen zu rechnen. Beispiele sind die Eventlogistik, z. B. für die EXPO 2000 in Hannover, oder auch die Katastrophenlogistik, wobei die Logistik in diesem Bereich z. B. die Koordinierung der Hilfsgüteranliefer- und –verteilströme zwischen verschiedenen nicht-staatlichen Organisationen (NGOs)[142] übernehmen kann.

---

[142] Non Governmental Organisation (NGO): Unter diesem Begriff werden nichtamtliche, internationale Organisationen geführt, die zum ‚Economic and Social Council' der Vereinten Nationen Konsultationsbeziehungen unterhalten.

2.1.4.3 Ergebnis der institutionellen Anpassung

Aus Gründen der Vereinfachung des Gesamtschemas bietet sich auf Basis der bisherigen Überlegungen in Kapitel 2.1.4 eine „Vereinigung“ der Mikro- und Metalogistik an, auch und gerade auf Grund der Tatsache, dass jedes Unternehmen und jede Organisation in ein Netzwerk „eingespannt“ ist.[143]

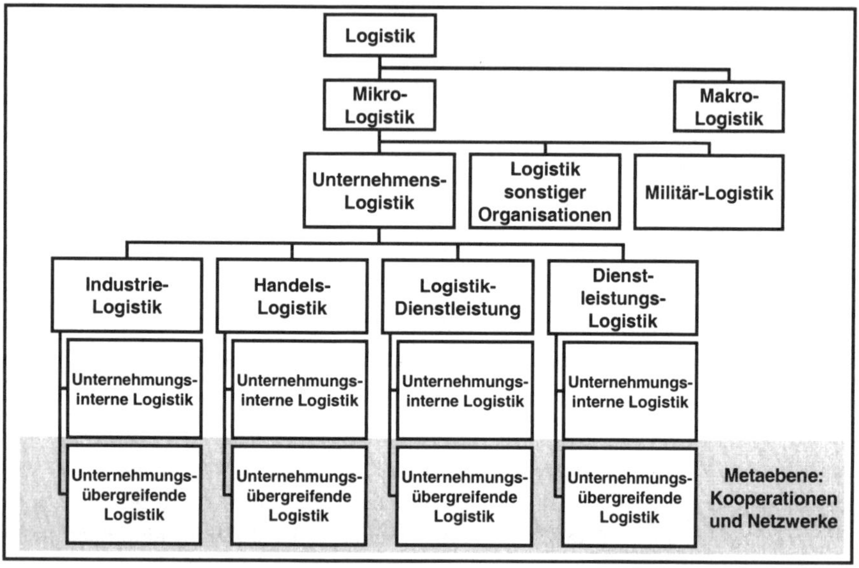

Abbildung 7: Anpassung der institutionellen Abgrenzung von Logistik-Systemen

Da sich die bisherige Unterteilung der branchenbezogenen Logistik auf die Abgrenzung zwischen inner- und zwischenbetrieblicher Logistik bezog, bietet sich jeweils eine Unterteilung in eine unternehmungsinterne Logistik sowie – auf einer gemeinsamen Meta-Ebene – eine unternehmungsübergreifende Logistik an, die Kooperationen und Netzwerke verschiedenster Ausprägungen beinhaltet. Auf diese Weise kann gleichzeitig die bisherige Fokussierung des Schemas auf den „Betrieb“ als kleinste wirtschaftliche Unternehmenseinheit an einen umfassenderen – und für eine grundsätzliche Betrachtung der Logistik-Konzeption geeigneten – Unternehmungsbegriff angepasst werden. Die jeweilige Berücksichtigung einer Meta-Ausprägung in allen Branchen verdeutlicht den oben angeführten Sachverhalt, dass einzelne Supply Chains jeweils in der Regel von dem Partner mit dem größten Anteil oder

---

143 Diese Auffassung vertritt grundsätzlich auch *Ihde*. Vgl. Ihde (2001), S. 41, bzw. Ihde (1999), S. 119f.

Interesse an der Supply Chain geführt werden, wobei ein vollständiges Outsourcing der Logistiksteuerung kaum möglich ist. Damit ist das Supply Chain Management als Konzept zur Steuerung der Metalogistik[144] bzw. des mikrologistischen Systems „Supply Chain" interpretierbar. Dies gilt analog für ECR-/ CPFR- und ähnliche unternehmungsübergreifende Konzepte.

2.2 Entwicklung der systemorientierten Logistik-Konzeption

Ein Ziel dieser Arbeit ist die explizite Erweiterung des Betrachtungsgegenstands der Logistik auf Dienstleistungsunternehmen bzw. –institutionen auf der Basis einer allgemeinen Logistik-Konzeption. Ein Logistik-Konzeption beinhaltet die logistische Betrachtungsweise von Problemen in Unternehmen.[145] Gleichzeitig ist auch eine Rückübertragung der in Bezug auf die Logistik in Dienstleistungsunternehmen gewonnenen Erkenntnisse auf diese allgemeine Konzeption der Logistik vorgesehen. Die zu Grunde liegende Logistik-Konzeption muss daher so allgemeingültig ausgestaltet werden, dass die Spezifikation in beide Richtungen ermöglicht wird. Zu diesem Zweck ist es sinnvoll, den Systemansatz der Logistik explizit zu verwenden, da dieser eine Übertragbarkeit der gewonnenen Erkenntnisse gewährleistet und als logistische Objekte insoweit Güter, aber auch Menschen, Informationen und Dienstleistungen in Frage kommen.[146] Damit ist es in einem ersten Schritt notwendig, die Grundlagen der Logistik-Konzeption an dieser Stelle genau zu betrachten und zu definieren. Z. B. diskutiert *Pfohl* die Frage, ob Überlegungen zu einer Logistik-Konzeption als ein Modewort betreffend zu bewerten sein könnte, da die unter dem Begriff „Logistik" in einem Unternehmen zusammengefassten Aufgaben bereits vor Verwendung des Logistik-Begriffs in Unternehmen wahrgenommen wurden. Er verweist in diesem Zusammenhang jedoch auf eine generell in der Betriebswirtschaftslehre nachweisbare Reserviertheit gegenüber neuen Konzeptionen, z. B. gegenüber der Marketing- oder der Controlling-Konzeption.[147] *Delfmann* weist darauf hin, dass sich die Logistik-Konzeption bei einer nicht ausreichenden inhaltlichen Abgrenzung ebenfalls wie andere „neue" Management-Konzeptionen dem Vorwurf eines „Omnipotenzanspruchs" aussetzt.[148] Insoweit ist eine genaue inhaltliche Definition und

[144] Ähnlich argumentiert auch *Pfohl*, der darauf hinweist, dass die Metalogistik grundsätzlich interorganisatorische Logistik-Systeme beinhaltet, während die Mikrologistik die intralogistischen Logistik-Systeme berücksichtigt. Vgl. Pfohl (2000a), S. 15f.

[145] Vgl. Pfohl (2000a), S. 3.

[146] Vgl. Klaus (2000b), S. XV.

[147] Vgl. Pfohl (2000a), S. 25.

[148] Vgl. dazu auch Delfmann (1999), S. 44.

Abgrenzung der Logistik-Konzeption an dieser Stelle zwingend notwendig, insbesondere da im weiteren Verlauf der Arbeit eine Weiterentwicklung und Ausdehnung der Logistik bzw. des Logistik-Begriffs auf Dienstleistungsunternehmen und damit auf bisher weniger beachtete Betätigungsfelder der Logistik erfolgt.[149]

2.2.1 Basiselemente der systemorientierten Logistik-Konzeption

„Eine Konzeption beinhaltet eine neue Betrachtungsweise der Probleme in Unternehmen und ermöglicht neue Problemlösungen.“[150] Daher kommt es für die Ausgestaltung der Logistik-Konzeption nicht darauf an, ob die der Logistik zuzuordnenden Aufgaben in Unternehmen schon immer wahrgenommen wurden, sondern inwieweit eine logistikorientierte Herangehensweise bessere Problemlösungen in diesen Unternehmen bzw. in Supply Chains zulässt. Bei der Erfüllung von Logistikaufgaben sind Interdependenzen zwischen Teilsystemen der Logistik zu beachten. *Pfohl* charakterisiert die Logistik-Konzeption in diesem Zusammenhang durch die folgenden fünf Komponenten:

- Wert- und nutzenorientiertes Denken,
- Systemdenken,
- Gesamt- und Totalkostendenken,
- Servicedenken und
- Logistisches Effizienzdenken.[151]

Diese Strukturierung des grundlegenden „logistischen Denkens“ ist größtenteils in der wissenschaftlichen Gemeinschaft akzeptiert[152] und wird daher weit gehend übernommen, jedoch sind einige Ergänzungen bzw. Spezifizierungen notwendig.

---

[149] Die Logistik wird derzeit im Zusammenhang mit der Diskussion über den Neuheitsgrad des Supply Chain Managements bereits häufig als „klassisch“ oder „konventionell“ bezeichnet. Die wissenschaftliche Fundierung wird dagegen immer weniger in Frage gestellt. Vgl. dazu z. B. Pfohl (2000b), S. 4–7. Zum Supply Chain Management siehe auch Kapitel 2.1.4 und zum neusten Stand der wissenschaftlichen Diskussion Göpfert (2002b), Baumgarten, Darkow (2002a) oder Schönsleben, Hieber (2002).

[150] Pfohl (2000a), S. 25. *Göpfert* verwendet eine andere Definition der „Konzeption“, allerdings im Hinblick darauf, einer „betriebswirtschaftlichen Funktion Logistik“ ihre wissenschaftliche Tragfähigkeit zuordnen zu können. Vgl. Göpfert (2000a), S. 61f.

[151] Vgl. Pfohl (2000a), S. 20-48. Auf Grund der grundsätzlichen Bedeutung der allgemeinen Übertragbarkeit der gewonnenen Erkenntnisse basieren die folgenden Ausführungen auf dem systemorientierten Ansatz nach Pfohl (2000a), der derzeit zur Standardliteratur der Logistik zu zählen ist. Vgl. z. B. Göpfert (2000a), S. 67.

[152] Vgl. Göpfert (2000a), S. 67.

Im Folgenden werden daher die verschiedenen Charakteristika kurz erläutert, wobei das Systemdenken – aus Sicht der theoretischen Fundierung der Überlegungen zur Logistik-Konzeption – an erster Stelle betrachtet wird. Dies geschieht auch vor dem Hintergrund, dass die Kategorien „Gesamt- und Totalkostendenken", „Servicedenken" und „Logistisches Effizienzdenken" auf dem systemorientierten Ansatz fußen und grundsätzlich aus dem „Wert- und nutzenorientierten Denken" abgeleitet werden können. Der Zusammenhang der einzelnen Komponenten ist in der folgenden Abbildung 8 dargestellt.

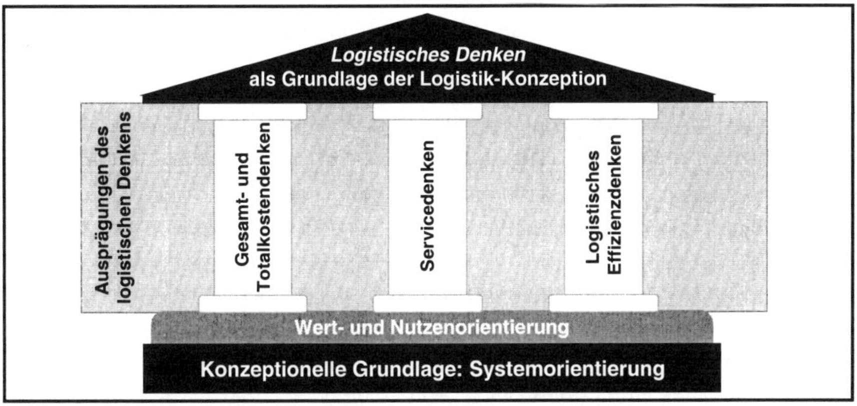

Abbildung 8: Zusammenhang der Komponenten des Logistischen Denkens als Charakteristika und Grundlage der Logistik-Konzeption

2.2.1.1 Konzeptionelle Grundlagen

Die systemtheoretische Betrachtungsweise bzw. das „Systemdenken" ist grundlegend für die Logistik-Konzeption.[153] Die Wirtschafts- und Sozialwissenschaften[154] unterscheiden diesen systemischen Ansatz grundsätzlich vom holistischen bzw. ganzheitlichen und dem individualistischen Ansatz.[155]

---

[153] Vgl. Pfohl (2000a), S. 26 und die dort angegebene Literatur, die in den Beginn der Beschäftigung mit der Logistik in Deutschland Anfang der 1970er Jahre zurück reicht. Zu einem ausführlichem und über die folgenden Ausführungen hinaus gehenden Überblick über Ansätze zur theoretischen Fundierung der Logistik vgl. Göpfert (2000a), S. 61ff., insbesondere S. 64ff., oder auch Klaus (2000b), S. XIIIff. Vgl. analog auch Kopfer, Bierwirth (2000).

[154] Der systemische Ansatz hat seinen Ursprung in der Biologie und wurde von dort u. a. in die Wirtschaftswissenschaften übernommen. Vgl. Pfohl (2000a), S. 26.

[155] Eine andere, noch sehr viel weiter gehende Übersicht über mögliche Ansätze in den Management- und Organisationswissenschaften gibt Klaus (1999), S. 20ff.

Der *individualistische Ansatz* stellt die Betrachtung einzelner – individueller – Akteure bzw. Entscheidungen in Wirtschaftssystemen in den Mittelpunkt. Dabei wird im Wesentlichen von der Einbindung anderer Akteuere in größere Interaktionszusammenhänge abstrahiert.[156]

Der *holistische* bzw. *ganzheitliche Ansatz* basiert dagegen auf der Grundannahme, dass das Ganze mehr als die Summe seiner Teile ist und daher für die Erklärung wirtschaftlicher – und sozialer – Zusammenhänge nur die Perspektive der Gesamtheit, in die Einzelne eingebunden sind, geeignet ist, Verhaltenserklärungen ebenso wie Steuerungs- bzw. Gestaltungsmaßnahmen zu ermöglichen.[157]

Das *Systemdenken* kombiniert diese beiden Ansätze und fokussiert auf die Betrachtung von Wechselwirkungen zwischen Einzelkomponenten und Gesamtheit: Ein System besteht grundsätzlich aus einer Menge von miteinander in Beziehung stehenden Elementen. Wesensbestimmend für das Systemdenken sind dabei sowohl die ganzheitliche Betrachtungsweise als auch die Erkenntnis, dass für die Erklärung der Ganzheit auch die Erklärung der einzelnen Elemente und der Beziehungen zwischen diesen Elementen notwendig ist.[158]

Damit ist Systemdenken „ein Denken in komplexen, vernetzten Zusammenhängen."[159] Die integrierte Betrachtung von Elementen und Gesamtsystem mit besonderem Fokus auf ihre Wechselwirkungen gibt Aufschluss über den Charakter eines Systems.[160] Die Logistikvertreter sind auch international einig über die grundlegende Bedeutung des Systemansatzes für die Logistik. *Göpfert* betont, dass z. B. den angloamerikanischen Logistik-Konzeptionen zumeist der Systemansatz – der system approach – zu Grunde liegt.[161]

Die grundsätzlichen Zusammenhänge der Grundprinzipien des Systemdenkens sind in der folgenden Abbildung 9 zusammengestellt:

[156] Vgl. Delfmann (1999), S. 39.
[157] Vgl. Delfmann (1999), S. 40.
[158] Vgl. Pfohl (2000a), S. 26, oder auch Delfmann (1999), S. 40.
[159] Pfohl (2000a), S. 26.
[160] Vgl. Delfmann (1999), S. 40.
[161] Vgl. Göpfert (2000a), S. 67, und die dort angegebene Literatur.

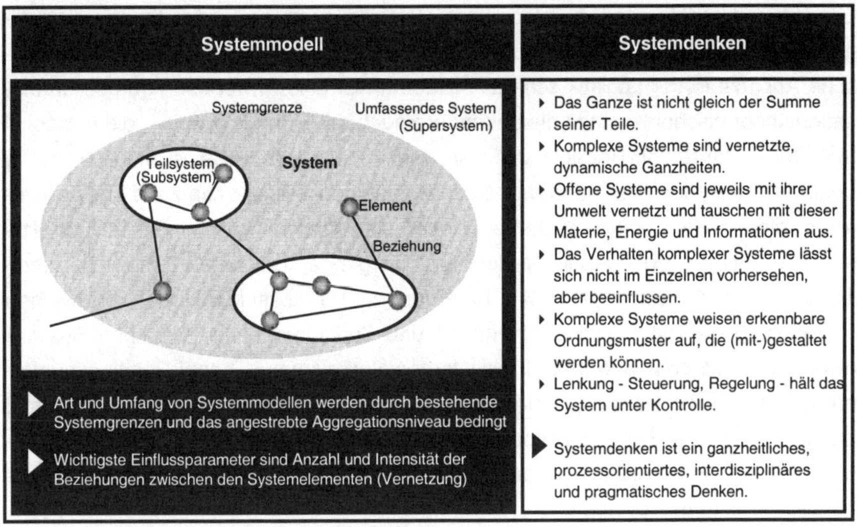

Abbildung 9: Grundprinzipien des Systemdenkens

Göpfert weist darauf hin, dass innerhalb der Systemtheorie zwischen einer Theorie statischer Systeme und einer Theorie dynamischer Systeme zu unterscheiden ist, wobei reale Systeme immer dynamische Systeme sind. Für diese hat sich der Begriff „Kybernetik" durchgesetzt, so dass im Allgemeinen,[162] in der betriebswirtschaftlichen Systemtheorie[163] und auch in dieser Arbeit im Rahmen der Systemtheorie ein kybernetisch-systemtheoretischer Ansatz verfolgt wird.

Damit wird die Betrachtung von Zusammenhängen zwischen den Elementen eines ganzheitlichen Systems um die Lenkung dynamischer Systeme erweitert. So ist es möglich, auf der Basis der logistikorientierten Systemtheorie neben der notwendigen integrierten und ganzheitlichen Sichtweise auch die Steuerungs- und Lenkungsaufgaben von Güter- und Informationsflüssen durch die Logistik zu begründen.[164]

---

[162] Vgl. Göpfert (2000a), S. 68, in Anlehnung an Schiemenz (1993), Sp. 4.128.

[163] *Schiemenz* definiert die betriebswirtschaftliche Systemtheorie als die „Anwendung und Weiterentwicklung der Systemtheorie und Kybernetik für die Betriebswirtschaft". Vgl. Göpfert (2000a), S. 68, bzw. Schiemenz (1993), Sp. 4.128.

[164] Vgl. Göpfert (2000a), S. 68f. und die dort angegebene Literatur.

Göpfert und *Pfohl* vertreten unisono die Meinung, dass die Systemtheorie eine allgemeine theoretische Basis und damit einen Integrationsrahmen für andere theoretische Ansätze in der Logistik schafft.[165] Dadurch ist eine Anwendung gerade organisationstheoretischer Ansätze, insbesondere auch der Prozesstheorie – die in Kapitel 2.3 Gegenstand der Betrachtung sein wird – auf dieser Basis möglich.[166] Die Logistik-Konzeption baut daher auf dem allgemeinen Systemansatz auf und konkretisiert diesen für Logistik-Systeme, indem sie Wirtschaftssysteme als Transfersysteme interpretiert. Dabei werden alle Vorgänge, die den räumlich-zeitlichen Transfer von Objekten jeder Art betreffen, in den Mittelpunkt der logistischen Betrachtung gerückt.[167] Die Beziehungen und Zusammenhänge zwischen Systemelementen und/ oder Sub- bzw. Teilsystemen sind als Input-Output-Relationen interpretierbar, die die Beziehungsstruktur, z. B. das Netzwerk eines Logistik-Systems, darstellen. Aus der Perspektive des Objektaustausches zwischen einzelnen Elementen wird bei Berücksichtigung des Faktors Zeit[168] aus der Beziehungsstruktur die Prozessstruktur des Systems.[169]

Die – teilweise als eigenständig diskutierte – Prozesstheorie, die für die Beschreibung, Betrachtung und Steuerung von Logistik-Systemen und damit für die Gestaltung der Logistik-Konzeption gerade auf der organisationalen Seite einen vielversprechenden Ansatz darstellt, kann daher als Teil des Systemansatzes der Logistik interpretiert werden.[170]

[165] Vgl. Göpfert (2000a), S. 64 – 68 und Pfohl (2000a), S. 26 – 27. *Klaus* zählt die systemtheoretischen Ansätze zu den sechs Basisperspektiven der Betriebswirtschaftslehre und Managementforschung und untersucht auf dieser Basis die Logistik dahin gehend, ob sich diese zu einer – dann siebten Perspektive – entwickelt hat. Vgl. dazu vertiefend Klaus (1999), S. 20ff. Zur von ihm propagierten „Logistik als Weltsicht" siehe auch Kapitel 2.2.2.

[166] Vgl. zu dieser Annahme vertiefend Göpfert (2000a), S. 67, die insbesondere auf Grochla (1975, 1976) bzw. Schiemenz (1993), Sp. 4.138, verweist.

[167] Vgl. Delfmann (1999), S. 40.

[168] Vgl. zur Bedeutung des Faktors Zeit z. B. Schäfer (2002), Kortschak (1999) oder auch Wolff (1996).

[169] Vgl. Pfohl (2000a), S. 26.

[170] Zustimmend äußern sich dazu Pfohl (2000a), S. 26, Göpfert (2000a), S. 65 bzw. 69f., Delfmann (1999), S. 40f. sowie auch Horváth (1998), S. 102. Klaus (1998), S. 66f. dagegen sieht in dem Prozessansatz eine spezifische Erweiterung der Logistik. Pfohl ordnet auch den „Koordinationsansatz", den u. a. Weber (1992) vertritt, in den Systemansatz der Logistik ein, da die abgestimmte und koordinierende Gestaltung von Güterflüssen für die systemorientierte Logistik-Konzeption grundlegend ist. Vgl. Pfohl (2000a), S. 27, aber auch Göpfert (2000a), S. 65.

Analog zur Prozesstheorie kann auch die Wertkettentheorie nach *Porter*[171] in die systemtheoretische Basis der Logistik-Konzeption eingebettet werden. *Göpfert* ordnet diesem Ansatz die Fähigkeit zu, wertvolle Anregungen für ein „aktivitätsorientiertes Logistik-Managementkonzept" liefern zu können.[172] *Porters* Arbeiten liegen nach eigener Aussage eine aktivitätsbezogene Theorie des Unternehmens zu Grunde, wobei er „Aktivitäten" und „Prozesse" synonym verwendet.[173] Damit deckt sich dieser Ansatz weit gehend mit dem Prozessansatz.[174] *Porter* weist darauf hin, dass die individuelle Ausprägung der Prozesse in einem Unternehmen – das *spezifische Aktivitätenprofil* – die Grundlage für die dauerhafte Durchsetzung von Wettbewerbsvorteilen darstellt.[175] Die Wertkettentheorie zeichnet sich durch ihre grundsätzliche Übertragbarkeit auf Supply Chains bzw. Unternehmensnetzwerke aus, die im Rahmen der Strategieentwicklung in Kapitel 5 besondere Berücksichtigung finden wird.

Ein systemtheoretischer Ansatz, der zudem in der Lage ist, die Stärken des Prozess- und des Wertkettendenkens aufzunehmen, ist eine geeignete Grundlage für die Ausgestaltung einer allgemein gültigen Logistik-Konzeption. Die Leistungsfähigkeit des Systemdenkens ergibt sich daraus, dass neue praxisrelevante Aussagen über die Abgrenzung bzw. Definition, die Beschreibung, die Begründung und die Gestaltung von Logistik-Systemen ermöglicht werden, wobei gleichzeitig die Übertragbarkeit von entwickelten Lösungen gewährleistet werden soll.[176]

Auf dieser Grundlage ist es möglich, für die in dieser Arbeit entwickelte, allgemein übertragbare Logistik-Konzeption Begriffe und Definitionen zu bilden und zu bestim-

---

[171] Vgl. Porter (1999a), bzw. Porter (1997). Zu einer vertiefenden Darstellung der Wertkettentheorie vgl. Kapitel 2.3.

[172] Vgl. Göpfert (2000a), S. 65 bzw. S. 69. Sie vertritt mit Verweis auf Pfohl (1996), S. 27, mittelbar ebenfalls die Meinung, dass der Wertkettenansatz in den Systemansatz eingeordnet werden kann. Dabei weist sie jedoch darauf hin, dass *Porter* seinen Ansatz nicht selbst unmittelbar auf die Logistik bezieht.

[173] Vgl. Porter (1999a), Vorwort bzw. S. 15.

[174] Vgl. Göpfert (2000a), S. 65 bzw. S. 69, die darauf hinweist, dass *Porter* als Erster die strategische Dimension und Tragweite des Prozessansatzes begründet. *Klaus* bezieht das Wertkettenkonzept nach *Porter* auch selbst explizit in seinen Prozessansatz ein. Vgl. Klaus (1998), S. 66f.

[175] In diesem Zusammenhang bezeichnet *Porter* eine Strategie als eine in sich stimmige Anordnung von Aktivitäten (Prozessen), die ein Unternehmen von seinen Konkurrenten unterscheidet. Vgl. Porter (1999a), S. 15 bzw. 18. Die grundsätzliche Problematik, inwieweit eine geeignete Organisation aus sich heraus einen Wettbewerbsvorteil darstellt oder ob diese nicht eine Reaktion aus einer spezifischen Markt-Umwelt-Unternehmenssituation darstellt, muss hier ebenso offen bleiben wie die Frage, ob die Anordnung von Aktivitäten als Strategie bezeichnet werden können.

[176] *Pfohl* bezeichnet diese „neuen" Aussagen als terminologischer (definitorischer), deskriptiver (beschreibender), theoretischer (erklärender) bzw. praxeologischer (gestaltender) Art. Vgl. Pfohl (2000a), S. 27f., oder auch Göpfert (2000a), S. 67.

men, die eine exakte Erfassung logistischer Probleme ermöglichen. Vor diesem Hintergrund können u. a. Aussagen über Art und Umfang von Aufgaben und Funktionen der Logistik getroffen werden. Damit ist es zum einen möglich, verschiedene Logistik-Systeme mit einer einheitlichen Terminologie zu beschreiben und Gemeinsamkeiten der Probleme und Problemlösung zu identifizieren.[177] Zum anderen können komplexe logistische Systemzusammenhänge herausgearbeitet werden, die insbesondere bei einer nachgelagerten (Neu-) Gestaltung der Logistik-Systeme zu beachten sind.

Damit gewährleistet das Systemdenken auch das Erkennen von Zusammenhängen, die bei vorhergehenden – nicht unter einem logistischen Fokus durchgeführten – Überlegungen über die Struktur und die Strategie von Unternehmen bzw. Unternehmensnetzwerken nicht oder nicht ausreichend berücksichtigt wurden. Die ganzheitliche Betrachtung aller Systemelemente und Teilsysteme unter dem Aspekt des Beitrags zur Leistung des Gesamtsystems kann dann zu grundsätzlich anderen Entscheidungen bei der (Um-) Gestaltung des Systems z. B. bei sich verändernden Umweltbedingungen führen. Damit trägt das Systemdenken dazu bei, dass bei logistischen Entscheidungen Ressourcen- und Prozessinterdependenzen grundsätzlich besser berücksichtigt werden, als dies bei einer teilbereichsbezogenen Betrachtung möglich wäre.

Ziel ist die Vermeidung von suboptimalen Insellösungen für Teilsysteme durch die Analyse der sachlichen Beziehungsstrukturen und der Prozessstrukturen zwischen den Elementen, um das Gesamtoptimum für das Gesamtssystem zu erreichen.[178] In diesem Zusammenhang wird es – gerade bei der Betrachtung der Logistik in Dienstleistungsunternehmen – teilweise notwendig sein, mit bestehenden Denkansätzen zu brechen, und daraus folgend bestehende funktional bzw. sektoral ausgelegte Strukturen grundlegend umzugestalten.[179] Im Zuge der Berücksichtigung von Ressourceninterdependenzen müssen die bestehenden Ressourcenengpässe und freien Ressourcenpotenziale im Sinne knapper bzw. freier Logistikkapazitäten integriert betrachtet werden. Prozessinterdependenzen können durch Koordination vermieden werden. Dieses Fluss- bzw. Prozessdenken bedingt, dass Autonomiekosten, die bei Nichtbeachtung von Leistungsverflechtungen zwischen Teilsystemen entste-

---

[177] Vgl. Pfohl (2000a), S. 27.
[178] Vgl. vertiefend Pfohl (2000a), S. 28f.
[179] Gerade die Fähigkeit, allgemein übliche Denkansätze zu durchbrechen und einige ganz neue Wege des Denkens zu gehen, wird dem Systemdenken grundsätzlich zugesprochen. Vgl. Churchman (1970), S. 20.

hen würden, durch logistikbedingte Koordinationskosten – z. B. für die Institutionalisierung bereichsübergreifender Kommunikationsbeziehungen – ersetzt werden, wobei die Gesamtkosten des Systems gesenkt werden.[180]

Zusammenfassend können aus dem Systemdenken – und damit aus dem Fluss-, Prozess-, bzw. Koordinationsdenken – heraus die weiteren Komponenten des Logistischen Denkens als Charakteristika und Grundlage der Logistik-Konzeption abgeleitet werden. Im Folgenden wird daher zunächst auf das wert- und nutzenorientierte Denken und im Anschluss jeweils kurz auf die Komponenten „Gesamt- und Totalkostendenken", „Servicedenken" und „Logistisches Effizienzdenken" eingegangen, die eng ineinander verwoben sind.

2.2.1.2 Wert- und Nutzenorientierung des logistischen Denkens

Im Rahmen der Betrachtung dieses Charakteristikums erläutert *Pfohl* zunächst die verschiedenen Wert- und Nutzenarten und betont die Bedürfnisbefriedigung durch den Wirtschaftsprozess, der in die Bereitstellung (Produktion), die Verteilung und die Verwendung von Gütern unterteilt werden kann. Die Verwendung von Gütern durch den Ge- oder Verbrauch führt zur Bedürfnisbefriedigung.

Die Ausführungen von *Pfohl* sind hier dezidiert auf Produktionsunternehmen als den Hauptobjekten der „klassischen" Betriebswirtschaftslehre gerichtet. Dies zeigt sich z. B. daran, dass die Bereitstellung im Sinne der Produktion eines materiellen Gutes einen Gestaltnutzen erzeugt. Damit wäre die Bereitstellung von immateriellen Gütern, z. B. Dienstleistungen, in diesem Zusammenhang explizit nicht berücksichtigt.[181] Aus der Verteilung von Gütern leitet *Pfohl* die Nutzenarten Informations-, Ort- und Zeitnutzen sowie Nutzen aus Recht am Gut ab, wobei er zeigt, dass Ort- und Zeitnutzen und der Informationsnutzen im Sinne der dem Güterfluss vorauseilenden Informationen im Logistik-System erzeugt werden, das durch die Beteiligung an der Wertschöpfung zur Bedürfnisbefriedigung beiträgt. Wertschöpfung bezeichnet dabei

---

[180] Vgl. Pfohl (2000a), S. 29. Vertiefend zu Prozess- und Ressourceninterdependenzen bzw. Autonomie- und Koordinationskosten vgl. z. B. Frese (2000) oder Pieper (1995).

[181] Vgl. hierzu die Ausführungen zu „Gütern" und „Nutzen" in Kapitel 3.2.2.2. *Pfohl* weist jedoch bereits selbst auf eine mögliche andere Verwendung des Güterbegriffs mit Verweis auf Corsten (1992), S. 106f., hin.

die Erzeugung von Gütern mit Werteigenschaften, die eine Bedürfnisbefriedigung im Sinne einer Problemlösung beim Kunden bewirken.[182]

Daraus folgt, dass die Logistik durch die Gewährleistung spezifischer Verfügbarkeiten unmittelbar wertschöpfend auf den Gebrauchswert materieller und immaterieller Güter[183] wirkt. Aus diesen Überlegungen ergibt sich die Frage nach dem Charakter der Wertschöpfung, die durch die Logistik bewirkt wird, da diese ja nicht unmittelbar auf die Gestaltung der Produkte bzw. Güter einwirkt. In diesem Zusammenhang ist daher klar festzustellen, dass logistische Wertschöpfungsaktivitäten grundsätzlich Dienstleistungscharakter haben.[184] In Anlehnung an *Corsten*[185] ordnet *Pfohl* Dienstleistungen unter Verwendung der konstituierenden Merkmale „Immaterialität" und „Integration des externen Faktors" nach den folgenden drei Definitionsarten:

1. Die *Potenzialorientierte Definition*, die der Dienstleistung die Fähigkeit und Bereitschaft zuordnet, eine Dienstleistung zu erbringen, führt dazu, dass die Dienstleistung einem Leistungsversprechen und damit dem o. g. zugesicherten Gebrauchswert entspricht.[186]
2. Die *Prozessorientierte Definition* beinhaltet, dass unter der Dienstleistung der Leistungserstellungsprozess verstanden wird, in den von Seiten des Dienstleistungsnachfragers, also dem internen oder externen Kunden, ein externer Faktor – z. B ein Produktionsfaktor – eingebracht wird, den der Dienstleistungsanbieter nicht oder nicht uneingeschränkt selbst disponieren kann.
3. Die *Ergebnisorientierte Definition* versteht die Dienstleistung als das immaterielle Ergebnis des Leistungserstellungsprozesses, wobei sich das Ergebnis am externen Faktor konkretisiert.[187]

Im Ergebnis sind alle drei Ansätze und Leistungsebenen für die Definition der Logistikleistung und – daraus abgeleitet – für eine entsprechende Logistik-Kosten-

---

[182] *Pfohl* verweist in diesem Zusammenhang auf Large (1995), S. 3ff. Und 33ff. Sowie auf Porter (1992), S. 59ff., der auf dieser Basis den Begriff der Wertkette prägte. Vgl. Pfohl (2000a), S. 21f., und Kapitel 2.2.1.1 bzw. 2.3.1.

[183] Zur genaueren Unterscheidung materieller und immaterieller Güter vgl. Kapitel 3.2.2.2.

[184] Vgl. zu dieser Ansicht z. B. Bretzke (1997), Sp. 165f., Göpfert (2000a), S. 291f., Isermann (1998), S. 26ff. Oder Pfohl (2000a), S. 24.

[185] Vgl. Corsten (1993), Sp. 765f.

[186] *Göpfert* verwendet hier den Faktororientierten Definitionsansatz, der unter Dienstleistung die menschliche und maschinelle Leistungsbereitschaft zur Prozessdurchführung subsumiert. Vgl. dazu Göpfert (2000a), S. 291.

[187] Vgl. Pfohl (2000a), S. 24f., bzw. auch Göpfert (2000a), S. 291f., und zu diesem Punkt vertiefend Kapitel 3.1.

und -leistungsrechnung bedeutsam und werden daher in der Regel bei der Definition der Logistikleistung integriert.[188] Als wesentliche Probleme der Logistik, die aus ihrem Dienstleistungscharakter herrühren, können insbesondere die folgenden Punkte hervorgehoben werden:

Der Zeitpunkt der Nachfrage nach einer Dienstleistung ist der Zeitpunkt der Produktion und gleichzeitig der Konsumtion der Logistik-Dienstleistung im Sinne der Endkombination der Produktionsfaktoren und des externen Faktors. Daher ist die Planung der Leistungsbereitschaft im Gegensatz zur Sachgüterproduktion nicht durch Lagerhaltung ausgleichbar.[189] Dies bedingt, dass sich die vorgehaltene Leistungsbereitschaft prinzipiell an den Nachfragespitzen ausrichten muss, da eine am Markt angebotene Logistik-Dienstleistung auf Grund der harten Konkurrenzsituation bei entsprechender Nachfrage auch tatsächlich durchgeführt werden muss.

Aus dem Dienstleistungscharakter der logistischen Wertschöpfung folgt auf der Nutzenseite daher insbesondere der originäre Beanspruchungsnutzen, der jedoch durch einen Bereitstellungsnutzen ergänzt werden kann. Der Bereitstellungsnutzen wird für den potenziellen Nutzer häufig erst dann ersichtlich, wenn zum Zeitpunkt der Nachfrage die Leistungsbereitschaft nicht oder in nicht ausreichender Menge und Qualität zur Verfügung steht.[190] Diese Nutzenart ist jedoch immer mit den o. g. hohen Kosten verbunden, deren Vermeidung bzw. Verminderung eine wesentliche Aufgabe von Logistik-Strategien ist oder sein kann. *Pfohl* weist in Anlehnung an *Meffert* zudem darauf hin, dass der Kunde die Qualität einer Dienstleistung im Gegensatz zu materiellen Gütern – wie z. B. Bauteilen oder Modulen in der Automobilproduktion – nicht im Voraus beurteilen kann.

Daraus resultiert zum einen ein Vertrauenscharakter von Dienstleistungen und damit die Notwendigkeit eines Vertrauensverhältnisses zwischen Kunden und Dienstleis-

---

[188] Auf Grund der von ihr konstatierten „gewissen Dominanz" der ergebnisorientierten Betrachtungsweise und da sich die Qualität der Leistungsbereitschaft und der Prozessdurchführung im Prozessergebnis ausdrücken, kommt *Göpfert* hier zu dem Schluss, dass die Logistikleistung den mengen- und qualitätsbezogenen Output eines Logistikprozesses umfasst. Vgl. Göpfert (2000a), S. 292.

[189] Die Nicht-Speicherbarkeit von immateriellen Gütern, insbesondere Dienstleistungen, wird teilweise abweichend diskutiert. Vgl. dazu Kapitel 3.2.2.2.

[190] Vgl. Corsten (1993), Sp. 768.

ter[191] sowie zum anderen eine Erhöhung des wahrgenommenen Risikos bei der Vertragsschließung. Daraus leitet er die hohe Bedeutung von Image und kommunizierter Kompetenz beim Angebot von Dienstleistungen ab.[192]

2.2.1.3 Ausprägungen des logistischen Denkens

Die Systemorientierung bzw. die Wert- und Nutzenorientierung sind die Basis des logistischen Denkansatzes und führen zu einer spezifischen, logistikorientierten Denkhaltung in Unternehmen. Sie sind damit die Grundlage für eine systemorientierte Logistik-Konzeption.

Als Ausprägungen dieses logistischen Denkens gelten insbesondere die Berücksichtigung der Gesamt- bzw. Totalkosten bei der Planung, Steuerung, Koordination und Kontrolle logistischer Systeme, das konsequente Servicedenken sowie das logistische Effizienzdenken.

Die Interdependenzen, die zwischen den einzelnen Elementen von Logistik-Systemen sowie den jeweils durch diese Elemente verursachten Kosten bestehen, erfordern das *Denken in Gesamt- bzw. Totalkosten*[193] als Voraussetzung für das Erreichen einer gesamtoptimalen Lösung. Die koordinierte Ausgestaltung des Logistik-Systems setzt die Erfassung und Berücksichtigung aller – der gesamten – entscheidungsrelevanten Logistik-Kosten voraus.[194] Dies ist ebenfalls die Voraussetzung für die Einführung eines effizienten Logistik-Controllings. Bei der Ausgestaltung und Optimierung von Logistik-Systemen sind daher die jeweils spezifischen Logistik-Kosten und insbesondere die Kostenkonflikte zu erfassen, die in einer konkreten Entscheidungssituation nochmals detailliert werden müssen. Da Logistik-Kosten im Wesentlichen durch die Erbringung von Logistikleistungen entstehen, sind diese vor allem vor

---

[191] Dieses Vertrauensverhältnis ist häufiger Gegenstand des wissenschaftlichen und praktischen Diskurses, insbesondere im Zusammenhang mit Fragen des Outsourcings komplexer logistischer Dienstleistungen, zunehmend aber auch im Bezug auf Vertrauensverhältnisse zwischen einzelnen Partnern innerhalb einer Supply Chain bzw. des Logistik-Netzwerks. Vgl. dazu z. B. Gudehus (2000b), S. 381, oder grundlegend zu den Wirkungen von Vertrauen und Misstrauen insbesondere in der Beschaffung Krystek (2002), S. 1044ff. und die dort angegebene Literatur, sowie Krystek, Zumbrock (1993), S. 13ff. oder Krystek (1997a).

[192] Vgl. Pfohl (2000a), S. 25, und vertiefend Meffert (1994), S. 525f.

[193] Dieses Konzept wurde erstmals im Rahmen einer Studie über die Vorteilhaftigkeit des grundsätzlich teuren Luftfracht-Transport in den USA untersucht, der auf Grund der durchgeführten „total cost analysis" dennoch als vorteilhaft bewertet werden konnte. Damit wurde dieses Konzept Teil der Logistik-Konzeption. Vgl. Stock, Lambert (2001), S. 12, die auf Lewis, Culliton, Steele (1956) verweisen.

[194] Vgl. Pfohl (2000a), S. 30. *Pfohl* differenziert dort ebenfalls die zu berücksichtigenden Kostenarten und ihren Zusammenhang im Logistik-System.

dem Hintergrund abzuwägen bzw. zu beurteilen, dass der permanente Kostendruck in Unternehmen stetige Kostensenkungen im Logistikbereich notwendig macht, wobei gleichzeitig immer neue Leistungen von der Logistik gefordert werden.[195]

Eine weitere wesentliche Ausprägung des logistischen Denkens ist das *Servicedenken*: Im Zuge der Durchsetzung der Kunden- und Prozessorientierung werden alle internen und externen Lieferbeziehungen als Kunde-Lieferanten-Beziehungen ausgestaltet, so dass der vorgelagerte Prozess sich jeweils als Lieferant für den nachgelagerten Prozess versteht, wobei der Endkunde in der gesamten Versorgungskette berücksichtigt wird. Damit wird eine interne und externe Kundenorientierung realisiert, die die Dienstleistung der Logistik – die Sicherstellung von Verfügbarkeiten – beinhaltet.[196]

Logistisches Effizienzdenken ist das abschließende Basiselement des Logistikdenkens und beinhaltet insbesondere technologische und ökonomische Dimensionen sowie darauf aufbauend technisch-wirtschaftliche Überlegungen bezüglich des Logistik-Systems.

Dabei sind wiederum Logistik-Kosten und –leistungen als Gestaltungsziele des Systems zu berücksichtigen und insoweit gegeneinander abzuwägen, als weder eine einseitige Orientierung an den Zielen der Kostenminimierung noch der Servicemaximierung möglich und sinnvoll ist. Das logistische Effizienzdenken betont damit den integrativen Charakter des logistischen Denkens, da technische und wirtschaftliche Aufgabenstellungen – unter Berücksichtigung der sozialen und ökologischen Dimensionen – parallel berücksichtigt werden.[197] Dies ist ein Grund für die hohen und mit der Komplexität logistischer Systeme stetig weiter wachsenden Anforderungen an die Logistik und ihre Führungspersönlichkeiten.[198]

2.2.2 Grundsätzliche Ausgestaltung der systemorientierten Logistik-Konzeption

Grundlage der spezifischen Ausgestaltung der Logistik in einem Unternehmen ist die Logistik-Konzeption. Diese wird von der Unternehmungsführung für die Ausgestaltung der Aufgaben der Logistik innerhalb des Unternehmens herangezogen. Sie

---

[195] Vgl. Pfohl (2000a), S. 31f. bzw. Baumgarten, Walter (2001), S. 12ff.
[196] Vgl. vertiefend Pfohl (2000a), S. 33-41 bzw. Baumgarten, Zadek (2000).
[197] Vgl. Pfohl (2000a), S. 41ff.
[198] Zur Notwendigkeit der Mitarbeiterqualifizierung im Logistikbereich vgl. Kapitel 5.1.5.

muss bereits bei der Gestaltung die notwendigen Schnittstellen mit der Unternehmensumwelt sowie mit nicht-logistischen Leistungsbereichen berücksichten.

Der Ausgestaltung der Logistik-Konzeption liegen verschiedene Annahmen zu Grunde, die sich von wissenschaftlicher Seite auch an den historischen Entwicklungsphasen der Logistik orientieren. Im Rahmen dieser Arbeit ist dabei insbesondere die inhaltliche Zusammengehörigkeit der Bereiche Logistik-Management und Logistik-Technologien als notwendige Bestandteile der Logistik von Bedeutung.[199] Einen ähnlichen Ausgangspunkt wählt auch *Delfmann* (1999)[200] für seine Kennzeichnung der Logistik-Konzeption: Er unterscheidet zwischen dem logistischen Kernbereich als „originärem Objektbereich" und den Ausstrahlungseffekten der Logistik-Konzeption auf Unternehmensbereiche jenseits dieses Kernbereichs. Dem Kernbereich ordnet er dabei die originären bzw. traditionellen Aufgabenfelder, „die sich unmittelbar auf den Transfer von Objekten (vor allem Gütern) beziehen".[201] *Delfmann* nennt als allgemein akzeptierte Bestandteile Transport und Lagerung, Umschlag, Kommissionierung und die Auftragsabwicklung, wobei er letztere auf die informatorische Abwicklung beschränkt. Die Logistik-Konzeption „strahlt" seiner Ansicht nach jedoch bis in das Controlling[202] und die Unternehmensführung[203] aus. Als Voraussetzung für die Umsetzung der Logistik-Konzeption wird damit eine adäquate Ausrichtung der Führungsfunktionen an den zu Grunde liegenden konzeptionellen Anforderungen qualifiziert. Diese *logistikgerechte Unternehmensführung* betrifft dann die wesentlichen Unternehmensführungsfunktionen *Planung und*

---

[199] Diese Grundannahme, die in Kapitel 1.3 ausformuliert wurde, wird in der wissenschaftlichen Diskussion über eine „betriebswirtschaftliche Teildisziplin Logistik" leider häufig nicht beachtet. Dies geht so weit, dass bei einer – aus spezifisch betriebswirtschaftlichen Gesichtspunkten notwendigen – Entscheidung über eine Logistik als Funktionenlehre oder als Führungslehre die Logistik als *reine* Führungskonzeption bezeichnet wird. Wie z. B. die operativen materialflussbezogenen Aufgaben der Logistik im Unternehmen wahrgenommen werden, bleibt in diesen Konzeptionen zumeist offen. Vgl. z. B. Göpfert (2000a). Logistik wird dann beinahe mit Strategischer Unternehmungsführung gleichgesetzt. Vielen Autoren – z. B. Pfohl (2000a), S. 71 – geht diese Auffassung zu weit. Zu einer tiefer gehenden Kritik an einer reinen Logistik-Führungskonzeption siehe Kapitel 2.2.2.2.

[200] Dieser Ansatz ist weitgehend inhaltsgleich mit Delfmann (2000a) und geht zurück auf Delfmann (1995a-c). Vgl. Delfmann (1999), S. 39.

[201] Vgl. Delfmann (1999), S. 41ff.

[202] Vgl. hierzu Göpfert (2000a), die in Anlehnung an Weber, Kummer (1998) Logistik-Management und Logistik-Controlling als zwei Seiten derselben Medaille betrachtet. Zum aktuellsten Stand des Logistik-Controllings vgl. Weber (2002b).

[203] Diese Zuordnung vertritt z. B. Kummer (1999), S. 38, in Anlehnung an Weber, Kummer (1994), S. 16. Ähnlich Baumgarten (2001a), Göpfert (2000a), Weber (2002b) und Wildemann (2001).

Kontrolle, *Informationsmanagement und Controlling*, *Organisation*, *Personalwesen* und *Finanzierung*, wobei das Ausmaß der Beeinflussung unterschiedlich ist.[204]

Darauf aufbauend sind drei Ebenen der Verwendung des Logistik-Begriffs zu unterscheiden, wobei auf der untersten Ebene die Logistik den Gegenstandsbereich der Strukturen und Prozesse beinhaltet, die den raum-zeitlichen Transfer von Objekten jeder Art – insbesondere jedoch von Gütern und Informationen – umfassen. Dieser Bereich kann als Logistik-Systemebene bezeichnet werden. Auf der zweiten Ebene der Logistik-Konzeption ist die Planung, Realisierung, Steuerung und Kontrolle dieser Systeme – also das Logistik-Management – Gegenstand der Logistik-Konzeption.[205] Dies betrifft insbesondere die unternehmensinterne und –übergreifende Koordination von Güter- und Informationsflüssen, ggf. auch von internen oder externen Dienstleistungen. Als Ausdruck der spezifischen Art des Managements wird die Logistik zunehmend im Sinne einer Logistik- bzw. Managementphilosophie verwendet,[206] die dann eine Art und Weise der Konzipierung und Realisierung des Logistik-Managements kennzeichnet. Damit ist die Logistik-Philosophie – als dritte Ebene der Verwendung des Logistik-Begriffs – eine spezifische Denkhaltung,[207] mittels der die logistischen Systeme in Unternehmen umgesetzt werden. Dies gewährleistet die Berücksichtigung von wechselseitigen Interdependenzen der Prozesse in unterschiedlichsten Wertschöpfungssystemen verschiedener Komplexität im Sinne des logistischen Denkansatzes.[208]

Die Logistik-Konzeption, ihre Entstehung und insbesondere ihre theoretische Weiterentwicklung sind häufiger Gegenstand des wissenschaftlichen Diskurses, insbesondere unter dem Gesichtspunkt einer theoriegeleiteten Einordnung der Logistik als Teildisziplin in die Betriebswirtschaftslehre. Aus diesem Grund soll im Folgenden dieser vielfältige Diskurs zunächst exemplarisch dargestellt werden, ehe nach einer Betrachtung der grundsätzlichen Alternativen eine allgemeine Logistik-Konzeption abgeleitet wird

[204] Vgl. Delfmann (1999), S. 42. Weber, Kummer (1998) und Kummer (1999) ordnen grundsätzlich dieselben Funktionen als Führungsteilsysteme der Unternehmensführung zu. Jedoch verzichten sie auf die Funktionen Controlling sowie Finanzierung. Dabei kann die Funktion Controlling z. B. im Kontrollsystem verortet werden, die Funktion der Finanzierung müsste jedoch als eigenständiges Führungsteilsystem berücksichtigt werden.

[205] Vgl. Delfmann (1999), S. 42.

[206] Vgl. z. B. Delfmann (1999), S. 42, oder Baumgarten, Darkow, Walter (2000), S. 12.

[207] Vgl. dazu auch Klaus (1993) bzw. Klaus (1999).

[208] Vgl. Delfmann (1999), S. 43.

2.2.2.1 Evolutionsmodelle der Logistik-Konzeption im Spiegel der Wissenschaft

Die Entwicklungsphasen der Logistik wurden bisher in Kapitel 2.1.in Anlehnung an die Strukturierung nach *Baumgarten* berücksichtigt, die sich aus der praktischen Verwendung und der Entwicklung der Logistik im Zeitablauf herleitet. Im Folgenden wird nun diese empirische Abfolge mit Entwicklungsphasen der Logistik-Konzeption im Spiegel der Wissenschaft verglichen. Dabei sollen insbesondere Hinweise auf die grundsätzliche Ausgestaltung einer allgemein gültigen Logistik-Konzeption erarbeitet werden.

Ein weiteres Ziel ist es, Gemeinsamkeiten und Unterschiede zwischen den einzelnen Konzepten aufzudecken, um paradigmatische Spezifikationen der Logistik-Konzeption nachzuzeichnen und herauszuarbeiten. Im weiteren Verlauf der Arbeit ist dann ebenfalls zu prüfen, ab wann eine Übertragbarkeit von Logistiklösungen aus Industrie- und Handelsunternehmen auf Dienstleistungsunternehmen möglich ist. Eine grundsätzliche Übertragbarkeit auf Logistik-Dienstleister ist dagegen weniger zu erwarten, da diese parallele Konzepte verfolgen und kooperative bzw. gespiegelte Wettbewerbsstrategien für ihre Kunden generieren. Ihre Tätigkeit ist grundsätzlich auf die Befriedigung logistischer Bedarfe Dritter gerichtet, sie treten daher mit einem spezialisierten oder umfassenden Leistungsangebot auf den einschlägigen Märkten auf.[209]

Aus der Vielzahl der verschiedenen Literaturansätze können hier nur einige ausgewählte, jedoch als wesentlich einzustufende, Evolutionsmodelle der Logistik dargestellt werden. Diese werden im Folgenden insbesondere daraufhin analysiert, inwieweit sie für eine allgemeine Logistik-Konzeption sinnvoll und verwendbar, bzw. grundsätzlich tragfähig sind.[210] Aus Gründen der Übersichtlichkeit sind die verschiedenen Konzepte in den beiden folgenden Tabellen dargestellt. Im Anschluss erfolgt dann eine Herausarbeitung wesentlicher Punkte.

---

[209] Vgl. Ihde (2001), S. 42.

[210] Eine vollständige Darstellung aller Phasenkonzepte, die in der Literatur diskutiert werden, würde den Rahmen dieser Arbeit sprengen. Daher wird nur eine Auswahl aus aktuellen Konzepten dargestellt, wobei sich eine große Anzahl der weiteren Konzepte aus diesen dargestellten herleiten lassen bzw. sich auf diese beziehen. Zu einer vertiefenden Diskussion der Entwicklungsphasen der Logistik im Rahmen der Begründung einer betriebswirtschaftlichen Teildisziplin vgl. Göpfert (1999, 2000a, 2001) sowie Dehler (2001) bzw. Pfohl (2001a), S. 193ff.

Vertreter	Weber, Kummer (1998)	Klaus (1999)	Delfmann (1999)	Ihde (2001)
Erkenntnis-objekt	Betriebswirtschaftliche Logistik	Betriebswirtschaftliche Logistik	Logistik-Konzeption	Betriebswirtschaftliche Logistik
Herkunft	In der Theorie entwickelte und in der Praxis umgesetzte Logistik-Konzepte und -Konzeptionen	Weltsichten in der betriebswirtschaftlichen und management-orientierten Literatur	Ebenen der Verwendung des Logistik-Begriffs	Entwicklungsstufen der betriebswirtschaftlichen Teildisziplin Logistik
Phasen-einteilung	Logistik als funktionale Spezialisierung	"TUL"-Logistik - 1. Bedeutung	Logistiksysteme	Logistik als spezielle Funktionenlehre, Wissenschaft von den Transferfunktionen
	Logistik als unternehmensbereichs- und unternehmensübergreifende Koordinationsfunktion	Koordinationslogistik 2. Bedeutung	Logistikmanagement	Logistik als material- und warenflussbezogene Koordinationsfunktion und Führungsansatz
	Logistik als Durchsetzung der Flussorientierung	Logistik als Wissenschaft vom Flow-Management	Logistikphilosophie im Unternehmen als spezifische Art der Konzeptionierung und Realisierung des Logistikmanagements	
Kriterium für Phasen-einteilung	Entwicklungsphasen der Mikrologistik	Paradigmen in Wissenschaft und Praxis	Aufgaben der Logistik in der Praxis im Zeitablauf	Fokus der Anwendung der Logistik im Zeitablauf
Ergebnis	Logistik als betriebswirtschaftliche Teildisziplin kann nur als Funktionenlehre oder als spezielle Ausprägung einer Meta-Führungslehre begründet werden.	Flow-Management als neues Paradigma der Betriebswirtschaftslehre	Netzwerkmodell und Flussperspektive als paradigmatische Kernelemente der Logistik, Logistik als Weltsicht und Konzept der Unternehmensführung	Entwicklungsstufen nicht nur Ausdruck des anerkannten begrifflichen Verständnisses; Fließsystemorientierung und Flow Management sind konstitutives Grundelement der Logistik und begründen *von Beginn an* einen betriebswirtschaftlichen Paradigmenwechsel

Tabelle 2: Entwicklungsphasen der Logistik im Spiegel der Wissenschaft (1)[211]

[211] Vgl. Delfmann (1999), S. 42f., Ihde (2001), S. 20f., Klaus (1999), S. 25, sowie Weber, Kummer (1998), S. 7ff.

Vertreter	Baumgarten (2001a)	Wildemann (2001)	Göpfert (2002a)	Weber (2002b)
Erkenntnis-objekt	Aufgabenumfang der Logistik in der Praxis (bei Logistik-Führern)	Ausprägungen und Interpretationen der Logistik-Konzeption	Logistikauffassungen in der Unternehmenspraxis	Logistik als eigenständiges Aufgabenfeld und betriebs-wirtschaftliche Teildisziplin
Herkunft	Praxisorientierte Konzepte, Trends und Strategien in der Logistik	In der Literatur anzu-treffende konzeptionelle Alternativen der Logistik	Bedeutung der Logistik für Unternehmen und Netz-werke, Entwicklungsstand von Logistik und SCM	Entwicklung des logistischen Wissens in Unternehmen
Phasen-einteilung	Klassische Logistik	Instrumentelles Logistik-verständnis	Physische Abwicklung, "TUL"-Prozesse	Logistik als material- und warenflussbezogene Dienstleistungsfunktion (TUL)
	Logistik als Querschnittsfunktion	Logistik als Unternehmensfunktion	Logistik als Querschnittsfunktion, Koordination von Bereichen	Logistik als flussbezogene Koordinationsfunktion
	Funktionale Integration von Prozessketten	Logistik als institutionelles Konzept		
	Unternehmensübergreifende Integration von Wertschöpfungsketten	Logistik als Managementkonzept	Logistik als Führungsfunktion	Logistik als Flussorientierung des Unternehmens
	Integration globaler Netzwerke			Logistik als unter-nehmensübergreifende Flussorientierung (SCM)
Kriterium für Phasen-einteilung	Aufgabenumfang der Logistik bei Logistik-Führern im Zeitablauf	Ausprägungen von Logistik-Konzeptionen	Schwerpunkte der Verwendung des Logistik-Begriffs in der Praxis	Entwicklungsstufen der Logistik
Ergebnis	Logistik ist ganzheitliches, prozess- und kundenorientiertes Managementkonzept und Führungsinstrument	Managementorientierte Logistik-Konzeption fordert die Ausrichtung sämtlicher an der Wertschöpfung direkt und indirekt beteiligter Prozesse nach logistischen Prinzipien	Supply Chain Management ist Bestandteil der betriebswirtschaftlichen Logistik, die Logistikvision ist essenziell, Logistik ist moderne Führungs-konzeption	Bedeutungsverschiebung von warenlogistischen zu informationslogistischen Aufgaben, Logistik in den Unternehmen ist noch nicht ausreichend entwickelt, jedoch hohes Potenzial

Tabelle 3: Entwicklungsphasen der Logistik im Spiegel der Wissenschaft (2)[212]

[212] Vgl. Baumgarten (2001), S. 10, bzw. Baumgarten, Walter (2001), S. 9; Göpfert (2002a), S. 230ff.; Weber (2002b), S. 5ff., sowie Wildemann (2001), S. 4f.

Im Rahmen der Diskussion über Inhalt und Ausgestaltung einer betriebswirtschaftlichen Teildisziplin Logistik hatte sich im Zeitraum zwischen den Jahren 1990 und 2000 die überwiegend übereinstimmende Festlegung auf drei Entwicklungsphasen der Logistik herausgebildet.[213] In diesem Kontext sind insbesondere die oben dargestellten Ansätze von *Weber* und *Kummer*, von *Klaus* und auch von *Göpfert* zu sehen.[214] Dabei wurde zunehmend die Meinung vertreten, dass die drei Phasen jeweils unterschiedliche Ansätze für die Ausgestaltung einer betriebswirtschaftlichen Teildisziplin Logistik darstellen, da die verschiedenen Entwicklungsphasen die wissenschaftliche Beschäftigung mit der Logistik reflektieren. Von diesen Phasen der

1. Funktionalen Konzentration auf Transport-, Umschlag- und Lageraufgaben innerhalb der Logistik, der

2. Logistik als Koordinationsfunktion und der

3. Logistik als flussorientierter – reiner – Führungskonzeption

wurden lediglich die Phasen 1 – im Sinne einer betriebswirtschaftlichen Funktionenlehre – und die Phase 3 – im Sinne einer betriebswirtschaftlichen Führungslehre als sinnvolle Ansätze qualifiziert. Die zweite Entwicklungsphase konnte dagegen nicht als Begründung für die Existenz der betriebswirtschaftlichen Teildisziplin Logistik herangezogen werden.[215]

Dieses Ergebnis kann für den Entwurf einer allgemein gültigen Logistik-Konzeption für die Unternehmenslogistik, die keine Rücksicht auf die Einordnung in die Theorien der Betriebswirtschaftslehre nehmen soll und muss, sondern sich an den von der Logistik zu lösenden Problemen in der Unternehmens- und Managementpraxis orientiert,[216] keine Anwendung finden. Aus diesem Grund werden die Fragestellungen, inwieweit eine Koordinations- bzw. Führungsfunktion Logistik Bestandteil oder ausschließlicher Inhalt einer allgemeinen Logistik-Konzeption sein kann, im Folgenden noch einmal tiefergehend beleuchtet. Zustimmende und abweichende Stellungnahmen zu der o. g. Dreiteilung der Logistik-Entwicklung sind in den letzten drei Jahren wesentlicher Inhalt der wissenschaftlichen Diskussion gewesen. Insbesondere die von *Klaus* und *Weber, Kummer* nachdrücklich vertretene Flussorien-

[213] Vgl. Göpfert (2000a), S. 64.
[214] Vgl. zu diesem Ansatz Göpfert (2002a), S. 233ff.
[215] Vgl. Göpfert (1999, 2000a), Delfmann (1999), Klaus (1999) oder auch Weber, Kummer (1998).
[216] Vgl. zur interdisziplinären und praxisorientierten Grundausrichtung dieser Arbeit insbesondere die Ausführungen in Kapitel 1.3.

tierung – *Klaus* spricht hier vom Flow-Management als neuem betriebswirtschaftlichem Paradigma – ist dabei häufig Gegenstand des Diskurses. *Ihde* weist in diesem Zusammenhang nachdrücklich darauf hin, dass – wenn die Entwicklungsstufen der Logistik nicht nur Ausdruck des anerkannten begrifflichen Verständnisses zu einem Zeitpunkt sind sondern gerade auch inhaltliche Innovationen berücksichtigen sollen – die Fließsystemorientierung und das Flow-Management ein konstitutives Grundelement der Logistik sind und damit *von Beginn an*[217] einen betriebswirtschaftlichen Paradigmenwechsel[218] begründet haben.[219]

Vor diesem Hintergrund ist der Abgleich o. g. Ansätze, deren Erkenntnisobjekt hauptsächlich in der betriebswirtschaftlichen Logistik angesiedelt war und ist, mit weiteren Ansätzen – insbesondere zur Logistik-Konzeption im Sinne einer Anwendung der Logistik in der Unternehmenspraxis sinnvoll: Der Ansatz von *Baumgarten*, der sich am Aufgabenumfang der Logistik bei Logistik-Führern im Zeitablauf[220] als Kriterium für die Phasenbildung orientiert, war bereits Ausgangspunkt für die Darstellung der Entwicklung des Logistik-Begriffs.[221] Es weist konsequent den State of the Art der Logistik zu einem spezifischen Zeitpunkt bei in der Logistik führenden Unternehmen nach und muss daher nicht auf Grund der theoretischen Einordnung eine Führungs- von einer Funktionen*lehre* unterscheiden. Vielmehr ist der stetige Wandel der Logistik von einer bereichsbezogenen über eine unternehmungsinterne zu einer unternehmungsübergreifenden Logistik-Konzeption zu berücksichtigen.

Damit sind gerade auch interorganisationale Konzepte wie das Supply Chain Management als Aufgabe der Logistik einordbar, ohne dass die Entwicklungsphasen im Nachhinein angepasst werden müssten, um ein Kriterium aufzunehmen. Eine ähnliche Phasenbildung nimmt z. B. *Wildemann* vor, und auch die Phaseneinteilung nach *Delfmann* ist durch die Ausrichtung an der Entwicklung der Logistik-*Konzeption* grundsätzlich kompatibel.

---

[217] *Ihde* nennt hier Arbeiten zur Logistik aus dem Zeitraum 1970-1974. Vgl. Ihde (2001), S. 21.

[218] Zu den Paradigmen der Betriebswirtschaftslehre und Managementliteratur vgl. Klaus (1999), insbesondere S. 18f., bzw. Kuhn (1977) und Kuhn (1989).

[219] Vgl. Ihde (2001), S. 21.

[220] Insbesondere auf der Basis von in regelmäßigen Abständen durchgeführten Untersuchungen zu den Trends und Strategien in der Logistik. Vgl. Baumgarten, Zibell (1988), Baumgarten, Kornack (1990), Baumgarten, Wolff (1993), Baumgarten (1996), Baumgarten, Wiegand (1997a), Baumgarten, Wolff (1999), Baumgarten, Walter (2001) und Baumgarten, Thoms (2002). Vgl zur Zukunftsforschung für die Logistik auf der Basis von Szenariotechniken Göpfert (2000b).

[221] Siehe Kapitel 2.1 und insbesondere Abbildung 4.

An dieser Stelle ist allerdings festzustellen, dass unabhängig von der Herkunft der Phasenkonzepte zunehmend eine Angleichung des Logistik-Verständnisses nachweisbar ist. Den aus empirischen Untersuchungen oder auf Grund von in der Beratungspraxis gewonnenen Erfahrung aus Einzelprojekten heraus abgeleitetem Entwicklungs- oder auch Evolutionsmodellen der Logistik ist gemeinsam, dass sie sich durch einen steigenden Integrationsgrad in der Wertschöpfungskette auszeichnen.[222] Eine Begründung ist dabei die bereits o. g. grundsätzliche Integration des Supply-Chain-Management-Konzepts in die Logistik. Auch die oben dargestellten Ansätze von *Weber* und *Göpfert* zeichnen sich dadurch aus, dass das Supply Chain Management als Bestandteil der Logistik die interorganisatorische Vernetzung gewährleistet. Daher wurde dieser Aspekt in den neueren Veröffentlichungen jeweils in der höchsten Entwicklungsphase der Logistik angesiedelt. *Göpfert* bleibt zwar bei der grundsätzlichen Dreiteilung der Gesamtentwicklung der Logistik, *Weber* jedoch fügt in seinem Entwicklungsmodell eine vierte Entwicklungsphase hinzu.[223]

Pfohl bezeichnet in diesem Zusammenhang das Supply Chain Management als einen strategischen „Ansatz des Managements von Logistik- bzw. Wertschöpfungsketten, der sich durch einen hohen Grad an interfunktionaler, interinstrumentaler und interorganisationaler Integration von Güter-, Informations- und Geldflüssen charakterisieren lässt".[224] Dieser Definitionsansatz entspricht ebenfalls größtenteils dem modernen Logistik-Begriff im Sinne von Kapitel 2.1.3.3. *Pfohl* weist zudem darauf hin, dass die Entwicklungsmodelle der Logistik im Wesentlichen die steigende Auswirkung der Logistik auf den Unternehmenswert begründen und dass die höheren Entwicklungsstufen der Logistik bisher nur von den Logistik-Führern realisiert wurden, die so in der Lage sind, Wettbewerbsvorteile gegenüber durchschnittlichen Unternehmen zu realisieren.[225]

Basierend auf dem Modell der Logistik-Reintegration für das 21. Jahrhundert nach *La Londe und Powers* lässt sich die steigende Komplexität der Logistik und deren Auswirkungen auf die notwendigen fachlichen, methodischen und sozialen Kompe-

---

[222] Vgl. Pfohl (2001a), S. 196.

[223] Vgl. Weber (2002b), Göpfert (2002a) sowie Weber, Kummer (1998) und Göpfert (2000a). *Weber* verändert in seinem neuen Modell auch den Inhalt der zweiten Entwicklungsstufe, indem er diese lediglich noch auf die flussorientierte Gestaltung interner Strukturen bezieht. Die Verlagerung der unternehmungsübergreifenden Perspektive erst in die letzte – vierte – Entwicklungsstufe scheint vor dem Hintergrund der historischen Entwicklung fraglich und scheint insbesondere der Berücksichtigung des Supply Chain Managements zu dienen. Vgl. auch Weber, Dehler (2000), S. 54, oder Pfohl (2001a), S. 194.

[224] Pfohl (2001a), S. 196. Vgl. vertiefend Pfohl (2000b), S. 1-42.

[225] Vgl. Pfohl (2001a), S. 196, und die dort angegebene Literatur. Siehe auch Kapitel 2.1.3.1.

tenzen[226] im Bereich des Logistik-Managements im Zeitablauf darstellen. Dieses Modell[227] ist damit ein sinnvolles Mittel, um die oben beschriebenen Entwicklungsmodelle zusammenzufassen.

Dimension	1960-1970	1980-1990	21. Jahrhundert
Fokus	Intern (funktional)	Unternehmen und deren direkte Schnittstellen	Unternehmensübergreifende Logistik-Kette
Räumliche Ausdehnung	Regional	National	Global
Organisation der Logistik	Beständig	Downsized	Funktionsübergreifendes Team
Technologie	Einzelaktivität	Prozesskette/ Netzwerk	Informationsnetzwerk
Analytische Vorgehensweise	Trade-off	Modellbildung	Interorganisatorische Problemlösung
Kontrolle des Logistik-Kanals	Manufacturer Push	Gemischt	Customer Pull

Tabelle 4: Zusammenfassung der Entwicklungs- und Evolutionsmodelle der Logistik[228]

Ein wesentliches Ergebnis dieser Zusammenfassung ist dabei, dass sich die am weitesten fortgeschrittene Entwicklungsphase der Logistik mit unternehmensübergreifenden globalen Logistik-Netzwerken sowie insbesondere mit deren informationstechnologischer Steuerung auseinandersetzen sollte.[229] Die Frage nach einer Verankerung der Logistik in der Führungskonzeption ist eine dazu parallele Fragestellung, die jedoch separat im Rahmen der strategischen Ausrichtung der Unternehmensführung zu diskutieren ist. Im Weiteren sollen daher die Fragen nach dem Aufgabenumfang der Logistik als Führungskonzeption sowie ihre Rolle als Querschnittsfunktion und Unternehmensprinzip nochmals einzeln untersucht werden.

---

226 Vgl. zum Qualifikationsprofil des Logistikers z. B. Baumgarten, Tufinkgi, Walter (2000) oder Baumgarten, Walter (2000a) bzw. Kapitel 5.1.5.

227 *Pfohl* weist darauf hin, dass sich diese Phasen durch Studien in den letzten Jahren nachweisen lassen. Vgl. Pfohl (2001a), S. 193.

228 In Anlehnung an La Londe, Powers (1993), S. 11, und deren Übersetzung in Pfohl (1994), S. 210f. Vgl. Pfohl (2001a), S. 193.

229 Analog äußern sich auch *Weber et al.*, die auf eine Bedeutungsverschiebung von warenlogistischen zu informationslogistischen Aufgaben der Logistik hinweisen. Vgl. Weber et al. (2002), S. 28, in Anlehnung an Alt, Schmid (2000), S. 80. Analog: Baumgarten, Walter (2000c), S. 6f.

2.2.2.2 Rolle der Logistik in der Unternehmensführung

Eine Logistik, die sowohl Logistik-Management als auch Logistik-Technologien berücksichtigt,[230] kann konsequenterweise keine reine Führungskonzeption darstellen.[231] Vielmehr müssen auf der einen Seite operative logistische Einzelaufgaben durchgeführt werden. Eine Querschnittsfunktion Logistik muss jedoch auf der anderen Seite ebenfalls die Koordination der Güter- und Informationsflüsse übernehmen und kann dann zusätzlich auch eine Leitlinie für die Unternehmungsführung im Sinne einer Logistik-Philosophie[232] darstellen.[233]

Eine losgelöste Logistik-Philosophie in Reinform wird in Unternehmen nicht anzutreffen sein, vielmehr bauen die beiden Stufen des taktischen und operativen Logistik-Managements auf den zur Verfügung stehenden Logistik-Technologien im Sinne von Maschinen, Fördertechnik, aber auch Informationssystemen – Hard- und Software – auf. Ohne diese materialwirtschaftlichen und logistischen Grundbausteine bliebe eine Logistik-Führungskonzeption ohne dauerhafte Verankerung im Unternehmensgeschehen.

Die folgende Abbildung 10 zeigt einen Klassifizierungsansatz für den Umfang der Logistik-Kompetenz in Unternehmen, der sich aus dem Evolutionsmodell der Logistik von *Weber* und *Kummer* ergibt:

---

[230] Von dieser Logistik-Sicht geht diese Arbeit aus, vgl. Kapitel 1.3.

[231] Diese Einschätzung teilt u. a. Pfohl (2000a), S. 71, der darauf hinweist, dass die Bedeutung der Logistik in Unternehmen auch ohne dies hoch genug ist.

[232] Vgl. Delfmann (1999), S. 42.

[233] Vgl. Baumgarten, Darkow, Walter (2000), S. 12f., und Baumgarten, Walter (2001), S. 2ff., sowie Kapitel 2.2.3.

Kompetenzstufen	Indikatoren
Prä-Logistiker	▸ Erfüllung der flussbezogenen Dienstleistungsaufgaben erfolgt unkoordiniert, keine Flussorientierung des Unternehmens
Logistik-Interessierter	▸ Beginn der Beschäftigung mit dem Logistikgedanken (z. B. Seminarbesuche) ▸ Erste Pilotstudien
Logistik-Beginner	▸ Vereinzelte, inselbezogene Realisierung des Logistikgedankens ▸ Überlegungen zu einem Unternehmensgesamtkonzept für die Logistik
Logistik-Fortgeschrittener	▸ Ganzheitlich eingeführtes Logistik-Konzept ▸ Begonnene Überwindung der Unternehmensgrenzen
Logistik-Profi	▸ Realisierung umfassender Erfahrungskurveneffekte in der Logistik ▸ Breite Durchdringung des Unternehmens bezüglich des Logistik-Gedankens
Post-Logistiker?	▸ *Organisatorische Zurückführung der flussbezogenen Dienstleistungen in die Funktionalbereiche* ▸ *Projektorganisation der Logistik bei warenflussbezogenen Veränderungen*

Abbildung 10: Ansatz zur Klassifizierung der Logistik-Kompetenz[234]

Die Hervorhebung der letzten „Kompetenzstufe“ wurde hier vorgenommen, um zu verdeutlichen, dass diese Stufe bereits einer Degeneration der Logistik gleich käme.[235] Vor dem Hintergrund der Ausführungen zu den Entwicklungsphasen der Logistik müsste sich diese Auffassung mit Sicherheit einer Vielzahl kritischer Überlegungen stellen,[236] auch da eine gemeinsame geteilte spezifische Sichtweise der Logistik im Sinne einer Managementphilosophie nicht vorliegt.

Die Logistik kann jedoch – wenn sie konsequent und in allen Stufen innerhalb der Unternehmung und darüber hinaus innerhalb von Supply Chains und Supply Networks umgesetzt wird – als übergreifende Plattform für eine Vielzahl zuvor gegenläufiger Management-Modelle und -Konzepte dienen, auch wenn diese auf verschiedenen theoretischen Grundannahmen beruhen. Diese Integrationsleistung betont die Praktikabilitätsforderung der Logistik, setzt jedoch eine Verankerung der Logistik auf höchster Ebene voraus. Damit wäre die spezifische Sichtweise der Logistik bzw. des Logistikers in der Unternehmungsführung verankert und damit das bereichsübergreifende Denken und Handeln. Die Fluss- und Prozessorientierung –

[234] Vgl. Weber, Kummer (1998), S. 174.

[235] Diese Einschätzung kann an dieser Stelle nicht geteilt werden. Daher ist die Kompetenzstufe des „Post-Logistikers“, der die Logistik-Aufgaben wieder in Unternehmensbereiche zurück verweist, mit einem Fragezeichen versehen worden.

[236] Unter anderem ist eine Degeneration der Logistik im Sinne eines Lebenszyklus derzeit in weiter Ferne. Vgl. dazu die Einordnung der Logistik bei Pfohl (2001a), S. 203, in Anlehnung an Berglund et al. (1999), S. 68.

die in Teilen sicherlich synonym verwendbar ist – ist dabei heute eine unternehmungspolitische Notwendigkeit, da jedes Unternehmen Teil einer Supply Chain bzw. Supply Networks ist.[237] In diesem Sinne führt die metalogistische Perspektive dazu, dass z. B. Distribution, Produktion und Beschaffung als Funktionsbereiche einer Einzelunternehmung in ein Gesamtsystem integriert sind und damit – wohl oder übel – Teil der Logistik-Kette sind. Ein Beispiel für diesen Sachverhalt ist eine Betrachtung der Zulieferpyramide, in der z. B. die Einzelfunktionen des 2nd Tier Suppliers nicht mehr als solche wahrgenommen werden, sondern das gesamte Leistungsbündel unabhängig von seiner organisatorischen Zuordnung ein integraler Bestandteil des logistischen Netzwerks ist.

Auch diese muss die Unternehmensleitung des 2nd Tier Suppliers berücksichtigen und ist damit quasi dazu gezwungen, die Logistik-Konzeption auch als strategisches Instrument der Unternehmensführung zu begreifen. Diese ist damit flussorientiert bzw. prozessorientiert zu gestalten.[238] Eine reine Führungskonzeption der Logistik bzw. die Entwicklung zum „Post-Logistiker" erscheint vor diesem Hintergrund nicht sinnvoll. *Weber* kommt mit Blick auf die Probleme in der Praxis zu dem Schluss, dass bei Erreichen seiner (neuen) dritten Entwicklungsstufe [Logistik als Durchsetzung der Flussorientierung] die Spezialisierung auf material- und warenflussbezogene Dienstleistungen weiterhin ausgeführt werden müssen, da ansonsten die Erfüllung der Versorgungsaufgabe der Logistik gefährdet ist.[239] Damit kann dieses Konzept bzw. dieser Ansatz keine Verwendung bei der Ausgestaltung einer allgemeinen Logistik-Konzeption finden.

2.2.3 Ableitung einer allgemeinen Logistik-Konzeption: Logistik als übergreifende Koordinationsfunktion und als Unternehmensprinzip

Ausgehend von den bisherigen Ausführungen in Kapitel 2 ist im Folgenden eine grundsätzliche Logistik-Konzeption zu entwerfen und zu prüfen, inwieweit die Grundelemente dieser Logistik-Konzeption auf Grund ihrer systemorientierten Ausgestaltung auf alle Unternehmen – und damit im Verlauf der Arbeit insbesondere auch auf Dienstleistungsunternehmen – grundsätzlich übertragbar sind.

---

[237] Vgl. dazu u. a. die Ausführungen zur institutionellen Gliederung der Logistik in Kapitel 2.1.4.
[238] Die vertiefende Betrachtung der Folge einer strategischen Festlegung auf eine gemeinsam geteilte Sichtweise für die Strukturen der an der Logistik-Kette beteiligten Unternehmen erfolgt in Kapitel 2.3.
[239] Vgl. Weber (2002b), S. 19.

Die folgende Abbildung 11 fasst die grundsätzlichen Aufgaben einer unternehmungsinternen und –übergreifenden Koordinationsfunktion Logistik in Industrie- und Handelsunternehmen kurz zusammen.

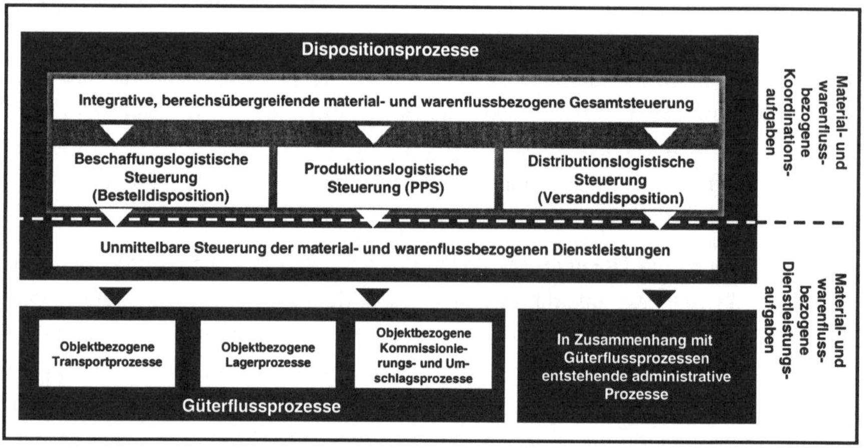

Abbildung 11: Logistik als material- und warenflussbezogene Koordinationsfunktion[240]

Dabei wurde von *Weber* und *Kummer* – deren Ansatz im Folgenden weiter zu entwickeln bzw. anzupassen ist – eine Trennung nach material- und warenflussbezogenen Koordinations- sowie Dienstleistungsaufgaben vorgenommen. Die Koordinationsaufgaben der Logistik verdeutlichen den Charakter als Querschnittsfunktion, da für die (Funktions-) Bereiche Beschaffung, Produktion und Distribution eine integrative, bereichsübergreifende Gesamtsteuerung der Güter- und Informationsflüsse geleistet wird. Diese Stufe entspricht einem übergreifenden Logistik-Management, dass jedoch eigentlich auch die Entsorgungsleistungen berücksichtigen müsste. Gleichzeitig ist die Logistik auch direkt in den Bereichen verortet und übernimmt entsprechend das dispositive bzw. taktische Management, insbesondere die Bestell- und Versanddisposition sowie die Produktionsplanung und –steuerung (PPS).

In diesem Zusammenhang steuert die Logistik – im Sinne eines Operations Management bzw. im Zuge der Auftragsabwicklung – auch unmittelbar die operativen Dienstleistungsaufgaben, insbesondere objektbezogene Transport-, Lager-,

[240] Vgl. Weber, Kummer (1998), S. 18.

Kommissionierungs- und Umschlagprozesse sowie die in Zusammenhang mit Güterflussprozessen entstehenden administrativen Prozesse.[241]

Exzellente logistische Systeme sind in der Lage, Wettbewerbsvorteile zu generieren, jedoch ist für die vollständige Umsetzung von Effizienzsteigerungs- und Rationalisierungspotenzialen eine prozessorientierte Ausgestaltung der Unternehmensstruktur notwendig. Damit liegt eine Verortung der Logistik im Führungssystem eines Unternehmens nahe. Vor diesem Hintergrund ist die Rolle der Logistik im Rahmen der strategischen Unternehmensführung zu klären, wobei eine eigenständige Rolle der Logistik im Führungssystem kontrovers diskutiert wurde und wird. Aufbauend auf der Terminologie und Methodik der Systemtheorie trennt *Weber* das Unternehmen in ein Ausführungs- und ein Führungssystem, wobei im Ausführungssystem alle Tätigkeiten verortet werden, die unmittelbar oder mittelbar der Erstellung von Marktleistungen dienen. Im Führungssystem erfolgt dagegen die Strukturierung und Koordination der Handlungen im Ausführungssystem.[242] Das Führungssystem differenziert er in die in die Führungsteilsysteme Werte-, Planungs-, Kontroll-, Informations-, Organisations- und Personalführungssystem.[243] Es wird um ein Metaführungssystem ergänzt, dass insbesondere die Abstimmung bzw. Koordination des Führungsgesamtsystems leisten soll. Die führungsbezogene Sicht der Logistik wird damit aus einer systemorientierten Differenzierung der Unternehmung abgeleitet.[244]

Ein wesentliches Ergebnis – auch des vorherigen Kapitels – ist, dass die Logistik kein eigenes Führungsteilsystem darstellt, sondern als Gestaltungskriterium der Führung analog zum Controlling[245] existieren kann und damit Teil des Metaführungssystems ist.[246] Damit ist die Logistik *Instrument* der Unternehmensführung

---

[241] Vgl. vertiefend Weber, Kummer (1998), S. 14ff. oder Delfmann (2000a), S. 323f.

[242] Vgl. Weber (1996), S. 64, bzw. Dehler (2001), S. 19.

[243] Zu einer anderen Bildung der Subsysteme des Führungssystems vgl. z. B. Dehler (2001) und die dort angegebene Literatur, dabei insbesondere Horváth (1998), der das Führungssystem lediglich in die Bereiche Planungs- und Kontrollsystem, Informationsverarbeitungssystem und – abweichend von *Weber* – Controllingsystem unterteilt.

[244] Vgl. Weber, Kummer (1998), S. 23. Da dieses Konzept einer – reinen – Führungsfunktion Logistik mit einer Durchsetzung der Flussorientierung einher gehen soll, bezeichnen *Weber* und *Kummer* dies als die dritte – und vorerst letzte – Stufe der Logistik, wobei im Rahmen dieses dezidiert systemorientierten Vorgehens im Ausführungssystem eine grundsätzliche Prozessorientierung sowie die Berücksichtigung der Entsorgung zu beachten sind.

[245] Vgl. z. B. Horváth (1998), S. 143, oder Happel (2001), S. 16ff.

[246] Die vorgenommene – theoriebegründete – Erweiterung des Führungssystems um ein Metaführungssystem wird jedoch zum Teil als redundant und als unnötige Komplexitätserhöhung bezeichnet. Vgl. Kortschak (2001), S. 668f. Auch die abweichende Aufteilung der Führungsteilsysteme ist umstritten. Vgl. dazu Kapitel 2.2.2.

und kann ein Führungs*konzept* darstellen. Auf dieser Basis kann die folgende Gesamtdarstellung einer systemorientierten Logistik-Konzeption abgeleitet werden:

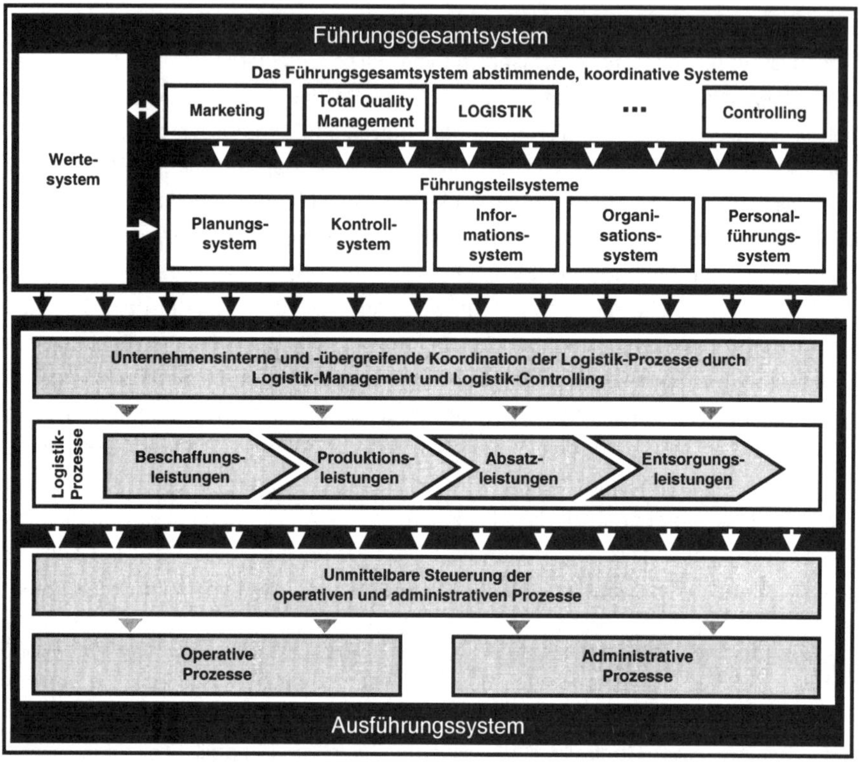

Abbildung 12: Stellung der Logistik im Führungs- und Ausführungssystem[247]

Der in Kapitel 2.1.3.3 abgeleitete moderne Logistik-Begriff ist kompatibel mit dieser allgemeinen, systemorientierten Logistik-Konzeption. Gleichzeitig wird diese den Ansprüchen, die an die grundsätzliche Ausgestaltung einer Logistik-Konzeption in Kapitel 2.2.2 gestellt wurden, gerecht.

Abgeleitet aus den Erkenntnissen dieses und der beiden vorherigen Kapitel ist nun zu prüfen, inwieweit die Betrachtung der Logistik als unternehmungsinterne und –

[247] Darstellung des Führungssystems aufbauend auf Kummer (1999), S. 38 bzw. Weber (1998), S. 80. Im Ausführungssystem erfolgt eine Untergliederung in Anlehnung an Baumgarten, Walter (2001), S. 45ff., die die Aufgaben der Logistik in operative und administrative Logistikaufgaben unterteilen. Das Controlling wird in dieser Darstellung als Querschnittsfunktion analog der Logistik und dem Marketing im Metaführungssystem verortet.

übergreifende Koordinationsfunktion und Unternehmensprinzip[248] die Basis für die Ausgestaltung einer allgemeinen Logistik-Konzeption in Industrie-, Handels- und Dienstleistungsunternehmen darstellt. Dies setzt zum einen voraus, dass diese Auffassung mit den oben diskutierten Entwicklungs- und Evolutionsmodellen der Logistik grundsätzlich vereinbar ist und damit ein Paradigma – als einer in der Wissenschaft gemeinsam geteilten Auffassung – der Logistik-Konzeption begründen bzw. ausformulieren kann. Damit können umstrittene bzw. nicht allgemein geteilte Bestandteile des Logistik-Verständnisses nicht Inhalt dieser Konzeption sein.

Dies führt zu der folgenden gedanklich-logischen Argumentationskette:

- *Die Interpretation der Logistik als unternehmungsbezogene Koordinationsfunktion ist in Literatur und Praxis unumstritten.*
- *Der Einsatz der Logistik auch unternehmungsübergreifend folgt direkt aus der grundsätzlichen Einbindung in Netzwerke und Wertschöpfungsketten und allgemeinen Entwicklungen in der Weltwirtschaft wie insbesondere der Globalisierung.*
- *Die Flussorientierung und der Netzwerkgedanke sind Grundelemente der Logistik-Konzeption.*
- *Die Logistik betrachtet über Material- und Warenflüsse hinaus auch Informationen und Dienstleistungen.*
- *Die Logistik ist ein Wettbewerbsfaktor und hat u. a. deswegen eine Auswirkung auf die Unternehmensführung.*
- *Da die Logistik als eigenständige wissenschaftliche Disziplin gesehen wird, ist keine Beschränkung auf eine reine Funktionen- oder reine Führungslehre notwendig.*
- *Durch die systemorientierte Ausgestaltung der Logistik-Konzeption ist diese grundsätzlich auf alle Unternehmen übertragbar.*

Diese Argumentation wird nunmehr Struktur gebend als Ausgangspunkt der Betrachtung der systemorientierten Logistik-Konzeption verwendet und im folgenden Kapitel 2.3 zunächst in Bezug auf die Ausgestaltung der Logistik-Prozesse präzisiert.

---

[248] Vgl. Pfohl (2000a), S. 70f.

Im weiteren Verlauf der Arbeit erfolgt dann der Rückgriff auf diese Konzeption, wobei jeweils am Ende der Kapitel 2 bis 5 eine Ergänzung bzw. Anpassung durch gewonnene Erkenntnisse erfolgt.

2.3 Prozessorientierte Ausgestaltung der Logistik-Konzeption

Sowohl in der Wissenschaft als auch in der Praxis der Unternehmensorganisation ist seit mehreren Jahren ein Perspektivenwandel festzustellen. Seit Beginn der 1980er Jahre wird die traditionelle Dominanz der aufbauorganisatorischen über die ablauforganisatorische Systemgestaltung[249] zunehmend in Frage gestellt, intra- und zunehmend auch interorganisationale Prozessabläufe rücken in das Zentrum des Interesses.[250]

Die prozessorientierte Organisationsgestaltung, die analog der Logistik den Gedanken einer unternehmensübergreifenden, ganzheitlichen Gestaltungsperspektive verfolgt, wird maßgeblich durch die Zielsetzung einer möglichst durchgängigen Planung, Gestaltung und Steuerung der Waren- und Informationsflüsse über die gesamte Versorgungskette von deren Ursprung bis zum Kunden und der damit veränderten besonderen analytischen Betrachtung von Schnittstellen – z. B. zwischen logistischen Teilsystemen – vorangetrieben.[251] Damit sind gleichzeitig organisatorische und logistische Fragestellungen vor dem Hintergrund der strategischen Ausrichtung von Unternehmen bei der Modellierung von übergreifenden Prozessen zu berücksichtigen. Wesentliche Impulse zur Durchsetzung des Prozessgedankens in Unternehmen sind dabei in Deutschland von *Gaitanides,*[252] dessen Arbeit insbesondere auf organisationstheoretische Arbeiten zurückgeht, sowie von *Porter*[253], der international als Wegbereiter der Prozessorientierung durch die Entwicklung seines Wertkettenmodells gilt, in dem der Prozesscharakter der wertschöpfenden Aktivitäten und deren Interdependenzen eine zentrale Rolle spielen, ausgegangen.[254]

---

[249] Vgl. zur Herleitung dieser traditionellen Dominanz Kapitel 2.3.2.

[250] Vgl. Delfmann (2002), S. D1-10.

[251] Vgl. Delfmann (2002), S. D1-10. *Delfmann* weist in diesem Zusammenhang auf die entstehende Bedeutung der interorganisationalen Verkettung von Supply Chains mit Verweis auf den Beitrag von Houlihan (1987) hin.

[252] Vgl. Gaitanides (1983) und die Ausführungen in Kapitel 2.3.2.

[253] Vgl. Porter (1986).

[254] Vgl. Delfmann (2002), S. D1-10.

Dabei ist festzuhalten, dass die Prozessorientierung zumindest in Deutschland ebenfalls von Beginn an Teil der Logistik-Konzeption ist. *Kirsch et al.* stellen bereits 1973 fest, dass „Logistik als Inbegriff aller Prozesse in sozialen Systemen (Gesellschaften, Organisationen) definiert werden [kann], die der Raumüberwindung bzw. Zeitüberbrückung sowie deren Steuerung und Regelung dienen."[255]

Auf der Basis der in Kapitel 2.2.3 ausformulierten, systemorientierten Logistik-Konzeption ist daher im Folgenden deren prozessorientierte Ausgestaltung darzustellen, da koordinative Aufgabenstellungen im Rahmen des logistischen Netzwerks eine prozessorientierte Logistik-Konzeption notwendig machen und teilweise voraussetzen. Zu diesem Zweck wird zunächst in Anlehnung an *Porter* die Verankerung der Logistik in Unternehmen und Wertschöpfungsketten unter Berücksichtigung grundlegender Unternehmens- bzw. Wettbewerbsstrategien in Kapitel 2.3.1 betrachtet, ehe entsprechend dem erweiterten Leitsatz „Structure follows Process follows Strategy"[256] in Kapitel 2.3.2 die Entwicklung der prozessorientierten Logistik-Organisation dargestellt wird, wobei ein Schwerpunkt insbesondere auf der Betrachtung der Prozessorganisation und der Bedeutung des Prozesskettenmanagements für die Logistik liegt.

2.3.1 Wettbewerbsstrategische Bedeutung der Logistik

Grundlage der Einbettung unternehmerischer Teilprozesse in unternehmensübergreifende Prozessketten und -netzwerke ist die Integration der eigenen Wertschöpfungsprozesse in übegreifende Wertschöpfungsketten und –systeme.[257] Zur Erreichung von Wettbewerbsvorteilen sind dabei insbesondere geeignete Wettbewerbsstrategien[258] zu generieren. Damit stellt das prozessorientierte Management eine wettbewerbsstrategische Notwendigkeit dar. In diesem Zusammenhang können Grundtypen von Wettbewerbsstrategien unterschieden werden, die in Kapitel 2.3.1.1 dargestellt werden, da diese Überlegungen Grundlage für die grundsätzliche Ausgestaltung unternehmensinterner und –übergreifender Wertketten darstellen, die im Rahmen der Prozessmodellierung und damit für die Ausgestaltung der prozessorientierten Logistik-Konzeption essenziell sind.

---

[255] Kirsch et al. (1973), S. 70.

[256] Vgl. Darkow (2001), S. 133, und die dort angegebene Literatur.

[257] Vgl. Delfmann (2002), S. D1-10.

[258] Zu einer grundsätzlichen Darstellung von Unternehmensstrategien vgl. Bogaschewsky, Rollberg (1998), insbesondere S. 12-18, und die dort angegebene Literatur.

2.3.1.1 Grundtypen von Wettbewerbsstrategien nach Porter

Der Wunsch nach komparativen Konkurrenzvorteilen ist der Ausgangspunkt von Überlegungen zur Bestimmung sinnvoller Geschäftsfeldstrategien. Diese sind nur dann zu erreichen, wenn entweder der Preis eines Produkts aus der Sicht des Kunden bei gegebenem Nutzen niedriger oder der Nutzen bei gegebenem Preis höher ist als der der Wettbewerber. Aus diesen Überlegungen leitet Porter sein Konzept generischer Wettbewerbsstrategien ab, in dem Kostenführerschafts-, Differenzierungs- und Nischenstrategien unterschieden werden.[259] Diese Grundstrategien sind in Abbildung 13 dargestellt:

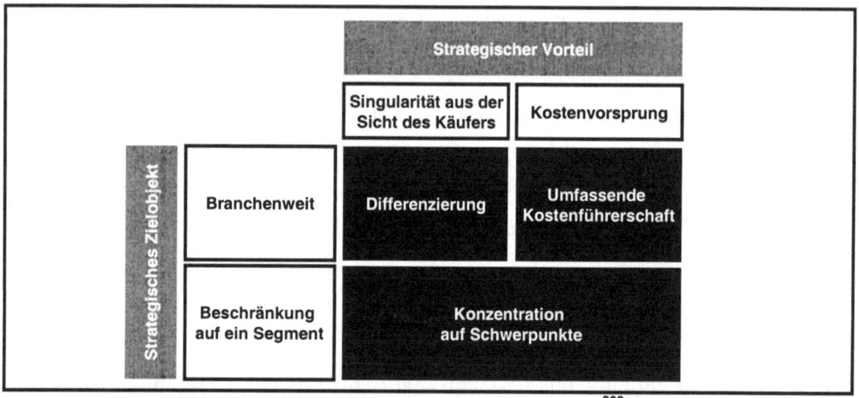

Abbildung 13: Grundtypen von Wettbewerbsstrategien nach Porter[260]

Die Strategie der umfassenden *Kosten- bzw. Preisführerschaft* zielt darauf ab, das eigene Preisniveau unter dem der wichtigsten Wettbewerber zu halten. Über die Nutzung von Lernkurven-, Kostendegressions- und Rationalisierungseffekten sollen Wettbewerbsvorteile und eine hohe Kundenloyalität realisiert werden.[261] Die Strategie der Kostenführerschaft basiert damit auf einem Kostenvorsprung gegenüber den Konkurrenten innerhalb einer Branche, zu dem die Logistik einen substanziellen Beitrag liefern kann. Die Notwendigkeit der Realisierung von Effizienzsteigerungs- und Rationalisierungspotenzialen durch zielgerichtete logistische Prozesse hat im Zuge der strategischen Konzentration auf Kernkompetenzen in den Unternehmen zu einem deutlichen, branchenübergreifenden Trend zum Outsourcing von operativen und administrativen logistischen Leistungen an spezialisierte Logistik-Dienstleister

[259] Vgl. Porter (1985), S. 37, bzw. Bogaschewsky, Rollberg (1998), S. 13.
[260] Vgl. Zentes (2000), S. 3, nach Porter (1985), S. 35, bzw. Porter (1999b).
[261] Vgl. Zentes (2000), S. 3, bzw. Bogaschewsky, Rollberg (1998), S. 13.

geführt.[262] Auf Grund der steigenden Outsourcingvolumina haben leistungsfähige Systemdienstleister ihr Leistungsangebot um eine Vielzahl administrativer und Value-Added-Services ergänzt, so dass der Einsatz spezialisierter Logistik-Dienstleister auch zukünftig eine erfolgversprechende Strategie für Industrie-, Handels- und Dienstleistungsunternehmen darstellt.[263]

Bei der grundlegenden *Differenzierungsstrategie*[264] ist das aus Kundensicht verkaufsentscheidende Preis-Nutzen-Verhältnis zu Gunsten des Nutzens zu beeinflussen, um den Kunden durch die Bereitstellung einer möglichst individuell zugeschnittenen Leistung an das Unternehmen zu binden.[265] Die Wettbewerbsintensität soll durch spezifische Merkmale – wie hohe Produktqualität oder Serviceleistungen – positiv gestaltet werden, um sich auf diese Weise bewusst von den Konkurrenten abzuheben.[266] Dies stellt hohe Anforderungen insbesondere an die Effektivität der betrieblichen Leistungserstellung[267] und damit insbesondere auch an die Logistik: Die Strategie der Differenzierung, Leistungs- oder Qualitätsführerschaft bedeutet für die Logistik, durch die Erfüllung der Qualitätsdimensionen Zuverlässigkeit, Lieferzeit, Lieferqualität und anderer zur „Einmaligkeit" des Unternehmens beizutragen und das Erreichen einer USP – Unique Selling Proposition – zu gewährleisten.[268] Gerade in Zeiten, in denen die Differenzierung gegenüber Konkurrenten über spezifische Produktmerkmale zunehmend schwieriger wird, muss die Profilierung gegenüber bestehenden oder neuen Kunden über indirekte Nutzenvorteile realisiert werden. In diesem Zusammenhang ist die Differenzierung durch eine leistungsfähige Logistik möglich und diese damit ein entscheidender Wettbewerbsfaktor.[269]

Bei der *Konzentrations- bzw. Nischenstrategie* sollen Wettbewerbsvorteile in Marktnischen über gezielte Optionen für spezifische Abnehmergruppen genutzt werden. Innerhalb der kleinen Marktsegmente kann in Abhängigkeit von den jeweiligen Umwelt- und Unternehmensbedingungen eine der beiden Grundkonzeptionen – Kostenführerschaft oder Differenzierung – verfolgt werden.[270]

---

[262] Vgl. Zentes (2000), S. 5f.
[263] Vgl. Baumgarten, Walter (2001), S. 90f.
[264] *Zentes* bezeichnet diese Strategie abweichend als Qualitäts- oder Leistungsführerschaft.
[265] Vgl. Bogaschewsky, Rollberg (1998), S. 13.
[266] Vgl. Kummer (1999), S. 42.
[267] Vgl. Bogaschewsky, Rollberg (1998), S. 13.
[268] Vgl. Zentes (2000), S. 6ff., und die dort angegebene Literatur.
[269] Vgl. Baumgarten, Walter (2001), S. 91f.
[270] Vgl. Kummer (1999), S. 41.

Erhöhte Anforderungen der Kunden führen jedoch zunehmend dazu, dass Wettbewerbsvorteile nur durch eine Kosten- *und* Leistungsüberlegenheit zu erzielen sind.[271] Nur die Kombination von Kostenführerschaft und Qualitäts- bzw. Leistungsführerschaft sichert den Erfolg eines Unternehmens. Die Umsetzung dieser Strategie auf einem Markt wird in der Literatur als Outpacing bezeichnet.[272] Die Logistik und die Effizienzsteigerung durch Wertkettenverknüpfung – im Sinne von Schnittstellen übergreifenden Prozessketten – kann einen wesentlichen Beitrag zur simultanen Verfolgung dieser Strategien liefern. Dabei werden neben physischen insbesondere auch informatorische Logistik-Prozesse optimiert, was die Anwendung einer prozessorientierten Logistik-Konzeption voraussetzt.[273]

In Abhängigkeit von der bzw. den gewählten Grundstrategie(n) ergeben sich damit unterschiedliche Anforderungen an die strategische Ausrichtung der Logistik. In jedem Fall muss die Logistik-Strategie die gewählte Wettbewerbsstrategie von der Entwicklung über die Beschaffung, Produktion, Distribution und Entsorgung bis hin zum Kunden prozessorientiert unterstützen. „Wettbewerbsvorteile lassen sich aus der Gestaltung logistischer Prozesse aufbauen. Dies gilt sowohl für die Erzielung von Kostenvorteilen durch effiziente Logistik [...] als auch für die Erzielung eines USP bezogen auf logistischen Profilierungsdimensionen im Rahmen einer Qualitätsführerschaftsstrategie. Strebt ein Unternehmen nach Kombination der beiden Positionen (Outpacing), dann erweist sich die Logistik als unabdingbare Grundlage der Exzellenz."[274]

2.3.1.2 Wertkettenmodelle nach Porter

Alle Unternehmensaktivitäten, die zur Erstellung eines Produktes notwendig sind, werden von *Porter* in der Wertkette zusammengefasst.[275] Dabei fokussiert er den Begriff der Wertkette – Value Chain – auf die Aktivitäten in einem Unternehmen:

---

[271] Vgl. zur wissenschaftlichen Diskussion über die Möglichkeit einer simultanen Verwendung beider Grundstrategien – Zentes (2000), S. 9, bezeichnet dies als „Quadratur des Kreises" – die Darstellungen der „Simultaneitäts- bzw. Unvereinbarkeitshypothese" Bogaschewsky, bei Rollberg (1998), S. 14f. und die dort aufgeführte Literatur. *Porter* selbst wird dabei zu den Vertretern der Unvereinbarkeit beider Strategien gezählt.

[272] Vgl. Zentes (2000), S. 3ff., und die dort angegebene Literatur.

[273] Vgl. Zentes (2000), S. 9f.

[274] Zentes (2000), S. 12. Analog äußert sich z. B. auch Bowersox (1999), S. 36ff.

[275] Vgl. Porter (1985), S. 36f.

„Every Firm is a collection of activities that are performed to design, produce, market, deliver, and support its product. All these activities can be represented using a value chain."[276]

Die Wertkette eines Unternehmens ist in einen breiten Strom von Aktivitäten eingebettet, den *Porter* „Value System" nennt.[277] In der deutschsprachigen Literatur wird dieser Begriff synonym für die Wertschöpfungskette bzw. Supply Chain verwendet und für die Verdeutlichung des Zusammenhangs der notwendigen Wertschöpfungsstufen zur Erstellung eines Produkts unabhängig von Unternehmensgrenzen genutzt. Eine Wertschöpfungskette, die in der folgenden Abbildung 14 in Anlehnung an *Porter* als unternehmensübergreifende Wertkette bezeichnet wird, umfasst damit sämtliche Fertigungs- und Absatzstufen von der Rohstoffgewinnung über die Produktion bis zum Kundenservice.[278]

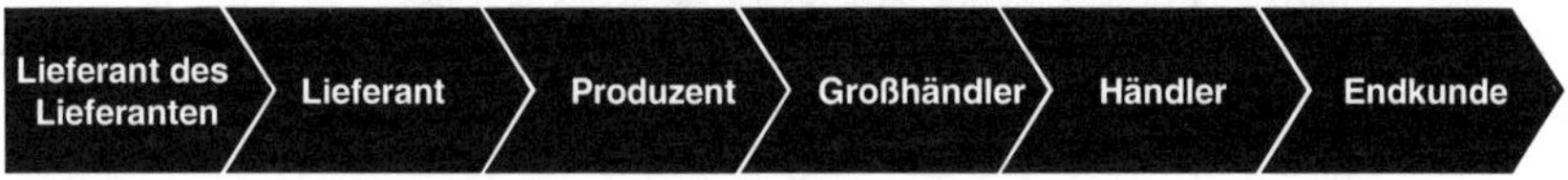

Abbildung 14: Unternehmensübergreifende Wertkette[279]

Die Wertkette erfasst daher auch den Gesamtwert der Wertschöpfung bestehend aus allen wertschaffenden Tätigkeiten – Wertaktivitäten – einer Unternehmung und dem Gewinn. Wertaktivitäten sind die *„von einem Unternehmen ausgeführten, physisch und technologisch unterscheidbaren Aktivitäten"*.[280] Sie werden in der Wertkette nach dem physischen Durchlaufprinzip geordnet. Die Wertkette bildet ein Strukturierungsraster, das betriebliche Aktivitäten eines Unternehmens in aggregierter Form darstellt. Wertaktivitäten umfassen externen Input sowie Arbeitsleistungen unter Verwendung einer bestimmten Technologie, wobei dazu parallel Informations- und Finanzströme einfließen.[281]

Wertaktivitäten können in primäre und unterstützende Aktivitäten unterteilt werden.[282] Primäre Aktivitäten beziehen sich auf den physischen Durchlauf von Produkten,

[276] Porter (1985), S. 36. Vgl. zur Bedeutung des Wertkettenmodells für die Logistik auch die Ausführungen in Kapitel 2.2.1.1 bzw. Göpfert (2000a), S. 214f.

[277] Vgl. Porter (1985), S. 34.

[278] Vgl. zur Weiterentwicklung dieses Gedankens im Rahmen des Prozesskettenmanagements Kapitel 2.3.3.

[279] Vgl. Porter (1985), S. 35.

[280] Vgl. Porter (1985), S. 38.

[281] Vgl. Volck (1997), S. 15f.

[282] Vgl. Porter (1995), S. 36.

während die unterstützenden Aktivitäten die Durchführung der Primäraktivitäten erlauben. Abbildung 15 verdeutlicht das unternehmensbezogene Wertkettenkonzept:

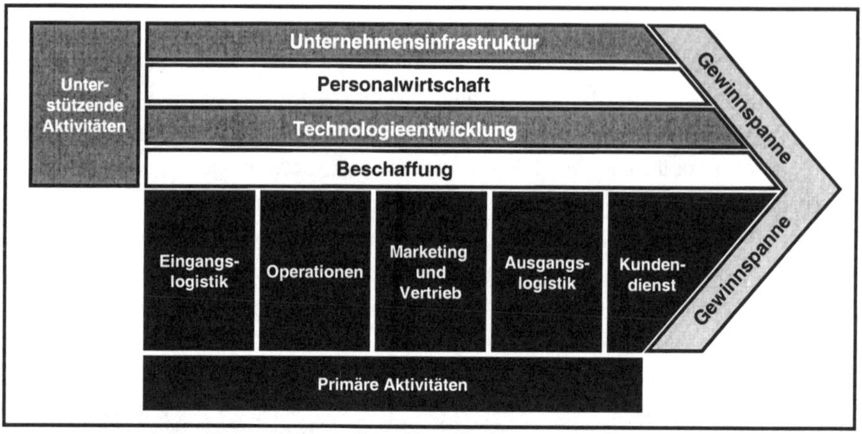

Abbildung 15: Unternehmensbezogene Wertkette[283]

Die Wertkettenanalyse eignet sich als unterstützendes Instrument zur Entwicklung von Logistik-Strategien, da sie die Suche und Sicherung von Wettbewerbsvorteilen unterstützt, die kohärente Ausrichtung der Logistikaktivitäten auf die Wettbewerbsstrategien sowie die Transparenz der Komplexität und Verkettung von Aktivitäten gewährleistet und unternehmensübergreifende Aspekte berücksichtigt.[284] Auf Grund der Orientierung an Aktivitäten bzw. Prozessen und deren Verkettung eignet sich der Ansatz der Wertkette als Instrument zur Ableitung einer prozessorientierten Logistik-Konzeption.

2.3.2 Entwicklung der prozessorientierten Logistik-Organisation

Nachdem in den Kapiteln 2.2 und 2.3.1 die (wettbewerbs-) strategische Dimension der Logistik-Konzeption strukturiert und entwickelt worden ist, wird in diesem Kapitel die aus der strategischen Logistik-Konzeption folgende organisatorische Strukturierung dargestellt.

---

283 Vgl. Porter (1999a), S. 66, oder auch Göpfert (2000a), S. 214.
284 Vgl. Kummer (1992), S. 62.

Als Grundelemente der systemorientierten Logistik-Konzeption wurden die Fluss- und Netzwerkorientierung sowie die Orientierung an Prozessen festgelegt. Im Folgenden wird nun eine Prozessorganisation als Synthese herkömmlicher aufbau- und ablauforganisatorischer Konzepte für die Organisation der Logistik erarbeitet. Darauf aufbauend wird dann in Kapitel 2.3.3 das Management dieser Prozessorganisation durch das Prozesskettenmanagement sowie das Referenz-Prozesskettenmodell der Logistik erläutert. Als Abschluss von Kapitel 2 wird dann in Kapitel 2.4 die für den Rest der Arbeit grundlegende prozessorientierte Logistik-Konzeption erläutert, die die Basis für die effiziente Vernetzung von Unternehmen bildet.

2.3.2.1 Grundlagen und Grundphänomene der Organisation

Der Bereich der Organisation ist schon frühzeitig implizit oder explizit im Rahmen betriebstechnischer bzw. betriebswirtschaftlicher Gesamtdarstellungen berücksichtigt worden.[285] Diese wurde in den 1920er Jahren durch eine Vielzahl praxisorientierter Untersuchungen vertieft, die – häufig Bezug nehmend auf Gedanken von *Taylor* oder *Fayol*[286] – Fragen des Industrie-, Handels- und Bankbetriebs aus technischer bzw. rechnungstechnischer Sicht beleuchteten. Im Zuge der Entwicklung einer Organisationswissenschaft lag dabei der Fokus in Deutschland sehr früh auf der betriebswirtschaftlichen Organisationslehre und damit auf einer ökonomischen Betrachtung von Betrieben bzw. Unternehmungen.

Die Arbeit von *Nordsieck*[287] markiert in diesem Zusammenhang als eine der ersten Gesamtdarstellungen im deutschen Sprachraum, die Organisationsprobleme aus betriebswirtschaftlicher Sicht umfassend behandeln, die „Geburtsstunde" eines spezifischen Organisationsverständnisses in Deutschland: Systembildendes Kriterium ist bei *Nordsieck* die Aufgabe als sozial objektiviertes Ziel, zu dessen Erreichung menschliche Arbeitsleistung notwendig ist. Die Aufgabe ist Ausgangs- und Zentralpunkt des Systems Organisation im Sinne von geltenden organisatorischen – also den Betrieb gestaltenden – Regelungen, deren Sinnzusammenhang durch die

---

[285] *Lehmann* listet hier eine Vielzahl führender Vertreter, z. B. Nicklisch (1922) u. a. auf. Vgl. Lehmann (1992), Sp. 1.539ff. *Gaitanides* betont, dass bis zu diesen ersten Ansätzen der „älteren Organisationslehre" nach der Jahrhundertwende nur drei Erkenntnisobjekte mit dem Begriff der Organisation verbunden wurden: das Militärwesen, die Kirche und der Staat. Vgl. Gaitanides (1983), S. 3ff.

[286] Vgl. Taylor (1913) bzw. Fayol (1929).

[287] *Nordsieck* legte 1934 mit den „Grundlagen der Betriebsorganisation", die der „neu entstehenden Wissenschaft von der Organisation eine Grundlage" geben sollten, eine viel beachtete und in sich geschlossene, abstrakt-deduktive Beschreibung der Betriebsorganisation vor, die auf seiner Dissertation aufbaut. Vgl. Nordsieck (1934), Nordsieck (1931) und Lehmann (1992), Sp. 1.540f.

oberste Betriebsaufgabe gegeben ist. Dem Menschen wird dabei ein abgegrenzter, versachlichter Teilaufgabenkomplex zugeordnet. Aus arbeitstechnischen Gründen teilt *Nordsieck* dabei die Organisationslehre in eine Beziehungs- und eine Ablauflehre. Er begründet damit das bis heute mehrheitlich verfolgte betriebswirtschaftliche Paradigma der Trennung der organisationalen Betrachtung in eine „Aufbauorganisation" und eine „Ablauforganisation".[288] Im Rahmen der Beziehungslehre bzw. *Aufbauorganisation* werden die Beziehungen der Arbeitssubjekte zur Betriebsaufgabe und darüber hinaus zueinander, im Rahmen der *Ablauforganisation* die Abfolge der Arbeitsleistungen und deren zeitliches Ineinandergreifen betrachtet. Aufgabe der *Aufbauorganisation* ist damit die Regelung der Aufgabengliederung, der Aufgabenteilung im Sinne von Instanzen, Betriebs- und Arbeitsgliederung, der Funktionsverteilung und Aufgabenverbindung, der Teilung der Funktionen und der Besetzung der Funktionsträger.

Die *Ablauforganisation* umfasst dagegen die Arbeitsvereinigung, die Arbeitsverteilung, die Arbeitsteilung und Gruppenarbeit sowie Probleme der Arbeitsbesetzung.

Durch dieses Vorgehen wird das Betriebsgeschehen von zwei Seiten betrachtet: Zum einen wird es – von oben – aus der Aufgabe abgeleitet, zum anderen – von unten – von seinen Elementen, den Arbeitsleistungen. Dieses klare, jedoch auch komplizierte terminologische System, insbesondere jedoch die Trennung der organisatorischen Betrachtungsweise hat den Großteil der folgenden organisationswissenschaftlichen Arbeiten beeinflusst[289] und wird heute sowohl für die weiterhin durchgeführte Trennung der Aufbau- von der Ablauforganisation[290], auf Grund der konsequenten Aufgabenorientierung jedoch auch als Ursprung prozessorientierter Überlegungen verwendet.[291]

---

[288] Dieser dualistische Ansatz ist als spezifisch für die deutsche Organisationslehre zu bewerten und fand keine wesentliche Berücksichtigung in der nicht-deutschsprachigen Literatur, namentlich nicht in der US-amerikanischen Begriffswelt, die diese Strukturierungsmerkmale integriert betrachtet. Vgl. dazu u. a. Lehmann (1992), Sp. 1.539ff., insbesondere Sp. 1.541.

[289] Vgl. Lehmann (1992), Sp. 1.542.

[290] *Frese* bezeichnet diese Trennung als klassisches Prinzip zur Komplexitätsreduktion bei der Organisationsgestaltung in der deutschsprachigen betriebswirtschaftlichen Organisationslehre, vgl. Frese (2000), S. 7.

[291] Vgl. zum Rückgriff auf *Nordsieck* im Zusammenhang mit prozessorientierten Überlegungen z. B. Gaitanides (1983), S. 5ff., oder Baumgarten (1999) bzw. Baumgarten, Darkow (2000), sowie Kapitel 2.3.2.3.

Ulrich baut in seiner Gesamtdarstellung des Stands der „Betriebswirtschaftlichen Organisationslehre“ weitgehend auf den von *Nordsieck* gelieferten Bausteinen auf und knüpft in seiner Darstellung der Organisationsprobleme ebenfalls an die Unternehmungsaufgabe sowie die Trennung von Aufbau- und Ablauforganisation an. Aus der Art der Regelung der Stellengliederung leitet er die Organisationsform – Linienorganisation, Stab- und Linienorganisation und funktionale Organisation – ab.[292] Im deutschen Sprachraum hat sich – wie bereits oben erläutert – in der Folge in der Organisationslehre sowohl in der Theorie als auch in der Praxis einzigartig auf der Welt diese Trennung der beiden Gestaltungsbereiche Aufbau und Ablauf durchgesetzt[293]. Wegweisend in diesem Zusammenhang waren die Arbeiten von *Kosiol*,[294] in denen jedoch aufbauorganisatorischen Fragestellungen weitaus größere Bedeutung beigemessen wurde. Nach *Kosiol* hat die Aufbauorganisation die Zerlegung der Gesamtaufgabe der Unternehmung in Teilaufgaben zum Ziel, gefolgt von der sinnvollen Kombination dieser Einzeltätigkeiten zu Komplexen, die schließlich Organisationseinheiten – z. B. Abteilungen oder Stellen – zugeordnet werden[295]. Der erste Schritt wird mit dem Begriff „Aufgabenanalyse“, der zweite mit dem Begriff „Aufgabensynthese“ umschrieben. Ergebnis von Aufgabenanalyse und –synthese ist eine funktionale Stellengliederung des Betriebs. Die Ablauforganisation hingegen beschreibt die räumlich-zeitliche Gestaltung und Koordination der Arbeitsprozesse, allerdings wurde sie meist als Nebenprodukt behandelt, das sich aus der Festlegung des Aufbaus nahezu automatisch ergibt.[296] Bis zu Beginn der 1980er Jahre und auch darüber hinaus konnte in der deutschsprachigen Literatur oftmals dieser *Kosiolsche* Ansatz gefunden werden, der die Gestaltung der Ablauforganisation zeitlich nach derjenigen der Aufbauorganisation ansetzt.[297]

2.3.2.2 Einbindung der Logistik in die Gesamtorganisation

Stellenbeschreibungen, Ablaufregelungen, Aufgaben einzelner Mitarbeiter sowie die Kommunikation zwischen den organisatorischen Einheiten und Bereichen werden in der Primärebene geregelt. In erster Linie dient diese der Darstellung der Koordination „versachlichter“ Aufgabenkomplexe ohne auf individuellen Einstellungen und Verhaltensweisen des Mitarbeiters einzugehen. Die Primärstruktur bildet das System

[292] Vgl. Ulrich (1949).
[293] Vgl. Picot, Franck (1995), S. 16, bzw. Gaitanides (1992), S. 2.
[294] Vgl. insbesondere Kosiol (1962), 2. Auflage 1976.
[295] Vgl. Wöhe (2000), S. 177ff.
[296] Vgl. Gaitanides (1983), S. 19.
[297] Vgl. Picot, Franck (1995), S. 17.

der Kompetenzen vertikal hierarchisch ab, während es ab der zweiten Hierarchieebene horizontal gegliedert ist. In der vertikalen Perspektive besteht das grundlegende Beschreibungsmerkmal einer Organisationsstruktur aus dem Grad der Delegation, der durch die Strukturierung festgelegt wird. Die horizontale Perspektive stellt die spezifische Ausrichtung der durch Segmentierung voneinander abgegrenzten Kompetenzinhalte der organisatorischen Einheiten dar.[298]

Die Grundelemente jeglicher organisatorischer Strukturen sind Differenzierung und Integration bzw. Arbeitsteilung und Koordination. Sie beziehen sich auf Ziele, Aufgaben, Kompetenzen, Ressourcen und Informationen und bedingen sich wechselseitig, d. h. mit der Arbeitsteilung in Organisationen ist stets die Notwendigkeit der (Re-)Integration und Koordinierung der Tätigkeiten verbunden. Im Ergebnis von Differenzierung und Integration entstehen jeweils spezifische Organisationsformen und –modelle der Primärorganisation. Die Primärorganisation stellt damit das stabile Grundgerüst eines Unternehmens, einer Einrichtung oder auch eines Netzwerks von Unternehmen dar. Sie beinhaltet die auf Dauer angelegten Regeln der Aufbauorganisation eines Betriebs. Sie lässt sich durch Grundformen organisatorischer Strukturen – Organisationsformen – und durch Grundmodelle charakterisieren, wobei die Organisationsformen Ausdruck der gewählten horizontalen Differenzierung bzw. Spezialisierung in der ersten Ebene nach der Geschäftsführung bzw. des Vorstands sind.[299]

Bei der strukturellen Einbindung der Logistik in die Gesamtorganisation ist die Arbeitsteilung zwischen Logistik und den anderen Organisationssystemen ein wesentlicher zu berücksichtigender Faktor, wobei Gestaltungsfragen bezüglich der organisatorischen Kontrollspanne sowie des Zentralisierungsgrads der Logistik-Organisation im Vordergrund stehen. Dabei können nach *Wildemann* die folgenden drei zentralen Ansätze unterschieden werden:

- Eingliederung der Logistik in die funktionale Organisation;
- Eingliederung der Logistik in die objektorientierte Organisation sowie
- Eingliederung der Logistik in eine Matrix-Organisation.[300]

---

[298] Vgl. Freichel (1992), S. 116f.
[299] Vgl. Freichel (1992), S. 117.
[300] Vgl. Wildemann (2001), S. 419ff.

Durch die Gestaltung nach diesen grundsätzlichen Ansätzen ergeben sich sieben Grundmodelle der Logistik-Organisation[301], die in Abbildung 16 dargestellt sind:

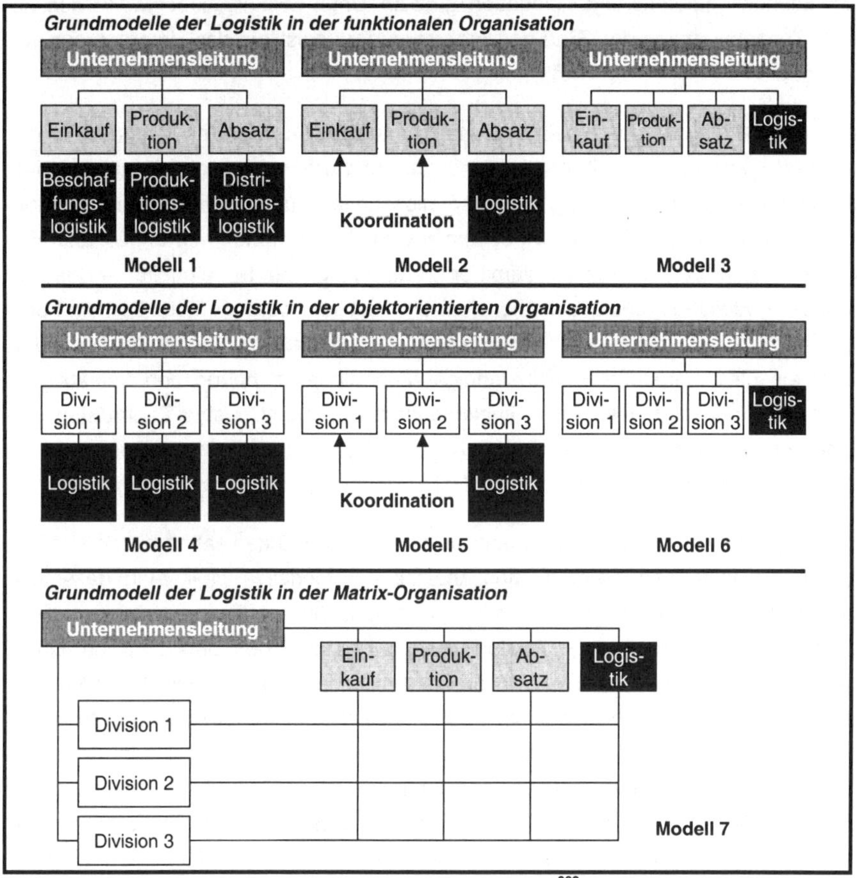

Abbildung 16: Sieben Grundmodelle der Logistik-Organisation[302]

---

[301] Eine andere Strukturierung nimmt z. B. *Pfohl* vor. Vgl. ausführlich Pfohl (1992), Sp. 1.255ff. *Pieper* entwickelt ebenfalls grundsätzliche Organisationsalternativen im Rahmen der theoriebegründeten Betrachtung der strategieorientierten Organisation der Logistikfunktion. Vgl. Pieper (1995), S. 129-137. *Baumgarten* diskutiert die Vor- und Nachteile traditioneller Ausprägungen der logistischen Aufbauorganisation, vgl. Baumgarten (2000a), S. 7-10.

[302] Quelle: Mit Änderungen übernommen aus Wildemann (2001), S. 420. Dieser Ansatz wurde auf Grund seiner Klarheit und Prägnanz ausgewählt. Über diese Klassifizierung hinaus bestehen eine Vielzahl an Organisationsmodellen, die die Stellung der Logistik innerhalb der Organisationsstruktur bzw. in logistischen Netzen darstellen. *Wegner* erläutert z. B. den Einsatz von logistischen Führungs- und Steuerungsgremien zur bereichsübergreifenden logistischen Koordination. Vgl. Wegner (1993) S. 155ff.

Die organisatorische Eingliederung der Logistik in Unternehmen hängt dabei von den Strukturmerkmalen Organisationsgrad und –form, hierarchische Eingliederung, Entscheidungskompetenz und Delegationsgrad ab. Unter Organisationsgrad wird in diesem Zusammenhang der Grad der Integration der Logistik in das Unternehmen verstanden.[303]

Die in Abbildung 16 dargestellten Modelle unterscheiden sich insbesondere in den Gestaltungsdimensionen Zentralisierungsgrad und organisatorische Kontrollspanne, so dass mit deren Festlegung der Integrationsumfang und damit implizit die hierarchische Verankerung der Logistik bestimmt wird.[304] Im Rahmen der funktionalen Eingliederung der Logistik können damit entweder funktionale Subeinheiten – Beschaffungs-, Produktions- und Distributionslogistik – gebildet werden (Modell 1), ein Funktionsbereich kann die funktionsübergreifende Koordination übernehmen (Modell 2) oder ein gleichberechtigter, selbständiger Zentralbereich neben den betrieblichen Grundfunktionen (Modell 3) wird implementiert. Bei Modell 3 sind Zentralisierungsgrad und hierarchische Einordnung sehr hoch,[305] jedoch sind bei der Ausgestaltung der organisatorischen Kontrollspanne dysfunktionale Konflikte vorprogrammiert.

Bei Eingliederung der Logistik in eine objektorientierte Organisation bieten sich dagegen die folgenden Koordinierungsansätze an: Modell 4 stellt eine dezentrale Logistik-Organisation dar, bei der jede Sparte bzw. Division über ein eigenständiges Organisationssystem verfügt. Analog zu den Überlegungen der Eingliederung in funktionale Organisationsstrukturen ergeben sich dann die Modelle 5 – sämtliche Logistikaktivitäten werden von einer Sparte übergreifend koordiniert – und Modell 6, bei dem diese in einem Zentralbereich konzentriert werden.[306] In diesem Fall ergeben sich Vorteile durch eine Spezialisierung im Zentralbereich Logistik, der zu Synergieeffekten in allen Geschäftsbereichen führen kann. Dem steht gegenüber, dass im Zuge möglicher Bündelungen und Standardisierungen die Logistikmaßnahmen nicht mehr speziell auf die Bedürfnisse der Geschäftsbereiche zugeschnitten werden (können). Daraus ergibt sich ein erhöhter Koordinationsaufwand und ggf. die Bildung von Ausschüssen.[307]

---

303 Vgl. Baumgarten (2000a), S. 8.
304 Vgl. Wildemann (2001), S. 421, oder Baumgarten (2000a), S. 7.
305 Vgl. Wildemann (2001), S. 419, bzw. S. 421.
306 Vgl. Wildemann (2001), S. 419.
307 Vgl. Baumgarten (2000a), S. 9.

Die Notwendigkeit der Verankerung der Logistik als Querschnittsfunktion und einer bereichsübergreifenden Einordnung in die Organisationsstruktur zur Realisierung von Effizienzsteigerungs- und Rationalisierungspotenzialen führt dazu, dass die Bewertung der Logistik in einer Matrix-Organisation (Modell 7) positiv ausfällt. Der Logistik kommt dabei zugute, dass sie selbst auf Grund ihrer funktionsübergreifenden Koordinationsfunktion bereits Matrix-Eigenschaften aufweist. Wird die Logistik innerhalb der Matrix-Organisation als eigenständiger Funktionsbereich institutionalisiert, ist diese als zentrale Organisationseinheit für sämtliche Logistikaktivitäten in allen objektorientiert ausgestalteten Sparten zuständig.[308] Allerdings ergeben sich auch in diesem Fall häufig strategische Abstimmungsprobleme auf Grund von Unklarheiten bei Weisungsbefugnis und Zuständigkeit.

In diesem Kontext ist die Ansiedlung der Entscheidungskompetenz das entscheidende Strukturmerkmal. Grundsätzliche Alternativen sind die Zentralisierung in einer Stelle, eine hierarchisch gegliederte Zentralisierung, eine Dezentralisierung mit Führungs- bzw. Ausführungsfunktion oder eine gruppenübergreifende Zentralisierung. Beim Delegationsgrad, der über die hierarchische Stellung der Logistik im Unternehmen Auskunft gibt, ist neben den Hauptalternativen – zentrale bzw. konzentrierte sowie dezentrale bzw. diffundierte Logistik auch die Ausgestaltung einer zentralen Logistik mit dezentralen Abteilungen insbesondere in Konzernstrukturen möglich und eine sinnvolle Alternative.[309]

Gerade die ganzheitliche Orientierung an unternehmensübergreifenden Wertschöpfungsketten und die Zunahme interorganisationaler Vernetzung mit Partnern und Kunden führt im Rahmen einer systemorientierten Logistik-Konzeption dazu, dass ablauforganisatorische Überlegungen in das Zentrum der Überlegungen zur Verbesserung logistischer Güter- und Informationsflüsse treten. Dabei stößt die Logistik in den traditionellen Organisationsstrukturen und Unternehmensgrenzen im Rahmen des Prozess- und Projektmanagements immer häufiger an Grenzen. „Führende Unternehmen haben [daher] erkannt, dass nur mit einer Prozessorganisation der ganzheitliche Systemgedanke der Logistik umgesetzt werden kann.“[310] Im Rahmen eines prozessorientierten Managementkonzepts ist daher das Pull-Prinzip durchgängig auf sämtliche internen und externen, wertschöpfenden und unterstützenden Prozesse zu

[308] Vgl. Wildemann (2001), S. 420f., sowie Baumgarten (2000a), S. 9.
[309] Vgl. Baumgarten (2000a), S. 9.
[310] Baumgarten (2000a), S. 8f.

übertragen. Ausgehend von der Ablauforganisation können dann mehrere kundenorientierte Prozesse zu vernetzten Prozessketten zusammengefasst werden.[311]

2.3.2.3 Prozessorganisation als organisatorische Synthese

Strukturen, Strategien, Organisationsformen und eingesetzte Technologien von Unternehmen unterliegen einem ständigen Wechsel; der schnelle Wandel der Märkte erfordert dabei unverzügliche Reaktionen, um kurzfristig Marktchancen wahrnehmen zu können. Im Mittelpunkt steht der Kunde, alle Aktivitäten in einem Unternehmen müssen so ausgerichtet sein, dass der Kunde einen Nutzen davon hat. Daraus ergibt sich die Forderung, dass sich Unternehmen von einer in der Vergangenheit üblichen funktional oder objektorientiert hierarchisch gegliederten Organisation auf eine geschäftsprozessorientierte, flexible Organisationsstruktur umstellen. Gleiches gilt für die Kosten-, Leistungs- und Ergebnisrechnung.[312] Gerade die Logistik steht einem im Wandel begriffenen, komplexen Unternehmensumfeld gegenüber.

Zur Bewältigung dieser Marktanforderungen[313] sollte die Vermeidung beziehungsweise der Abbau von ineffizienten Organisationsstrukturen, einer zu großen Anzahl an Hierarchiestufen, einer zu stark abgegrenzten Arbeitsteilung und einer starren Aufgabenzuteilung auf einzelne Unternehmensfunktionen angestrebt werden.

Erhebliche Effizienzsteigerungs- und Rationalisierungspotenziale ergeben sich durch eine umfassende Umgestaltung der Geschäftsabläufe in den bestehenden Logistikbereichen – ein Business-Reengineering, das eine funktionale Organisation durch eine Prozessorganisation ersetzen kann. Dabei steht die wirtschaftliche Durchführung von Prozessen, die Geschäftsinhalten des Unternehmens entsprechen, im Vordergrund.[314] Merkmale der Prozessorganisation sind dabei unter anderem eine flache Hierarchie – zur Umsetzung des Lean-Management-Gedankens – und insbesondere eine Orientierung der Arbeitsorganisation an Geschäftsprozessen, also an zusammenhängenden Aufgabenkomplexen. Diese sind gekennzeichnet durch:

- ein prozessauslösendes Ereignis,
- einen definierten Anfang,

---

[311] Vgl. Baumgarten (2000a), S. 10.
[312] Vgl. Herzog (1994), S. 259, oder Baumgarten, Thoms (2002), S. 13.
[313] Vgl. zum Marktszenario der Logistik z. B. Baumgarten, Walter (2001), S. 77, oder Baumgarten, Tufinkgi, Walter (2000), S. 1f.
[314] Vgl. Herzog (1994), S. 259.

- die Summe von Prozessen, Teilprozessen und Tätigkeiten,
- einen Prozessverantwortlichen,
- eine messbare Eingabe und Ausgabe,
- ein definiertes Ende.[315]

Ausgehend von *Nordsieck*[316] wird das Prinzip der Prozessgliederung im Allgemeinen als Bestandteil der Aufbauorganisation verstanden. Die Gliederung der Betriebsaufgabe hat danach dem Betriebsprozess zu folgen, der in Wirklichkeit ein fortwährender Prozess bzw. eine Leistungskette ist. „Die wirkliche Struktur des Betriebs ist" – nach *Nordsieck* – „die eines Stroms".[317] In diesem Zusammenhang stellt *Gaitanides* fest, dass diese Sichtweise nicht nur für materielle Güter gilt, sondern auch für Dienstleistungen. Sie wird dabei sowohl auf die Vorgänge der Planung und des Verkaufs als auch auf „sonstige Büroarbeiten" angewendet.[318]

2.3.3 Logistik und Prozesskettenmanagement

Hinsichtlich der Gestaltung der dynamischen Prozessabläufe bestehen innerhalb traditioneller, vorgegebener Organisationsstrukturen nur geringe Freiheitsgrade, da durch die Zuweisung von Einzeltätigkeiten zu Organisationseinheiten bereits wesentliche Prämissen festgelegt sind; die Optimierung stellenübergreifender Gesamtprozesse ist kaum durchführbar. Ein weiteres Charakteristikum dieser Vorgehensweise ist eine häufig tayloristische Arbeitsteilung, da im Rahmen der Aufgabenanalyse die Gesamtaufgabe in eine Vielzahl von Einzeltätigkeiten aufgesplittet wird und diese in der Aufgabensynthese teilweise unterschiedlichen operativen Einheiten zugeordnet werden. Der hohe Grad der Arbeitsteilung hat zwar in vielen Unternehmen einerseits zu einfachen und leicht zu wiederholenden Einzeltätigkeiten, andererseits aber zu hochkomplexen und intransparenten Prozessen und einem enormen Koordinationsaufwand geführt. Wesentliche hieraus resultierende Schwachstellen, die häufig in Waren- und Materialflussprozessen, aber auch in der konventionellen Büroarbeit gefunden werden, sind hohe Durchlaufzeiten durch erhebliche Liege- und Transportzeiten, geringe Flexibilität auf Grund schwerfälliger Hierarchien, redundante

---

[315] Vgl. Herzog (1994), S. 260.

[316] Vgl. Nordsieck (1934), S. 84, bzw. Nordsieck (1972), Sp. 9, sowie Gaitanides (1983), S. 5, der diesen Ansatz für die Konzeption einer Prozessorganisation als „thematisch von besonderem Interesse" qualifiziert.

[317] Nordsieck (1972), Sp. 9.

[318] Vgl. Gaitanides (1983), S. 6.

Erfassungen verbunden mit Medienbrüchen sowie mangelnde Prozesstransparenz.[319]

Seit Beginn der 1980er Jahre wird zunehmend versucht, diesen Schwachstellen durch eine stärker prozessorientierte Organisationsgestaltung zu begegnen. In den 1990er Jahren wurde unter dem Begriff Business Process Reengineering (BPR)[320] ein Bruch mit bestehenden Organisationsstrukturen und Abläufen gefordert. Kernelement von BPR ist die Fokussierung auf Geschäftsprozesse und Kunden. Der Grundgedanke ist nicht die Optimierung vorhandener Abläufe, sondern ein vollständiger Neubeginn ohne Beachtung der bisherigen Strukturen und Vorgehensweisen.[321]

Prozessorientierte Konzepte werden derzeit überwiegend im Produktionssektor verwendet. In der Büroorganisation – gerade von Dienstleistungsunternehmen – hingegen wird der Organisationsgestaltung gegenwärtig oft noch eine funktionale, arbeitsteilige Gliederung zu Grunde gelegt.[322] Im Verwaltungsbereich werden prozessorientierte Ansätze z. B. unter dem Begriff Case-Management diskutiert. In diesem Rahmen findet eine Prozessspezialisierung der Organisationseinheiten bzw. eine objektorientierte Aufgabenintegration statt, d. h. alle Schritte eines Prozesses werden einer einzigen Einheit zugewiesen.[323]

Nicht-wertschöpfende Tätigkeiten wie Wartezeiten zwischen den einzelnen Bearbeitungsschritten, unklare Verantwortlichkeiten und mangelnde Prozesstransparenz werden so erheblich reduziert. Dies setzt voraus, dass Schnittstellen zu den vor- bzw. nachgelagerten Prozessen bzw. Prozessketten angemessen berücksichtigt werden. Ein wirkungsvolles Instrument ist in diesem Zusammenhang das Prozesskettenmanagement, wobei die Abgrenzung der einzelnen Bausteine und Elemente von Prozess- oder Logistik-Ketten in der Literatur unterschiedlich vorgenommen wird.[324] Zur Präzisierung der Grundgedanken werden im Folgenden die für das Management von Prozessketten relevanten Begriffe erläutert.

---

319 Vgl. Picot, Rohrbach (1995), S. 230, bzw. Becker (1999), S. 5.
320 Oft wird in der Literatur der Begriff Business Reengineering synonym verwendet.
321 Vgl. Hammer, Champy (1994), S. 13. Zu einer kritischen Betrachtung vgl. Nippa (1995) S. 39ff.
322 Vgl. Paykowski (1998), S. 44.
323 Vgl. Picot, Franck (1995), S. 19.
324 Vgl. Kuhn, Hellingrath (2002), S. 102ff., die verschiedene Ansätze zur Prozessmodellierung darstellen oder Wildemann (2001) oder Delfmann (2002).

2.3.3.1 Aktivitäten und Prozesse: Grundbausteine des Prozesskettenmanagements

Definitionen für „Prozesse" sind in der Literatur vielfältig und variantenreich vorhanden.[325] Im Rahmen dieser Arbeit wird folgende Begriffsbestimmung vorgenommen:

Unter einem *Prozess* wird eine inhaltlich abgeschlossene, zeitlich-logische Aneinanderreihung von Aufgaben verstanden, deren Bearbeitung für die Erfüllung des Unternehmenszweckes notwendig und mit dem Ziel der Steigerung der Wertschöpfung verbunden ist.[326] Die Bearbeitung dieser Aufgaben erfolgt im Rahmen von Aktivitäten. *Aktivitäten* sind zielgerichtete Einzelvorgänge und stellen in diesem Sinne die Grundbausteine der Unternehmensaktivität dar. Die Ausrichtung auf ein Ziel ist wichtigstes Merkmal der Aktivität. Tätigkeiten, die nicht auf ein bestimmtes Ziel ausgerichtet sind, werden daher nicht als Aktivitäten aufgefasst. Aktivitäten sind darüber hinaus durch einen messbaren Input und Output gekennzeichnet. Der Output sollte dabei höher sein als der Input und damit zu einer messbaren Wertsteigerung der Aktivität führen. Aktivitäten können in direkt produktbezogene – primäre – und administrative – sekundäre – Tätigkeiten eingeteilt werden.[327]

Prozesse fassen zusammengehörende Aktivitäten zusammen, wenn diese durch einen durchgängigen Material- und Informationsfluss verknüpft sind und durch eine Rückkopplung innerhalb des Prozesses der Grad der Zielerreichung überprüft wird.[328] Alle Prozesse, unabhängig davon, ob es sich um Entwicklungs-, Fertigungs-, Logistik- oder Verwaltungsprozesse handelt, sind repetitiv und determiniert, am Kunden ausgerichtet und durch ein Fluss von Materialien und Informationen über Bereichsgrenzen hinweg gekennzeichnet. Prozesse bestehen dabei in der Regel sowohl aus primären als auch sekundären Wertaktivitäten. Der Grad der Zielerreichung innerhalb der Prozesse kann durch eine Rückkopplung überprüft werden. Die Reihenfolge der Aktivitäten muss nicht zwingend gradlinig sein und die verschiedenen Aktivitäten können parallel ablaufen bzw. einzelne Aktivitäten können auch mehrfach durchlaufen werden.[329]

---

[325] Vgl. z. B. die Sammlung von Definitionen für Prozesse in Becker (1999), S. 23ff., oder bei Delfmann (2002), S. D1ff.
[326] Vgl. Becker, zur Mühlen (1999), S. 67.
[327] Vgl. Baumgarten (1999), S. 228.
[328] Vgl. Baumgarten, Darkow (2000), S. 2.
[329] Vgl. Baumgarten (1999), S. 228.

Das betriebliche Geschehen als Ganzes und in seinen Teilbereichen kann als Prozess angesehen werden.[330] Ein Unternehmen ist damit ein komplexes, offenes System von Prozessen[331], die in vielfältigen Wechselbeziehungen zwischen Kunden und Lieferanten stehen. Einzelne Prozesse sind wiederum auch ein Glied der unternehmensbezogenen bzw. überbetrieblichen Wertkette.[332]

2.3.3.2 Management von Prozess- und Logistik-Ketten

Mehrere Prozesse können parallel oder sequenziell zu *Prozessketten* zusammengefasst werden, die die nächst höhere Aggregationsstufe in der Prozesshierarchie bilden.[333] Sie stellen eine zeitlich und räumlich verbundene Folge von übergreifenden betrieblichen Aktivitäten dar.[334] Entscheidendes Kriterium für die Bildung von Prozessketten ist neben der gemeinsamen Zusammengehörigkeit zu demselben betrieblichen Ablauf vor allen eine konsequente Ausrichtung aller beteiligten Prozesse am Kunden-Lieferanten-Prinzip.[335] Vorgelagerte Prozesse werden demnach als Lieferanten und nachgelagerte Prozesse als Kunden angesehen. Durch eine konsequente Umsetzung dieses Prinzips wird sichergestellt, dass keine fehlerhaften Arbeitsergebnisse von vorgelagerten Prozessen übergeben oder an nachfolgende Prozesse weitergereicht werden.[336]

Prozesskettenmodelle in der Logistik beschreiben Abläufe als eine Menge von verknüpften Prozessen und dienen der Darstellung von Material-, Waren- und Informationsflüssen.[337] Sie sind damit ein geeignetes Instrument zur prozessorientierten Ausgestaltung der Logistik-Konzeption. In jedem Unternehmen lassen sich daher die grundlegenden Prozessketten Entwicklung, Versorgung, Auftragsabwicklung und Entsorgung identifizieren, wobei die Logistik im Rahmen der Logistik-Konzeption sowohl das Management in den einzelnen Prozessketten als auch deren koordinative Verzahnung übernimmt. Die folgende Abbildung 17 verdeutlicht das als Referenzmodell verwendbare Prozesskettenmodell der Logistik:

---

[330] Vgl. Bogaschewsky, Rollberg (1998), S.185.
[331] Vgl. Haist, Fromm (1991), S. 4, sowie Baumgarten (1999), S. 228.
[332] Vgl. Bogaschewsky, Rollberg (1998), S.186 und Kapitel 2.3.1.2.
[333] Vgl. Baumgarten, Darkow (2000), S. 6.
[334] Vgl. Klaus, Krieger (2000), S. 406.
[335] Vgl. Lasch (1998), S. 57 bzw. Altobelli, Gaitanides (1999), S. 596f.
[336] Vgl. Baumgarten, Darkow (2000), S. 6.
[337] Vgl. Lasch (1998), S. 57

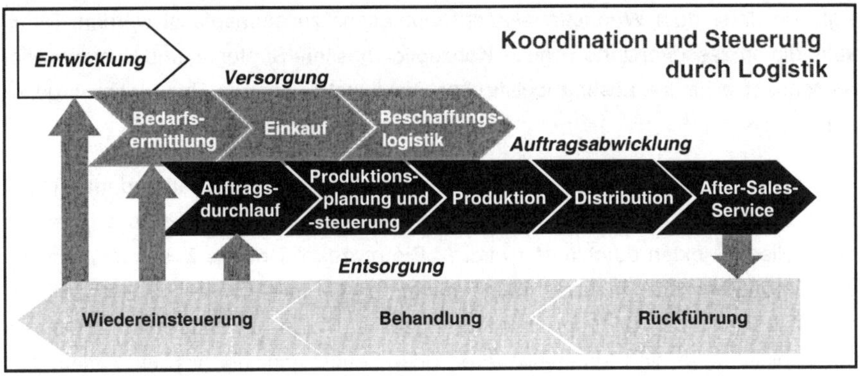

Abbildung 17: Das Referenz-Prozesskettenmodell der Logistik[338]

Die Prozesskette *Entwicklung* umfasst die Zeitspanne zwischen Produktidee und Markteinführung. Die Prozesskette *Versorgung* beinhaltet alle Prozesse von der Versorgungsplanung bis zur Leistungserstellung. Die primär zeitrelevante Prozesskette *Auftragsabwicklung* umfasst alle Prozesse vom Eingang des Kundenauftrages über die Produktion bis zur Übergabe an den Kunden sowie den After-Sales-Service nach der Übergabe. Der Kreislauf wird durch die Prozesskette *Entsorgung* geschlossen, die die Entsorgung und das Recycling des Materials übernimmt.[339] Durch dieses Schließen der unternehmensinternen und unternehmensübergreifenden Prozessketten entsteht ein Prozesskreislauf, in dem die einzelnen Prozessketten sequenziell und parallel ineinander verzahnt sind.[340]

Die genaue Abgrenzung des Begriffes Prozesskette zur Wertschöpfungskette ist in der Literatur kaum definiert. Oftmals werden Prozesskette und Wertschöpfungskette auch im gleichen Kontext verwendet.[341] Das in Abbildung 17 dargestellte Prozesskettenmodell bezieht für die effiziente Gestaltung der Logistikstrukturen grundsätzlich sowohl unternehmensinterne als auch -übergreifende Prozesselemente mit ein, während im Rahmen der Wertkettentheorie innerbetriebliche Prozesse eher vernachläs-

---

338 Vgl. zum Prozesskettenmodell der Logistik Baumgarten (2001a), S. 13ff., Baumgarten, Walter (2001), S. 7f. oder auch Baumgarten, Benz, Walter (1999), S. 25ff. Alternative Modelle finden sich u. a. bei *Kuhn* und *Hellingrath*, z. B. das sehr bekannte SCOR-Modell, jedoch auch ein Prozesskettenmodell. Vgl. Kuhn, Hellingrath (2002), S. 102ff., insbesondere S. 105-110 sowie S. 115.

339 Vgl. Baumgarten (1999), S. 229.

340 Vgl. Baumgarten, Darkow (2000), S. 8. *Zadek* erweitert das Prozesskettenmodell sogar noch zu einem Prozessnetzkreislauf mit Prozessnetzpfaden. Als Begründung führt er die parallele und sequenzielle Vernetzung bereits der Prozesse innerhalb der Prozessketten an. Vgl. Zadek (1999), S. 143ff., oder Zadek (2000), S. 15ff.

341 Vgl. Klaus (2000c), S. 449.

sigt und unter dem Wertkettenelement Operations zusammenfasst werden. Damit kann die prozessorientierte Logistik-Konzeption bessere Strategie- und Systematisierungsansätze für die Lösung logistischer Problemstellungen in Unternehmen generieren.

Die Logistik-Kette umfasst das direkt mit der Leistungserstellung verbundene Umfeld eines Unternehmens.[342] Sie „ist eine Reihe von operativen Leistungsstellen, die von materiellen Objekten durchlaufen wird."[343] Die prozessorientierte Zusammenfassung von Einzelprozessen zu bereichsübergreifenden Organisations- und Informationseinheiten wird durch die Logistik-Kette abgebildet.[344] Ein- und auslaufende Objekte der Logistik-Kette sind Material, Waren oder Sendungen, die sich im Verlauf des Prozesses räumlich, zeitlich oder physisch verändern. Zur Gewährleistung eines gerichteten Material- wie Informationsflusses entlang der Logistik-Kette müssen sich die Elemente der Kette so aneinander ausrichten, dass sie in einem logistischen Zusammenhang in Bezug auf die Ablauforganisation stehen. Die Logistik-Ketten orientieren sich also im Gegensatz zur Wertschöpfungskette am Material- und dem damit verbundenen Informationsfluss. Dies spiegelt das Fluss- und Prozessdenken der Logistik wider, das von einem Abbau der gegenseitigen Kopplung und Trennung der Abschnitte der Logistik durch Bestände ausgeht und so einen transparenten und schnellen Güterfluss entlang der Logistik-Kette mit einer informatorischen Verknüpfung aller Glieder dieser Kette ermöglicht.[345]

Logistik-Ketten beschreiben einen Lieferprozess von den Lieferanten zu den Kunden, während beispielsweise die Auftragskette den Auftragsprozess vom Kunden bis zum Kunden beschreibt. Eine Logistik-Kette wird im Normalfall von einer Auftragskette ausgelöst und von einer Informationskette begleitet. Logistik-Ketten lassen sich in interne und externe Logistik-Ketten aufteilen. Externe oder außerbetriebliche Logistik-Ketten sind die Abschnitte der Prozesskette zwischen den Versandorten, den Umschlagspunkten, den Logistikzentren und den Empfangsorten. Als interne oder innerbetriebliche Logistik-Ketten werden die Leistungsketten innerhalb einer Station, eines Betriebs eines Umschlagspunkts oder ein Filiale bezeichnet.[346]

---

342 Vgl. Baumgarten, Wiegand (1997b), S. 588.
343 Gudehus (2000a), S. 28.
344 Vgl. Baumgarten, Wiegand (1997b), S. 588.
345 Vgl. Pfohl (1994), S. 203.
346 Vgl. Gudehus (2000a), S. 28.

Das Prozesskettenmanagement ist der wesentliche unternehmensinterne und –übergreifende Ansatz, der das Management von Logistik- und Wertschöpfungsketten im Rahmen der prozessorientierten Logistik-Konzeption gewährleistet. Die entstehenden interorganisationalen Logistik-Netzwerke werden z. B. im Rahmen des Supply Chain Managements derzeit verstärkt betrachtet.[347] Daher liefert gerade die Logistik einen bedeutenden Beitrag zu einer verstärkten Prozessorientierung in Unternehmen.[348]

Kernziel des Prozesskettenmanagements ist die ganzheitliche Verbesserung im Zusammenhang stehender Funktionen unter Beachtung der Wechselwirkungen mit anderen Bereichen des Unternehmens, um ein Optimum entlang der gesamten logistischen Kette zu erreichen. Durch starre Hierarchiemuster geprägte Aufbauorganisationen werden durch an bereichsübergreifenden Prozessen ausgerichtete Ablauforganisationen abgelöst. Im Zentrum steht die Ausrichtung an den für die Wertschöpfung und den Kundenservice relevanten Kernprozessen. Wesentlicher Bestandteil ist das Kunden-Lieferanten-Prinzip, nach dem die vorgelagerten Prozesse als Lieferanten und die nachgelagerten Prozesse als Kunden betrachtet werden und damit die Unterstützung z. B. des internen Qualitätsmanagements gesichert wird.

Die Vereinfachung von Prozessen ist häufig mit immer komplexeren Einzeltätigkeiten verbunden, so dass sich in der Folge erhöhte Anforderungen an die Mitarbeiter ergeben: Dadurch kommt der Komponente „Mensch" bei der prozessorientierten Gestaltung von Organisationsstrukturen eine sehr bedeutende Rolle zu.[349]

Das Prozesskettenmanagement nutzt die Synergieeffekte bei der Integration einzelner Unternehmensbereiche und gewährleistet damit den Abbau von Schnittstellenproblemen im Organisations- und Informationsfluss. Aus dieser unternehmensinternen Optimierung ergeben sich ebenfalls Rationalisierungspotenziale bei der Verbesserung der organisatorischen und informatorischen Verknüpfung mit externen Wertschöpfungspartnern. Diese Verknüpfung kann u. a. auch bei der Vermeidung negativer Auswirkungen z. B. durch Bündelung der Güterströme helfen, die auf Grund einer verstärkten Aufgabenverteilung in der Supply Chain und damit eines häufig

[347] Vgl. Kuhn, Hellingrath (2002), S. 120-122.
[348] Vgl. Baumgarten, Darkow (2000), S. 18, oder Wildemann (2001).
[349] Vgl. Baumgarten, Wiegand (1997c), S. 853ff., sowie Walter (1999), S. 1.659ff., oder Baumgarten, Tufinkgi, Walter (2000), S. 8f.

wachsenden Transportvolumens zwischen Hersteller, Lieferant und Kunde auf den Verkehr und die Umwelt entstehen.[350]

Logistische Ziele und Strategien sollen sich dabei immer streng am Kundennutzen orientieren, daher muss auch die Prozesskette immer vom Kunden ausgehend analysiert werden. Die konsequente Ausrichtung der Prozessketten am Kundennutzen führt dabei zu Verbesserung der Parameter Kosten, Qualität, Zeit und Service. Insbesondere die Zeitoptimierung in logistischen Ketten ermöglicht es den Unternehmen, schneller und flexibler auf Kundenwünsche zu reagieren und führt damit zu eine Verbesserung des Services. Die Steigerung der Qualität erhöht die Konkurrenzfähigkeit des Unternehmens und reduziert auch die Kostenbelastung durch die Vermeidung von Fehlerfolgekosten.[351]

Die Kundenorientierung wird heute als strategischer Erfolgsfaktor gesehen, da die Unternehmen auf Grund der Globalisierung einem verschärften Wettbewerb ausgesetzt sind und zunehmend Käufermärkte das Geschehen bestimmen. Durch moderne Informationstechnologien und –systeme haben die Kunden zunehmend die Möglichkeit die Leistungsfähigkeit von Produkten zu vergleichen. Eine Differenzierung über Innovationsführerschaft ist sehr kostenintensiv und damit nur für wenige Unternehmen rentabel. Eine weitere Möglichkeit zur positiven Wettbewerbsdifferenzierung besteht in der Erbringung von Serviceleistungen – Value-Added-Services – entlang der gesamten Wertschöpfungskette.[352]

Kundenorientierung ist in Unternehmen mit etablierten Funktionsstrukturen ohne Hilfe des logistischen Prozesskettenmanagements nur schwer umzusetzen. Die jeweiligen Abteilungen optimieren sich selbst, ohne den Blick für die ihnen vor- und nachgelagerten Unternehmensprozesse offen zu halten. Dadurch werden innerbetriebliche Barrieren aufgebaut und es entsteht ein für eine Gesamtsteuerung nachteiliger, segmentierter Informations- und Güterfluss.[353]

---

[350] Vgl. Baumgarten, Darkow (2000), S. 1.
[351] Vgl. Lasch (1998), S. 72.
[352] Vgl. Baumgarten, Thoms (2002), S. 62ff., oder Baumgarten, Zadek (2000), S. 128.
[353] Vgl. Baumgarten, Darkow (2000), S. 2.

2.4 Prozessorientierte Logistik-Konzeption als Basis für vernetzte Logistik

Ziel der bisherigen Ausführungen in Kapitel 2 war die Erläuterung der Basiselemente sowie die Ausgestaltung einer systembasierten, prozessorientierten Logistik-Konzeption, die als Grundlage für eine branchenübergreifende Anwendbarkeit von logistischen Strukturierungs- und Managementansätzen dienen kann. Zu diesem Zweck wurde auf der Basis grundsätzlicher Überlegungen zur historischen Entwicklung und der institutionellen Gliederung der Logistik eine systemorientierte, allgemeine Logistik-Konzeption ausgestaltet, wobei der Logistik der Status einer eigenständigen wissenschaftlichen Disziplin zugewiesen wurde. Auf Grund der systemtheoretischen Grundausrichtung der Logistik-Konzeption ist die Anwendung in Unternehmen jeder Art möglich.

Als Aufgabe der Logistik als Unternehmensprinzip wurde dabei die Übernahme einer unternehmensinternen und –übergreifenden Koordinationsfunktion festgelegt. Durch die Betrachtung von grundlegenden Wettbewerbsstrategien und Wertkettenmodellen sowie grundsätzliche, die Logistik-Organisation betreffende Überlegungen zur effizienten Ausgestaltung der logistischen Prozessketten in Kapitel 2.3 wurde deutlich, dass die in Kapitel 2.2.3 dargestellte Logistik-Konzeption im Bereich der strategischen Prozessausrichtung erweitert werden muss. Dies erfolgt insbesondere durch Verwendung eines geeigneten Prozesskettenmodells[354] als Referenzmodell, das grundsätzlich sowohl für die intra- als auch interorganisatorische Ausgestaltung der Logistik-Konzeption einsetzbar ist.

Diese prozessorientierte Logistik-Konzeption ist in der folgenden Abbildung 18 dargestellt:

[354] Vgl. Kapitel 2.3.3.2.

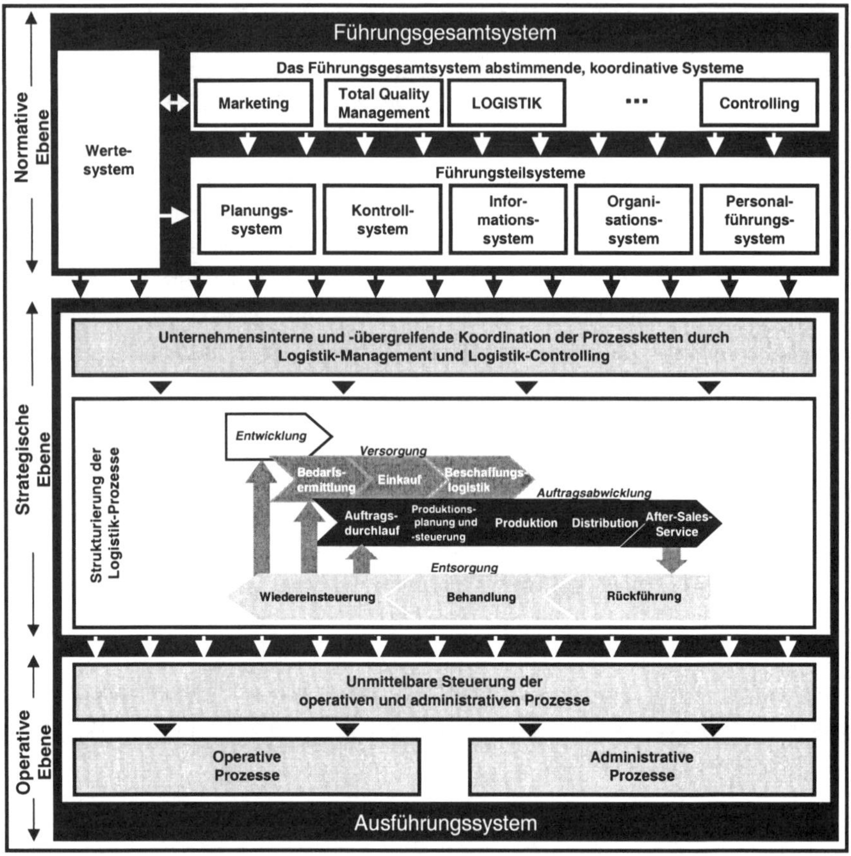

Abbildung 18: Prozessorientierte Logistik-Konzeption

Die allgemeine, prozessorientierte Gesamtkonzeption der Logistik beinhaltet drei wesentliche Betrachtungsebenen: Die *normative* Ebene umfasst das Führungsgesamtsystem, wobei die Logistik kein eigenes Führungsteilsystem darstellt. Stattdessen handelt es sich bei der Logistik um ein das Führungsgesamtsystem abstimmendes, koordinatives System. Sie ist damit Instrument der Unternehmensführung und steht in Wechselwirkung mit anderen koordinativen Systemen, namentlich dem Marketing, dem Total Quality Management und insbesondere dem Controlling. Diese Systeme überlappen sich daher teilweise in ihrer Zielsetzung und folglich in ihrer Steuerungswirkung. Sie wirken damit unmittelbar auf die direkten Führungsteilsysteme. Gleichzeitig nehmen sie – und dabei insbesondere die Logistik – durch die Ausprägung als Managementphilosophien im Rahmen des Wertesystems der Unternehmung bzw. der Unternehmungsführung auch mittelbar Einfluss auf die

Führungsteilsysteme. Die koordinative Logistik wirkt durch ihre grundsätzliche Fluss- bzw. Prozessorientierung dabei insbesondere direkt auf die Ausgestaltung des Organisations- und des Informationssystems ein. Die normative Ebene der Logistik-Konzeption determiniert die Ausprägung des Ausführungssystems, das die strategische und operative Ebene des Gesamtlogistik-Systems beinhaltet. Umgekehrt hat die Ausgestaltung des Ausführungssystems, insbesondere Art und Umfang der logistischen Aufgaben und Funktionen, direkten Einfluss auf die normative Ausprägung der Koordinationsfunktion der Logistik und damit auf die Notwendigkeit der hierarchischen Verankerung der Logistik in der Unternehmungsführung.

Auf der *strategischen* Ebene der entwickelten Logistik-Konzeption erfolgt die unternehmensinterne und –übergreifende Koordination der Prozessketten durch Logistik-Management und Logistik-Controlling. Die Strukturierung der Logistik-Prozesse erfolgt dabei nach dem in Kapitel 2.3.3 dargestellten Referenz-Prozesskettenmodell der Logistik.

Auf der *operativen* Ebene des Gesamtlogistik-Systems sind die im Rahmen der betrieblichen Leistungserstellung anfallenden operativen und administrativen Logistik-Prozesse angesiedelt. Die anfallenden Aufgabenfelder werden dabei aus dem Prozesskettenmodell abgeleitet, so dass die effiziente Steuerung der operativen und administrativen Logistik-Prozesse die Effizienz der Prozessketten gewährleistet. Daher bedingen sich strategische Vorgaben und operative Notwendigkeiten innerhalb der Logistik-Konzeption wechselseitig.

Mit dieser Darstellung ist die grundsätzliche Entwicklung einer allgemeinen Logistik-Konzeption, die eine umfassende Betrachtung insbesondere unternehmensinterner sowie direkt angrenzender Prozess- und Logistik-Ketten integrativ und ganzheitlich gewährleisten kann, abgeschlossen.

Im Zuge der Bildung von Netzwerken durch den stetig steigenden Outsourcing-Anteil logistischer Aktivitäten an logistische System-Dienstleister (3PL) sowie Systemintegratoren (4PL),[355] insbesondere im Rahmen des interorganisationalen Logistik- bzw. Supply Chain Managements muss diese Konzeption noch erweitert bzw. präzisiert werden.

---

[355] Vgl. zum Konzept des 4PL, wie es in dieser Arbeit verstanden wird z. B. Baumgarten, Kasiske, Zadek (2002), Baumgarten, Zadek (2002), Baumgarten, Walter (2001), S. 55 bzw. 90f. oder Baumgarten (2001b, 2001c).

Im weiteren Verlauf der Arbeit wird daher die oben dargestellte prozessorientierte Logistik-Konzeption zunächst auf Dienstleistungsunternehmen übertragen. Damit werden auf der einen Seite logistische Gestaltungselemente für das Management von Dienstleistungsunternehmen bereitgestellt.

Da in Dienstleistungsunternehmen grundsätzlich logistische Aufgaben anfallen, diese jedoch im Regelfall – außer bei den nicht explizit zu betrachtenden Logistik-Dienstleistern –nicht zum Kerngeschäft dieser Unternehmen zählen werden, sind insbesondere Aussagen über den sinnvollen Outsourcinggrad der Logistik im Zuge der Ausbildung von Lieferanten- und Dienstleisternetzen zu erwarten. Zudem sind gerade in Dienstleistungsunternehmen Wissen und Informationen bereits heute als Produktionsfaktoren anzusehen. Insoweit können die für die Verwendung in Dienstleistungsunternehmen notwendigen Veränderungen bzw. Präzisierungen der logistischen Gesamtkonzeption im weiteren Verlauf der Arbeit wesentliche Hinweise für die zukunftsorientierte Ausgestaltung der Logistik-Konzeption liefern.

Vor diesem Hintergrund wird im folgenden Kapitel 3 eine prozessorientierte Logistik-Konzeption für Dienstleistungsunternehmen abgeleitet, ehe in den Kapiteln 4 und 5 dienstleistungsspezifische Logistik-Trends sowie Strategien zu Umsetzung dieser Logistik-Konzeption dargestellt werden. Die Arbeit schließt mit der Berücksichtigung dieser dienstleistungsspezifischen Ergebnisse bei der Ausgestaltung der allgemeinen Logistik-Konzeption. Der Fortschritt bei der Ausgestaltung der allgemeinen Logistik-Konzeption wird dabei – analog zum Vorgehen in diesem Kapitel – jeweils im letzten Unterkapitel der Kapitel 3 bis 5 festgehalten.

3 Logistik in Dienstleistungsunternehmen

Die Entwicklungsgeschichte der Logistik spiegelt den stetigen Wandel wider, dem sie und ihr Aufgabenumfang unterliegt. Solange sich das Umfeld eines Unternehmens verändert, ändern sich damit auch die Anforderungen an seine Logistik. Bislang wird in Literatur und Praxis traditionell fast ausschließlich die Logistik von Unternehmen aus den Bereichen Industrie, Handel und Logistik-Dienstleistung betrachtet, deren gemeinsames Merkmal umfangreiche physische Material- und Warenflüsse sind.[356] Die logistischen Prozesse sonstiger Unternehmen aus dem Dienstleistungssektor, öffentlicher Verwaltungen oder von Non-profit-Organisationen blieben hingegen bislang – abgesehen von wenigen Ausnahmen wie der Krankenhauslogistik oder der Banklogistik – in Lehre und Literatur weitestgehend unberücksichtigt. Der Mangel an Literatur zur Thematik Dienstleistungslogistik ist dafür ein Indiz.[357] Als Ansatzpunkte für das Management von Dienstleistungen werden in vielen Bereichen insbesondere das Marketing, das Qualitäts- und das Innovationsmanagement gesehen.[358] In der Praxis bestehen jedoch noch erhebliche Defizite, die durch Schlagworte wie „Servicewüste Deutschland“ oder Meldungen zu Krisensituationen von Dienstleistungsunternehmen offenbar werden, obwohl Dienstleistungen in Deutschland einen hohen Stellenwert einnehmen.

Dienstleistungen bzw. Dienstleistungsunternehmen wurden bisher nur unzureichend aus einer logistischen Perspektive betrachtet. Die Untersuchungen in diesem Bereich beschränkten sich in der Hauptsache auf logistische Dienstleistungen, die durch spezialisierte Dritte – z. B. im Rahmen des Outsourcings – für Industrie- oder Handelsunternehmen durchgeführt werden. Selbst für diesen Bereich existiert jedoch keine klare Abgrenzung, wobei der Tätigkeit von Logistikern grundsätzlich Dienstleistungscharakter zugesprochen wird, da sie unabhängig von Definitionsunterschieden die Aufgabe der bedarfsgerechten Herstellung von Verfügbarkeiten haben.[359] Gerade im Bezug auf logistische Aufgabenstellungen in Dienstleistungsunternehmen mangelt es damit an theoretischen Erkenntnissen und Grundlagen anhand derer ein Dienstleistungslogistik-System beschrieben und erfolgreich umgesetzt werden könnte. Daher wird im folgenden Kapitel 3.1 die Bedeutung der Logistik in der Dienstleistungsgesellschaft herausgearbeitet und darauf aufbauend in Kapitel 3.2 die

---

[356] Vgl. Keller, Walter (2000), S. 37, oder Bullinger, Krämer (2000), S. 85.
[357] Kapitel 3.2.1 gibt einen Überblick über die bestehenden wissenschaftlichen Ansätze.
[358] Vgl. Corsten (1998), S. 78ff.
[359] Vgl. Bretzke (1997), S. 165f.

wissenschaftlichen Ansätze zur und die spezifischen Inhalte der Logistik in Dienstleistungsunternehmen dargestellt, wobei die Ableitung von Aufgaben- bzw. Funtionsclustern der Dienstleistungslogistik auf Basis der Betrachtung des grundsätzlichen Aufgabenspektrums der Unternehmenslogistik und der Überlegungen zur allgemeinen Logistik-Konzeption in Kapitel 2 erfolgt. Im Anschluss wird in Kapitel 3.3 eine spezifische, prozessorientierte Konzeption der Logistik in Dienstleistungsunternehmen entworfen. Im abschließenden Kapitel 3.4 wird durch die Zuweisung der herausgearbeiteten logistischen Aufgaben- und Funktionscluster zur prozessorientierten Logistik-Konzeption deren Ausführungssystem grundsätzlich modularisiert und damit spezifiziert.

3.1 Logistik in der Dienstleistungsgesellschaft

Bei der Betrachtung einer aktuellen Logistik-Definition aus dem Militärbereich ist eine Facette der Logistik zu erkennen, die sich nicht direkt aus dem in Kapitel 2.1.3.3 verwendeten Begriff der Unternehmenslogistik ableiten lässt. Die Bundeswehr definiert Logistik als die Planung, Bereitstellung und den Einsatz der für militärische Zwecke erforderlichen Mittel und Dienstleistungen.[360] Das Produkt der Bundeswehr ist „Sicherheit" – ein immaterielles Gut. Diese Definition hebt explizit die Bedeutung von Dienstleistungen im Rahmen der logistischen Aufgabenerfüllung hervor. Dabei wird jedoch nicht auf den Servicecharakter der Logistik verwiesen, stattdessen wird den nicht physisch greifbaren Dienstleistungen die gleiche Bedeutung eingeräumt, wie den materiellen Versorgungsgütern („Mittel").[361] Die Unternehmenslogistik betrachtet zwar mittelbar auch Dienstleistungen, da ihre Aufgabe die bedarfsgerechte Herstellung von Verfügbarkeiten ist und Logistik damit an sich immer Dienstleistungscharakter hat[362], allerdings stellen diese Dienstleistungen bislang vor allem materielle Verfügbarkeiten sicher. Im Gegensatz dazu sind bei einem Dienstleistungsunternehmen (z. B. Unternehmensberatung) das Produkt (Beratungsleistung) und die zu seiner Erstellung notwendigen Produktionsfaktoren (z. B. Wissen) häufig überwiegend immaterieller Natur, was bisher jedoch kaum unter logistischen Gesichtspunkten betrachtet wurde.

Das vorliegende Kapitel legt die Grundlagen für eine tiefergehende wissenschaftliche Auseinandersetzung mit der Logistik in Dienstleistungsunternehmen, indem es nach

360 Vgl. Ihde (2001), S. 23, der auf die zentrale Vorschrift ZDV 30/41 verweist.
361 Vgl. Frodl (1998), S. 9.
362 Vgl. Bretzke (1997), S. 165.

einigen Anmerkungen zur volkswirtschaftlichen Bedeutung von Dienstleistungen (Kapitel 3.1.1) eine geeignete Definition des Begriffes „Dienstleistung" erarbeitet (Kapitel 3.1.2) und die Position der Logistik – und damit auch der Dienstleistungslogistik – innerhalb der heutigen Dienstleistungsgesellschaft skizziert (Kapitel 3.1.3).

3.1.1 Die Entwicklung zur Dienstleistungsgesellschaft

Der Dienstleistungssektor – tertiärer Sektor – ist in Deutschland gemessen an Anzahl der Erwerbstätigen und Bruttowertschöpfung noch vor Industrie und Landwirtschaft der mit Abstand bedeutendste Wirtschaftsbereich. So werden rund 69 % der Bruttowertschöpfung im Dienstleistungssektor erwirtschaftet und rund 2/3 aller Beschäftigten sind dort tätig.

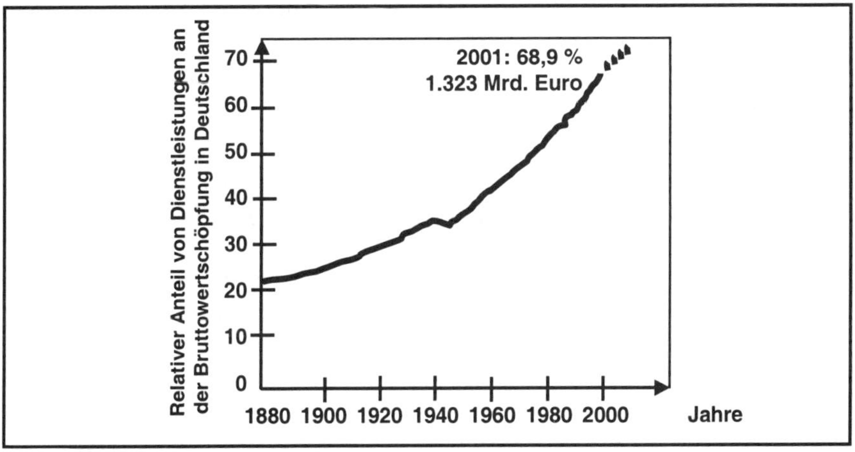

Abbildung 19: Entwicklung des Dienstleistungsanteils an der Bruttowertschöpfung in Deutschland[363]

Die Bedeutung von Dienstleistungen für die deutsche Volkswirtschaft wird weiterhin dadurch erhöht, dass rund 50 % der in der Industrie erzeugten Bruttowertschöpfung letztendlich ebenfalls durch Dienstleistungstätigkeiten entsteht.[364] Die rasante Zunahme des Dienstleistungsanteils ist jedoch nicht mit einem Schrumpfen des Produzierenden Gewerbes gleichzusetzen. So nimmt zwar dessen relativer Anteil an der Bruttowertschöpfung ab, jedoch findet weiterhin ein absolutes Wachstum statt.

[363] Quelle: In Anlehnung an Fähnrich (2000), S. 2. Vgl. auch Fußnote 8.
[364] Vgl. Kapitel 3.1.2.

Ein Großteil der Zunahme des Dienstleistungsanteils wird sogar auf den steigenden Bedarf des Produzierenden Gewerbes an unternehmensnahen Dienstleistungen wie Beratungsleistungen oder externen Logistik-Dienstleistungen zurückgeführt.[365] Einzig die absolute Bruttowertschöpfung der Land- und Forstwirtschaft ist leicht rückläufig.[366]

Der Tertiarisierungsprozess – also die Entwicklung von der Produktions- zur Dienstleistungsgesellschaft – ist in allen westlichen Industrieländern festzustellen und setzt sich seit den 1960er Jahren stetig fort. Der Dienstleistungssektor ist in den vergangenen Jahren insbesondere im Bereich der Informationstechnologien sowie über Unternehmen der sogenannten „New Economy",[367] jedoch auch im Bereich „einfacher" Dienstleistungen gewachsen. Im internationalen Vergleich nimmt der Dienstleistungsanteil in Deutschland dabei allerdings nur einen Platz im Mittelfeld ein.[368] Länder mit einem hohen Dienstleistungsanteil, wie z. B. die USA, konnten ein höheres Wirtschaftswachstum realisieren als Länder mit einem vergleichsweise gering ausgeprägtem Dienstleistungssektor. Die Diskussionen über das „Industriemuseum Deutschland"[369] bzw. die „Servicewüste Deutschland" zeigen schlagwortartig den im internationalen Vergleich bestehenden Nachholbedarf bei der Dienstleistungsorientierung und professionellem Dienstleistungsmanagement.[370]

Es existieren verschiedene Thesen zur Erklärung des Dienstleistungsphänomens. So werden beispielsweise Deregulierungs- und Liberalisierungstendenzen genannt, die durch das Aufsprengen von Monopolen zu intensiverem Wettbewerb führen. Fortschritte auf dem Gebiet moderner Informationstechnologien und deren intelligenter Nutzung erzeugen neues Angebot und neue Nachfrage nach Dienstleistungen. Die Entwicklung des Internets hat die Realisierung vieler Geschäftsmodelle und Dienstleistungen gefördert und neue Märkte eröffnet. Ähnliche Auswirkungen haben die Globalisierung und die Wissensintensivierung von Gesellschaft und Wirtschaft, durch die immer anspruchsvollere und spezialisiertere Dienstleistungen erforderlich werden, die vom Nachfrager in dem Maße nicht mehr

---

365 Vgl. Hipp (2000), S. 83.

366 Vgl. o.V. (2001) bzw. Corsten (2001), S. 10ff .

367 Eine „New Economy" wurde bereits 1985 in den USA ausgerufen. Damals handelte es sich grundsätzlich um alle Unternehmen, die Dienstleistungen erbrachten. Vgl. Albrecht, Zemke (1985) – Originaltitel des Buches: Service America! Doing Business in the New Economy.

368 Dienstleistungsanteile an der Bruttowertschöpfung (1996): Deutschland: 62 %; Großbritannien, Frankreich: 70 %; USA: 75 %; In Europa lag 1996 nur Portugal mit 58 % hinter Deutschland. Vgl. Klein (1998), S. 935.

369 Vgl. Frodl (1998), Vorwort.

370 Vgl. Bruhn, Meffert (1998), S. 3.

selbst erbracht werden können. Eine Folge dessen ist die Schaffung qualitativ hochwertiger Arbeitsplätze.[371] Parallel zu diesen Entwicklungen verlieren traditionelle Vorteile im Produkt- und Technologiewettbewerb durch die schnelle weltweite Verbreitung von technischem Wissen an Bedeutung. Standortvorteile schrumpfen, der Kosten- und Innovationsdruck steigt. Viele Unternehmen versuchen, durch Dienstleistungsorientierung dem Kunden Mehrwert zu bieten, die eigenen Prozesse weniger kopierbar zu gestalten, neue Kernkompetenzen aufzubauen, damit verlorengegangene Vorteile im Produktionsbereich zu ersetzen und so dem Wettbewerb standhalten zu können. Vor diesem Hintergrund ist die tiefer gehende wissenschaftliche Beschäftigung mit Dienstleistungen und Dienstleistungsunternehmen ein sinnvoller Ansatz. *Corsten* mahnt insbesondere ein integratives Dienstleistungsmanagement an.[372] Die Logistik bietet sich in diesem Zusammenhang als mögliches und erfolgversprechendes Intergrationskonzept an.

3.1.2 Der Begriff „Dienstleistung"

Der Begriff „Dienstleistung“ wird in Alltag, Rechtswissenschaften sowie Volks- und Betriebswirtschaftslehre unterschiedlich verwendet.[373] Es existieren eine Vielzahl verschiedener Definitionsansätze, die zum Teil Allgemeingültigkeit beanspruchen, in vielen Fällen als Begrifflichkeit aber nur der jeweils untersuchten Fragestellung genügen. Diese definitorische Uneinheitlichkeit spiegelt die Heterogenität von Dienstleistungen wider. In der Literatur wird sogar die Auffassung vertreten, dass es wenig sinnvoll sei, eine allgemeingültige Definition von Dienstleistungen aufzustellen.[374]

In der Volkswirtschaftslehre wurden Dienstleistungen fast bis Anfang des 20. Jahrhunderts als unproduktive Leistungen bezeichnet, die keinen Beitrag zum Nationaleinkommen beizutragen fähig sind. Jean Baptiste Say (1776-1832) unterstreicht jedoch bereits früh den ökonomischen Wert von Dienstleistungen.[375] Die Volkswirtschaftslehre ordnet Dienstleistungen dem tertiären Sektor zu. Diese Einteilung basiert auf der Drei-Sektoren-Theorie, wonach Dienstleistungen als residuale Größe verbleiben, die alles erfasst, was nicht zum primären oder sekundären Sektor zu

---

[371] Vgl. Hipp (2000), Vorwort.

[372] Vgl. Corsten (1998), S. 77ff.

[373] Diese Arbeit konzentriert sich im Folgenden ausschließlich auf die volks- und betriebswirtschaftliche Dimension der Dienstleistung.

[374] Vgl. Corsten (1990), S. 18.

[375] Vgl. Corsten (1990), S. 16.

zählen ist.[376] Der Drei-Sektoren-Theorie folgend nimmt das deutsche Statistische Bundesamt die Zuordnung der Wirtschaftszweige gemäß der folgenden Übersicht vor.

Primärer Sektor	‣ Land- und Forstwirtschaft, Tierhaltung und Fischerei
Sekundärer Sektor	‣ Energiewirtschaft und Wasserversorgung, Bergbau ‣ Verarbeitendes Gewerbe ‣ Baugewerbe
Tertiärer Sektor	‣ Handel ‣ Verkehrs- und Nachrichtenübermittlung ‣ Kreditinstitute und Versicherungsgewerbe ‣ Wohnungsvermietung ‣ Sonstige Dienstleistungsunternehmen ‣ Dienstleistungen von Unternehmen und freien Berufen ‣ Organisationen ohne Erwerbscharakter und private Haushalte ‣ Gebietskörperschaften und Sozialversicherungen

Abbildung 20: Systematik der Wirtschaftszweige[377]

Demnach gehören zum tertiären Sektor beispielsweise Unternehmen aus den in der folgenden Abbildung 21 dargestellten Bereichen:

‣ Beherbergung	‣ Gesundheit	‣ Reparatur
‣ Bewirtung	‣ Haushalt	‣ Öffentliche Verwaltung
‣ Energieversorgung	‣ Information	‣ Sicherheit
‣ Erholung	‣ Körperpflege	‣ Sport
‣ Ernährung	‣ Kunst	‣ Transport
‣ Forschung	‣ Nachrichtenübermittlung	‣ Unterhaltung
‣ Freiberufliche Tätigkeiten	‣ Persönliche Dienste	‣ Unterricht
‣ Fürsorge	‣ Rechts- und Wirtschaftsberatung	‣ Vermittlung
‣ Geld- und Kreditwesen	‣ Reinigung	‣ Versicherung
		‣ weitere

Abbildung 21: Aufzählung von Dienstleistungsbereichen – Enumerative Definition[378]

---

[376] Vgl. zu Sektorentheorien Corsten (2001), S. 2ff., der zur 3-Sektorentheorie insbesondere auf Fourastié (1954) und darauf aufbauende Literaturquellen verweist.

[377] Quelle: In Anlehnung an Mösslang (1995), S. 8. Vgl. auch Corsten (2001), S. 11f.

[378] Vgl. Kleinaltenkamp (1998), S. 32.

Die Zuordnungen der Branchen zu den einzelnen Sektoren können sich im Laufe der Zeit ändern, sind international nicht konsistent und in der Literatur zum Teil umstritten. So werden Bauleistungen im englischsprachigen Raum dem tertiären Sektor aber in der Systematik des Statistischen Bundesamtes dem sekundären Sektor zugeordnet. Einige Autoren argumentieren auf der Basis ihrer jeweils zu Grunde gelegten Dienstleistungsdefinition, dass Handel, Kreditinstitute und Versicherungen nicht zu den Dienstleistern zu zählen sind, und stellen damit auch die Zuordnung dieser Branchen zum tertiären Sektor in Frage.[379] Diese Bereiche werden in den USA als „service industries" betrachtet.[380]

Unternehmen, die in verschiedenen Bereichen oder sogar Sektoren tätig sind, werden dem Maßgeblichkeitsprinzip folgend nach der überwiegenden Umsatzleistung zugeordnet.[381] Ein Schwachpunkt dieser Verfahrensweise ist z. B., dass, wenn aus einem Unternehmen des sekundären Sektors bisher selbst erbrachte Dienstleistungen an einen externen Dienstleister ausgelagert werden,[382] dies den Effekt hat, dass der tertiäre Sektor wächst und der sekundäre Sektor schrumpft, obwohl nach wie vor dieselben Funktionen bzw. Aufgaben erfüllt werden. Insgesamt wird der tertiäre Sektor statistisch unterschätzt. Der Anteil der Dienstleistungen an der Gesamtbruttowertschöpfung und an der Beschäftigung ist rechnerisch noch größer, wenn die in den anderen Sektoren verborgenen Dienstleistungen dem Tertiärsektor zugerechnet werden würden. Ein Produkt besteht selten nur aus dem physischen Erzeugnis an sich, sondern aus Leistungsbündeln: Es wird beispielsweise durch Gebrauchsanweisungen, Verpackungen und Dienstleistungen wie dem After-Sales-Service ergänzt. Diese Leistungen werden auch als additive Dienstleistungen bzw. Value Added Services bezeichnet.

Produkte sind in zunehmendem Maße ganzheitliche Lösungen oder Systeme. Hinzu kommen Dienstleistungen, die nicht direkt mit der Materialproduktion oder –transformation verbunden, aber für den Produktionszyklus wesentlich sind. Diese unternehmensnahen Dienstleistungen nehmen hier eine Koordinations- und Unterstützungsfunktion wahr, wie z. B. Logistik, Forschung und Entwicklung, Design,

---

[379] Vgl. Mösslang (1995), S. 11; Dort finden sich weiterführende Literaturhinweise zu dieser Diskussion. Für den Bereich Handel wird in der Logistik nach herrschender Meinung ähnlich argumentiert, vgl. Kapitel 2.1.4.2.

[380] Vgl. Smith (1991) et al.

[381] Vgl. Mösslang (1995), S. 7-9.

[382] Z. B. Outsourcing von DV-Leistungen.

Engineering, Planung oder Qualitätskontrolle.[383] Es wird geschätzt, dass die Hälfte des der Industrieproduktion zugeschriebenen Bruttoinlandsprodukts tatsächlich durch Dienstleistungen zustande kommt.[384] Solche internen, nicht unmittelbar marktwirksamen Dienstleistungen werden nur dann zutreffend erfasst, wenn sie rechtlich verselbständigt angeboten werden.

Die Sektorentheorie ermöglicht damit keine vollständige Übersicht über den Dienstleistungsanteil einer Volkswirtschaft. Es lassen sich zwar Dienstleistungsbranchen identifizieren, jedoch macht das hohe Aggregationsniveau der Sektorentheorie durch die Zusammenfassung höchst heterogener Bereiche eine allgemeingültige und vollständige Darstellung des Wirkungsfelds für eine Logistik in diesem Bereich nicht möglich. Dienstleistungen stellen ein sektorenübergreifendes Phänomen dar. Für eine Definition und Darstellung der Dienstleistungslogistik ist es daher notwendig, über die klassische Negativeinteilung hinauszugehen. Die deutsche Betriebswirtschaftslehre beschäftigt sich, abgesehen von wenigen Ausnahmen, erst seit Beginn der 1980er Jahre mit Dienstleistungsfragen.[385] Ähnlich wie in der Volkswirtschaftslehre existieren auch hier eine Vielzahl von Definitionsansätzen,[386] wobei sich nach drei Gruppen unterscheiden lassen:

- Enumerative Definitionen (Aufzählung von Beispielen),[387]
- Negativdefinitionen[388] und
- Definition über konstitutive Merkmale von Dienstleistungen, wobei zwischen
    - potenzialorientierten,
    - prozessorientierten und
    - ergebnisorientierten

  Definitionen unterschieden wird.

---

383 Vgl. Hipp (2000), S. 81.
384 Vgl. Pepels (1999), S. 699.
385 Vgl. Corsten (1990), Vorwort.
386 Für einen ausführlichen Überblick über Definitions- und Klassifikationsansätze von Dienstleistungen vgl. Hipp (2000), S. 11-18, oder Meffert, Bruhn (2000), S. 30ff.
387 Vgl. die Aufzählung von Dienstleistungsbereichen in Abbildung 21.
388 Z. B.: Abgrenzung gegenüber Sachgütern, Drei-Sektoren-Theorie.

Der enumerative Definitionsansatz bietet keine konkreten Kriterien, anhand derer das Vorliegen einer Dienstleistung beurteilt werden kann und Negativdefinitionen besitzen die bereits oben erwähnten Nachteile. Beide Ansätze verschaffen zwar einen schnellen Überblick über das Einsatzspektrum einer Dienstleistungslogistik, sind jedoch für eine tiefgehende analytische Betrachtung nicht geeignet. Die folgenden Ausführungen konzentrieren sich daher auf die Beschreibung von Dienstleistungen über ihre wesensbestimmenden – konstitutiven – Merkmale. Die folgende Abbildung 22 verdeutlicht die Grenzen zwischen potenzial-, prozess- und ergebnisorientierten Definitionsansatz.

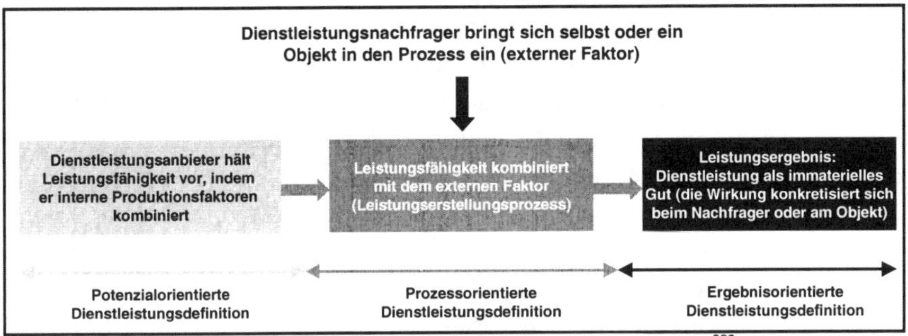

Abbildung 22: Ansatzpunkte unterschiedlicher Dienstleistungsdefinitionen[389]

Eine Beschränkung auf einzelne der drei Dimensionen reicht nicht aus, um die vielen unterschiedlichen Facetten von Dienstleistungen vollständig darzustellen. Daher ist es notwendig, die Ansatzpunkte der Definition des Dienstleistungsbegriffes miteinander zu kombinieren.[390] Die einzelnen Begriffsdimensionen konkurrieren dabei nicht miteinander, sondern stellen die verschiedenen Definitionsebenen des Dienstleistungsbegriffes dar. Damit lassen sich Dienstleistungen wie folgt definieren:

> *„Dienstleistungen sind angebotene Leistungsfähigkeiten, die direkt an externen Faktoren (Menschen oder deren Objekte)*[391] *mit dem Ziel erbracht werden, an ihnen gewollte Wirkungen (Veränderungen oder Erhaltung bestehender Zustände) zu erreichen."*[392]

---

[389] Quelle: In Anlehnung an Corsten (1990), S. 18; Corsten (2001), S. 21f., bzw. Maleri (1998). Vgl. auch die logistikorientierten Ansätze von *Pfohl* bzw. *Göpfert* in Kapitel 2.2.1.

[390] Ein Friseur muss eine Schere bereithalten (Potenzialdimension), um das Haar des Kunden zu schneiden (Prozessdimension). Das Resultat ist der Haarschnitt (Ergebnisdimension).

[391] Objekte: Güter und Tiere.

[392] Vgl. Meyer (1998), S. 186.

Diese Definition ist eine Kombination von potenzial-, prozess- und ergebnisorientiertem Ansatz und ist die Basis für die weiteren dienstleistungslogistischen Betrachtungen.[393] Dabei werden auf Grund der Anpassung der institutionellen Gliederung der Logistik in Kapitel 2.1.4.3 Handels- und Logistikunternehmen nicht berücksichtigt werden.

3.1.3 Bedeutung der Logistik in der Dienstleistungsgesellschaft

Die Weiterentwicklung der Logistik und die konsequente Umsetzung ganzheitlicher Logistik-Strategien bieten effiziente Möglichkeiten, um den Herausforderungen des Wettbewerbs nachhaltig zu begegnen. Durch Logistik lassen sich Lieferzeiten verkürzen, die Qualität der Produkte und Leistungen erhöhen, die Kosten senken und die eigene Flexibilität steigern. Eine leistungsfähige Logistik wird direkt vom Kunden wahrgenommen, beeinflusst damit maßgeblich die Wettbewerbsposition und wird so zu einem entscheidenden Differenzierungsfaktor gegenüber den Wettbewerbern.[394] Die Logistik befindet sich heute in einem Entwicklungsstadium, in dem ihr Verantwortungsbereich weit über die klassischen Logistikaufgaben und -funktionen wie Transportieren, Lagern und Umschlagen hinausragt. Logistik hat sich – anerkannt in Wissenschaft und Praxis – als strategisches Instrument zur Erreichung, Sicherung und zum Ausbau des Markterfolgs etabliert.[395] Dieses Instrument wird zunehmend auch zur Optimierung und Strukturierung von Dienstleistungsprozessen eingesetzt.

Das moderne Logistikverständnis trägt mit seinen Strategien entscheidend zum Markterfolg von Unternehmen bei. Herausragend ist dabei die konsequente, sowohl externe als auch interne Kundenorientierung der Logistik. Der Kunde steht im Mittelpunkt aller unternehmerischen Aktivitäten, ist deren Auslöser und wird – wo notwendig – in den Leistungserstellungsprozess integriert.[396] Die Logistik erbringt durch die Bereitstellung von Verfügbarkeiten für diese Kunden eine Dienstleistung und ist damit von großer Bedeutung in einer Gesellschaft, in der die Nachfrage nach Dienstleistungen weiterhin zunimmt.

---

[393] Vgl. dazu Kapitel 3.2.2, in dem die einzelnen Elemente dieser Definition zur Darstellung der logistikrelevanten Charakteristika von Dienstleistungen herangezogen werden.

[394] Vgl. Baumgarten, Walter (2001), S. 9. Dehler (2001) weist diesen Zusammenhang in seiner Arbeit zum Entwicklungsstand der Logistik in ausgewählten Industriebranchen detailliert empirisch nach. Gleichlautend äußern sich u. a. Wildemann (2001) oder Weber, Kummer (1998).

[395] Vgl. Kapitel 2.2.3.

[396] Vgl. Baumgarten, Darkow, Walter (2000), S. 16ff., Baumgarten, Walter (2001), S. 40ff., Pfohl (2000a), S. 213, oder Zadek (2000), S. 1ff.

Die bisherigen Darstellungen in Kapitel 3.1 haben allerdings ergeben, dass die erfolgreiche Unternehmensfunktion Logistik innerhalb der Leistungserstellung des bedeutendsten Sektors der Volkswirtschaft – dem Dienstleistungssektor – von Literatur und Lehre bislang weitest gehend unberücksichtigt geblieben ist. Zwar unterscheiden sich Sachgüter und Dienstleistungen in vielen Punkten, dies hat jedoch eher für die praktische Ausgestaltung der Logistik Relevanz als für das Potenzial an sich, das durch Logistik erschlossen werden kann. Analog zu den Aufgaben in Industrie- und Handelsunternehmen gilt auch für Dienstleister die „r-Regel“: Sie benötigen die richtigen Produktionsfaktoren, zur richtigen Zeit, in der richtigen Menge und der richtigen Qualität am richtigen Ort.[397]

Eine als besondere Form der Logistik verstandene Dienstleistungslogistik kann durch analoge Anwendung, Übertragung und dienstleistungsspezifische Neuentwicklung von Logistik-Konzepten erhebliche Kostensenkungs- und Leistungssteigerungspotenziale realisieren und gleichzeitig kann eine dienstleistungsorientierte Logistik-Konzeption dann die in der Literatur zum Dienstleistungsmanagement verstärkt geäußerten Forderung nach einem integrativen Gesamtkonzept erfüllen.[398]

3.2 Spezifische Inhalte der Logistik in Dienstleistungsunternehmen

Bei der Untersuchung des Logistik- und des Dienstleistungsmanagements auf Ansatzpunkte für die logistische Betrachtung von Dienstleistungen wird deutlich, dass die Logistik sich bislang vor allem auf die Sicherstellung *materieller* Verfügbarkeiten konzentriert. Dabei wird die Betrachtung immaterieller Güterflüsse, die nicht in erster Linie mit physischen Güterflüssen zusammenhängen, jedoch typisch für Dienstleistungen sind, regelmäßig vernachlässigt. Dies steht im Gegensatz zu dem in aktuellen Definitionen der Unternehmenslogistik verwendeten Güterbegriff, der immaterielle Güter und damit auch grundsätzlich Daten, Informationen, Wissen und Dienstleistungen einschließt.[399]

In einem noch weitaus größeren Umfang haben sich Informationen und Wissen für Dienstleistungsunternehmen nicht nur zu einem Produktionsfaktor sondern insbesondere zu einem Faktor für den Unternehmenserfolg entwickelt. Die Qualität der

---

[397] *Pfohl* spricht hier von der „4r-Regel“, vgl. Pfohl (2000a), S. 12.
[398] Vgl. Corsten (1998), S. 75ff .
[399] Vgl. z. B. Baumgarten (2000a), S. 9 und Kapitel 2.1.4.3.

(Dienstleistungs-) Produktion[400] ist in Dienstleistungsunternehmen zusätzlich zur Effizienz und Effektivität des Faktoreinsatzes gerade die Verfügbarkeit von Informationen und Wissen erfolgsentscheidend.

Eine Ausweitung der Logistik und die Übertragung der in Kapitel 2 entwickelten prozessorientierten Logistik-Konzeption auf die Prozesse von Dienstleistern und deren Produkte ist aus Sicht der Logistik-Theorie konzeptionell möglich und mit Hinblick auf die Kostensenkungs- und Leistungssteigerungspotenziale durch Logistik in der Praxis auch sinnvoll. Gerade die notwendige größere Berücksichtigung der immateriellen Güter – insbesondere Informationen und Wissen – kann dann eine grundsätzliche Erweiterung und Weiterentwicklung der allgemeinen Logistik-Konzeption durch Rückübertragung der gewonnenen Erkenntnisse ergeben.

3.2.1 Wissenschaftliche Ansätze zur Logistik in Dienstleistungsunternehmen

Derzeit existiert nur in einem sehr geringen Umfang wissenschaftliche Literatur, die Dienstleistungen ganzheitlich und umfassend unter logistischen Gesichtspunkten betrachtet und die Notwendigkeit einer speziellen Dienstleistungslogistik begründet. Konzepte der Handelslogistik und Krankenhauslogistik betreffen zwar Dienstleister, können aber auf Grund der vordringlichen Bereitstellung physischer Güter nur Teilbereiche einer Dienstleistungslogistik für Dienstleister mit andersartiger Zusammensetzung der Produktionsfaktoren und Geschäftsprozesse abdecken. Zudem sind diese Teilbereiche bisher in der institutionellen Gliederung der Unternehmenslogistik nicht zur Dienstleistungslogistik gezählt worden.[401]

Verschiedene Autoren untersuchen einzelne in Dienstleistungsbereichen anfallende Aufgaben auf höhere Effizienz, z. B. Dokumentenmanagement, Informationslogistik oder Einkauf, jedoch sind dies nur Bausteine eines ganzheitlichen Logistik-Systems und nutzen das Erfolgspotenzial einer als Managementkonzept verstandenen Logistik nur unzureichend aus.[402] Zudem führt die isolierte Optimierung einzelner Prozesse oder Funktionen in der Regel zu suboptimalen Ergebnissen, da Schnittstellen und Interdependenzen nicht ausreichend betrachtet werden.

---

[400] Vgl. Corsten (2001), S. 119ff., oder Maleri (1998), S. 117ff.

[401] Vgl. dazu die Kapitel 1.3 bzw. Kapitel 2.1.4 zur notwendigen Anpassung der institutionellen Gliederung der Unternehmenslogistik.

[402] Vgl. Lohmann (1998), S. 81.

In der Literatur zum Dienstleistungsmarketing und zum Dienstleistungsmanagement existiert ein reichhaltigerer Fundus an Wissen über das Management von Dienstleistungen. Dort werden zum Teil logistikrelevante Fragestellungen diskutiert, z. B. in der Beschaffung oder Distribution, jedoch nicht unter dem Gesichtspunkt der Logistik, sondern beispielsweise dem des Marketings.[403]

Dies kann dem Anspruch einer leistungsfähigen Logistik nicht gerecht werden, bietet jedoch einzelne Ansatzpunkte. Die vier im Folgenden dargestellten, exemplarischen Ansätze weisen klar auf die Notwendigkeit von Logistik innerhalb der Dienstleistungserstellung hin. Eine branchenübergreifende Betrachtung – und damit eine Prägung des Begriffs „Dienstleistungslogistik" – nehmen die Konzepte des Councils of Logistics Management[404], des Fraunhofer Instituts für Arbeitswirtschaft und Organisation (Fraunhofer IAO)[405] sowie von *Frodl*[406] vor. *Lohmann*[407] hingegen geht speziell auf die Logistik-Systeme und -prozesse in Banken ein, leistet damit jedoch einen indirekten, aber wertvollen Beitrag zur Diskussion um die Dienstleistungslogistik.[408]

3.2.1.1 Der Ansatz des Councils of Logistics Management

Eine Studie, die in Zusammenarbeit zwischen Arthur D. Little und The Center for Logistics Research at the Pennsylvania State University für das Council of Logistics Management durchgeführt wurde, untersucht, inwieweit logistische Aktivitäten und Instrumente das Leistungsbündel von Dienstleistern optimieren können.[409] Dies ist einer der frühesten Ansätze, der sich die Frage nach einer Dienstleistungslogistik stellt. Zu den untersuchten Branchen gehören Banken, Krankenhäuser, Telefongesellschaften und „High-Tech-Service"-Organisationen, die unter dem Begriff „service industries" zusammengefasst betrachtet werden.[410]

---

403 Abgesehen von den offensichtlichen Logistikansätzen der Handels- und Krankenhauslogistik sowie den Logistik-Dienstleistern.
404 Vgl. Smith et al. (1991).
405 Vgl. Teichmann, Wiedmann (1997) und Bullinger, Krämer (2000).
406 Vgl. Frodl (1998) und Frodl (1999).
407 Vgl. Lohmann (1998).
408 Eine weitere Dissertation zur Logistik in Banken von *Gerken* (1997) wird an dieser Stelle nicht berücksichtigt, da *Gerken* eine Übertragung von Konzepten zu Flexiblen Fertigungsinseln aus der Industrie auf Banken versucht und kein ganzheitliches Logistik-System konzipiert. Zu einer tiefergehenden Kritik an dieser Arbeit und weiteren – älteren – Literaturansätzen zur Logistik in Banken vgl. Lohmann (1998), S. 77-80.
409 Vgl. Smith et al. (1991).
410 Vgl. Lohmann (1998), S. 46.

Smith et al. stellen die Notwendigkeit der Erweiterung des traditionellen Logistik-Begriffs für die Anwendung in Dienstleistungsunternehmen fest. Dabei unterscheiden sie zwei grundsätzliche Arten von Logistik-Aktivitäten, die in allen Unternehmen existieren:

Unter dem Begriff *Supply Chain Logistics* wird die Organisation der physischen Güterströme sowie der damit direkt verbundenen Informationsströme in Unternehmen zusammengefasst, die die Effizienz insbesondere der Beschaffungs- und Distributionsprozesse bzw. -flüsse gewährleistet. Dieser Aspekt der Logistik ist in allen Unternehmen vorhanden, wird in Dienstleistungsunternehmen jedoch zumeist im Rahmen des Managements, der Steuerung und der personellen Ausstattung innerhalb der Netzwerke nicht ausreichend berücksichtigt.[411]

Service Response Logistics dagegen beinhaltet die Koordination und Steuerung nicht-physischer Prozesse zur effizienten, kundenorientierten Gewährleistung von Dienstleistungen auch im Sinne eines optimalen Kundenservices. Diesen Logistik-Aktivitäten wird besondere Bedeutung für den Erfolg von Dienstleistungsunternehmen zugerechnet, die die Leistungsfähigkeit des Service-Netzwerks determiniert. Für Industrie- und Handelsunternehmen wird diesen Aktivitäten eine eher geringere Bedeutung zugewiesen,[412] wobei sich die Bedeutung der Service Response Logistics für alle Unternehmen in dem Jahrzehnt seit Erscheinen der Studie deutlich vergrößert hat.

Obwohl *Smith et al.* im weiteren Verlauf ihrer Studie die Trennung in diese beiden der Logistik-Begriffe bei der Zuweisung von Aufgaben und Funktionen und in den Fallbeispielen konsquent fortführen, formulieren sie eine geeignete übergreifende Logistik-Definition, die sowohl materielle als auch immaterielle Güter berücksichtigt:

> *Logistics is the process of anticipating customer needs and wants; acquiring the capital, materials, people, technologies, and information necessary to meet those needs and wants; optimizing the goods- or service-producing network to fulfill customer requests; and utilizing the network to fulfill customer requests in a timely way.*[413]

---

[411] Vgl. Smith et al. (1991), S. 10f.
[412] Vgl. Smith et al. (1991), S. 11.
[413] Smith et al. (1991), S. 11.

Damit betonen sie die Aspekte der Kunden- und Prozessorientierung der Logistik sowohl in Industrie- und Handels- als auch in Dienstleistungsunternehmen. Die Erkenntnisse dieser Untersuchung sind sowohl Ausgangspunkt für *Lohmann* als auch für *Frodl*.

3.2.1.2 Der Dienstleistungslogistik-Ansatz von Bullinger et al.

Im Rahmen einer Untersuchung zur Zukunft der Dienstleistung 2000+ und der Logistik in der Dienstleistungswirtschaft des Fraunhofer Instituts für Arbeitswirtschaft und Organisation wird Dienstleistungslogistik als das effektive Management der Dienstleistungsströme bezeichnet. Diese Kompetenz der Dienstleistungslogistik ist zusammen mit der marktgerechten Entwicklung von Dienstleistungsinnovationen (Dienstleistungsengineering) und der kundenorientierten Organisation unternehmensübergreifender Kooperationsstrukturen („Virtuelles Unternehmen") eine der drei Säulen für die Gestaltung „kreativer Unternehmen". Kreativität versetzt Unternehmen wiederum in die Lage, gegenüber dem Kundenwunsch äußerst flexible Produkte mit hohem kundenindividuellem Nutzwert anzubieten („intelligente Produkte").[414] Dieser Ansatz ist insofern erwähnenswert, da er explizit das Management von Dienstleistungsströmen der Logistik zuschreibt. Dadurch wird der Begriff „Dienstleistungslogistik" geprägt und indirekt für immaterielle Dienstleistungsprozesse ein Logistikbedarf vorausgesetzt.

In diesem Sinne umfasst die Dienstleistungslogistik nach *Bullinger* und *Krämer* die Steuerungs- und Regelungsabläufe sämtlicher Dienstleistungsströme in und zwischen betrieblichen und betriebsübergreifenden Wertschöpfungsprozessen in Dienstleistungsunternehmen. Sie wird als Flusssystem von Aktivitäten und Ressourcen verstanden, das es zu gestalten gilt. Insbesondere sind interne und externe Dienstleistungsströme unter dem Gesichtspunkt der Qualitäts-, Zeit-, Standort- und Mengenoptimierung zu betrachten.

Aus dem Wandel zur Dienstleistungs- bzw. Informationsgesellschaft und der zunehmenden Entstehung hybrider Produkte aus Sach- und Dienstleistungen leiten *Bullinger* und *Krämer* die Notwendigkeit eines ganzheitlichen Logistikverständnisses ab, bei dem die Dienstleistungslogistik die klassischen Logistik-Disziplinen der Sachgüterproduktion – z. B. Beschaffungs- und Distributionslogistik – im Hinblick auf Dienstleistungsprodukte ergänzt. Als Dienstleistungsprodukte werden dabei insbe-

---

[414] Vgl. Bullinger, Krämer (2000) bzw. Teichmann, Wiedmann (1997).

sondere Informationen verstanden, die zur richtigen Zeit, am richtigen Ort in der richtigen Menge und Qualität zur Verfügung gestellt werden müssen.[415] Die in diesem Ansatz der Dienstleistungslogistik zugeordneten Funktionen sind in der folgenden Abbildung 23 dargestellt.

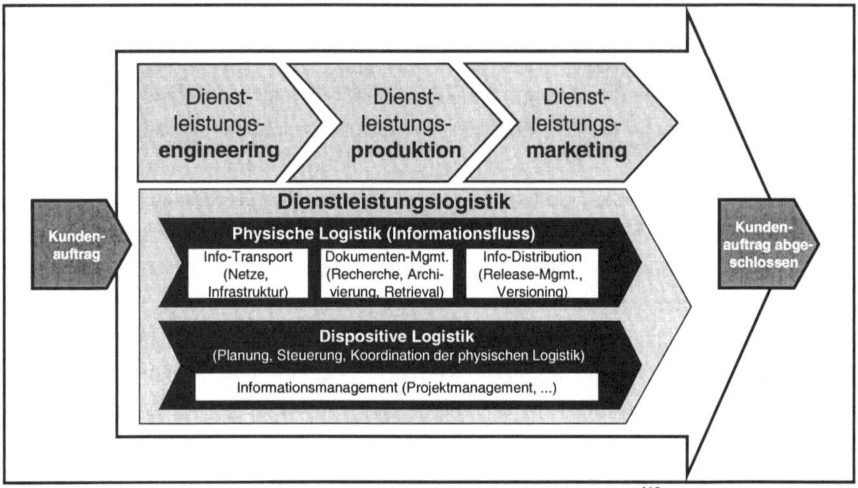

Abbildung 23: Funktionen der Logistik in der Dienstleistungswirtschaft[416]

Bullinger und *Krämer* betonen die Notwendigkeit, die Dienstleistungslogistik von logistischen Dienstleistungen abzugrenzen und verweisen darauf, dass „Logistikprozesse im Wesen selbst Dienstleistungsprozesse sind."[417] Daher kann allerdings die Dienstleistungslogistik, wenn sie am Markt angeboten wird, ein Produkt von externen Logistik-Dienstleistern für Dienstleistungsunternehmen darstellen. Dieser Dienstleistungslogistik-Ansatz beinhaltet gleichzeitig insbesondere informationslogistische und infrastrukturelle Gesichtspunkte. Dabei eröffnet die logistikbezogene spezielle Betrachtungsweise von Informationen und Dienstleistungen nicht nur neuartige Koordinations- und Steuerungsmöglichkeiten für Dienstleistungsunternehmen und eine deutliche Verbesserung der (Dienst-) Leistungsqualität, sondern ermöglicht gleichzeitig eine Übertragung auf Unternehmen und Institutionen, deren Leistungserstellung primär in anderen Bereichen erfolgt, insbesondere Behörden, Industrie und Handelsunternehmen.[418]

---

[415] Vgl. Bullinger, Krämer (2000), S. 85.
[416] Bullinger, Krämer (2000), S. 87.
[417] Bullinger, Krämer (2000), S. 86.
[418] Vgl. Bullinger, Krämer (2000), S. 86ff.

3.2.1.3 Das Banklogistik-Konzept von Lohmann

Lohmann geht in seiner Arbeit zur Banklogistik von einem dienstleistungsorientierten Logistikansatz aus. Dieser manifestiert sich in zwei, über die traditionelle Logistik hinausgehenden, neuen Anforderungen an die Logistik: Zum einen nimmt die Bedeutung der produktions- und produktnahen Dienstleistungen – z. B. Logistikleistungen – zu, die nun ganzheitlich als ein zusammenhängendes Leistungsbündel geplant und koordiniert werden müssen. Zum anderen stellt der Ansatz fest, dass Aspekte der traditionellen Logistik auch in der Dienstleistungsindustrie von Bedeutung sind. „Die richtigen Personen, Daten, Informationen oder auch Materialien zur rechten Zeit in der richtigen Qualität und Quantität am Ort des Bedarfes ist auch für eine Dienstleistungsunternehmung die Grundvoraussetzung zur Leistungserbringung."[419] Aus diesen Anforderungen resultieren zwei Logistik-Management-Konzepte, die in Anlehnung an *Smith et al.* als „Supply Chain"-Logistik und „Service Response"-Logistik bezeichnet werden und Gültigkeit sowohl in der Sachleistungs- als auch in der Dienstleistungsindustrie besitzen. Die „Service Response"-Logistik ist die Gesamtheit aller „Non-materials"-Aktivitäten, die den Leistungsprozess unter Kosten-, Service- und Qualitätsaspekten koordinieren und optimieren, die „Supply Chain"-Logistik hingegen bezieht sich auf die traditionellen logistischen Aspekte des Material- und Informationsflusses.[420] Damit findet eine Trennung zwischen warenstromorientiertem und dienstleistungsorientiertem Teil der Logistik statt, was gedanklich eine Unterscheidung zwischen „altem" und „neuem" Logistikverständnis gewährleistet, darüber hinaus aber für ein ganzheitliches Logistikverständnis nicht geeignet ist.[421]

Lohmann stellt detailliert die Ausgestaltung der Konzepte „Supply Chain"- und „Service Response"-Logistik für Banken dar. Die dort gewonnen Erkenntnisse lassen sich zum Teil allgemein auf Dienstleister übertragen. Als grundlegende Problematik der Dienstleistungslogistik stellt Lohmann die Frage nach Eigenerstellung oder Fremdbezug der Leistung und daraus abgeleitet, nach der Institutionalisierung der Logistik in der Bank.[422]

---

[419] Lohmann (1998), S. 45.
[420] Vgl. Lohmann (1998), S. 46.
[421] Es ist z. B. schwierig zu entscheiden, ob Anlieferung und Montage eines Fahrzeugmoduls durch einen Zulieferer ein Waren- oder nicht eher ein Dienstleistungsstrom ist.
[422] Vgl. Lohmann (1998), S. 291.

Im Rahmen seines Konzepts hält *Lohmann* strikt an einer Unterscheidung zwischen „Supply Chain"- und „Service Response"-Logistik fest, so dass damit die klassische sachleistungsorientierte Logistik nur in Ansätzen zu einer Logistik auch für von immateriellen Anteilen dominierte Dienstleistungsprozesse weiterentwickelt wird – was allerdings auch nicht die Hauptzielsetzung *Lohmanns* war.

3.2.1.4 Das Dienstleistungslogistik-Konzept von Frodl

Das 1998 erschienene Buch „Dienstleistungslogistik"[423] von *Frodl* stellt den umfangreichsten Ansatz zur Thematik Dienstleistungslogistik dar und wird daher hier ausführlicher dargestellt. *Frodl* kritisiert die klassische produktionsorientierte Ausrichtung der Logistik und erweitert deren Betrachtungshorizont um Dienstleistungen. Logistik wird damit für den Koordinationsprozess aller immateriellen Aktivitäten zur Erfüllung einer Dienstleistung verantwortlich, woraus er eine Logistik für Dienstleistungen ableitet.[424]

a) Definition

Frodl definiert Dienstleistungslogistik im engeren Sinne als spezielle Logistik für Dienstleistungsunternehmen. Er weist darauf hin, dass der Bedeutung von Daten und Informationen in der klassischen Unternehmenslogistik zwar vermehrt Beachtung geschenkt wird, dies allerdings nur, wenn diese im Zusammenhang mit Material- und Personenflüssen stehen. Den Anforderungen von Dienstleistungsunternehmen kann dies jedoch nicht gerecht werden, da für diese die Bereitstellung und die Nutzung von Daten, Informationen, Dokumenten und geeigneten Kommunikationsmitteln im Gegensatz zu stofflichen Produktionsfaktoren von tendenziell höherer Bedeutung ist. *Frodl* nutzt einen weiterreichenden, dem in Kapitel 2.1.3.3 verwendeten Logistik-Begriff ähnelnden Definitionsansatz, um die strategische Bedeutung der Informationsbereitstellung zu unterstreichen. Demnach ist die Dienstleistungslogistik ein ganzheitliches unternehmensumfassendes Konzept zur Planung, Steuerung und Koordination von Informationsprozessen und stofflichen Prozessen der Sachleistung.[425]

---

[423] Vgl. Frodl (1998).
[424] Vgl. Frodl (1998), S. 10.
[425] Vgl. Frodl (1998), S. 16.

Die Dienstleistungslogistik hat daneben auch eine traditionell materialwirtschaftliche Dimension[426] und ist verantwortlich für die Informations- und Kommunikations--prozesse. Dienstleistungslogistik ist demzufolge nichts grundsätzlich Neues, sondern eher etwas bisher Vernachlässigtes.

b) Funktionen

Frodl spricht der Dienstleistungslogistik eine Management- und eine Steuerungsfunktion zu, wobei er sich bei seinen weiteren Ausführungen auf die informationstechnologischen Zusammenhänge konzentriert.[427] So müssen z. B. Daten in entscheidungsrelevante Informationen umgewandelt werden, die dann für verschiedene Fragestellungen herangezogen werden können.

In diesem Zusammenhang kommt der Dienstleistungslogistik eine Managementfunktion zu. Zielsetzung ist die Umwandlung von Daten in Informationen und deren Verfügbarmachen zur Entscheidungsunterstützung. Die Datenbasis setzt sich aus internen und externen Quellen zusammen, die oftmals durch Medienbrüche gekennzeichnet sind. Die Dienstleistungslogistik überwindet die Heterogenität der Quellen und stellt sicher, dass die Informationen dem „r-Prinzip"[428] folgend, zur richtigen Zeit, in der richtigen Menge und Qualität am richtigen Ort sind.

Im Rahmen der Steuerungsfunktion der Dienstleistungslogistik muss diese nach *Frodl* eine für die Leistungserstellung geeignete Infrastruktur zur Übermittlung von Dokumenten, Daten und Informationen bereitstellen sowie Richtlinien für den Einsatz und die effiziente Nutzung der Infrastruktur vorgeben. Weiterhin obliegt es der Dienstleistungslogistik, eine Plattform bereitzustellen, auf der Informations- und Wissensaustausch unter Überwindung räumlicher, zeitlicher und sprachlicher Barrieren stattfinden kann, sowie deren Steuerung.

Der Steuerungsbedarf eines solchen Netzwerkes zeigt sich beispielsweise an dem Grad der gestalterischen Freiheit durch den jeweiligen Anwender. Daher muss die Dienstleistungslogistik Gestaltungsrichtlinien und inhaltsbezogene Standards vorgeben, um aufwendige Kontrollmechanismen und Freigabeverfahren zu vermeiden.[429]

---

[426] Beispielsweise können die Verbrauchsmengen von Büromaterialien enorm sein. Sie müssen beschafft, transportiert, gelagert, verarbeitet, distribuiert und entsorgt werden. Vgl. Frodl (1998), S. 13.
[427] Vgl. Frodl (1998), S. 17ff.
[428] Vgl. Kapitel 3.1.3.
[429] Vgl. Frodl (1998), S. 21.

c) Aufgabenfelder

Frodl unterscheidet die folgenden Aufgabenfelder[430] der Dienstleistungslogistik:

- Management- und Informationslogistik:
  Im Rahmen dieses Aufgabenfeldes wird die Speicherung, Aufbereitung und Versorgung mit entscheidungsrelevanten bzw. operativ benötigten Daten sichergestellt. Bausteine sind dabei ein Business Intelligence System, ein Information Warehouse, das Intranet, das Internet und Technologien zur Speicherung von Daten und Informationen. Diese Aufgabe kann auch durch das Wissensmanagement ergänzt werden.

- Kommunikationslogistik:
  Zur Kommunikationslogistik zählt *Frodl* Systeme für den Austausch von Daten, Sprache, Bildern und multimedialen Inhalten zwischen allen Beteiligten und deren Integration in andere Logistik-Systeme. Die Kommunikationslogistik hat unmittelbaren Einfluss auf die organisatorische Gestaltung der Dienstleistungserbringung. So lassen sich beispielsweise erst durch leistungsfähige mobile Kommunikationssysteme ortsungebundene Arbeitsplätze realisieren.

- Dokumentationslogistik:
  Diese Aufgabe der Dienstleistungslogistik stellt die Aufnahme, Verarbeitung, Weiterleitung und Verwaltung jeglicher Art von Informationen sicher. Entsprechende Systeme – z. B. für das Workflow-Management – sind wiederum in die vorhandenen Infrastruktur zu integrieren.

- Organisationslogistik/ Infrastrukturlogistik:
  In diesen Bereich fallen Systeme, welche die Prozesse des Dienstleisters technisch bzw. organisatorisch unterstützen. Dazu gehören Groupwaresysteme, Workflowsysteme, elektronische Märkte, die virtuelle Arbeitsorganisation, aber auch ein Facility Management.[431]

An dieser Stelle ist nur ein kurzer Überblick über das Verständnis der Dienstleistungslogistik von *Frodl* möglich. Bemerkenswert an der Konzeption ist die

[430] Vgl. Frodl (1998), S. 27ff.
[431] Definition Facility Management: Ganzheitliche Sicht und Zusammenfassung der technischen und kaufmännischen Unternehmensinfrastruktur sowie zentraler Service-Dienste mit dem Ziel einer wirtschaftlich optimalen Nutzung, Substanzerhaltung bzw. anzustrebenden Wertsteigerung. Vgl. Kühn (1996), S. 91.

Integration aller Systeme, die für den Fluss des Produktionsfaktors Information notwendig sind, durch die Dienstleistungslogistik. Damit werden bestehende funktionsorientierte Trennungen von Aufgaben aufgebrochen und eine ganzheitliche Betrachtung der Leistungserstellung ermöglicht. Durch die Integration von Workflowsystemen, einem Business Intelligence System und dem Dokumentenmanagement werden beispielsweise Aufgaben der Datenverarbeitung, des Controllings und der Organisation durch eine Funktion – die Dienstleistungslogistik – zusammengefasst.

Die von *Frodl* dargestellten Bausteine sind für eine ganzheitliche Dienstleistungslogistik notwendig und werden daher im Folgenden bei der Ableitung von Aufgabengebieten der Logistik in Dienstleistungsunternehmen berücksichtigt.[432] Allerdings erweitert *Frodl* sein Dienstleistungslogistik-System nicht von einer Logistik für Dienstleistungsunternehmen auf eine Logistik für Dienstleistungsprozesse, die zusätzlich Industrieunternehmen, öffentlich-rechtliche Organisationen und andere Dienstleister umfassen könnte. Weiterhin beschränkt sich *Frodl* auf die informationstechnologischen Aspekte und betrachtet nur sehr sporadisch die physischen Materialflüsse im Rahmen des Aufgabenbereichs der Dienstleistungslogistik. Deren Gestaltung und Organisation ist jedoch auch in Dienstleistungsunternehmen von wesentlicher Bedeutung. *Frodl* gibt keine Hinweise auf die grundsätzliche organisatorische Ausgestaltung der Funktion Dienstleistungslogistik.

3.2.1.5 Ergebnis der wissenschaftlichen Bestandsaufnahme

Die Bestandsaufnahme der Literatur zur Logistik in Dienstleistungsunternehmen ergibt, dass bezüglich dieses Themenbereichs bislang nur Teilelemente von Logistik-Systemen betrachtet wurden. Die wenigen Ansätze, die diese Betrachtungen zudem unter logistischen Gesichtspunkten durchführen, erfüllen entweder nicht den Anspruch einer ganzheitlichen Logistik oder entsprechen nicht der Zielsetzung der Entwicklung einer allgemein gültigen Logistik-Konzeption für Dienstleistungen.

Aus diesem Grund ist es notwendig, eigenständig die Kombination von Logistik-Management und Dienstleistungsmanagement durchzuführen und ein System Dienstleistungslogistik zu entwerfen. Dabei ist als theoretische Grundlage eine geeignete Definition der Dienstleistungslogistik zu erarbeiten. Danach sind mögliche Aufgaben und Funktionen zuzuweisen, empirisch zu bewerten und festzulegen, die dann in ein Referenz-Prozesskettenmodell der Dienstleistungslogistik als allgemeiner

---

[432] Vgl. Kapitel 3.2.4.

Bezugsrahmen für das logistikorientierte Management der Dienstleistungsprozesse eingebettet werden können.

3.2.2 Logistikrelevante Charakteristika von Dienstleistungen

Für die Beschreibung der Dienstleistungslogistik ist es notwendig, Besonderheiten von Dienstleistungen in Abgrenzung zu Sachgütern herauszuarbeiten, die für logistische Betrachtungen nutzbar sind. Diese Erkenntnisse sind Grundlage für die Definition der Dienstleistungslogistik in Kapitel 3.2.3 sowie die Darstellung von Dienstleistungsprozessen innerhalb des Referenz-Prozesskettenmodells der Logistik. Die Verwendung dieses Modells stellt die Ganzheitlichkeit der Dienstleistungslogistik sicher und bietet analog zu den logistischen Betrachtungen der Unternehmenslogistik ein Rahmenkonzept für die Analyse logistischer Fragestellungen.[433] Aus der in Kapitel 3.1.2 erarbeiteten Dienstleistungsdefinition lassen sich die vier logistikrelevanten Merkmale *Bereithaltung von Leistungsfähigkeit*, *Immaterialität*, *Integration des externen Faktors* und *Individualität* ableiten, mit deren Hilfe Dienstleistungen näher beschrieben werden können.[434] Dabei ist zu beachten, dass der Grad der Ausprägung dieser Merkmale verschieden sein kann und stark von der Art der Dienstleistung abhängt.[435]

3.2.2.1 Bereithaltung von Leistungsfähigkeit

Die Bereithaltung der Leistungsfähigkeit bezieht sich auf die Potenzialdimension der Dienstleistungsdefinition. Die Leistungsfähigkeit wird als Absatzobjekt angeboten. Durch Aktivierung der menschlichen oder infrastrukturellen Leistungsfähigkeit eines Dienstleistungsanbieters werden an externen Faktoren Dienstleistungen erbracht. Bei einer ärztlichen Beratung handelt es sich beispielsweise vorwiegend um menschliche Leistungsfähigkeit – Wissen und fachliches Können), wobei bei einer Ultraschalluntersuchung eine Mischung aus infrastruktureller Dienstleistung (Apparate) und fachlichem Können vorliegt. Unter Leistungsfähigkeit wird das Bereithalten einer bestimmten Faktorkombination – z. B. von Menschen, Maschinen, Gebäude, Informationen etc. – verstanden. Die folgende Abbildung 24 verdeutlicht

[433] Vgl. zum Prozesskettenmodell die Ausführungen in Kapitel 2.3.3 und zur Anwendbarkeit bzw. Übertragbarkeit des Modells auf Dienstleistungsunternehmen Baumgarten, Walter (2001), S. 97, sowie Walter (2002), S. 175ff.

[434] Vgl. Meyer (1998a), S. 185ff.

[435] Vgl. zu diesen Merkmalen auch die auf das logistische Denken und logistische Dienstleistungen bezogenen Überlegungen in Kapitel 2.2.

das Verhältnis zwischen menschlicher und infrastruktureller Leistungsfähigkeit für unterschiedliche Dienstleistungen und nennt einige Beispiele.

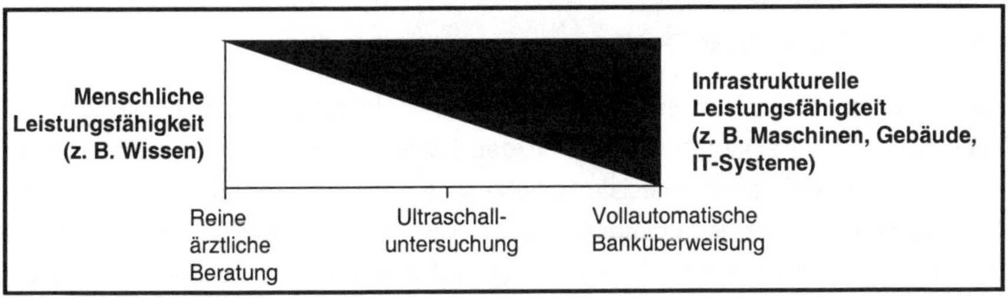

Abbildung 24: Verhältnis zwischen menschlicher und infrastruktureller Leistungsfähigkeit

Diese Faktorkombination lässt sich nach ihrem Bereitschaftsgrad – zeitliche, räumliche, quantitative und qualitative Verfügbarkeit einer Dienstleistung – differenzieren.[436] Der Bereitschaftsgrad ist oftmals ein wichtiges Nutzungsargument für den Nachfrager und eröffnet Differenzierungsmöglichkeiten für den Anbieter. So ist es ein bedeutender Unterschied, ob ein Kundendienst einen Hardwarefehler sofort beim Kunden vor Ort beheben kann oder ob dies mangels geeigneter Schaltpläne erst nach Einsendung des Gerätes möglich ist. Die Kombination von Produktionsfaktoren zur Bereithaltung von Leistungsfähigkeit wird auch als Vorkombination bezeichnet. Die Leistungsfähigkeit ist damit das Ergebnis der Vorkombination. Ihre Ausgestaltung beeinflusst Versorgungs-, Leistungserstellungs- und Absatzprozesse von Dienstleistungsanbietern und hat dadurch wesentlichen Einfluss auf die Dienstleistungslogistik.

Eine besondere Bedeutung bei der Erstellung von Dienstleistungen kommt den Produktionsfaktoren Information sowie Wissen und damit den Beschäftigten zu. Auf Grund der zunehmenden Komplexität der Gesellschaft ist eine Zunahme der Spezialisierung und eine Wissensintensivierung zu beobachten. Organisatorische und nicht-technologische Elemente treten ins Zentrum der Betrachtung, und Wissen – Erfahrungswissen sowie Wissen im Umgang mit Kunden – wird zu einem zentralen Produktionsfaktor, der die Leistung eines Dienstleisters bestimmt. Daraus ergibt sich die Forderung nach einer optimalen Bereitstellung der benötigten Informationen und des Wissens im Rahmen der Vorkombination sowie während der gesamten Leistungserstellung. Investitionen in Weiterbildung und Training der Mitarbeiter sind

[436] Siehe vertiefend Kapitel 3.3.1.

ein weitverbreitetes Mittel, um dies zu erreichen. Allerdings werden damit noch nicht die Potenziale eines konsequenten Wissensmanagements voll ausgenutzt.[437]

3.2.2.2 Immaterialität

Das Aufrechterhalten von Leistungsfähigkeit an sich ist stets immateriell, selbst wenn materielle Güter als Inputfaktoren[438] für den Leistungserstellungsprozess bereitstehen. Das Ergebnis von Dienstleistungsprozessen kann immaterieller Natur (z. B. Beratungsleistung), aber auch materieller Natur sein (z. B. Dienstleistung eines Malers oder Friseurs). Die Begriffe Dienstleistung und Immaterialität können jedoch nicht synonym verwendet werden: Zwar haben alle Dienstleistungen immateriellen Charakter, jedoch sind nicht alle immateriellen Güter Dienstleistungen. Dieser Zusammenhang wird in der Darstellung der Gütersystematik der Volkswirtschaftslehre in der folgenden Abbildung 25 ersichtlich.

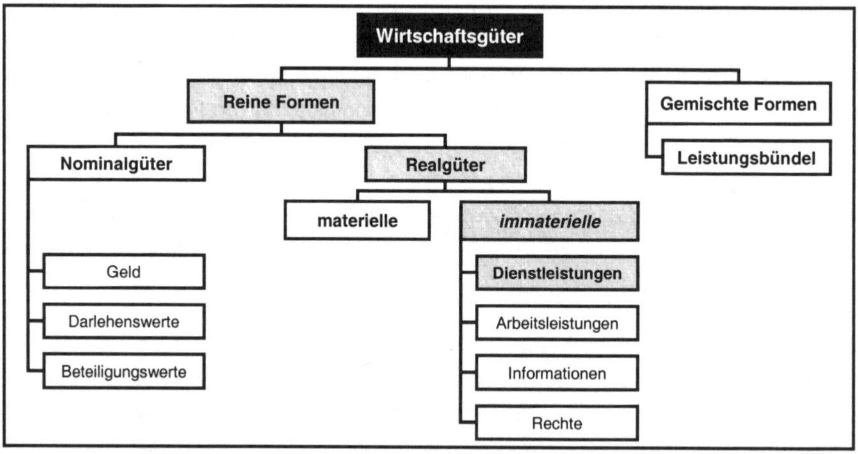

Abbildung 25: Gütersystematik der Volkswirtschaftslehre[439]

Die Immaterialität erschwert die Bewertung von Dienstleistungen vor und im Falle der doppelten Immaterialität – in diesem Fall ist auch das Ergebnis der Dienstleistung immateriell – auch nach einer Inanspruchnahme.

---

[437] Siehe dazu vertiefend Kapitel 4.4.

[438] Dabei handelt es sich um den externen Faktor. Vgl. dazu die Definition der Dienstleistung in Kapitel 3.1.2.

[439] In Anlehnung an Corsten (2001), S. 20, bzw. Corsten (1990), S. 17; vertiefend siehe auch Maleri (1998), S. 123ff.

Dienstleistungsprodukte lassen sich oftmals nicht im Voraus demonstrieren. Dem Kunden fällt es daher schwer, Qualitätseigenschaften einzuschätzen. Bei der Qualitätsbeurteilung spielen subjektive Faktoren eine Rolle, da wegen der fehlenden physischen Eigenschaften der Dienstleistungen eine objektive Qualitätsprüfung im Sinne von „wiegen", „messen" oder „prüfen" unmöglich ist. Die Qualitätsbewertung von Dienstleistungen kann demnach nicht auf technisch funktionale Eigenschaften reduziert werden, sondern entsteht erst aus dem komplexen Zusammenspiel der verschiedenen Nutzenerwartungen von Anbieter und Nachfrager.[440] Die Immaterialität wird Dienstleistungen selbst dann nicht abgesprochen, wenn ein Leistungsbündel auch materielle Komponenten beinhaltet. So bleibt das Beratungsergebnis in Broschürenform, die eine materielle Trägersubstanz darstellt, weiterhin eine Dienstleistung. Ein Gut ist eine Dienstleistung, wenn der Wertanteil der materiellen Komponente keine entscheidende Bedeutung für den ökonomischen Wert der Gesamtleistung hat.[441]

Auf Grund ihrer Immaterialität wird in der Literatur oftmals auf die Nichtlagerfähigkeit[442] von Dienstleistungen geschlossen. Daraus folgt die Gleichzeitigkeit von Produktion und Konsum. Dies trifft bei prozessorientierten Dienstleistungen zu, bei denen der Nutzen einer Dienstleistung sich für den Kunden aus dem Leistungsprozess selbst ergibt, wie z. B. bei einer Taxifahrt. Dienstleistungen dieser Art können nicht gelagert und damit nicht auf Vorrat produziert werden. Allerdings besteht für einige Dienstleistungen im Rahmen einer ergebnisorientierten Betrachtung die Möglichkeit der Lagerung. So werden Software und Informationsdienstleistungen auf materiellen Trägersubstanzen – Speichermedien – gespeichert und können deshalb vorproduziert werden. Gleiches gilt für die „Vergänglichkeit" von Dienstleistungen, die ebenfalls häufig als Merkmal von Dienstleistungen genannt wird. So hat eine Beratungsleistung in der Regel einen längeren Nutzen für den Nachfrager, da das Ergebnis zu dauerhaften Veränderungen in der strategischen Ausrichtung und/ oder der Organisationsstruktur eines beratenen Unternehmens führen kann.

Eine weitere, mit der mangelnden Lagerfähigkeit eng verknüpfte Eigenschaft ist die Nichttransportfähigkeit von Dienstleistungen. Jedoch gilt auch hier der Einwand der Speicherbarkeit auf materiellen Trägersubstanzen, die transportfähig sind. Zudem

---

440 Vgl. Hipp (2000), S. 85; vertiefend zu Methoden zur Messung der Dienstleistungsqualität siehe Benkenstein, Güthoff (1998) und Parasuraman, Zeithaml, Berry (1998).

441 Vgl. Mösslang (1995), S. 16.

442 Im englischen Sprachraum als *„perishability"* = Vergänglichkeit bezeichnet.

erlaubt die Übertragung mittels Informationstechnologien – z. B. Datenleitungen – den Transport geeigneter Dienstleistungen.

Viele Dienstleistungen besitzen sowohl einen prozessorientierten als auch einen ergebnisorientierten Anteil. Die Lager- bzw. Transportfähigkeit gilt nur für den ergebnisorientierten Anteil der Dienstleistung.[443] Zu beachten ist weiterhin, dass die Vorkombination, der externe Faktor sowie die während der Leistungserstellung benötigten Produktionsfaktoren materieller Natur sein können und damit sowohl lager- als auch transportfähig sind.[444] Mangelnde Lager- und Transportfähigkeit sind demnach kein allgemein gültiges Merkmal von Dienstleistungen, müssen aber im entsprechenden Fall von der Logistik in Dienstleistungsunternehmen berücksichtigt werden.

Auf Grund ihrer Immaterialität sind Dienstleistungen durch eine hohe Informationsintensität gekennzeichnet. Dies schlägt sich in einer besonderen Bedeutung der Informationstechnologien nieder, die im Dienstleistungssektor zu neuen Leistungserstellungsprozessen, Dienstleistungskonzepten und organisatorischem Wandel führen.[445]

3.2.2.3 Integration des externen Faktors

In den Erstellungsprozess einer Dienstleistung ist zeitgleich der externe Faktor – Kunde[446] oder Kundenobjekt – integriert. So kann z. B. ein Reinigungsunternehmen eine Hose erst reinigen, wenn sich diese vor Ort befindet. Diese Integration wird in der neueren Literatur zum Dienstleistungsmanagement im Falle eines direkten Kontaktes zwischen Kunde und Mitarbeiter auch als Interaktion bezeichnet.[447] Der Kontakt mit dem externen Faktor muss jedoch nicht zwangsläufig direkt räumlich erfolgen, sondern kann auch unter Nutzung von Informationstechnologien und Kommunikationstechniken bzw. Trägermedien räumlich getrennt stattfinden.

Durch die notwendige Integration ergibt sich die Besonderheit, dass ein Dienstleistungsproduzent nicht alle Stufen der Dienstleistungsproduktion autonom bestimmen kann. Die Herstellung der Leistungsfähigkeit kann weitest gehend ohne

[443] Z. B. ein Seminarbesuch und Unterlagen bzw. gespeichertes Wissen, das bei einem späteren Problem Lösung bietet.
[444] Vgl. Pepels (1999), S. 701.
[445] Vgl. Hipp (2000), S. 1.
[446] Es wird grundsätzlich vom „Kunden" gesprochen, selbst wenn der Nachfrager eine öffentliche unentgeltliche Leistung in Anspruch nimmt. Mit dieser „Inkorrektheit" wird dem Idealbild einer serviceorientierten Institution Rechnung getragen. Auch die Begriffe „Markt" und „Geschäftsprozess" finden hier in diesem Sinne für alle Dienstleister Anwendung.
[447] Vgl. Schmitz (2001), S. 5.

den externen Faktor erfolgen, jedoch ist für die Endkombination der externe Faktor einzubeziehen. Während der Endkombination wird durch den Einsatz der zur Verfügung stehenden Leistungsfähigkeit, weiteren Produktionsfaktoren und des externen Faktors die Dienstleistung erstellt. Die Einbeziehung des externen Faktors ist im Falle von prozessorientierten Dienstleistungen[448] und ergebnisorientierten Dienstleistungen[449] unbedingt notwendig. Eine Ausnahme liegt vor, wenn sich das Ergebnis der Dienstleistung auf einem materiellen Trägermedium speichern lässt, wie beispielsweise bei einem Softwareprodukt. Das Trägermedium tritt gewissermaßen an die Stelle des externen Faktors und ermöglicht so eine Entkopplung von Produktion und Absatz.[450]

Diese Zusammenhänge haben Einfluss auf die Anforderungen an eine Dienstleistungslogistik. Der Arbeitsanfall ist durch die notwendige Integration des externen Faktors fremdbestimmt. Daher muss bei schwankender Nachfrage eine hohe Leistungsfähigkeit vorgehalten werden, um Dienste termingerecht bei gleichzeitig kurzen Reaktionszeiten auf hohem Niveau anbieten zu können. Daraus ergibt sich eine starke Fixkostenbelastung, der allerdings durch sachliche, räumliche und zeitliche Flexibilität auf Seiten des Anbieters – bezüglich des Tätigwerdens der Leistungsfähigkeit – aber auch des Nachfragers entgegengewirkt werden kann.

Im Gegensatz zur Industrieproduktion, wo ein Kapazitätsausgleich[451] beispielsweise durch Lagerproduktion bzw. Lagerabbau erreicht wird, ist diese Möglichkeit für den Anbieter der Dienstleistung eingeschränkt. Hier findet der Kapazitätsausgleich einerseits durch ein geeignetes Kapazitätsmanagement der Leistungsfähigkeit statt,[452] in dem die Logistik eine tragende Rolle spielen kann oder andererseits – im Sinne einer Steuerung der Nachfragekomponente – durch Instrumente des Marketings, wie beispielsweise die Regulierung der Nachfrage über den Preis.[453]

---

448 Der Nachfrager zieht Nutzen gerade aus der Beteiligung am „Produktionsprozess", z. B. bei einer Taxifahrt.

449 Die Dienstleistung wirkt verändernd auf Kundenobjekt ein, z. B. bei einer Autoreparatur.

450 Vgl. Mösslang (1995), S. 19.

451 Kapazität ist das Leistungsvermögen einer wirtschaftlichen oder technischen Einheit in einem Zeitabschnitt. Vgl. Corsten, Stuhlmann (2001), S. 233.

452 Z. B. Mietwagen werden je nach Bedarf auch zwischen den Autovermietungen vermittelt zur Erhöhung der sachlichen Flexibilität, Telearbeit zur Erhöhung der personellen Flexibilität.

453 Vgl. Pepels (1999), S. 702, und Maleri (1998), S. 136f.

Alternativ steht dem Dienstleister die Möglichkeit offen, den integrationsbereiten Nachfrager oder dessen Objekt bis zum Beginn der Leistungserstellung warten zu lassen, ihn gegebenenfalls zu einem anderen leistungsbereiten Anbieter zu transportieren bzw. zu vermitteln oder ihn Teile der Leistungserstellung selbst aktiv übernehmen zu lassen – z. B. in einem Selbstbedienungsrestaurant.

Allerdings ist die individuelle Warte- und Mitwirkungsbereitschaft des externen Faktors in wettbewerbsintensiven und kundenorientierten Märkten tendenziell gering, so dass diesem Instrument des Kapazitätsmanagements Grenzen gesetzt sind.

Die Problematik der Fremdbestimmung durch den externen Faktor im Dienstleistungsmanagement wird auch dadurch deutlich, dass es Ansätze aus der Chaostheorie gibt, um das Auftreten, die Integration und die Aufteilung der Aktivitäten zwischen Dienstleister und externem Faktor zu erklären. „Nur geringe Änderungen im Dienstleistungserstellungsprozess durch den externen Faktor können in solchen Systemen mit großen Wirkungen einhergehen, so dass das Systemverhalten nur äußerst begrenzt prognostiziert werden kann („Schmetterlingseffekt")".[454] Umso entscheidender sind daher die Steuerungspotenziale einer flexiblen Logistik in Dienstleistungsunternehmen.

Anbieter und Nachfrager müssen nicht nur bei Vertragsabschluss und Übergabe zusammengeführt werden, sondern im Falle von prozessorientierten Dienstleistungen auch während der Leistungserstellung. Daher ist die Integration des externen Faktors gerade im Hinblick auf die Standortwahl der Dienstleistungserstellung relevant. Dienstleister sind auf Grund der notwendigen raum-zeitlichen Einbindung des externen Faktors und dessen Präferenzen oftmals lokal bzw. regional festgelegt. Diese Restriktion verliert jedoch in dem Maße an Bedeutung, in dem es möglich wird, den externen Faktor unter Nutzung von Informationstechnologien zu integrieren. Abbildung 26 zeigt die grundsätzlichen Möglichkeiten und Restriktionen bei der Wahl des Standortes für die Leistungserstellung.

---

[454] Corsten, Stuhlmann (1998), S. 151.

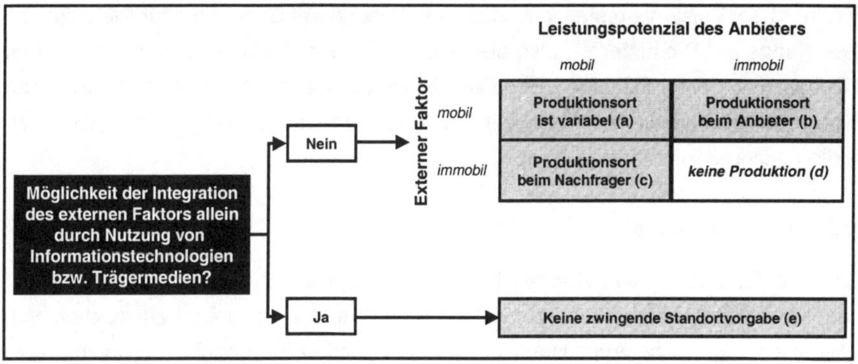

Abbildung 26: Standortrestriktionen für die Produktion von Dienstleistungen

Ein Beispiel für Feld (a) ist ein Konzert, für Feld (b) die Dienstleistung eines Röntgenspezialisten, für Feld (c) der Vor-Ort-Service für eine Druckmaschine und für Feld (e) Home-banking via Internet. Im Fall von Feld (d) können Anbieter und Nachfrager mangels Integration des externen Faktors nicht zusammenfinden. Es muss jedoch betont werden, dass eine allgemein gültige und eindeutige Zuordnung einzelner Dienstleistungsbereiche zu den jeweiligen Matrixfeldern nicht möglich ist. So lassen sich Wartungsdienstleistungen je nach Ausprägung den Feldern (a), (b), (c) oder (e) zuordnen. Die Dienstleistungslogistik ist schon bei der Auswahl des Standortes gefordert. So müssen beispielsweise im Falle der Leistungserstellung beim Anbieter und beim Nachfrager verkehrslogistische Probleme gelöst werden.[455]

Diese Betrachtung zeigt, dass – analog zur Sachgüterproduktion – auch im Falle von Dienstleistungen zwischen dem Ort der Leistungserstellung (dem Produktionsstandort) und dem Ort des Kundenkontaktes (der Auftragsannahme bzw. Distribution) unterschieden werden muss. Daraus ergibt sich wie im Falle des Kapazitätsausgleichs die Notwendigkeit der Lagerung bzw. des Transportes des externen Faktors.[456] Dies ist eine Aufgabe der Logistik und muss in die leistungserstellenden Prozesse integriert werden. Hier gibt es jedoch auf Grund der individuellen Mobilität und Zeitpräferenz des externen Faktors Restriktionen, die eine Unsicherheit für die Leistungserstellung darstellen und ebenfalls im Rahmen des Kapazitätsmanagements des Dienstleisters berücksichtigt werden müssen.

Wegen der in vielen Fällen notwendigen Integration des Kunden in die Leistungserstellung ist ein leistungsfähiges und kundenorientiertes Kundenmanagement auch

---

[455] Vgl. Meffert, Bruhn (2000), S. 450ff.

[456] Z. B. Kundenkorrespondenz in Papierform, Patienten, instandzuhaltende Geräte.

während der Leistungserstellungsphase von besonderer Bedeutung für Dienstleister. Der Kunde ist „Prosumer“[457], also gleichzeitig Produzent (*Pro*ducer) und Konsument (Con*sumer*). Die Qualität der Dienstleistung hängt entscheidend von der Kooperationsfähigkeit und –willigkeit des jeweiligen Nachfragers ab, d. h. die Interaktion muss funktionieren.

3.2.2.4 Individualität

Da eine Beteiligung von Kunden bzw. deren Objekten Bestandteil der Dienstleistungserstellung ist, ist der Grad an Individualität ein weiteres Kennzeichen von Dienstleistungen. Die Anpassung an die individuellen Begebenheiten bedingt eine entsprechende Vorbereitung (Rüstzeit) und Durchführung (Maßschneiderung) der Dienstleistung. Dies stellt hohe Anforderungen an die betriebliche Organisation sowie die Qualität der verwendeten Produktionsfaktoren und beinhaltet aus der Industrie bekannte, analoge Logistikprobleme.

Dienstleistungen stehen damit unter dem Zielkonflikt zwischen höherer Rentabilität durch Standardisierung des Leistungsangebotes auf der einen Seite und höherer Akquisitionswirkung aber geringerer Rentabilität bei individualisiertem Angebot auf der anderen Seite. Zwei Strategien bieten einen Ausweg: das Weiterreichen der entstehenden Kosten an den Kunden, was jedoch bei starkem Wettbewerb zunehmend schwerer wird, oder die teilweise Standardisierung der Dienstleistung. Im Falle der Standardisierung existieren fünf grundsätzliche Möglichkeiten:

- Standardisierung des Leistungspotenzials;[458]
- Standardisierung der Leistungsprozesse;
- Standardisierung des Leistungsergebnisses;
- Standardisierung des externen Faktors und
- Standardisierung der situativen Faktoren.[459]

3.2.3 Definition der Dienstleistungslogistik

Im Anschluss an die Klärung der konstitutiven Merkmale und logistikrelevanten Charakteristika von Dienstleistungen erfolgt an dieser Stelle eine Definition der Logistik

[457] Bullinger, Teichmann, Wiedmann (2000).
[458] Potenziell zur Verfügung stehende Produktionsfaktoren, um die Leistungsfähigkeit zu bilden.
[459] Vgl. Pepels (1999), S. 703f.; siehe auch Kapitel 3.3.1.

in Dienstleistungsunternehmen unter dem Begriff „Dienstleistungslogistik".[460] Volkswirtschaftlich orientierte Abgrenzungskriterien für Dienstleistungen, z. B. nach Güterarten oder Sektoren, erweisen sich für eine Definition der Dienstleistungslogistik als ungeeignet.

Aus dem Fundus der betriebswirtschaftlich bzw. ingenieurwissenschaftlich orientierten Definitionsansätze lässt sich jedoch eine ganzheitliche Definition der Dienstleistungslogistik extrahieren, die sich an den wesensbestimmenden Merkmalen von Dienstleistungen orientiert und so im weiteren Verlauf die logistikorientierte Betrachtungsweise sinnvoll unterstützt:

> *Die Logistik in Dienstleistungsunternehmen umfasst die ganzheitliche Planung, Steuerung, Koordination und Kontrolle aller institutionsinternen und -übergreifenden Güter- und Informationsflüsse. Die Dienstleistungslogistik stellt für die Gesamt- und Teilsysteme von Dienstleistungsunternehmen und deren Netzwerke prozess- und kundenorientierte Lösungen bereit.*

Entsprechend dieser Definition der Dienstleistungslogistik fallen sowohl klassische, den Fluss physischer Güter betreffende Logistikaufgaben wie die Versorgung mit Büromaterialien oder die Einsatzsteuerung einer Fahrzeugflotte etc., als auch die Koordination des Flusses von Dienstleistungen, Wissen und Informationen in den Aufgabenbereich der Dienstleistungslogistik. Damit ist zudem die in Kapitel 2.4 entworfene, allgemeingültige prozessorientierte Logistik-Konzeption auf Dienstleistungsunternehmen anwendbar und übertragbar. Im Umkehrschluss ist dann auch die Rückübertragung der Ergebnisse aus der Betrachtung der Logistik in Dienstleistungsunternehmen und ggf. eine Erweiterung des Wirkungsbereichs der Dienstleistungslogistik über eine Logistik für Dienstleistungsunternehmen hinaus auf alle Institutionen, die Dienstleistungen erbringen, möglich.

Als „Institution" werden dabei sowohl privatwirtschaftliche als auch öffentlich-rechtliche Organisationen bezeichnet. Demzufolge umfasst dieser Begriff

[460] Vgl. zur Begriffsabgrenzung der Dienstleistungslogistik von der Logistik-Dienstleistung insbesondere die Ausführungen zur institutionellen Gliederung der Logistik in Kapitel 2.1.4.

- Unternehmen, die primär wirtschaftliche Absichten verfolgen und private oder öffentlich-rechtliche Eigentümer haben,
- Non-profit-Organisationen, die keine primär wirtschaftlichen Ziele verfolgen – der Begriff wird gewöhnlich auf Verbände angewandt, gilt hier jedoch auch für öffentlich-rechtliche Anbieter von Dienst- und Verwaltungsleistungen – und
- Behörden im Sinne öffentlich-rechtlicher Institutionen, insbesondere auf kommunaler oder auf Länderebene.[461]

Damit sind Erkenntnisse, die aus der Betrachtung der Dienstleistungslogistik gewonnen werden können, auch auf Dienstleistungsprozesse in Industrie und Verwaltung übertragbar. Dies bezieht sich insbesondere auf administrative Prozesse und gerade die Informations- und Wissenslogistik.

3.2.4 Ableitung von Aufgabengebieten der Logistik in Dienstleistungsunternehmen

Es wurde bereits festgestellt, dass ein Kennzeichen der Logistik ihr ständiger Wandel ist. Dies findet seinen Ausdruck auch in einer deutlichen Ausweitung des Aufgaben- und Funktionsspektrums der Logistik.[462] Die Anwendung logistischer Konzepte im Dienstleistungsbereich und damit insbesondere die fokussierte Betrachtung administrativer und informationslogistischer Aufgaben[463] kann diese Entwicklung weiter vorantreiben.

Ausgangspunkt der Ableitung von Aufgabengebieten und Funktionen der Logistik in Dienstleistungsunternehmen sind zum einen die Bereiche, die bereits in Industrie und Handel zu den Aufgaben der Logistik zählen. Diese sind zu ergänzen durch Aufgaben, die spezifisch für die Dienstleistungserstellung in Unternehmen sind. Diese Aufgaben existieren dabei i. d. R. auch in Industrie- und Handelsunternehmen da die von diesen Branchen produzierten bzw. angebotenen Leistungsbündel bereits heute zu rund 50 % Dienstleistungen im Sinne z. B. von Value-Added-Services enthalten und administrative Tätigkeiten grundsätzlich in allen Unternehmen anfallen. In Unternehmen anfallende Aufgaben können dabei Teil einer allgemeingültigen

[461] Vgl. Bokranz, Kasten (2000), S. 25.

[462] Vgl. zur dynamischen Entwicklung des logistischen Aufgabenspektrums Baumgarten, Walter (2001), S. 11f., oder Baumgarten, Thoms (2002), S. 9ff.

[463] Vgl. zu einer grundsätzlichen Bedeutungsverschiebung von waren- zu informationslogistischen Aufgaben Weber et al. (2002), S. 28, sowie zur grundsätzlichen Verankerung dieser Bereiche Kapitel 2.2.

Logistik-Konzeption sein, auch wenn sie aus unterschiedlichen Gründen nicht grundsätzlich von den Unternehmen der Logistik zugeordnet werden. Als Instrument zur Erfassung und Bewertung von Aufgaben und Funktionen bieten sich insbesondere empirische Untersuchungen an, die die Klassifikation und Zuordnung von Aufgaben zur Logistik beinhalten, bzw. diese im Zeitablauf dokumentieren.[464]

In einer vom Bereich Logistik der Technischen Universität Berlin unter der Leitung von *Baumgarten* gemeinsam mit der Bundesvereinigung Logistik e. V. (BVL) 1999/ 2000 durchgeführten Untersuchung zu den „Trends und Strategien in der Logistik *2000+*"[465] wurde allen befragten Industrie-, Handels-, Logistik-Dienstleistungs- und anderen Dienstleistungsunternehmen eine identische Aufstellung von Aufgaben und Funktionen zur Verfügung gestellt, unter der diejenigen ausgewählt werden sollten, die im jeweiligen Unternehmen der Logistik zugerechnet werden. Die folgende Abbildung 27 zeigt die Ergebnisse für alle befragten Unternehmen.

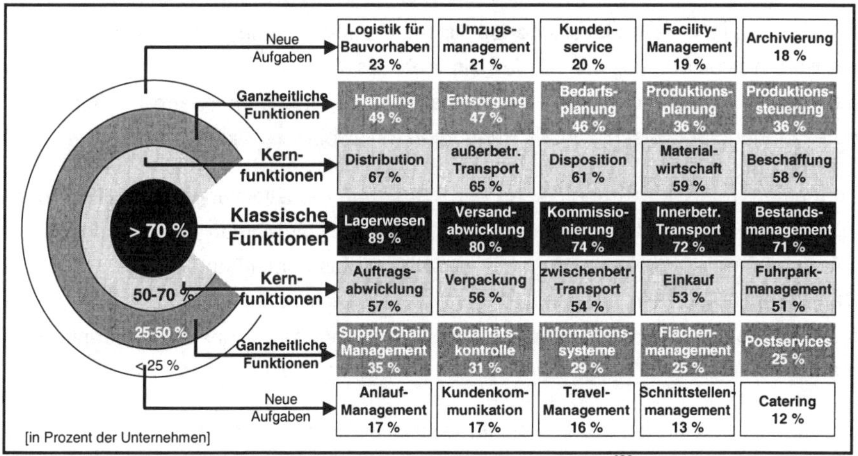

Abbildung 27: Verantwortungsbereiche der Logistik in Unternehmen[466]

Eine Aufschlüsselung der Ergebnisse speziell für Dienstleistungsunternehmen in der folgenden Abbildung 28 – hier dargestellt ohne Handel und Logistik-Dienstleister – führt zu interessanten Ergebnissen.

---

[464] Vgl. zur Entwicklung des logistischen Aufgabenspektrums im Zeitablauf z. B. Pfohl (1999b), S. 182ff. und zu einer Aufstellung empirischer Untersuchungen Pfohl (2000a), S. 256f., und Dehler (2001), S. 24ff.

[465] Vgl. Baumgarten, Walter (2001).

[466] Quelle: Baumgarten, Walter (2001), S. 11; n=698.

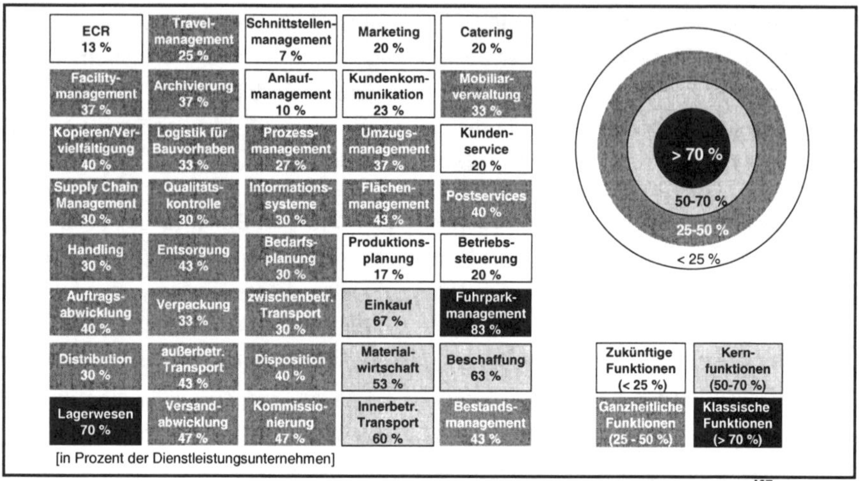

Abbildung 28: Verantwortungsbereiche der Logistik in Dienstleistungsunternehmen[467]

Es wird deutlich, dass klassische logistische Funktionen wie das Lagerwesen oder die Kommissionierung – die von jeweils mehr als 70 % der befragten Unternehmen der Logistik zugeordnet werden – in Dienstleistungsunternehmen eine weitaus geringere Nennung aufweisen. Dieses Phänomen hat zwei wesentliche Ursachen:

Zum einen treten, auf Grund der Art und Weise wie Dienstleistungen erstellt werden, in den Geschäftsprozessen reiner Dienstleistungsunternehmen weniger physische Güterströme auf, die gemeinhin mit „Logistik" in Zusammenhang gebracht werden. Daraus ergibt sich ein vermeintlich geringerer Logistikbedarf im klassischen Sinne und damit ein schwach entwickeltes Logistikverständnis in Dienstleistungsunternehmen.

Die zweite Ursache ist, dass obwohl logistische Aufgaben anfallen, diese nicht der Logistik zugeordnet, sondern beispielsweise unorganisiert operativ durchgeführt werden. Ein Beispiel dafür ist ein Aktentransport von und zu einem Archiv, der durch einen Sachbearbeiter durchgeführt wird; dies entspricht jedoch einem innerbetrieblichen Transport. Gleiches gilt, wenn diese Aufgabe im Auftrag des Sachbearbeiters von einem externen Dienstleister – hier einem Spediteur – durchgeführt wird. Eine ganzheitliche und als Managementkonzept verstandene Logistik existiert in der Dienstleistungsbranche erst in Ansätzen.

[467] Quelle: Baumgarten (2000b); n=98. Vgl. auch Walter (2002), S. 174.

Dies wird dadurch unterstrichen, dass nur sehr wenige Aufgaben und Funktionen von mehr als der Hälfte der befragten Dienstleistungsunternehmen unter dem Begriff „Logistik“ zusammengefasst und einer „Logistik-Abteilung“ zugeordnet werden. Gerade einmal 6 der 40 betrachteten Aufgaben und Funktionen (15 %) werden von mehr als der Hälfte der Dienstleistungsunternehmen unter der Bezeichnung Logistik zusammengefasst. Im Gegensatz dazu: Gesamt: 15 von 40 (38 %); Industrie: 17 von 40 (43 %) und Handel: 13 von 40 (35 %).[468]

Andererseits wird deutlich, dass logistische Aufgaben und Funktionen – beispielsweise das Facility-Management, das Travelmanagement, die Kundenkommunikation und die Archivierung – die von weniger als 25 % der Gesamtuntersuchungsbasis zur Logistik gerechnet wurden, für Dienstleistungsunternehmen eine tendenziell höhere Bedeutung besitzen. Unterstrichen wird dies durch die Tatsache, dass die teilnehmenden Dienstleistungsunternehmen diese Aufgaben und Funktionen im Vergleich auch öfter als Logistik-Kosten erfassen bzw. separat kalkulieren. Diese Funktionen werden in Industrie und Handel insbesondere von Logistik-Führern zu ihrer Logistik gezählt. Diese Best-Practice-Unternehmen konzentrieren sich vermehrt auf ihre eigenen internen Dienstleistungsprozesse und haben deren Bedeutung für eine kundenorientierte Unternehmensphilosophie erkannt.[469]

Diese Ergebnisse der empirischen Befragung wurden in einem zweiten Schritt mit in der Literatur zu den Aufgaben der Logistik zählenden Aufgaben abgeglichen. Dabei wurden insbesondere die in Kapitel 3.2.1 dargestellten wissenschaftlichen Ansätzen zur Dienstleistungslogistik berücksichtigt. Diese Aufgaben und Funktionen wurden aus Gründen der Übersichtlichkeit und für die spätere Einarbeitung in eine allgemeine Logistik-Konzeption nach dem Kriterium der Selbstähnlichkeit und inhaltlichen Nähe zu insgesamt sechs Clustern zusammengefasst, wobei Abbildung 29 in Anlehnung an *Walter* bzw. *Keller, Walter* und *Frodl* diese Cluster von Aufgaben und Funktionen der Dienstleistungslogistik darstellt.[470]

---

[468] Vgl. Walter (2002), S. 174f.
[469] Vgl. Baumgarten, Walter (2000b), S. 10f.
[470] Vgl. Walter (2002), S. 174ff., Keller, Walter (2000), S. 37f., und Frodl (1998), S. 27-180.

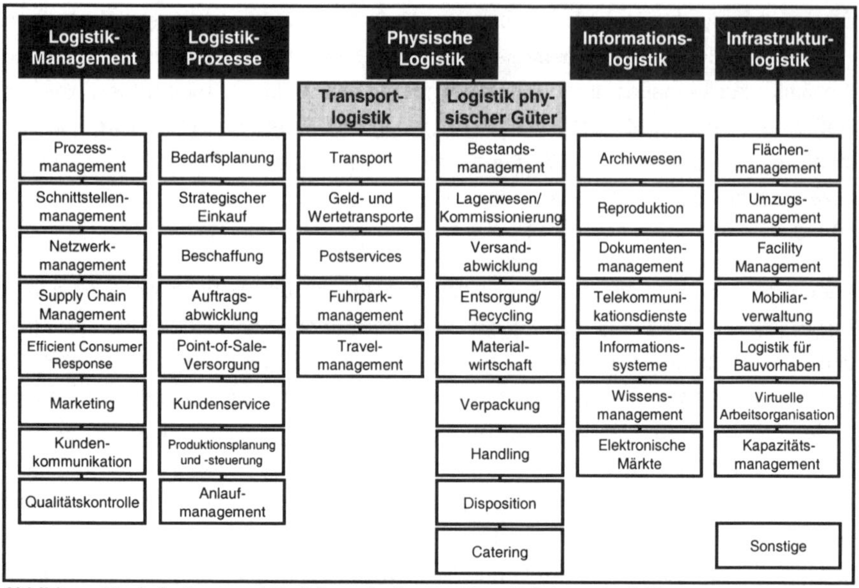

Abbildung 29: Aufgaben- und Funktionscluster der Dienstleistungslogistik

Diese Aufstellung ist als die weitreichendste „Definition" der Logistik in Dienstleistungsunternehmen zu verstehen, die so oder zumindest analog auf Industrie- und Handelsunternehmen übertragbar ist. Dabei ist gerade für Dienstleistungsunternehmen diese Aufstellung als Basis für eine modulare Logistik-Konzeption zu verstehen, da in diesen Unternehmen relativ wenige Aufgaben unmittelbar der Logistik zugeordnet werden bzw. direkt als logistikrelevant erkennbar sind.

Die verschiedenen Cluster werden in den folgenden Kapiteln 3.2.4.1 bis 3.2.4.6 kurz erläutert, wobei prozesskettenübergreifende Aufgaben in dem Cluster „Logistik-Management" zusammengefasst werden, prozesskettenspezifische Aufgaben im Cluster „Logistik-Prozesse". Die beiden Aufgabencluster „Transportlogistik" und „Logistik physischer Güter" decken in Summe die „Physische Logistik" und damit die materiellen (Sach-) Güterflüsse ab, während die „Informationslogistik" insbesondere die immateriellen Güterflüsse im Sinne von Wissen und Informationen, die auf Speichermedien – Dokumenten, Belegen, virtuellen Speicher- und Informationssystemen – vorliegen, umfasst. Diese Cluster werden ergänzt durch den Cluster „Infrastrukturlogistik", der insbesondere Aufgaben zusammenfasst, die die Effizienz der Unternehmensinfrastruktur und Organisation beeinflussen. Diese Clusterung und die Aufgaben und Funktionen, die diese Cluster enthalten, können aus nachfolgenden Gründen jedoch keinen Anspruch auf Allgemeingültigkeit und Vollständigkeit erheben:

- *Unterschiedlicher Logistikbedarf auf Grund der Heterogenität von Dienstleistungen*, z. B. Geld- und Wertetransporte als spezifische logistische Aufgabe bei Banken;

- *„Evolution" des Logistikverständnisses*, z. B. kann die Archivierung isoliert, aber auch als Element eines Wissensmanagements betrachtet werden; analog: Catering, Flächenmanagement, Umzugsmanagement als Elemente des Facility-Managements;

- *Unterschiedliche Begriffswahl*, z. B. können Informations- und Kommunikationssysteme auch als Informationssysteme bezeichnet werden; Reproduktion, Archivwesen und Dokumentenmanagement können auch als „Formularlogistik" zusammengefasst werden;[471]

- *Mögliche Mehrfachzuordnungen*: Material- und Personentransport kann sowohl der Transportlogistik aber – je nach Abgrenzung – auch einem modernen Facility-Management zugeordnet werden.

Der wesentliche Nutzen der hier dargestellten Clusterung liegt darin, dass sie in Institutionen auftretende Aufgaben und Funktionen so strukturiert, dass sie als offene und ausbaufähige, modulare Checkliste im Rahmen der Definition des spezifischen Logistikverständnisses dienen kann.

Diese modulare Konzeption der Dienstleistungslogistik beinhaltet dabei insbesondere auch Aufgaben und Funktionen, die über das derzeitige Logistikverständnis in Industrie und Handel hinausgehen. Dazu zählen die Cluster „Informationslogistik" sowie „Infrastrukturlogistik", aber auch Aufgaben wie die Kundenkommunikation, z. B. im Rahmen des Customer Relationship Managements. Gerade diese Aufgaben sind kritische Faktoren für den Markterfolg von Dienstleistern. Dies führt zu einer zunehmenden Durchdringung des Dienstleistungsmanagements durch die Logistik. Die Unternehmenslogistik hat durch ihre prozessorientierte und ganzheitliche Sichtweise erfolgswirksame Strategien zur Durchsetzung nachhaltiger Wettbewerbsvorteile entwickelt und bildet die Grundlage für die Nutzung der erheblichen Potenziale in der Leistungserstellung in Dienstleistungsunternehmen. Die in der Untersuchung

---

[471] Vgl. Riechelmann (2002), S. 44f.

„Trends und Strategien in der Logistik *2000+*“ befragten Dienstleistungsunternehmen beziffern das Kostensenkungspotenzial durch die Anwendung von Logistik-Konzepten auf 5,7 % der Gesamtkosten.

Im Folgenden werden kurz die einzelnen Inhalte der Cluster beschrieben, wobei jede einzelne Aufgabe und Funktion jeweils eine eigene und tiefer gehende Betrachtung rechtfertigen würde. Dies muss an dieser Stelle jedoch aus Gründen der Übersichtlichkeit unterbleiben.

3.2.4.1 Cluster Logistik-Management

Innerhalb des Clusters „Logistik-Management“ werden insbesondere komplexe logistische Koordinations- und Steuerungsaufgaben angesiedelt. Diese füllen die bereichs- und unternehmensinterne sowie –übergreifende Koordinationsfunktion der Logistik in Dienstleistungsunternehmen aus. Eine wesentliche Aufgabe der Logistik im Rahmen einer dienstleistungsorientierten Logistik-Konzeption ist das Management der logistischen Koordinations- und Dienstleistungsprozesse für das Gesamtunternehmen. Daher zählen das Prozessmanagement und – aus der Verkettung von Prozessen abgeleitet – das Schnittstellenmanagement zur diesem Aufgabencluster. Im Rahmen der Aufgabenerfüllung einer als Querschnittsfunktion ausgestalteten Dienstleistungslogistik zählen auch das Netzwerkmanagement und das Supply Chain Management, die bereits mehrfach erwähnt wurden und auch im weiteren Verlauf der Arbeit eine bedeutende Rolle spielen. Im Zuge der Clusterung sind auch die Aufgaben Efficient Consumer Response, die Kundenkommunikation, die Qualitätskontrolle sowie das Marketing – soweit dieses der Logistik zugeordnet wird – als Instrumente bzw. Methoden des Logistik-Managements diesem Cluster zuzuordnen.

3.2.4.2 Cluster Logistik-Prozesse

Im Cluster „Logistik-Prozesse“ werden prozesskettenspezifische Aufgaben im Sinne von Hauptprozessen innerhalb der Prozessketten in Unternehmen zusammengefasst. Damit sind in diesem Cluster insbesondere die wesentlichen Aufgaben aus Versorgung und Auftragsabwicklung, jedoch auch der Entwicklung zu berücksichtigen. Auf Grund des hohen Outsourcing-Potenzials und der überwiegend physischen Anteile an der Gesamtaufgabenstellung wurde der Bereich Entsorgung/ Recycling jedoch nicht an dieser Stelle sondern im Cluster „Logistik physischer Güter“ angesiedelt. Die Bedarfsplanung und die Auftragsabwicklung sowie die Point-of-Sale-Versorgung, z. B. von Geschäftsstellen im Filialsystem einer Bank, sind im Vorgriff auf die Übertragung des logistischen Referenz-Prozesskettenmodells auf Dienstleistungsunternehmen klar dem Cluster Logistik-Prozesse zuzuordnen. Dies gilt ebenso für den Strategischen Einkauf und die Beschaffung, deren Aufgabenabgrenzung in der Praxis jedoch häufig ungeklärt ist und daher bei getrennter Verankerung oft zu unternehmenspolitischen Spannungen zwischen den Aufgabenträgern führt. Der Kundenservice und das Anlaufmanagement für Innovationen wird ebenso wie die Produktionsplanung und –steuerung in diesem Cluster verankert, was im Rahmen der folgenden prozessorientierten Betrachtung der Logistik in Dienstleistungsunternehmen näher zu erläutern sein wird. Die Produktion wird dabei hier im Sinne der Dienstleistungsproduktion verstanden.[472]

3.2.4.3 Cluster Physische Logistik – Transportlogistik

Die beiden Cluster zur „Physischen Logistik“ wurden bewusst an zentraler Position des modularen Gesamtkonzepts verankert. Gerade Transporte und Post-Services sind in Unternehmen unumgängliche Bestandteile der Logistik. Die schnelle und effiziente Anlieferung, Abholung und insbesondere innerbetriebliche Verteilung von Hauspost zeichnen einen (Inhouse-) Post-Service aus.

In diesem Anwendungsgebiet der Dienstleistungslogistik kommen dabei zahlreiche Konzepte des Logistik-Managements, insbesondere aus der Distributionslogistik, zum Tragen. Dabei könnte die operative Durchführung ausgegliedert werden, während die Konzeption und Koordination in der Dienstleistungslogistik verbleibt.

Über Post-Services hinausgehende Transporte in Dienstleistungsunternehmen werden oftmals unorganisiert operativ durchgeführt. Gerade diese Bereiche sind daher zentrale Gegenstände von Outsourcing-Überlegungen. Häufig werden gerade für Transport-Dienstleistungen keine einheitlichen, überregional tätigen, sondern eher regionale Anbieter beauftragt, so dass eine Gesamtkoordination der Geschäftsbeziehungen und eine kostensenkende Bündelung der häufig stark zersplitterten Aufträge nicht realisierbar ist. In diesem Bereich sind Schnittmengen zum Umzugsmanagement, das im Cluster Infrastrukturlogistik angesiedelt ist, und zum Geld- und Wertetransport von Banken vorhanden. Geld- und Wertetransporte sind natürlich ebenfalls Aufgabeninhalte anderer Unternehmen als Banken, jedoch nicht in einem vergleichbaren Umfang. Im Regelfall werden dann gerade für eilige Sendungen geeignete Kurier- oder Expressdienste beauftragt.

---

[472] Vgl. zum Begriff der Dienstleistungsproduktion insbesondere Maleri (1998) bzw. Maleri (1994) sowie Corsten (2001), S. 119-248, insbesondere S. 247f.

Eine weitere Option ist die Zusammenarbeit mit der jeweiligen Hausbank, die dann eigene Geld- und Werte-Dienstleister einsetzt. Für Banken und Sparkassen stellt die bedarfs- und termingerechte Ver- und Entsorgung der Filialen mit Bargeld in Form von in- und ausländischen Währungen sowie mit sonstigen Werten (zum Beispiel Reiseschecks, Gold, Wertpapieren oder ähnlichem) ein komplexes logistisches Problem dar. Neben der Bestückung von Geldausgabeautomaten und automatischen Kassentresoren ist die Tourenplanung von besonderem Interesse. Im Rahmen der Bargeldumstellung auf den Euro am 01.01.2002 hatten Geld- und Wertetransporte für Banken in ganz Europa eine besondere Wettbewerbsrelevanz.

Auch das Fuhrparkmanagement im Sinne der Beschaffung und Verwaltung des innerbetrieblichen Fuhrparks, der sich bei Dienstleistungsunternehmen hauptsächlich aus geleasten oder gekauften Dienstfahrzeugen für höhere Angestellte oder Führungskräfte zusammensetzt, kann eine komplexe Aufgabe darstellen. Die dem Unternehmen direkt zur Verfügung stehenden Hilfsmittel für den Personentransport, sind so zu dimensionieren, dass eine optimale Versorgung der Anspruchsberechtigten und der notwendige Service für die Fahrzeuge kostenminimal gewährleistet wird. Die Konzeption und Koordination des Fuhrparkmanagements ist in der Dienstleistungslogistik angesiedelt, auch wenn ein Outsourcing an einen externen Dienstleister durchgeführt wird.

Neben diesen physischen Transportaufgaben spielt zunehmend das Travelmanagement im Sinne einer effizienten Organisation notwendiger Dienstreisen gerade in großen Dienstleistungsunternehmen eine wesentliche Rolle. Es beinhaltet den Prozessablauf vom Reisekostenmanagement bis zur Reisekostenabrechnung und ist – gerade in Zeiten von Kostensenkungsbemühungen auf Grund stagnierender oder sinkender Umsatzerlöse – ein Instrument zur Senkung der Gesamtausgaben durch Vereinheitlichung der Prozesse und Bündelung des Einkaufs aller Reiseleistungen von im besten Fall nur einem Anbieter, ohne dass direkte Einschnitte in die Leistungen, die die Angestellten in Anspruch nehmen, notwendig sind. Die Durchführung eines effektiven Reisekostenmanagements bietet erhebliche Effizienzsteigerungs-, Rationalisierungs- und Kostensenkungspotenziale bei Nutzung der Möglichkeiten der Beschaffungslogistik beim Einkauf von Verkehrs- und Unterbringungsleistungen. Die termingerechte Anlieferung von Reiseunterlagen kann durch eine ganzheitliche Strukturierung der Reiseabwicklung optimiert werden.

3.2.4.4 Cluster Physische Logistik – Logistik physischer Güter

Die Logistik physischer Güter, die in Industrie- und Handelsunternehmen den wesentlichen Faktor für die Leistungsfähigkeit des Logistik-Systems darstellt, ist in Dienstleistungsunternehmen ebenfalls von großer Bedeutung. Jedoch sind die in diesem Cluster zusammengefassten Aufgaben in Dienstleistungsunternehmen i. d. R. hauptsächlich Gegenstand der Beschaffung, da eine Selbsterstellung häufig nicht effizient und kostenoptimal erfolgen kann.

Dabei sind die in diesem Cluster verankerten Aufgaben zum einen Teil der operativen Umsetzung bzw. Vorbereitung von Beschaffungsaufgaben, wie das Bestandsmanagement oder die Disposition. Zum anderen erfüllen sie notwendige Aufgaben wie die Entsorgung bzw. insbesondere das Recycling gerade von Verbrauchsmaterialien. Der Umfang des Geschäftsbetriebs gerade von großen Dienstleistungsunternehmen bedingt die Berücksichtigung einer Recyclingsteuerung im Rahmen eines Umweltmanagements unter anderem für Altpapier, verbrauchte Toner z. B. von Druckern oder Kopierern, ausgemusterte EDV-Geräte, Altmöbel oder sonstige Reststoffe. Die Recyclingaufgaben sind im Rahmen der Entsorgungslogistik in der Dienstleistungslogistik angesiedelt.

Das Catering als Teilmenge der „Eventlogistik" ist insbesondere bei Projekten oder Veranstaltungen, z. B. Konferenzen oder Messen, ein wesentlicher Erfolgsfaktor. Hier ist ein standardisiertes Angebot zur Kostenbegrenzung bei hinreichender Qualität anzustreben.

3.2.4.5 Cluster Informationslogistik

Für Dienstleistungsunternehmen sind Wissen und Informationen bereits heute der entscheidende Produktionsfaktor. Da bei der Dienstleistungserstellung Sachgüter im Wesentlichen nur eine unterstützende Funktion einnehmen, ist dieser Cluster ein Kernelement der Logistik in Dienstleistungsunternehmen. Dabei sind grundsätzliche Aufgaben wie das Wissensmanagement und der Bereich Informationssysteme im Rahmen von Kapitel 4 und 5 als Aufgabenbündel der Dienstleistungslogistik umfassend zu analysieren, während die Bereiche der Reproduktion, der Telekommunikationsdienste sowie auch des Archivwesens ebenso im Rahmen der Infrastrukturlogistik ansiedelbar wären.

Der Bereich des Dokumentenmanagements sowie der Betrieb elektronischer Märkte für das Gesamtunternehmen sind wesentliche mögliche Aufgaben der Dienstleistungslogistik und beinhalten wiederum eine Vielzahl an Einzelaufgaben, wie z. B. den Aufbau und Betrieb eines Call-Centers zur Unterstützung eines Marktangebots im Inter- bzw. Intranet.

Gerade die Informationslogistik ist in Dienstleistungsunternehmen ein entscheidender Faktor, der einer umfassenden Koordination im Back-Office zur Realisierung von Effizienzsteigerungs- und Rationalisierungspotenzialen im Front-Office bedarf.

3.2.4.6 Cluster Infrastrukturlogistik

Die Aufgaben des Clusters „Infrastrukturlogistik" haben direkte und indirekte Auswirkungen auf die Dienstleistungserstellung. In der Wertkette nach *Porter* wird der Bereich Unternehmensinfrastruktur als unterstützende Aktivität genannt.[473] Dieser Bereich, für den eine Vielzahl konkurrierender Konzepte existiert[474], sollte zumindest in Dienstleistungsunternehmen zur Logistik gezählt werden, da die Schnittstellen mit offensichtlich logistischen Aufgaben sonst sehr vielfältig wären, z. B. im Bereich des Umzugsmanagements oder der Point-of-Sale-Versorgung.

Das Management von Umzügen, das der Bewältigung einer Vielzahl logistischer Aufgaben dient, wird dem Aufgabenfeld der Dienstleistungslogistik zugeordnet, da Umzüge sehr komplex, kostenintensiv und in einem stetig auf Wettbewerbsänderungen und strategische Neuausrichtungen mit dem Aufbau fokussierter Geschäftseinheiten und der Zusammenlegung oder Schließung unprofitabler Abteilungen im Front- und Back-Office reagierenden Dienstleistungskonzern relativ häufig sind, obwohl ein Umzug für einzelne Abteilungen ggf. ein einzelnes Projekt darstellen.

Die Vorbereitung und das Management der termingerechten Durchführung von Bauvorhaben einschließlich Renovierungen in Zusammenarbeit mit dem Vermieter beziehungsweise Bauherrn ist ebenfalls Aufgabe der Dienstleistungslogistik, insbesondere da die termingerechte, mängelfreie Fertigstellung von Bauvorhaben direkte und indirekte Auswirkungen auf Art und Umfang der Beeinträchtigung der internen und externen Leistungserstellung in Dienstleistungsunternehmen hat und sonst ggf. monetäre und/ oder personelle Kapazitäten bindet.

---

473 Vgl. Abbildung 15 in Kapitel 2.3.1.2.

474 Z. B. werden Konzepte unter den Begriffen Infrastrukturplanung oder auch Facility-Management diskutiert. Vgl. Ghahremani (1998). Keines dieser Konzepte konnte sich bisher durchsetzen.

Auch die Mobiliarverwaltung, die derzeit vielfach kaum vorhanden ist, spielt durch die bedarfs- und sachgerechte Ausstattung des Geschäftsbetriebs mit geeigneten Möbeln eine entscheidende Rolle für einen reibungslosen Ablauf des Geschäfts. Ziel der effizienten Mobiliarverwaltung ist in diesem Bereich insbesondere die Reduzierung oder Abschaffung von kostenintensiven Möbellagern, die gerade in großen Dienstleistungsunternehmen häufig in großem Umfang vorhanden sind.

Das Gebäudemanagement als Gesamtheit der technischen, infrastrukturellen und kaufmännischen Leistungen zur Nutzung von Gebäuden bzw. Liegenschaften[475] umfasst unter anderem die Entsorgung, Reinigung, Instandhaltung und viele weitere Funktionen. Diese Aufgaben sind der Dienstleistungslogistik zuzurechnen, sofern sie nicht von externen Dienstleistern übernommen werden. In diesem Fall übernimmt die Dienstleistungslogistik die Koordination des Dienstleister-Einsatzes.

Die Optimierung des Gebäudemanagements kann erhebliche Mittel für das Kerngeschäft freisetzen. Im Zuge der Realisierung dieser Ressourcen ist eine gezielte Auslagerung einzelner Gebäudemanagement-Funktionen, die bisher von internen Handwerkern durchgeführt und/ oder überwacht wurden, bis hin zur externen Vergabe der gesamten technischen Betriebsführung im Rahmen des Facility-Managements an einen leistungsfähigen Dienstleister denkbar. Dieser könnte gezielt dienstleistungsspezifische Systemlösungen für das integrierte Management der gesamten Infrastruktur realisieren, indem er die einzelnen Gebäudefunktionen miteinander vernetzt und optimal aufeinander abstimmt. Davon betroffene Funktionen wären unter anderem Heizung, Lüftung, Klimasysteme, Zutrittskontrolle, Brandmeldesysteme und Sicherheitssysteme.

Wenn ein Dienstleistungsunternehmen ein eigenes Facility-Management-Konzept verfolgen möchte, wäre dessen Verwirklichung im Aufgabengebiet der Dienstleistungslogistik anzusiedeln. Für eine effiziente Durchführung des Facility-Managements müssten dann die EDV-technischen Voraussetzungen geschaffen und die Mitarbeiter entsprechend geschult werden, beziehungsweise Spezialisten angeworben werden. Dies ist mit erheblichem Aufwand verbunden, was für eine Fremdvergabe an *einen* Dienstleister spricht, bei dem das Know-how bereits vorhanden ist. Mit diesem ist eine Wertschöpfungspartnerschaft anzustreben, wobei die Koordination durch die Dienstleistungslogistik durchgeführt würde. Auch eine Ausgliederung innerhalb eines Konzerns erscheint möglich.

[475] Vgl. Neues VDMA Einheitsblatt VDMA 24196.

Auch das Flächenmanagement als Umsetzung einer strategischen Standortplanung ist im Cluster Infrastrukturlogistik verankert. Durch Konzepte für die Nutzung von Flächen des Unternehmens in Form von Belegungs-, Umzugs- und Nutzungsplanungen ergeben sich bei stringenter Durchführung eines Flächenmanagements Berührungspunkte zu den vorgenannten Anwendungsgebieten der Dienstleistungslogistik. Die konzernweite Planung und Kontrolle der Raumkosten und die Verwaltung von Mietverträgen sowie das Projekt-Controlling auch in Form eines Benchmarkings und der Entwicklung von Standards für die Flächennutzung ergänzen das Aufgabenfeld des Flächenmanagements.[476] Insgesamt ist dieser Cluster als „Hygienefaktor" zu bezeichnen, da er nur dann als wichtig für die Leistungserstellung wahrgenommen wird, wenn Fehler auftreten.

3.3 Prozessorientierte Dienstleistungslogistik-Konzeption

Auf die Systematisierung der dienstleistungsrelevanten Logistik-Aufgaben aufbauend lässt sich das System Dienstleistungslogistik detailliert beschreiben und analysieren.

Dienstleistungen stellen z. B. in Fragen des Kapazitätsmanagements oder auf Grund mangelnder Lager- und Transportfähigkeit andere Anforderungen an die Logistik als Sachgüter. Wesensbestimmende Merkmale von Dienstleistungen sind: Das Bereithalten von Leistungsfähigkeit, die Immaterialität, die Notwendigkeit der Integration des externen Faktors und der Individualisierungsgrad von Dienstleistungen.[477]

Aus den besonderen Eigenschaften von Dienstleistungen lassen sich deren grundsätzlichen logistischen Anforderungen und Ansätze für die Ausgestaltung eines Logistik-Systems ableiten. Insbesondere die Immaterialität von Dienstleistungen und die Integration des externen Faktors – Kunde oder Kundenobjekt – stellen die Dienstleistungslogistik vor besondere Herausforderungen. Es fehlt allerdings ein geeignetes Modell, an dem logistischer Bedarf auch im Speziellen systematisch dargestellt werden kann. Das Referenz-Prozesskettenmodell der Logistik, das bereits in Kapitel 2.3.3 als geeignetes Instrument zur prozessorientierten Darstellung von Logistik-Prozessen in Unternehmen qualifiziert worden ist, ist ebenfalls ein geeigneter Ansatz für die prozessorientierte Abbildung der logistikrelevanten Aufgabenstellungen. Das Prozesskettenmodell unterscheidet grundsätzlich nicht zwischen materiellen und immateriellen Güterflüssen und ist damit für die Betrachtung von – durch

---

[476] Vgl. Kühn (1996), S. 91.
[477] Vgl. Kapitel 3.1 bzw. 3.2.2.

immaterielle Anteile wie beispielsweise Wissen dominierten – Dienstleistungsprozessen besonders geeignet. Damit wird eine fliesssystemorientierte und ganzheitliche Sichtweise auf die Prozesse von Dienstleistern möglich und es steht ein offenes System zur Verfügung, das den Kunden sowohl als Abnehmer der Dienstleistung, als Lieferant des externen Faktors und als zeitlich begrenzt Mitwirkenden darstellen kann.

Der Prozessgedanke, der beginnend in den 1980er und verstärkt in den 1990er Jahren mit einer Abkehr von klassischen, durch starre Hierarchiemuster geprägten Organisationsformen hin zu einer funktionsübergreifenden Orientierung an den Unternehmensprozessen führte, hatte auch erhebliche Auswirkungen auf die Ablauforganisation – z. B. durch Business Process Reengineering.[478] Mit Hilfe der Prozesskostenrechnung und des darauf aufbauenden Prozesskostenmanagements lassen sich zunächst Prozesse innerhalb der indirekten Bereiche analysieren und gestalten. Das Prozesskettenmanagement schließlich erweitert das reine Prozesskostenmanagement und betrachtet alle Managementfunktionen. Am Ende der Prozesse steht der Absatzmarkt bzw. der Kunde. Daraus ergibt sich die Kundenorientierung als eine elementare Eigenschaft der Prozessorganisation. Weitere wesentliche Eigenschaften sind[479]:

- Verstärkte Effizienzmessungen (Kennzahlen),
- Ausrichtung an den für die Wertschöpfung und damit Kundennutzen relevanten Kernprozessen (Eliminierung nicht erforderlicher nicht-wertschöpfender Tätigkeiten),
- Zeit als Wettbewerbsfaktor (Beschleunigung der Abläufe),
- Etablieren von Lernprozessen.

Die Prozessorientierung reduziert die Komplexität der Wertschöpfungsprozesse und verringert den Aufwand für Koordination und Kommunikation. Sie erhöht dadurch die Flexibilität und Anpassungsfähigkeit. Der zuvor segmentierte Informationsfluss wird durchgängig gestaltet.[480] Alle Prozesse werden strikt am Kunde-Lieferanten-Prinzip ausgerichtet, wodurch die Kundenorientierung und die Qualität steigt.

---

[478] Vgl. dazu die Ausführungen in Kapitel 2.3.3.
[479] Vgl. Walter (2002), S. 177, oder Gronau (1999), S. 212f.
[480] Vgl. Walter (2002), S. 176f., und Baumgarten, Darkow (2000), S. 3.

Für die Logistik hat das Prozesskettenmanagement auch in Dienstleistungsunternehmen einen besonderen Stellenwert, da sie als Querschnittsfunktion an durchgängigen funktions- und systemübergreifenden Güter- und Informationsflüssen ausgerichtet ist. Diese ganzheitliche Sichtweise ermöglicht es, Einzeloptimierungen zu Gunsten von durchgängigen und systemübergreifenden Optimierungen z. B. bezüglich Kosten, Qualität, Service und Prozessdauer zu ersetzen.[481]

Die Wertschöpfungsprozesse von Institutionen lassen sich in die vier idealtypischen, systemübergreifenden Prozessketten Auftragsabwicklung, Versorgung, Entwicklung und Entsorgung einteilen. Die einzelnen Prozessketten greifen sequenziell und parallel verzahnt ineinander.[482] Die folgende Abbildung 30 zeigt die für Dienstleistungsprozesse angepasste, schematische Darstellung des Prozesskettenmodells der Logistik.

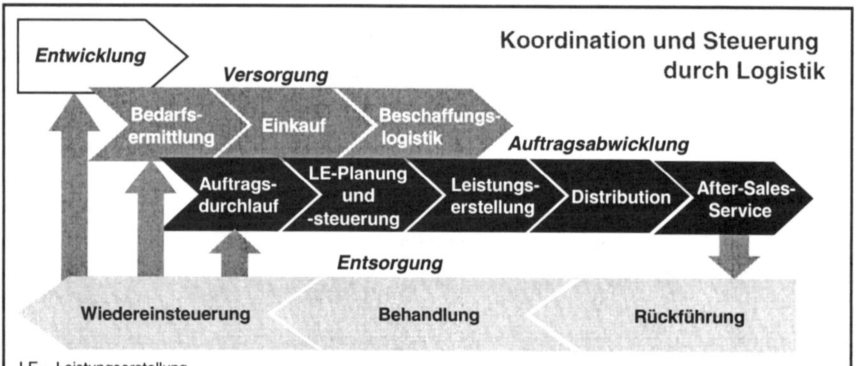

Abbildung 30: Darstellung des Referenz-Prozesskettenmodells der Dienstleistungslogistik[483]

Dieses Modell dient als Referenz-Prozesskettenmodell und wird im Folgenden für die Anforderungen einer prozessorientierten Logistik in Dienstleistungsunternehmen spezifiziert. Es gewährleistet damit den Transfer gewonnener Erkenntnisse zwischen Industrie- und Handels- sowie Dienstleistungsunternehmen und ermöglicht die Strukturierung logistischer Abläufe und Aktivitäten für Dienstleistungsunternehmen als notwendige Voraussetzung für die organisatorische Implementierung im Rahmen einer prozessorientierten Logistik-Konzeption.

---

[481] Vgl. Walter (2002), S. 177f. Vertiefend: Baumgarten (1999); S. 226-237, und Hammer, Champy (1994).
[482] Vgl. Kapitel 2.3.3.2.
[483] Vgl. Walter (2002), S. 177, aufbauend u. a. auf Baumgarten, Walter (2001), S. 7.

Im Folgenden wird diese strategische Strukturierungsebene der prozessorientierten Logistik-Konzeption anhand der einzelnen Prozessketten beschrieben. Die Reihenfolge der Darstellung folgt dabei der Bedeutung der Prozessketten für die eigentliche Dienstleistungserstellung in Dienstleistungsunternehmen. Daher beginnt diese mit der Darstellung der Prozesskette Auftragsabwicklung, aus der sich insbesondere Anforderungen an die Prozesskette Versorgung ergeben. Im Anschluss erfolgt dann die Betrachtung der Prozessketten Entsorgung und Entwicklung.

3.3.1 Prozesskette Auftragsabwicklung in Dienstleistungsunternehmen

Die Prozesskette Auftragsabwicklung wird durch den Kunden bzw. den externen Faktor ausgelöst und umfasst alle Prozesse von der Annahme des Kundenauftrags, über die Integration des externen Faktors, die Leistungserstellung, die Rückübergabe des externen Faktors bis hin zur Verbuchung des Zahlungseingangs nach Abschluss der Leistungserstellung.

Dienstleistungsspezifisch an dieser Prozesskette ist, dass nicht nur die Prozesse des Dienstleisters, sondern auch der externe Faktor logistikrelevante Anforderungen an die Auftragsabwicklung – z. B. Transportbedarf – stellen. Die kritische Größe der Prozesskette ist in vielen Fällen der Zeitfaktor, da der Kunde an ihm die Qualität einer Dienstleistung mitbeurteilt. Die Prozessdauer hat damit einen großen Einfluss auf die Kaufentscheidung.

Der Prozess *Auftragsdurchlauf* ist der eigentlichen Dienstleistungserstellung vorgelagert und beginnt mit der Aktivierung der angebotenen Leistungsfähigkeit durch den externen Faktor. Der bestehende Zustand des externen Faktors wird allerdings noch nicht verändert bzw. erhalten, insofern findet auch noch keine Wertschöpfung durch das Erbringen der eigentlichen Dienstleistung statt. Der Übergang zum nächsten Prozess erfolgt genau dort, wo am externen Faktor tatsächlich eine gewollte Wirkung erzielt, oder wenn eine für den externen Faktor – den Kunden oder ein Kundenobjekt – individuelle Konkretisierung der Vorkombination vorgenommen wird.

Der Prozess *Leistungserstellungsplanung und –steuerung* ist für Dienstleistungen notwendig, bei denen der Bereitschaftsgrad der Leistungsfähigkeit noch zeitlich, räumlich, quantitativ bzw. qualitativ angepasst werden muss. In der Literatur werden die Begriffe Leistungspotenzial, Leistungsfähigkeit, Leistungsbereitschaft und Vorkombination oftmals synonym verwendet. Für die hier vorgenommenen logistischen Betrachtungen ist jedoch eine klare Abgrenzung der Begriffsinhalte notwendig. Der Begriff Leistungsbereitschaft berücksichtigt die weitere Anpassung der Leistungsfähigkeit. Demnach entsteht die Leistungsbereitschaft nach erfolgter zeitlicher, räumlicher, quantitativer bzw. qualitativer Konkretisierung der Leistungsfähigkeit. Mit Erreichen der Leistungsbereitschaft ist die Vorkombination endgültig abgeschlossen und die Leistungserstellung bzw. Endkombination kann beginnen. Die Leistungserstellung muss jedoch nicht zwangsläufig auf Basis einer gleichbleibenden Leistungsbereitschaft erfolgen. So ist es beispielsweise bei komplexen Beratungsprojekten üblich, im Laufe der Leistungserstellung weitere Anpassungen an der Leistungsbereitschaft vorzunehmen, z. B. durch Hinzuziehen von Experten.

Der Prozess Leistungserstellungsplanung und –steuerung steht im Zielkonflikt zwischen der Individualisierung der Dienstleistung und Standardisierungsbestreben. Bei einer vollständigen Standardisierung der Leistungsbereitschaft – z. B. elektronische Banküberweisung – ist dieser Prozess überflüssig. Im Falle einer notwendigen Anpassung der Leistungsfähigkeit auf spezielle Kundenbedürfnisse – z. B. im Rahmen eines komplexen Unternehmensberatungsprojekts – ist der Prozess zum Vervollständigen der Vorkombination notwendig.

Das Ergebnis dieses Prozesses hat großen Einfluss auf das subjektive Qualitätsempfinden des Kunden bezüglich der Dienstleistung und damit der Kundenzufriedenheit. Für den Dienstleister liegt der Nutzen des Prozesses Leistungserstellungsplanung und -steuerung in der gesteigerten Effektivität und Effizienz der eigentlichen Leistungserstellungsbereiche sowie dem erzielbaren Kundennutzen, welcher sich durch eine kundenfreundliche Prozessgestaltung äußert. Die sinnvolle Informationsversorgung dieses Prozesses – beispielsweise mittels Customer Relationship Management (CRM) – wird zum Erfolgsfaktor. Dadurch erhält der Kunde genau das, was er erwartet und die gewonnenen Daten helfen die Unsicherheit der Leistungserstellung abzubauen und zukünftig die Kapazitäten noch effektiver anpassen zu können.[484]

Die *Leistungserstellung* findet auf Basis der vorhandenen Leistungsbereitschaft statt. Der externe Faktor ist in diesen Prozess zu integrieren, da die Dienstleistung nicht ohne ihn ausgeführt werden kann. Hier findet aus Kundensicht die eigentliche Wertschöpfung statt, da am externen Faktor die gewünschte Zustandswirkung erbracht wird. Bei prozessorientierten Dienstleistungen ist zu beachten, dass Produktion und Konsum zusammenfallen und nur in Ausnahmefällen Lager- bzw. Transportmöglich-

---

[484] Vgl. Büttgen (2001), S. 162.

keiten bestehen. Im Rahmen der Leistungserstellung ist auch die Standortproblematik in Abhängigkeit von der Problematik des Kundenkontaktortes zu klären.

Die *Distribution* hat im Zusammenhang mit Dienstleistungen eine eher untergeordnete Bedeutung. Klassische Aufgaben der Distribution sind der Raum-, Zeit-, Mengen- und Sortimentsausgleich.[485] Auf Dienstleistungen bezogen kann die Notwendigkeit der Distribution des externen Faktors – z. B. Rücksenden eines Elektrogeräts nach Reparatur – und die Distribution der Dienstleistung – z. B. Versenden einer gewünschten Information an den Kunden mittels Brief oder E-Mail – bestehen. Eine Distribution der Dienstleistung kann im Sinne der Ergebnisorientierung nur stattfinden, wenn die Dienstleistung lager- bzw. transportfähig ist. In diesem Falle ist der Ort des Kundenkontakts nicht zwangsläufig identisch mit dem Produktionsstandort der Dienstleistung. Eine Distribution des externen Faktors nach der Leistungserstellung ist abhängig von der Beschaffenheit des externen Faktors und den Kundenbedürfnissen. Für nähere Angaben zur Ausgestaltung des Distributionslogistik-Systems muss eine detaillierte Analyse der Distributionsstruktur erfolgen.[486]

Die Qualität einer Dienstleistung kann vom Kunden in vielen Fällen nicht vor Beginn der Leistungserstellung eingeschätzt werden. Aus diesem Grund versucht er, Ersatzindikatoren wie Preis, Serviceversprechen oder Reputation heranzuziehen. Die logistischen Leistungskomponenten Lieferfähigkeit, Lieferflexibilität, Lieferzeit, Lieferqualität, Termintreue und Informationsbereitschaft sind solche Ersatzindikatoren und gelten als Maßgrößen für die logistische Leistung. Im Zusammenhang mit Dienstleistungen werden diese Maßgrößen insbesondere durch den Prozess Leistungserstellung determiniert. Damit hat dieser Prozess eine sehr hohe Relevanz, da der Kunde die Qualität des „Produktes" Dienstleistung nicht nur am Preis, sondern wegen seiner Immaterialität vermehrt an Ersatzindikatoren wie der Lieferzeit oder der Informationsbereitschaft festmacht. Werden signifikante Abweichungen bei den logistischen Maßgrößen bzw. Verbesserungen an der Dienstleistung erst nach der Distribution offenbar bzw. gewünscht, ist häufig eine nachträgliche Spezifikation der Dienstleistung im Rahmen des Prozesses *After-Sales-Service* notwendig bzw. möglich.

Die Dienstleistungslogistik stellt durch die Wahl geeigneter Mittel und Methoden die Erfüllung der logistischen Leistung sicher und trägt damit damit mittelbar zum Erfolg

---

[485] Vgl. Pfohl (2000a), S. 211ff.
[486] Vgl. Lohmann (1998), S. 100ff.

des Dienstleistungsunternehmens bei. Entsprechende Anforderungen müssen unter Berücksichtigung der Kundenbedürfnisse durch das Management formuliert werden.

Die logistikorientierte Gestaltung der Prozesskette Auftragsabwicklung ist von zentraler Bedeutung, da hier die eigentliche Dienstleistungserstellung stattfindet. Neben dem Produkt Dienstleistung muss im Falle der Integration des Kunden besonderes Augenmerk auf die Gestaltung des Leistungsprozesses selbst gelegt werden. Dies beginnt damit, dem Kunden – und konsequenterweise auch dem Lieferanten – eine Vielzahl an Zugangswegen zu offerieren, über die – falls technologisch möglich – auch die Dienstleistung distribuiert werden kann. Z. B. können Banken, Versicherungen, Telekommunikationsanbieter und öffentliche Institutionen eine Vielzahl an Dienstleistungen auf elektronischem Weg distribuieren. Unter einer solchen *Multi-Kanal-Strategie* versteht man die parallele Nutzung verschiedener Zugangs- und Vertriebskanäle wie beispielsweise Filiale, Telefon, Fax oder Internet. Dem Kunden ist es damit selbst überlassen, ob er die Dienstleistung beispielsweise in der Filiale, über das Internet oder am Telefon in Anspruch nehmen möchte,[487] und der Dienstleister verfolgt unabhängig vom gewählten Kommunikationskanal eine „one face to the customer"-Philosophie.[488]

Die Multi-Kanal-Strategie lässt sich innerhalb der Institution zur Informationsversorgung und Koordination von Geschäftsprozessen anwenden. So können beispielsweise bei einer Erweiterung der Informationssysteme um mobile Komponenten, Service- und Vertriebsmitarbeiter effizient und technisch uneingeschränkt an ERP-Systeme, Datenbanken oder Workflow-Systeme angebunden werden.

Im Rahmen der Multi-Kanal-Strategie besteht die Möglichkeit, für jeden Kommunikationskanal eine eigenständige Markenstrategie zu verfolgen. In diesem Zusammenhang erleichtert sie außerdem das Eingehen von Kooperationen. So können eigene Prozesse in die Auftragsabwicklung anderer Partner eingefügt[489] bzw. Produkte anderer Anbieter über die eigenen Kundenschnittstellen verfügbar gemacht werden.[490] Die Bedeutung der Multi-Kanal-Strategie wird insbesondere dann deutlich, wenn Medienbrüche und die Vielzahl von Informationssystemen so gebündelt werden können, dass die Prozesse im Hintergrund unabhängig von der Kundenschnittstelle ab-

---

487 In vielen Situationen steht dem Kunden beispielsweise keine Filiale oder nur ein Fax oder ein datenfähiges Mobiltelefon für den Zugang zur Dienstleistung zur Verfügung.

488 Vgl. Kapitel 4.2.2.

489 Z. B. Vertrieb eigener Bankprodukte über das Internetportal eines Versicherers.

490 Z. B. Vertrieb von Versicherungsleistungen eines externen Anbieters über die eigene Filiale.

laufen können. Da – z. B. auf Grund unterschiedlicher Grafikfähigkeit von Mobiltelefon und Heimcomputer – nicht alle Kommunikationskanäle die gleiche Leistung bieten, muss die Datenbasis den jeweiligen Anforderungen angepasst werden können. Die Herausforderung für die Logistik in Dienstleistungsunternehmen liegt darin, die reibungslose Integration der Informationstechnologien sicherzustellen.

Die Rentabilität der Prozesskette Auftragsabwicklung läßt sich durch verstärkte Standardisierungsmaßnahmen erhöhen. Dem werden jedoch Grenzen auf Grund der Individualität der Kundenwünsche gesetzt, der ab einem gewissen Grad an Standardisierung nicht mehr entsprochen werden kann.[491] Aus der Auswahl an verschiedenen Standardisierungsalternativen ist insbesondere die Standardisierung des Leistungsprozesses attraktiv, da dieser – sofern es sich um ergebnisorientierte Dienstleistungen handelt – für den Kunden unsichtbar bleibt, er das Ergebnis der Dienstleistung jedoch auf sich individuell zugeschnitten empfinden kann.

Als Basis für Standardisierungsstrategien bietet sich zunächst die Definition von *Produktmodellen* an.[492] Produktmodelle lassen sich als Kombination einzelner Teilelemente und derer Beziehungen zueinander verstehen, die – einem Baukasten ähnlich – zu verschiedenen Dienstleistungsprodukten zusammengesetzt werden können. Dies entspricht einer „Plattformstrategie" für Dienstleistungen.[493] Daraus ergeben sich vielfältige Anwendungsmöglichkeiten.[494] Ein Vorteil der Verwendung von Produktmodellen ist die beschleunigte Markteinführung neuer Dienstleistungen, da häufig nur Teilbereiche bestehender Produkte geändert werden müssen. Außerdem ermöglichen Produktmodelle trotz Verwendung standardisierter Teilelemente individuelle Dienstleistungsprodukte im Sinne einer *standardisierten Individualleistung.* Die folgende Abbildung 31 zeigt die möglichen Kombinationen einer Ausgestaltung von Leistungsprozess- und Leistungsergebnisstandardisierung im Sinne einer Produktstandardisierung:

---

491 Vgl. Kapitel 3.2.2.4.

492 Produktmodelle sind Beschreibungsmodelle von (hier) Dienstleistungsprodukten. Sie umfassen abstrahierte Produktstrukturen und Produktbeschreibungen und geben die Elemente und Eigenschaften der Produkte wieder. Vgl. Haischer, Mörschel, Kaiser (2000), S. 4.

493 Für eine Einführung in die Theorie von Produktmodellen für Dienstleistungen vgl. Haischer, Mörschel, Kaiser (2000).

494 Beispielsweise Ermittlung von gemeinsamen Elementen und Eigenschaften (z. B. Planung der Wiederverwendbarkeit von Elementen des Dienstleistungsprozesses); Vergleich und Bewertung von Dienstleistungsprodukten über den Vergleich ihrer Elemente; Beherrschen von Variantenvielfalt (z. B. gemeinsame Verwendung gleicher Elemente des Leistungsprozesses) und Gewinnung neuer Produktideen durch Variation einiger Elemente. Vgl. Haischer, Mörschel, Kaiser (2000), S. 12.

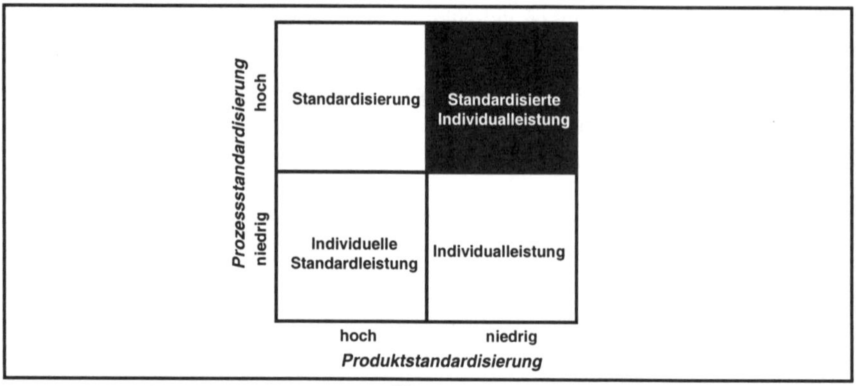

Abbildung 31: Standardisierungsstrategien[495]

Im Sinne der standardisierten Individualleistung verknüpfen Produktmodelle weiterhin die Schnittstellen zu externen Parteien mit den internen Geschäftsprozessen und ermöglichen so flexible Kundenschnittstellen bei weitest gehend standardisiert aufgebauten Middle- und Back-Office-Bereichen. Dieser Sachverhalt wird durch die folgende Abbildung 32 verdeutlicht.

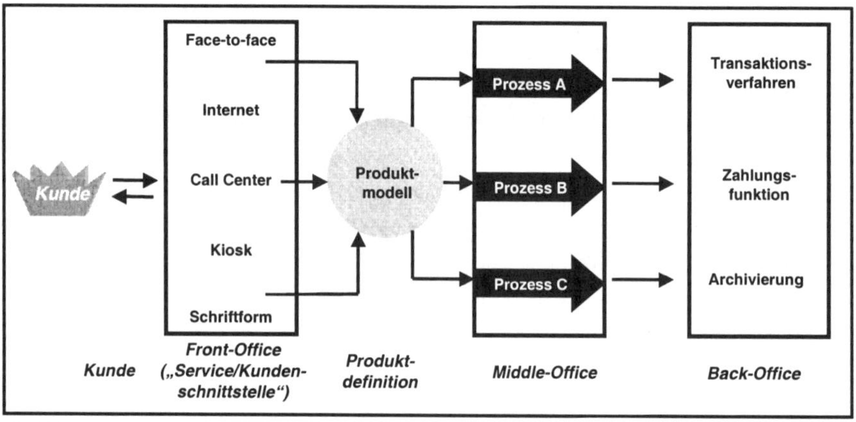

Abbildung 32: Produktmodelle als „Mittler" zwischen Front- und Middle-Office im Rahmen einer Multi-Kanal-Strategie[496]

Ist eine Standardisierung des Leistungsprozesses mittels anpassungsfähiger Produktmodelle nur begrenzt möglich, lässt sich durch ein flexibles und leistungsfähiges Kapazitätsmanagement unter der Prämisse, so spät wie möglich die endgültige

---

[495] Vgl. Göpfert (2000c), S. 184.
[496] In Anlehnung an Fähnrich (2000), S. 10.

Leistungsbereitschaft festzulegen („Late Fit Strategie“) der Grad an Standardisierung bei optimaler Individualität maximieren.

3.3.2 Prozesskette Versorgung in Dienstleistungsunternehmen

Die Prozesskette Versorgung wird in der Regel von der Prozesskette Auftragsabwicklung als Kunde angestoßen und endet mit der Bereitstellung der notwendigen Produktionsfaktoren – z. B. Humankapital im Sinne der Arbeitsleistungen der Mitarbeiter, Materialien, Dienstleistungen, Informationen, Wissen – durch den Zulieferer an den entsprechenden Schnittstellen zum Kunden der Versorgung, insbesondere der Auftragsabwicklung. Sie beinhaltet insbesondere die logistischen Prozesse des Einkaufs und der Beschaffungslogistik. Als Zulieferer gelten sowohl institutionsinterne als auch -externe Lieferanten.[497]

Die Bedeutung der Prozesskette Versorgung wird stark von den ihr zurechenbaren Kosten determiniert. Dies sind zum einen die Einkaufspreise für die zu beschaffenden Güter und zum anderen die bei der Wahrnehmung der Versorgungsfunktion anfallenden Prozesskosten. Beide Kostenblöcke zusammengenommen nehmen einen signifikanten Anteil an den Gesamtkosten einer Organisation ein. Dies weist auf die strategische Bedeutung der Versorgungsprozesskette hin. Durch eine ganzheitliche, prozess- und kundenorientierte logistische Betrachtung lassen sich in der Versorgungsprozesskette Qualitäts- und Kostenziele, Größenvorteile und Prozessoptimierungen realisieren.[498]

Die Art der benötigten Produktionsfaktoren hängt von der zu erbringenden Dienstleistung ab. Dabei kann davon ausgegangen werden, dass zumindest diejenigen Produktionsfaktoren vor dem Eingang eines konkreten Kundenauftrages angeschafft wurden, die für die Herstellung der allgemeinen Leistungsfähigkeit erforderlich sind, z. B. das Anmieten von Büroräumen und die Personalbereitstellung. Im Falle einer notwendigen Konkretisierung dieser Leistungsfähigkeit – angestoßen durch den Prozess der Leistungserstellungsplanung und -steuerung – obliegt der Prozesskette Versorgung die Bereitstellung der für die Konkretisierung benötigten Produktionsfaktoren, z. B. zieht eine Unternehmensberatung im Verlauf eines Projekts bei Bedarf zusätzliche Experten hinzu.

---

[497] Vgl. Baumgarten, Walter (2001), S. 22.

[498] Vgl. zur Integration von Beschaffung und Logistik z. B. Darkow (2001), S. 7ff. oder Baumgarten, Darkow (2002b).

Grundsätzlich stellt die Prozesskette Versorgung die Verfügbarkeit der für eine erfolgreiche Leistungserstellung – Endkombination – notwendigen materiellen und immateriellen Produktionsfaktoren her. Bei den materiellen Produktionsfaktoren handelt es sich vielfach um geringwertige, so genannte C-Güter, deren Beschaffung im Vergleich zum materiellen Wert hohe Prozesskosten verursacht. Für die Leistungserstellung haben jedoch immaterielle Produktionsfaktoren wie Informationen und Wissen eine besondere Bedeutung. Die Beschaffung, Aufbewahrung und Verteilung von Informationen weisen Charakteristika logistischer Funktionen auf.[499] Diese müssen im Rahmen der Dienstleistungslogistik durch geeignete Technologien und ein adäquates Management unterstützt werden. An dieser Stelle wird die Bedeutung einer ganzheitlichen Logistik-Konzeption und der Koordinations- und Steuerungswirkung des Logistik-Managements deutlich. Neben klassischen logistischen Konzepten zur Versorgung mit Materialien und Dienstleistungen sind damit neuartige Konzepte zur Bereitstellung von Informationen und Wissen – z. B. Expertenwissen – notwendig.

Der Prozess *Bedarfsermittlung* ermittelt die notwendigen Bedarfe an Wirtschaftsgütern sowie insbesondere Informationen und Wissen. Dieser Bedarf muss in quantitativer, qualitativer, zeitlicher und örtlicher Hinsicht spezifiziert werden, wobei speziell zur qualitativen Beschreibung von Dienstleistungen das Heranziehen von Ersatzindikatoren notwendig ist. Aufgabe der Dienstleistungslogistik ist es dabei insbesondere, in Zusammenarbeit mit allen weiteren beteiligten Unternehmensbereichen, wie z. B. Marketing oder Controlling, für eine weitestgehende Deckung von Informationsangebot, Informationsbedarf und Informationsnachfrage zu sorgen. Eine weitere Aufgabe der Bedarfsermittlung ist die Bestimmung des optimalen Leistungsfähigkeitsgrades. Dieser unterliegt dem Zielkonflikt zwischen optimaler Akquisitionswirkung der Dienstleistung und effizienter Ausnutzung der vorhandenen Ressourcen.

Ziel des Prozesses *Einkauf* ist das Erlangen der Verfügungsgewalt über die benötigten Produktionsfaktoren. Zu den Aufgaben des Einkaufs auf strategischer Ebene zählen unter anderem die Beschaffungsmarktforschung, die Vertragsgestaltung sowie Preis- und Wertanalysen. Als operative Aufgaben zählen beispielsweise Angebotsprüfungen, Verhandlungen, Lieferantenbewertung und -auswahl, Auftragserteilung, Lieferterminüberwachung, Wareneingangsprüfung und Rechnungsprüfung. Entscheidungen, die im Einkauf gefällt werden, haben direkten Einfluss auf Kosten und Qualität der beschafften Produktionsfaktoren und besitzen mittelbar Einfluss auf

[499] Vgl. Keller, Walter (2000), S. 38.

das Produkt Dienstleistung und damit den Kunden. Einkaufsoptimierungen können in der gesamten Prozesskette verankert werden, z. B. durch Einkauf von Büromaterialien inklusive aller Logistikleistungen bis zum Verbrauchsort.

Das Aufgabengebiet der *Beschaffungslogistik* umfasst die Gestaltung, Planung und Kontrolle der logistischen Kette zwischen dem Zulieferer und dem Bedarfsort des Abnehmers. Demnach lassen sich diesem Prozess Aufgaben wie Disposition, externer und interner Transport, Wareneingang, Handling und Bestandsmanagement zurechnen. Produktionsfaktoren gelten dann als beschafft, wenn sie für die Erfüllung der einzelnen Funktionen – wie z. B. der Leistungserstellung – zur Verfügung stehen. Für nähere Angaben zur Ausgestaltung des Beschaffungslogistik-Systems muss eine detaillierte Analyse der Beschaffungsstruktur erfolgen.[500]

Die Prozesskette Versorgung beinhaltet eine Vielzahl logistischer Aufgaben und ist damit von besonderer Bedeutung für die Realisierung von Größenvorteilen, Synergien und Prozessverbesserungen. Im Rahmen dieser Prozesskette stehen der Logistik erprobte, aber auch innovative Konzepten zur Verfügung.[501] Darauf aufbauend kann sich jeder Dienstleister einen auf seine individuellen Bedürfnisse zugeschnittenen Strategiemix zusammenstellen. Da Wissen als ein zu beschaffender Produktionsfaktor verstanden wird, muss die Dienstleistungslogistik auch Methoden und Kompetenzen aus dem Bereich Wissensmanagement übernehmen.[502] Die Prozesskette Versorgung bietet zudem erfolgversprechende Möglichkeiten, im Rahmen des E-Procurement von Informationstechnologien Gebrauch zu machen. Es ist dabei jedoch auf eine ganzheitliche Integration aller beteiligten Partner zu achten – z. B. durch standardisierte Schnittstellen und den Einsatz Internet-basierter Technologien.

3.3.3 Prozesskette Entwicklung in Dienstleistungsunternehmen

Die Prozesskette Entwicklung umfasst alle Tätigkeiten zwischen Produktidee und Markteinführung einer Dienstleistung. Sie besitzt damit Schnittstellen zum Markt, zur Leistungserstellung und mittelbar außerdem zu den Prozessketten Versorgung und Entsorgung. Die während der Entwicklungsphase getroffenen Produkt- und Prozessentscheidungen bestimmen wesentlich die Gestaltung der nachfolgenden Prozessketten. Dies hat maßgeblichen Einfluss auf die Faktoren der logistischen Leistung, die Kosten und die Time-to-market. Eine ganzheitliche Dienstleistungs-

[500] Vgl. Lohmann (1998), S. 96ff.
[501] Siehe Kapitel 3.3.2 und Baumgarten, Walter (2001), S. 21ff.
[502] Siehe Kapitel 4.4.4.

logistik muss im Rahmen des Referenz-Prozesskettenmodells auch innerhalb der Prozesskette Entwicklung mit spezifischen Methoden und Konzepten auf die Besonderheiten von Dienstleistungen Rücksicht nehmen. Bestandteil der Prozesskette Entwicklung ist insbesondere der Innovationsprozess. Es lässt sich zwischen

- Produktinnovationen – neue oder verbesserte Dienstleistungen,
- Prozessinnovationen – neue oder verbesserte Verfahren zum Erbringen von Dienstleistungen – und
- organisatorischen Innovationen – Maßnahmen, die wesentliche Verbesserungen des organisatorischen Aufbaus oder interner Abläufe bewirken,

unterscheiden.[503] Da für die Dienstleistungserbringung der externe Faktor integriert werden muss und der Leistungserstellungsprozess damit Bestandteil des Produktes Dienstleistung ist, können alle drei Innovationstypen der Prozesskette Entwicklung zugerechnet werden. Prozessinnovationen haben damit direkte Kundenrelevanz, da zwischen dem Ablauf der Erstellung einer Dienstleistung und der vom Kunden wahrgenommenen Qualität ein direkter Zusammenhang besteht. In diesem Sinne ist auch die Einführung eines ganzheitlichen und übergreifenden Logistik-Managements eine Innovation für Dienstleistungsunternehmen.

Als Auslöser für neue Produktideen spielen im Gegensatz zum Produzierenden Gewerbe technische Innovationen – z. B. Neuentwicklung von Materialien oder Modulen – in Dienstleistungsbereichen keine dominante Rolle. Sie sind jedoch ein Mittel neben vielen anderen zur Entwicklung neuer bzw. zur Verbesserung alter Produkte und Prozesse. Neue Produktideen werden auch in Dienstleistungsunternehmen im Wesentlichen vom Markt bestimmt. Daher ist der Innovationsprozess bei Dienstleistern in vielen Fällen weniger systematisch organisiert, als das üblicherweise im Verarbeitenden Gewerbe der Fall ist.

Bei klassischen Produktinnovationen kann der Finanzierungsbedarf bereits während der Forschungs-und-Entwicklungs-Phase sehr hoch sein, während es bei Dienstleistungen erst in der Markteinführungsphase „teuer wird". Aus diesem Grund lassen Dienstleister mehr Innovationsideen bis zur Konzeption reifen, die Abbruchwahrscheinlichkeit steigt dann aber während der Produkt- und Markttestphase stark an.[504] Das Top-Management übernimmt für den Innovationsprozess die Kontrolle, während

[503] Vgl. NIW (1997), S.18.
[504] Vgl. Benkenstein (1998), S. 699f.

die Ideen aus der gesamten Institution sowie dem externen Netzwerk – zu dem auch der Kunde gehört – in den Innovationsprozess eingebracht werden. Die Aufgabe der Dienstleistungslogistik ist die Sicherstellung dieses Prozessablaufs.[505]

Die Dienstleistungslogistik kann damit die Prozesskette Entwicklung durch Berücksichtigung dienstleistungsspezifischer Besonderheiten erfolgreich unterstützen. Hierbei sind zwei Kernstrategien hervorzuheben: Zum einen ist ein konsequent auf den Kundennutzen und Time-to-market-Gesichtspunkte ausgerichtetes systematisiertes Dienstleistungsengineering notwendig. Dies kann durch eine verstärkte Standardisierung der Prozesse zwischen Konzeptions- und Markteinführungsphase erreicht werden. Die zweite Kernstrategie berücksichtigt die organisatorische Fragmentierung des Innovationsprozesses. Daher ist es notwendig, alle an diesem Prozess beteiligten Organisationseinheiten[506] durch ein leistungsfähiges und auf Aspekte des Dienstleistungsengineerings ausgerichtetes Informationssystem zu verbinden, um einen reibungslosen Informations- und Wissensfluss sicherzustellen. Eine Möglichkeit stellen beispielsweise Groupwarelösungen dar, die Entwicklungsarbeiten parallelisieren und damit erheblich beschleunigen.

3.3.4 Prozesskette Entsorgung in Dienstleistungsunternehmen

Die Dienstleistungserstellung als solche ist als immaterielles Gut selbst nicht Objekt der Prozesskette Entsorgung. Allerdings kann das Ergebnis einer Dienstleistung materiell sein, z. B. Bilder eines Photographen. Zudem entstehen auch bei der Erstellung von Dienstleistungen Abfälle und Reststoffe. Das Umweltbewusstsein der Gesellschaft, strenge Umweltauflagen und zunehmende Regulierungsmaßnahmen machen daher effektive und effiziente Reststoffflüsse und die umweltgerechte Wieder- und Weiterverwendung notwendig – eine Aufgabe, die von der Entsorgungslogistik wahrgenommen wird.[507]

Die speziellen Charakteristika von Dienstleistungen implizieren jedoch keine grundsätzlich verschiedene Entsorgungslogistik im Rahmen der Dienstleistungslogistik, da auch die Reststoffe von Dienstleistungserstellungsprozessen materieller Natur sind. Es ist allerdings zu beachten, dass Dienstleistungen sehr heterogen sind und sich

---

[505] Vgl. Walter (2002), S. 177, oder Hipp (2000), S. 86.
[506] Dazu können u. a. gehören: Vorstand, Marketing, Qualitätsmanagement, Beschwerdemanagement, Vorschlagswesen, Personalabteilung, IT-Abteilung
[507] Vgl. Baumgarten (2001a), S. 13.

damit gängige umweltschutzrelevante Normen und Standards der Industrie nicht ohne weiteres übertragen lassen.

Im Rahmen der Dienstleistungslogistik ist eine Analyse aller Geschäftsprozesse in Hinblick auf ein systematisches und ganzheitliches Umweltmanagement notwendig, das einerseits den geltenden internationalen und nationalen Normen entspricht, sich aber insbesondere auch an den Erwartungen des Endkunden der Dienstleistung ausrichtet, der auf Grund seiner direkten Einbindung in die Leistungserstellung den Umwelt- und Entsorgungsaspekt als Ersatzindikator zur Qualitätsbeurteilung der Dienstleistung heranziehen kann. Damit darf eine integrierte Entsorgungslogistik nicht nur auf die optimale Behandlung von Reststoffrückflüssen ausgelegt sein, sondern muss auch eine Vermeidung von Umweltbelastungen durch geeignete Maßnahmen sicherstellen. Die operative Durchführung der Entsorgungsaufgaben wird dabei im Wesentlichen durch externe Dienstleister zu erbringen sein.

3.4 Spezifikation der allgemeinen Logistik-Konzeption durch die prozessorientierte Dienstleistungslogistik-Konzeption

Nach der Verknüpfung der Systeme Dienstleistung und Logistik zu einer Dienstleistungslogistik, die das Erkennen und die Realisierung strategischer Potenziale durch ganzheitliche Konzepte des Logistik-Managements ermöglicht, ist ausgehend von den in Kapitel 3.2.4 entwickelten Modulen bzw. Aufgaben- und Funktionsclustern zu prüfen, inwieweit die gewonnenen Erkenntnisse in eine allgemeine, modularisierte und damit flexibilisierte Logistik-Konzeption entsprechend Kapitel 2.4 sinnvoll eingeordnet werden können und diese damit spezifiziert.

Durch die Zusammenfassung möglicher Aufgaben und Funktionen in Clustern und Zuordnung dieser Module zu den verschiedenen Ebenen der prozessorientierten Logistik-Konzeption ist eine zweite Strukturierungsebene geschaffen worden, die die Systematisierung der Logistik-Konzeption, die bisher auf einer sehr hohen Aggregationsebene erfolgte, deutlich verbessert.

Als besonderer Aspekt muss an dieser Stelle hervorgehoben werden, dass die Aufgaben und Funktionen der Cluster 1 „Logistik-Management“ und 2 „Logistik-Prozesse“ als Methoden und Instrumente sowohl auf der operativen Ebene für die Steuerung der operativen und administrativen Prozesse als auch auf der strategischen Ebene der Logistik-Konzeption für die unternehmensbereichs- und unternehmensübergreifende Koordination der logistischen Prozessketten eingesetzt werden.

Die folgende Abbildung 33 verdeutlicht, dass eine Einordnung unter Bezugnahme auf das Prozesskettenmodell der Dienstleistungslogistik aus Kapitel 3.3 möglich ist:

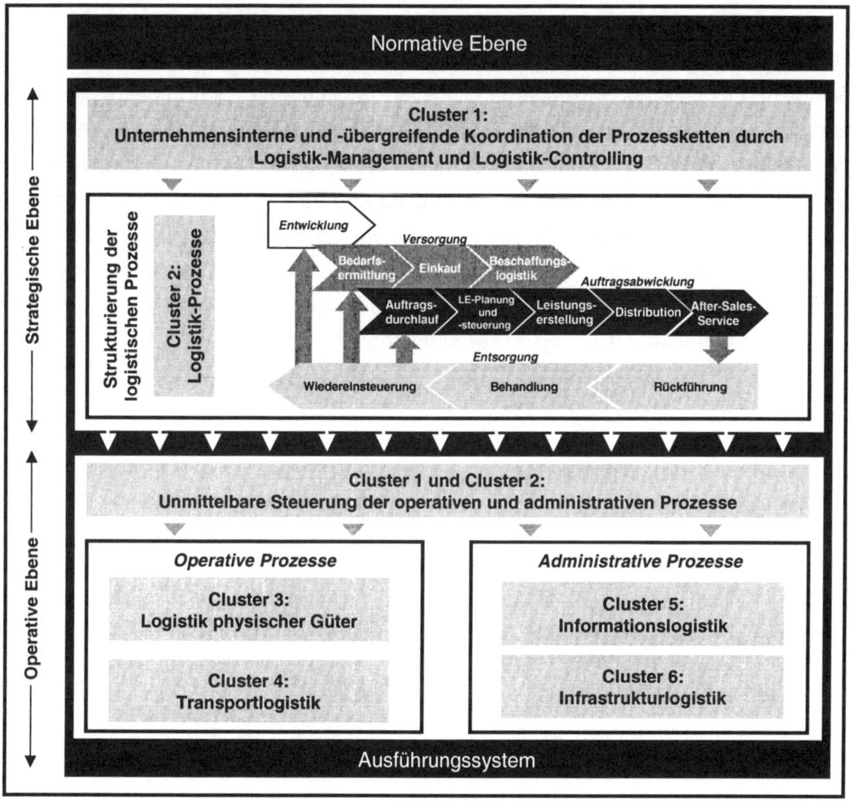

Abbildung 33: Einordnung der Aufgabencluster der Dienstleistungslogistik in die prozessorientierte Logistik-Konzeption

Im Folgenden können Trends und Strategien sowohl für das operative als auch die strategische Logistik-Management im Rahmen einer abgestimmten Gesamtkonzeption bis auf Einzelprozesse heruntergebrochen werden. Dies ist Voraussetzung für die Berücksichtigung von Besonderheiten und Strategien in Bezug auf logistische Prozesse in Dienstleistungsunternehmen auch in administrativen Bereichen in Verwaltungsinstitutionen und in einem weiteren Schritt in Industrie- und Handelsunternehmen. Gleichzeitig hat eine modulare Logistik-Konzeption den Vorteil, dass bei einer abweichenden Zuordnung von Unternehmensfunktionen oder –aufgaben, z. B. in Bezug auf die Infrastrukturlogistik, die logistische Systembildung auf der Basis der dargestellten prozessorientierten Logistik-Konzeption in Dienstleistungsunternehmen nicht be- oder verhindert wird.

Die Prozessorganisation und das Prozesskettenmanagement sind die Voraussetzung für eine ganzheitliche Logistik.[508] Beides sollte daher im Rahmen der Gestaltung logistischer Prozesse in Dienstleistungsunternehmen implementiert werden bzw. bereits implementiert sein. Es bleibt allerdings zu bedenken, dass eine prozessorientierte Organisation der Dienstleistungslogistik bei unveränderter Organisation der restlichen Institution als Insellösung und damit als problematisch anzusehen ist, z. B. aus Abrechnungsgesichtspunkten. Sollte die Prozessorganisation für die gesamte Organisation nicht möglich oder nicht erwünscht sein, bietet sich das interne Outsourcing der Dienstleistungslogistik im Sinne eines Profit-Centers an, das der Institution seine Leistungen zu Marktpreisen offeriert.[509]

[508] Vgl. Kapitel 2.3 bzw. 3.3.
[509] Vgl. Kapitel 5.3.2 bzw. 5.3.3.

4 Trends und Entwicklungsperspektiven der Logistik in Dienstleistungsunternehmen

In diesem Kapitel werden logistische Aspekte in Dienstleistungsunternehmen aus einer aktuellen und empirisch gestützten Perspektive betrachtet. Ziel ist es, zunächst den Entwicklungsstand und relevante Trends in der Dienstleistungslogistik aufzuzeigen. Mit den sich daraus ergebenden Perspektiven ist dann die Grundlage für die Ableitung von strategischen Handlungsempfehlungen für die Umsetzung und Ausgestaltung der prozessorientierten Logistik-Konzeption für Dienstleistungsunternehmen in Kapitel 5 gelegt. Dabei sind insbesondere grundsätzliche wirtschaftliche Zusammenhänge zu berücksichtigen, die in der folgenden Abbildung 34 nur kurz skizziert werden können:

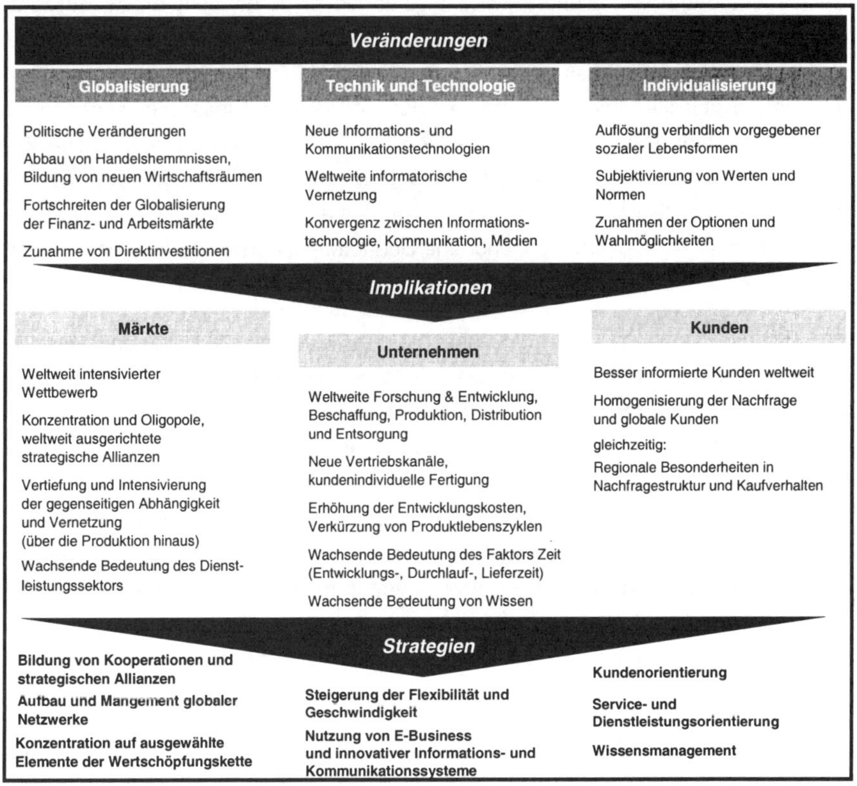

Abbildung 34: Einfluss globaler Veränderungen auf Unternehmensstrategien

Die makroökonomischen Veränderungen im Zusammenhang mit der Globalisierung, die stetige Weiterentwicklung insbesondere im Bereich der Informations- und Kommunikationstechnologien sowie die zunehmende Individualisierung, die zu immer neuen Anforderungen gerade an die Logistik führen, haben tiefgreifende Implikationen für die Märkte, die Unternehmen und deren Kunden.[510] Hier ist eine grundsätzliche Bedeutungssteigerung der Vernetzung an sich und der für diese notwendige informatorische bzw. Wissensvernetzung zu konstatieren. Inwieweit die grundsätzlichen, aus diesen Anforderungen und deren Implikationen folgenden allgemeinen Strategien auf Dienstleistungsunternehmen und ihre Logistik übertragbar sind, ist für dieses Kapitel ein wesentliches Erkenntnisziel.[511]

Ausgehend von den für alle Unternehmen abgeleiteten Haupt-Trends in der Logistik *2000+* – Globale Netzwerke, Kundenintegration und E-Business[512] – sind in diesem Kapitel gerade die Trends und Entwicklungstendenzen zu betrachten bzw. auszuarbeiten, die von besonderer Bedeutung für Dienstleistungsunternehmen sind. Dabei ist davon auszugehen, dass eine effiziente Logistik in Dienstleistungsunternehmen auf einer spezifischen Logistik-Kompetenz für die Planung, Steuerung, Koordination und Kontrolle von Dienstleistungsprozessen fußt. Daher muss die spezifische Besonderheit der Logistik in Dienstleistungsunternehmen und insbesondere die Bedeutung der Logistik immaterieller Güter – wie Wissen oder Informationen – berücksichtigt werden. Auch die herausgehobene Bedeutung interner und externer Kunden bei der Dienstleistungserstellung erfordert eine genauere Betrachtung.

Im folgenden Kapitel 4.1. werden zunächst die Grundlagen für Trendanalysen in Dienstleistungsunternehmen dargestellt, da diese als Instrument zur Generierung allgemeiner bzw. unternehmens- bzw. branchenspezifischer Strategien verwendet werden. In diesem Zusammenhang ist auch das Marktszenario der Logistik in Dienstleistungsunternehmen von Bedeutung, das kurz in Kapitel 4.1.3 beschrieben wird. Als sich aus dem Marktszenario bzw. empirischen Untersuchungen ergebende, logistikrelevante Trends werden im Anschluss die Kundenorientierung, die Wissens- und Informationslogistik sowie die Vernetzung mit anderen Unternehmen in den Kapiteln 4.2 bis 4.5 analysiert, wobei die so erkannten grundsätzlichen Trends in Kapitel 4.6 auf ihre Auswirkungen auf die dienstleistungsorientierte Logistik-Konzeption

[510] Vgl. zum grundsätzlichen Marktszenario der Logistik Baumgarten (2001a), S. 77, und zu einer kurzen Darstellung der internationalen Logistik-Trends Baumgarten, Walter (2000d).

[511] Zu einem ambitionierten Überblick über die grundsätzlichen Auswirkungen der Logistik auf Wirtschaft und Gesellschaft vgl. Weise (2000).

[512] Vgl. Baumgarten, Walter (2001), S. 91ff., bzw. Baumgarten (2001a), S. 14ff .

im Bereich der Aufgabencluster Logistik-Management, Logistik-Prozesse, Physische Logistik, Wissens- und Informationslogistik sowie Infrastrukturlogistik überprüft werden. Sofern nicht anders angegeben, liegen den angeführten Statistiken die dienstleistungsspezifischen Daten der vom Bereich Logistik der Technischen Universität Berlin in Kooperation mit der Bundesvereinigung Logistik e. V. unter der Leitung von *Baumgarten* durchgeführten Untersuchung „Trends und Strategien in der Logistik *2000+*“ zu Grunde, in deren Rahmen erstmalig auch andere Dienstleistungsunternehmen als Logistik-Dienstleister zu aktuellen Themen der Logistik befragt wurden.[513]

4.1 Grundlagen der logistischen Trendanalyse in Dienstleistungsunternehmen

Die im Zuge der Globalisierung weltweit stetig steigende Entwicklungsdynamik bei gleichzeitig immer kürzeren Innovationszyklen fordert die Unternehmen. Flexibilität und hohe Anpassungsfähigkeit gehören zu den Grundvoraussetzungen einer erfolgreichen Unternehmensentwicklung, und die Verkürzung der unternehmensbezogenen Lernzyklen wird zum Schlüssel für den Wettbewerbserfolg. Prozesse müssen kontinuierlich verbessert und durch die Integration neuer Ideen effektiver und effizienter gestaltet werden. Benchmarking hat sich in diesem Zusammenhang als ein sinnvolles und geeignetes Konzept zur Steigerung der Lernfähigkeit von Unternehmen erwiesen.

Trenduntersuchungen dienen der Ermittlung langfristiger und nachhaltiger Entwicklungen und Strömungen. Im Bereich der Logistik konzentriert sich das Interesse dabei insbesondere auf die Identifizierung neuer und nachhaltig durchsetzungsfähiger (Logistik-) Managementkonzepte und Logistik-Technologien. Ein wesentliches Ziel ist es, über eine Bestandsaufnahme vorhandener Methoden und Verfahren hinaus Prognosen für zukünftige Entwicklungen geben zu können. Wesentliche Grundlage jeder Trendstudie ist die sorgfältige Konzeptionierung des Vorhabens. Die Qualität der Untersuchung hängt maßgeblich von der Sorgfalt ab, die der Vorbereitung der Studie gewidmet wird. Während dieser ersten Phase ist es wichtig, Klarheit über Ziel, Gegenstand, Umfang, Teilnehmer und Methodik der Untersuchung zu erlangen. Die kritische Auswahl des Untersuchungsbereichs, der Teilnehmer und der Methodik ist notwendige Voraussetzung für den Erfolg der Untersuchung und sollte vor dem Hin-

[513] Vgl. Baumgarten (2000b).

tergrund der Repräsentativität, Komplexität, Auswertbarkeit, Vergleichbarkeit und Praktikabilität der Ergebnisse erfolgen.[514]

4.1.1 Logistik und Benchmarking

Methoden und Strategien wie Lean Management, Prozessorientierung, Supply Chain Management, Business Process Reengineering, Wissensmanagement oder Continuous Improvement werden in der Unternehmenspraxis eingesetzt, um die Wettbewerbsposition des Unternehmens zu verbessern.

Bei der Suche nach Verbesserungsideen ist das Benchmarking dabei zu einem häufig verwendeten Werkzeug geworden und ist inzwischen fester Bestandteil vieler Managementstrategien. Unternehmen erhalten so Einsicht in innovative Praktiken und erfolgreiche Konzepte. Die Einsatzmöglichkeiten des Benchmarking-Konzepts sind dabei außerordentlich vielfältig: Während internes und konkurrenzbezogenes Benchmarking Probleme in einzelnen Arbeitsabläufen offenlegt und zur Verbesserung einzelner Prozesse und Verfahren beitragen soll, suchen branchenbezogene Benchmarkings und branchenübergreifende Trendstudien bei einer weit größeren Gruppe von Unternehmen nach allgemeinen und nachhaltigen Trends.[515]

Die Idee des Benchmarkings ist eng mit der Logistik verknüpft. Für die Aufgabe des Benchmarkings, Arbeitsprozesse in verschiedenen Unternehmen zu vergleichen, ist das Denken in Prozessen eine unabdingbare Voraussetzung. Eine der wichtigsten Aufgaben innerhalb eines Benchmarkings besteht in der Analyse und Darstellung der grundlegenden Arbeitsabläufe. Die prozessorientierte Gestaltung und Betrachtung innerbetrieblicher Vorgänge, die mit Logistik-Konzepten angestrebt wird, ist damit als analytische Grundlage eine ausgezeichnete Hilfe für ein Benchmarking.[516]

Auf der anderen Seite wird durch das Erkennen, Verfeinern und die Analyse dieser Prozesse innerhalb eines Benchmarkings die prozessorientierte Denkweise innerhalb der Logistik unterstützt. Logistik schafft Brücken zwischen organisatorisch isolierten Verantwortungsbereichen und zielt auf eine ganzheitliche, kundenorientierte Betrachtung von Unternehmensprozessen. Ausgangspunkt dieser Sichtweise ist die Überlegung, dass die Qualität von Produkten oder Leistungen maßgeblich durch die Qualität der beteiligten Prozesse bestimmt wird. Innerhalb des Prozessmanage-

---

[514] Vgl. Baumgarten, Darkow, Walter (2000), S. 12f., und Baumgarten, Walter (2000b), S. 1ff.
[515] Vgl. Baumgarten, Walter (2000b), S. 1.
[516] Vgl. Karlöf, Östblom (1994), S. 61.

ments werden Prozessabläufe über die organisatorischen Grenzlinien hinweg deutlich gemacht. Die Arbeitsabläufe werden transparenter und besser steuerbar. Verschiedene Managementansätze sind entstanden, die Verbesserungen in Prozessabläufen schaffen sollen. Dabei sind vor allem der Ansatz der kontinuierlichen Verbesserungen – auch Continuous Improvement oder KAIZEN – und der Ansatz des Business Process Reengineering, der grundlegende Veränderungen durch sprunghafte Verbesserungen fordert, zu nennen. Kontinuierliche Verbesserungen werden im Rahmen der Prozessarbeit erreicht, indem für bestimmte Messwerte jährlich Verbesserungsziele vorgegeben werden. Zusätzlich werden kontinuierlich Fortschrittskontrollen durchgeführt und gegebenenfalls Korrekturmaßnahmen eingeleitet. Für die radikale Neugestaltung von Geschäftsprozessen wurde durch *Hammer* und *Champy* der Begriff Business Process Reengineering geprägt.[517] Im Gegensatz zu den Ideen des Continuous Improvement wird hier eine Verbesserung, Erweiterung oder Modifizierung bestehender Strukturen ausdrücklich abgelehnt. Stattdessen verlangt dieser Ansatz ein fundamentales Überdenken und radikales Redesign von Unternehmen oder wesentlichen Unternehmensprozessen. Ein Kernelement von BPR ist die konsequente Ausrichtung auf den Kunden. Als Kunden werden in diesem Zusammenhang die Inhaber des nachgelagerten Prozesses verstanden, bei denen es sich sowohl um interne Kunden, externe Kunden in Form von kooperierenden Unternehmen oder Endabnehmer der betrieblichen Leistung handeln kann.[518] Grundlage dieses Ansatzes ist die Überlegung, dass traditionell gewachsene Fertigungsstrukturen durch ihre Schwerfälligkeit einer effizienten Herstellung innovativer Produkte und der heutzutage geforderten flexiblen Reaktionsfähigkeit entgegenstehen.[519]

In diesem Sinne kann Benchmarking die permanente Anregung, der ständige Anreiz zur kontinuierlichen Verbesserung der eigenen Unternehmensprozesse und –strategien sein.[520] Gleichzeitig liefert es Ideen und Vorgaben für ein Business Process Reengineering. Prozesse sind daher ein sehr wichtiges, wenn nicht sogar das wichtigste und erfolgversprechendste Objekt für die Benchmarking-Anwendung.[521] Ergebnis des Benchmarkings sind insbesondere vergleichbare Kennzahlen, deren Betrachtung im Zeitablauf Trendaussagen ermöglicht. In der Logistik,

---

[517] Vgl. Hammer, Champy (1994), S. 49.
[518] Vgl. Hahn et al.(1999), S. 112 sowie Al-Ani (1996), S. 33.
[519] Vgl. Mertins, Edeler, Schallock (1995), S. 6.
[520] Vgl. Leibfried, McNair (1992), S. 124.
[521] Vgl. Pieske (1995), S. 63

deren besonderes Augenmerk auf der Verbesserung der Prozessqualität liegt, findet das Benchmarking-Konzept daher seine häufigste Anwendung:

Ausprägung	Absolut*	Relativ in %	Angaben
F & E	11	28,9	
Produktion	20	52,6	
Marketing	13	34,2	
Organisation	13	34,2	
Finanzen	8	21,1	
Logistik	34	89,5	
Produkte	15	39,5	
Dienstleistungen	12	31,6	
Sonstige	3	7,9	

Abbildung 35: Bevorzugte Benchmarking-Untersuchungsfelder[522]

So ist es auch kein Zufall, dass das erste Benchmarking-Projekt der XEROX Corp. im Jahre 1979 auf die Verbesserung des Logistikbereichs ausgerichtet war. Auch heute haben viele Benchmarking-Projekte ihren Ursprung in der Logistik.[523]

4.1.2 Differenzierung durch Logistik

Die Differenzierung gegenüber Konkurrenten über spezifische Produktmerkmale wird für Unternehmen – insbesondere auch für Dienstleistungsunternehmen – zunehmend schwieriger. Eine Profilierung bei bestehenden und möglichen neuen Kunden muss damit über indirekte Nutzenvorteile realisiert werden. In diesem Zusammenhang gewinnt der Stellenwert der Logistik zur Gewährleistung eines gleichbleibend hohen Servicegrades deutlich an Bedeutung. In vielen Branchen haben sich die Produkte zu komplexen Systemen entwickelt, die neben dem eigentlichen Erzeugnis auch vielfältige logistische Komponenten enthalten. Mit dem Produktionserzeugnis werden zusätzliche logistische Dienstleistungen verkauft. Beispiele dafür sind eine zugesicherte Lieferzeit, langfristige Produktunterstützung und Kundenbetreuung oder die Rücknahme und Entsorgung gebrauchter Produkte. In Dienstleistungsunternehmen ist neben dem Kostensenkungspotenzial durch eine herausragende Logistik

---

[522] Quelle: Lasch, Trost (1997), n = 38.

[523] Siehe Bauer (1996), S. 83. Zum aktuellsten Stand des Benchmarkings in der Logistik vgl. die Beiträge in Luczak, Wiendahl, Weber (2001) bzw. Fahrni, Völker, Bodmer (2002), dort insbesondere Corsten, Gabriel (2002), S. 165-178.

gerade die Informationsbereitschaft als Bestandteil der logistischen Leistungsdimensionen von erfolgsentscheidender Bedeutung

Die Logistik versetzt innovative Unternehmen in die Lage, ein erhebliches Differenzierungspotenzial gegenüber dem Wettbewerb zu schaffen. Die Kosten, die mit der Implementierung innovativer Logistik-Konzepte verbunden sind, sind in diesem Zusammenhang von entscheidender Bedeutung. Nur die gleichzeitige Senkung des Anteils der Logistik-Kosten an den Gesamtkosten gewährleistet die nachhaltige Erfolgswirksamkeit von Logistik-Konzepten. Dies gilt nicht nur für Unternehmen aus Industrie und Logistik-Dienstleistung, sondern insbesondere auch für Handels- und Dienstleistungsunternehmen. Dabei gewinnen die Managementaufgaben der Logistik in Bezug auf die rasante Entwicklung der Informations- und Kommunikationssysteme und damit verbunden des Kundenservices überproportional an Bedeutung. Die Bewältigung der damit verbundenen Aufgaben setzt eine ausreichende Qualifikation der eingesetzten Mitarbeiter und Mitarbeiterinnen in den Unternehmen voraus. Die Logistik ist daher heute und zukünftig ein entscheidender Wettbewerbsfaktor.[524]

4.1.3 Marktszenario der Logistik in Dienstleistungsunternehmen

Die zukünftige Entwicklung des Dienstleistungsbereichs wird stark von den gesellschaftlichen, rechtlichen, wirtschaftlichen und technologischen Rahmenbedingungen determiniert. Generell lässt sich feststellen, dass die Nachfrage nach Dienstleistungen – gleich welcher Art – weiter zunehmen wird, da der Einkauf von Dienstleistungen und die Konzentration auf das eigene Kerngeschäft die Beherrschung von Komplexität ermöglichen. Dieses Kapitel umreißt daher diejenigen Entwicklungen der Rahmenbedingungen, die für Dienstleister und deren Logistik aus heutiger Sicht besondere Relevanz haben. Die folgende Abbildung 36 gibt einen Überblick über das Marktszenario, dem sich Dienstleistungsunternehmen gegenüber sehen:

[524] Vgl Baumgarten, Walter (2001), S. 91f.

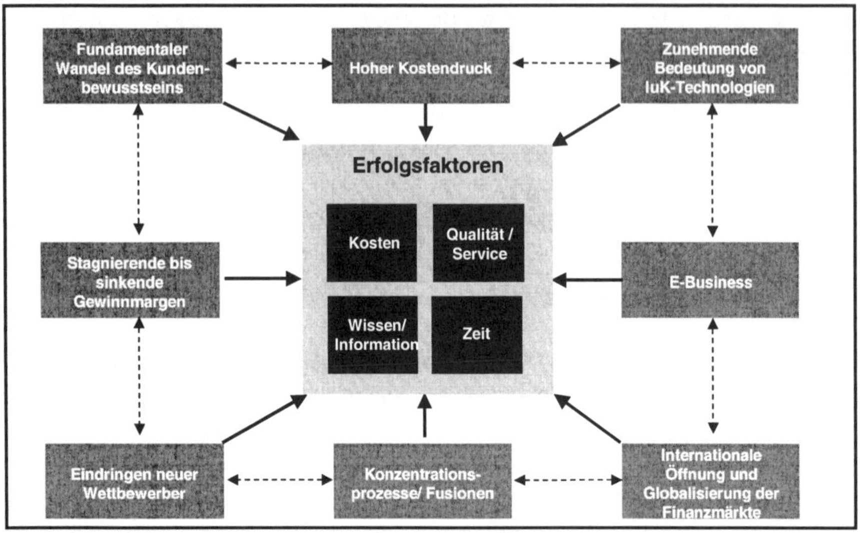

Abbildung 36: Marktszenario und strategische Erfolgsfaktoren für Dienstleistungsunternehmen

Der Kunde steht im Mittelpunkt aller Aktivitäten in Dienstleistungsunternehmen. Dies ist eine Folge des hohen Wettbewerbsdrucks, der durch zunehmende Marksättigung, Überkapazitäten, neue und oft branchenfremde Wettbewerber sowie die – bei Dienstleistungen deutlich stärker zu befürchtende – Multiplikation erfolgreicher Konzepte durch „Konkurrenten" erzeugt wird. Zudem werden die Kunden „komplizierter". Zwar homogenisiert sich das Konsumentenverhalten weltweit, allerdings erwarten diese Nachfrager immer individuellere und komplexere Leistungen.[525]

Diese Entwicklungen führen gerade in Dienstleistungsunternehmen zu einer weiter zunehmenden Orientierung an den tatsächlichen Kundenbedürfnissen. Kapitel 4.2 wird daher den Haupttrend Kundenorientierung vertiefend aufgreifen.

Das größte Potenzial in den Köpfen der Mitarbeiter und auch der Kunden ist deren Wissen. Seit geraumer Zeit wird eine „Wissensgesellschaft" prognostiziert, in der nicht mehr Kapital, Bodenschätze oder Arbeitskraft die grundlegenden ökonomischen Ressourcen sind, sondern Wissen.[526] Eine höhere Wissensintensität lässt sich in allen Sektoren der Volkswirtschaft feststellen.[527] Die Informationsmenge der

[525] „People also may have more in common with similar groups in foreign countries than with different groups in their own country." Vgl. Daniels, Radebaugh (1998), S. 91.
[526] Vgl. Nonaka, Takeuchi (1997), S. 57.
[527] Vgl. Hipp (2000), S. 142.

Menschheit verdoppelt sich heute alle sieben Jahre[528] und erzeugt damit eine „Informationsflut", deren systematische Erschließung erst den wertvollen Rohstoff „Wissen" nutzbar macht.[529] Die Fragmentierung des Wissens macht eine Spezialisierung der Wissensträger sowie den geregelten Austausch von Wissen und Informationen erforderlich. Kapitel 4.4 beleuchtet daher den Trend Wissensmanagement in Dienstleistungsunternehmen.

Eng verbunden mit der Wissenslogistik ist die Informationslogistik: Nach der mittlerweile deutlich gebremsten „Internet-Euphorie" der vergangenen Jahre findet zunehmend eine differenzierte Betrachtung sowie pragmatische Anwendung dieses Mediums statt. Dies ist gerade für Dienstleistungsunternehmen im Rahmen des eigenen Unternehmens in Form des Intranets aber gerade auch als Kommunikationsmedium mit Kunden von besonderer Relevanz. „Alte" Studien wiesen dem Internet den Charakter des Massenmediums zu, neuere sind dagegen weitaus zurückhaltender.[530] Die nachhaltige Durchsetzung des Internets bei Verbrauchern setzt voraus, dass es für diese „nützlich" sowie unkompliziert und günstig zu verwenden ist. Diese Erkenntnis hat Auswirkungen auf das sich als schwierig heraus stellende Internet-Geschäft zwischen Unternehmen und Verbrauchern. Die größten Potenziale liegen jedoch weniger im Vertrieb zu den Konsumenten, sondern in den Auswirkungen auf die Wertschöpfungsketten.[531] Kapitel 4.3 untersucht daher auch die Möglichkeiten der elektronischen Unterstützung von Geschäftsprozessen.

Moderne Informationstechnologien ermöglichen ebenfalls eine immer effizientere, weltweite Kommunikation und Interaktion. Bisher geografisch eng an andere Tätigkeiten gebundene Aktivitäten, werden zunehmend „standorttoleranter".[532] Daher werden die Möglichkeiten der internationalen Arbeitsteilung neu überdacht und zunehmend genutzt.

Kapitel 4.5 analysiert die Übertragbarkeit des grundsätzlichen Trends global agierender Netzwerke auf Dienstleistungsunternehmen und konzentriert sich dabei insbesondere auf Outsourcing und Kooperationen als Formen der Netzwerkverknüpfung. Verschiedene Dienstleistungsbranchen stehen zudem deutlichen Konzentrationstendenzen gegenüber, die ebenfalls zu Netzwerkstrukturen führen. Nach

---

528 Vgl. Widmer, Brun (1999), S. 236.
529 „Wir ertrinken in Informationen und hungern nach Wissen." Siehe Widmer, Brun (1999), S. 236f.
530 Vgl. Horx (2001).
531 „Man kann *mit* ihm [dem Internet] Geld verdienen, aber nur schwer *in* ihm." Siehe Horx (2001).
532 Vgl. Pfohl (2001a), S. 204ff.

einem Modell der Unternehmensberatung *A. T. Kearney* folgen Fusions- und Konzentrationstendenzen unabhängig von der Branche sehr ähnlichen Mustern. Dem Modell nach befinden sich Branchen wie Eisenbahn, Telekommunikation, Energieversorger, Versicherungen und Banken am Beginn einer großen Konzentrationswelle. In Deutschland wird diese Entwicklung zusätzlich durch die – heute jedoch kontrovers diskutierte – Steuerreform motiviert, die es Unternehmen ermöglicht, Beteiligungen seit 2002 steuerfrei zu veräußern.[533]

Als Ergebnis der Betrachtung des Marktszenarios können damit die sich im Dienstleistungsbereich abzeichnenden grundsätzlichen Trends Kundenorientierung, Wissensmanagement, elektronische Unterstützung von Geschäftsprozessen im Sinne einer Informationslogistik, Netzwerkbildung und – eng damit verbunden – Outsourcing formuliert werden Die folgenden Kapitel greifen diese Trends jeweils auf, stellen die notwendigen theoretische Grundlagen dar und untersuchen so die logistischen Trends aus dem spezifischen Blickwinkel der Logistik in Dienstleistungsunternehmen. Dabei wird zunächst der grundsätzliche Trend Kundenorientierung vorab als Basiselement der Logistik-Konzeption erläutert, da auf Grund der Bedeutung des Kunden oder seiner Objekte – des externen Faktors – bei der Dienstleistungserstellung bzw. –produktion Überlegungen in diesem Punkt Auswirkungen auf alle anderen Trends haben.

4.2 Interne und externe Kundenorientierung als Basiselement der Logistik-Konzeption in Dienstleistungsunternehmen

Im Zuge der Entwicklung der Märkte von Verkäufer- zu Käufermärkten[534] hat sich – zumindest in der Wirtschaft – die Haltung durchgesetzt, dass der Kunde „Anfang und Ende“ der Aktivitäten eines Unternehmens ist und demzufolge auch so behandelt werden sollte.[535] Dieses neue Verständnis kann als Kundenorientierung bezeichnet werden und rückt den Kunden und seine Bedürfnisse in den Mittelpunkt des Geschehens. Deutschland wird jedoch häufig – belegt durch verschiedene Studien – eine mangelhafte Kundenorientierung bescheinigt.[536] Dabei handelt es sich nicht allein um Mängel in der generellen Dienstleistungsbereitschaft, sondern auch bei der

[533] Vgl. Engeser (2000).
[534] Vgl. z. B. Weber (1999), S. 3.
[535] „It is the whole business seen from the point of view of it's final result, that is, from the customer's point of view“. Siehe Meyer, Blümelhuber (1998), S. 382.
[536] Deutschland wird in einer Rangliste der Kundenorientierung inländischer Unternehmen auf Platz 19 gesetzt – weit hinter Schweden, Japan, USA. Vgl. Klein (1998), S. 936.

professionellen Umsetzung kundenorientierter Grundsätze und Strategien. „Ganz besonders mangelt es Deutschland an einer Dienstleistungskultur.“[537] Die Kundenorientierung gilt jedoch als der Schlüssel des Erfolges in der Wirkungskette:

„Kundenorientierung → Kundenzufriedenheit → Kundenbindung → wirtschaftlicher Erfolg“

Unter Kundenorientierung wird dabei die Art und Weise des Verhaltens des Dienstleisters verstanden, Kundenzufriedenheit beschreibt u. a. die aus der Kundenorientierung folgende, erhoffte Einstellung des Kunden und die Kundenbindung schließlich umfasst dessen bisheriges Verhalten und seine Absicht, weitere Käufe zu tätigen.[538] Zwischen – richtig ausgefüllter – Kundenorientierung, und wirtschaftlichem Erfolg besteht damit ein deutlicher Zusammenhang. Kundenorientierung impliziert dabei die Berücksichtigung der Kundenperspektive, was für den Dienstleister die Gestaltung aller Kundenkontakte einschließt. Die Qualität dieser Kontaktpunkte ist dann aus den Augen des Kunden zu bemessen.[539] Daraus resultiert die konsequente Ausrichtung aller Prozesse an den Kundenanforderungen. Die folgende Abbildung 37 gibt einen Überblick über die notwendigen Dimensionen der Kundenorientierung bei Dienstleistungsunternehmen:

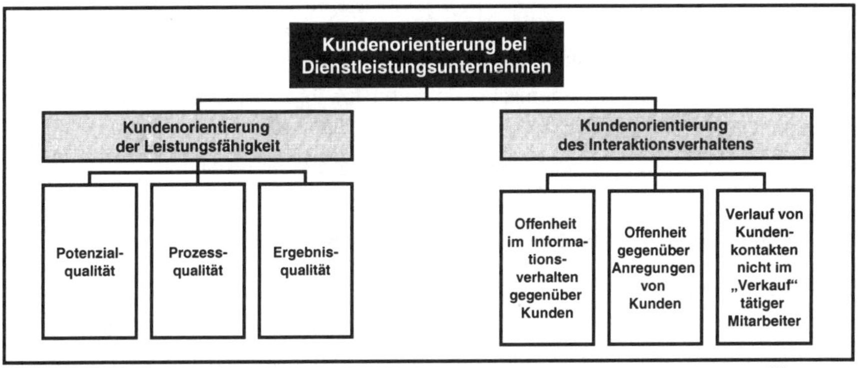

Abbildung 37: Dimensionen der Kundenorientierung bei Dienstleistungsunternehmen[540]

Bei der Erstellung von Dienstleistungen kann die tatsächliche Ausgestaltung der Kundenorientierung eines Dienstleisters unter Bezugnahme auf die Dimensionen

[537] Klein (1998), S. 936.

[538] Vgl. Homburg, Faßnacht (1998), S. 408.

[539] Vgl. Meyer, Blümelhuber (1998), S. 382.

[540] Vgl. Homburg, Faßnacht (1998), S. 410; vertiefend zu Potenzial-, Prozess- und Ergebnisqualität siehe auch Meyer (1998b), S. 191ff.

Potenzial, Prozess und Ergebnis strukturiert werden.[541] Die Potenzial-,[542] Prozess-[543] und Ergebnisqualität[544] drücken den durch den Kunden subjektiv wahrgenommenen Grad an Kundenorientierung aus, der sich dann in Kundenzufriedenheit bzw. Kundenbindung äußern kann. Viele direkte und indirekte Kundenkontakte finden jedoch außerhalb der eigentlichen Leistungserstellung des Dienstleisters statt.[545] Die Kundenorientierung eines Dienstleistungsunternehmens wird demnach auch nach seinem Interaktionsverhalten beurteilt. Dieses Interaktionsverhalten ist zwar Bestandteil der Potenzial-, Prozess- und Ergebnisqualität, allerdings tritt es auch außerhalb dieser Dimensionen auf.[546]

Bei einer Betrachtung der Logistik in Dienstleistungsunternehmen ist eine wesentliche Besonderheit zu beachten: Kunde der Dienstleistungslogistik ist der Dienstleister selbst. Damit haben deren Leistungen mittelbar Auswirkungen auf die Endkunden und Partner des Dienstleistungsunternehmens. Es ist zwischen einer internen und einer externen Kundenorientierung zu unterscheiden, wobei die interne Kundenorientierung in einer prozessorientierten Logistik-Konzeption konsequent an den Anforderungen des internen Kunden auszurichten ist. Das Gesamtunternehmen wird dann durch sein leistungsfähiges Back-Office in die Lage versetzt, die Zufriedenheit und Bindung des – externen – Kunden zu erreichen. Daher sind neben der eigentlichen Aufgabenerfüllung für das Gesamtunternehmen die organisatorische Verankerung und Ausgestaltung der Dienstleistungslogistik sowie die angewendeten Steuerungsmechanismen wesentliche Faktoren für ihre Akzeptanz. Diese und die folgenden Ausführungen gelten damit sowohl für eine am internen Kunden ausgerichtete Logistik als auch für das Dienstleistungsunternehmen selbst.

4.2.1 Maßnahmen zur Steigerung der Kundenorientierung

Ein wesentliches Problem der kundenorientierten Dienstleistungserbringung besteht darin, die Kundenanforderungen zu erkennen und sie kontinuierlich adäquat zu erfüllen. Abbildung 38 stellt die Anwendung verschiedener Maßnahmen zur Steigerung der Kundenorientierung in Dienstleistungsunternehmen dar:

---

541 Vgl. Kapitel 3.1.2.
542 Potenzialdimension: z. B. Qualifikation der Mitarbeiter, technische Ausstattung.
543 Prozessdimension: z. B. Zeitdauer der Leistungserstellung.
544 Ergebnisdimension: z. B. Wiederherstellen der Funktionstüchtigkeit eines Autos.
545 Z. B. Statusanfragen bei Behörden, Beschwerden von Verbraucherschützern.
546 Vgl. Homburg, Faßnacht (1998), S. 410.

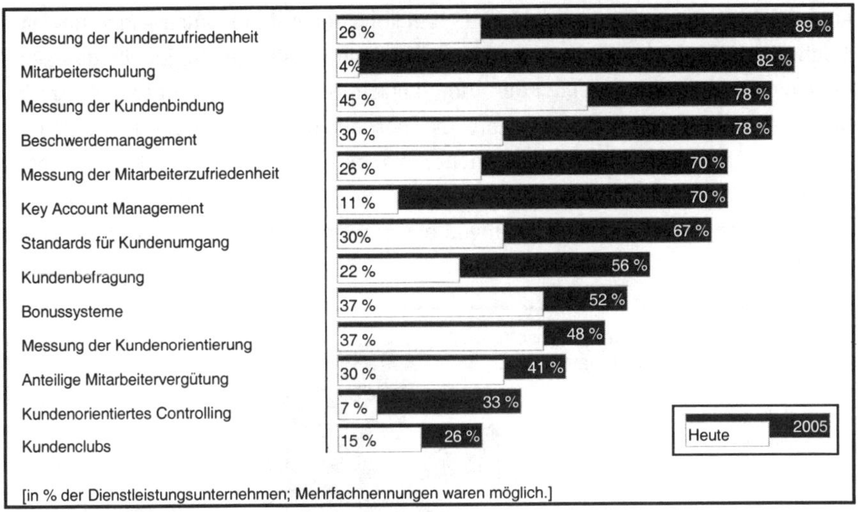

Abbildung 38: Maßnahmen zur Steigerung der Kundenorientierung in Dienstleistungsunternehmen (Auswahl)[547]

Es lassen sich drei Hauptarten von Maßnahmen zur Steigerung der Kundenorientierung unterscheiden:

- Messmethoden zur Ermittlung von Kennzahlen als Ausgangspunkt für weitere Maßnahmen – z. B. Messung der Kundenzufriedenheit;
- Schulungen – z. B. Mitarbeiterschulung;
- Spezifische Kundeninteraktionen – z. B. Beschwerdemanagement[548], Key Account Management.

Das zukünftig am häufigsten verwendete Instrument zur Steigerung der Kundenorientierung ist die Messung der Kundenzufriedenheit. Dabei ist jedoch zu beachten, dass beispielsweise mehr als 90 % der Verbraucher in den USA angeben, dass sie zufrieden oder sehr zufrieden mit den Produkten sind. Die Wiederkaufrate verbleibt jedoch bei gerade einmal 30-40 %. In einer Untersuchung gaben 80 % der „verlorenen" Kunden – customer defections – kurz vorher an, zufrieden oder sehr zufrieden zu sein.

---

[547] Quelle: Baumgarten (2000b).

[548] Vertiefend zur Beschwerdepolitik als Instrument des Dienstleistungsmanagements siehe Wimmer, Roleff (1998), S. 265ff.

Amerikanische Unternehmen verlieren – bei konstantem Marktanteil – innerhalb von 5 Jahren im Durchschnitt jeden zweiten ihrer Kunden. Als Faustregel gilt, dass eine Reduktion der „Kundenverlustrate" um jährlich 5 % zu einer Verdopplung des Gewinnes führen kann. Die Kosten, die notwendig sind, um einen Kunden zu gewinnen sind fünf- bis zehnmal höher als die Kosten für das Halten dieses Kunden.[549] Die Frage „Warum verliert man Kunden?" sollte daher Basis strategischer Überlegungen sein. Abbildung 39 verdeutlicht die Gründe für den Verlust von Kunden.

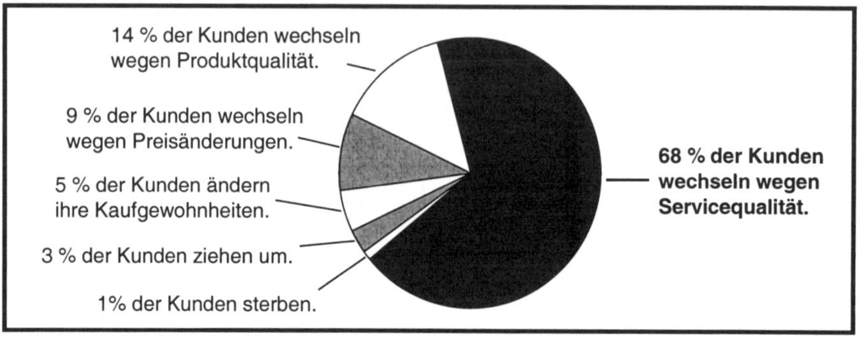

Abbildung 39: Ursachen für den Verlust von Kunden[550]

Trotz konstanter oder steigender Werte bei Kundenzufriedenheitsmessungen können Erfolgsgrößen wie Umsatz, Marktanteil oder Return on Investment (ROI) gleich bleiben bzw. sogar sinken. Damit ist die Kundenzufriedenheit eine notwendige, jedoch nicht hinreichende Bedingung und ihre Verwendung als Steuergröße für den Unternehmenserfolg ist daher problematisch.

4.2.2 Customer Relationship Management

Dienstleistungsunternehmen sehen – analog zu Industrie und Handel – die Kundenorientierung als ein Leitziel und bieten daher ihren Kunden Mehrwert-Leistungen an, um diese zum Kauf zu bewegen und dazu zu bringen, auch zukünftig loyal zu bleiben, also auch weiterhin Käufe zu tätigen. Je mehr Informationen über den Kunden verfügbar sind, desto besser kann das Unternehmen seine individuellen Bedürfnisse berücksichtigen. Dadurch werden Konzepte wie das „One-to-one-Marketing" mit dem Ziel, möglichst viele Produkte an einen Kunden zu verkaufen, oder „Mass

[549] Vgl. Reichheld (1996), S. 57f.
[550] Vgl. Klein (1998), S. 938.

Customization" im Sinne einer Massenfertigung mit individuellem Zuschnitt auch und gerade für Dienstleistungen möglich.

Customer Relationship Management (CRM) gilt als Geschäftsstrategie zur Steigerung des wirtschaftlichen Erfolgs durch die Erhaltung, Ausdehnung und Verbesserung der Beziehungen zu Kunden und Interessenten. Customer Relationship Management entspricht damit dem Management der Kundenbeziehungen. Teilweise wird CRM auch mit *Client* Relationship Management beschrieben, um zu verdeutlichen, dass dieses Konzept auch für den Umgang mit Geschäftspartnern – zum Beispiel Lieferanten – und nicht nur Kunden geeignet ist. Durch die Erhöhung der Kundenbindung und dauerhafte Beziehungen zu einem wachsenden Kundenstamm werden Kostensenkungen, eine Verkürzung von Verkaufszyklen, eine Steigerung des Umsatzes und der Vertriebsproduktivität möglich. Als Voraussetzungen für ein erfolgreiches CRM gelten dabei:

- Etablieren einer kundenorientierten Geschäftsstrategie.
- Einheitliche und überall verfügbare Sicht auf kundenrelevante Daten.
- Entwicklung eines ganzheitlichen Ansatzes, der Organisation, Mitarbeiter, Prozesse und Technologien umfasst.

Das Ziel des Dienstleisters sollte es sein, in allen Bereichen einen individuellen Service bieten zu können – one face to the customer. Dies kann durch das systematische Sammeln, Aufbereiten und Nutzen im Sinne der Integration der Kundendaten entlang aller Kontaktpunkte der Wertschöpfungsketten unter Beachtung der Datenschutzanforderungen gewährleistet werden. Die Zusammenführung aller verfügbaren Informationen über Kunden und Partner muss dabei über die Zuhilfenahme geeigneter Informationstechnologien erfolgen, ohne an Systemgrenzen und Schnittstellen zu scheitern. Dies bedeutet aber auch, unabhängig vom gewählten Kommunikationskanal „one face to the customer" zu sein, also es dem Kunden offenzulassen, ob er seine Leistungen beispielsweise in einer Filiale, über das Internet oder am Telefon erhalten möchte.[551]

CRM-Systeme dienen dazu, „den Datenaustausch zwischen Abteilungen mit direktem Kundenkontakt sowie vor- und nachgelagerten Bereichen voranzutreiben."[552] Ziel ist es, den Mitarbeitern eine komplette Sicht der Beziehung des Unternehmens

---

[551] Vgl. Hettich, Hippner, Wilde (2001), S. 170.
[552] Wildemann (2001), S. 35.

mit den Kunden zu bieten und den Kunden interne Systeme zugänglich zu machen, so dass sie sich selbst mit den benötigten Informationen für einen Kauf oder – im Fall eines Problems – mit Hilfe versorgen können.[553]

Erst durch eine funktionierende Informationslogistik wird es möglich, diese Informationen rechtzeitig und qualitativ ausreichend bereitzustellen. Hier besteht eine explizite Verknüpfung mit dem Wissensmanagement: Das CRM wird von einer durch ein Content-Management-System mit einer ständig auf dem aktuellen Stand gehaltenen, redundanzfreien Datenbank bzw. einem Knowledge-Management-System unterstützt, aus denen die benötigten Informationen beschafft werden. Die Informationslogistik stellt damit die benötigten Informationen zur Verfügung. Wichtig ist hierbei, dass genau die richtige Art und Menge an Informationen in der richtigen Form und zum richtigen Zeitpunkt angeboten werden.

Der Vorteil einer solchen Technologie ist offensichtlich: Z. B. können Telefon-Marketing-Unternehmen sehr viel einfacher die Präferenzen eines Kunden erkennen. Kundendienstzentren von Produktionsunternehmen können die Kaufgeschichte eines Kunden schneller erfassen und besser auf individuelle Probleme reagieren oder das Cross-Selling forcieren. Dienstleistungsunternehmen können ohne Verzögerung die Gewohnheiten eines Kunden erkennen und ebenfalls Cross-Selling betreiben. Als Beispiel gelten in diesem Bereich Banken, die ihren Kunden auf die jeweilige Lebenslage abgestimmt auch Lebensversicherungen anbieten. Den Einsatz von CRM-Systemen ist insbesondere auch in öffentlichen Verwaltungen vielversprechend, wenn die Qualität des Dateninputs gewährleistet werden kann.

Ziel sollte es jedoch sein, das Customer Relationship Management zu einem Enterprise Relationship Management (ERM) weiter zu entwickeln: Dieses Konzept überträgt den CRM-Gedanken auf die gesamte Wertschöpfungskette. Damit werden alle angebundenen Netzwerk-Partner in die Lage versetzt, ihre Kundenorientierung zu optimieren.

ERM macht die durchgängige Auftragsstatusverfolgung und verbindliche Liefer- bzw. Leistungserbringungszusagen (Available to Promise) möglich.[554] So besteht beispielsweise die Möglichkeit, schon bei Antragsabgabe in einer Behörde unter Berücksichtigung des Leistungspotenzials den genauen Zeitpunkt des Bescheides anzugeben.

---

553 Vgl. Menconi (1999).
554 Vgl. Baumgarten, Walter (2001), S. 43.

Insbesondere für die Logistik in Dienstleistungsunternehmen, die für ihren internen Kunden – das Dienstleistungsunternehmen selbst – die Steuerung von Lieferanten- und Dienstleisternetzwerken übernehmen kann, ist das ERM ein geeignetes Mittel für das Schnittstellenmanagement, zwischen dem externen Dienstleister bzw. Lieferanten und ihrem internen Kunden. So kann gewährleistet werden, dass alle wesentlichen Informationen rechtzeitig zur Verfügung stehen. Dieser direkte Kontakt entscheidet unmittelbar über die empfundene Servicequalität der dienstleistungslogistischen Dienstleistung und damit über die Kundenbindung.

4.3 Informationslogistik als Kernfunktion der Logistik-Konzeption in Dienstleistungsunternehmen

Neuere Definitionen der Logistik berücksichtigen, dass sich die Unternehmenslogistik auch mit Informationsflüssen befasst. Der bisherige Schwerpunkt der Logistikbetrachtungen liegt jedoch auf der Logistik von physischen Gütern. Informationen werden dabei häufig nur als güter- oder warenflussbegleitende Informationen und nicht als eigenständiger Produktionsfaktor verstanden und daher oft nicht weiter erläutert. Zudem wird in der klassischen Strukturierung der Logistik bei Dienstleistungsunternehmen nicht die eigentliche Leistungserbringung betrachtet, die relativ autonom von Materialflüssen erfolgt. Ein für die Ausführung der primären Aufgabe eines Dienstleistungsunternehmens – die Verarbeitung von Informationen – sehr viel entscheidenderer Bereich ist die Informationslogistik. Daher ist die Berücksichtigung der Informationslogistik als Kernfunktion der Logistik-Konzeption in Dienstleistungsunternehmen sinnvoll und notwendig.

4.3.1 Informationslogistik in Dienstleistungsunternehmen

Dem Management von Informationssystemen kommt in Dienstleistungsunternehmen, deren Produkte und Prozesse tendenziell informationsintensiv sind, eine strategische Bedeutung zu. Allerdings existieren bisher oftmals keine beziehungsweise nur sehr fragmentarische Konzepte zur Informationslogistik in Dienstleistungsunternehmen. Eine Untersuchung zu den Technologieausgaben von Unternehmen in Großbritannien unterstützt diese These: Demnach entfallen 75 % aller Ausgaben für Informationssysteme auf den Dienstleistungssektor.[555] Die an der Untersuchung „Trends und Strategien in der Logistik *2000+*" teilnehmenden Dienstleistungsunter-

[555] Vgl. Hipp (2000), S. 101. Dies übertrifft noch leicht den Anteil an der Bruttowertschöpfung.

nehmen geben als Kosten für Informationssysteme anteilig an den Gesamtkosten für das Jahr 1999 7,9 % an. Bis zum Jahr 2005 soll dieser Anteil noch weiter auf 9,2 % ansteigen.[556] Damit liegen die Werte jeweils etwa 2 Prozentpunkte über den Durchschnittswerten der anderen untersuchten Sparten, was die besondere Bedeutung der Informationssysteme für Dienstleister unterstreicht.

Die Begriffe „Informationssystem" bzw. „Informations- und Kommunikationssystem" werden in Literatur und Praxis unterschiedlich verwendet, bereits der Begriff „Information" wird sehr uneinheitlich behandelt.[557] Für eine deutliche Abgrenzung des – in Kapitel 4.4 im Rahmen des Wissensmanagements noch zu vertiefenden – Begriffs „Wissen" lassen sich die Begriffe „Daten", „Informationen", „Wissen" und „Können" in den folgenden Zusammenhang setzen: Werden Daten zielgerichtet mit einer Bedeutung versehen, entstehen daraus Informationen. Durch das Vernetzen dieser Informationen, kann Wissen geschaffen werden. Wird Wissen nun mit Anwendungsbezug kombiniert, entsteht Können.[558]

Informationssysteme im engeren Sinne bestehen aus der für die Informationsversorgung benötigten Menge an Daten, den daraus resultierenden Informationen, der zu ihrer Verarbeitung erforderlichen Hard- und Software – Informationstechnologien – sowie den zugehörigen organisatorischen Elementen. Die Bereitstellung dieser Informationen übernimmt ein Kommunikationssystem, das wiederum aus Hard- und Softwarekomponenten sowie organisatorischen Elementen besteht.[559] Die Abgrenzung der einzelnen Systeme ist jedoch nicht unproblematisch: Das Internet z. B. kann je nach Anwendung nur Informationssystem, nur Kommunikationssystem oder auch beides zusammen sein.

Im weiteren Verlauf dieser Arbeit umfasst der Begriff „Informationssystem" auch den Bereitstellungsaspekt eines reinen Kommunikationssystems und wird anstelle des Begriffs „Informations- und Kommunikationssystem" verwendet. Dies gilt analog für den Begriff Informationstechnologie (IT). Informationstechnologien bilden das technische Rückgrad eines Informationssystems und unterstützen die Verarbeitung – Beschaffung, Aufbereitung und Verteilung – von Informationen. Die Beschaffung, Aufbereitung und Verteilung von Informationen beinhaltet charakteristische logistische Aufgabenstellungen und kann unter dem Begriff „Informationslogistik" zusammengefasst werden. Die Informationslogistik plant, steuert, koordiniert und kontrolliert die

[556] Vgl. Baumgarten, Darkow, Walter (2000), S. 20.
[557] Vgl. Nonaka, Takeuchi (1997), S. 69ff.
[558] Vgl. Baumgarten, Walter (2001), S. 73.
[559] Vgl. Biethahn (1997), S. 165.

Informationsflüsse unter logistischen Gesichtspunkten. Damit hat sie allerdings neben der technologischen, notwendigerweise auch organisatorische Komponenten und ist damit mehr als die technisch optimale Lösung des Informationsflusses durch die Verwendung von Informationstechnologien. Die Gründe für den Einsatz von Informationssystemen sind vielfältig. Bei Dienstleistungsunternehmen dienen Informationssysteme neben dem strategischen Controlling durch Soll-Ist-Vergleiche jedoch vor allem den folgenden drei sich teilweise überlappenden Funktionen:

- Informationsversorgung und Koordination der Geschäftsprozesse;
- Schnittstelle zu externen Parteien (z. B. Kunden, Lieferanten, Behörden) und
- Zusammenführung, Aufbereitung, und Verteilung von Wissen über raum-zeitliche Distanzen.[560]

4.3.2 Informationsversorgung und Koordination von Geschäftsprozessen

Die spezifische Ausgestaltung eines Informationssystems in Unternehmen – und damit auch die Wahl der geeigneten Informationstechnologien – wird von einer Vielzahl von Einflussfaktoren determiniert. So bietet sich beispielsweise für häufig wiederkehrende Prozesse bzw. Prozessketten mit hoher Wertschöpfung – wie die Auftragsabwicklung – ein Workflow-Management-System an, das diese Geschäftsprozesse zumindest teilweise automatisieren kann.

Hingegen wird für Einzelprozesse mit hoher Wertschöpfung, wie beispielsweise ein Entwicklungsprojekt, eher ein Groupware-System Verwendung finden, das die gemeinsame Nutzung und Strukturierung von Informationen in einer Mehrbenutzerumgebung unterstützt.[561]

Der Trend weist jedoch in Richtung von Informationssystemen, die eine umfassende Integration aller Geschäftsprozesse ermöglichen und damit die durch Insellösungen erzeugte Fragmentierung der Arbeitsabläufe und des Informationsflusses überwinden. So bilden Enterprise-Resource-Planning-Systeme (ERP-Systeme) insbesondere belegorientierten Geschäftsprozesse – z. B. Auftragsabwicklung, Einkauf, Vertrieb – innerhalb einzelner Elemente der Wertschöpfungskette ab.[562] Dadurch werden diese Geschäftsprozesse in ein einheitliches System zur Planung, Steuerung und Kontrolle integriert.

---

[560] Vgl. Hipp (2000), S. 87f.
[561] Vgl. Gronau (1999), S. 243.
[562] Vgl. Baumgarten, Walter (2001), S. 59.

Der Austausch von Daten und Informationen findet innerhalb der untersuchten Unternehmen noch immer vor allem über Basistechnologien wie Telefon und Fax statt. Diese werden zukünftig allerdings an Bedeutung verlieren und im Sinne eines automatisierten und ganzheitlichen Systems vermehrt durch Intranet und Internet ergänzt werden. Es ist jedoch nicht zu erwarten, dass eine der Technologien vollständig verdrängt wird. Die Herausforderung für die Logistik in Dienstleistungsunternehmen liegt darin, alle vorhandenen Informationssysteme zu integrieren und anforderungsgerecht für das Dienstleistungsunternehmen zur Verfügung zu stellen.

4.3.3 Informationssysteme als Schnittstelle zu externen Partnern

Durch den Einsatz geeigneter und leistungsfähiger Informationstechnologien bei der Kommunikation mit Kunden, Lieferanten und anderen externen Parteien ergibt sich ein erhebliches Rationalisierungspotenzial. Dies wird insbesondere, bei der Betrachtung der herkömmlichen Alternativen deutlich. Gerade in Dienstleistungsunternehmen – z. B. in Banken und Versicherungen – können Papier- und Portokosten monatlich sechsstellige Beträge erreichen. Das Kostensenkungspotenzial durch die elektronische Abwicklung dieser Prozesse beträgt bis zu 80 %.[563]

Ähnlich wie im Bereich der internen Kommunikation werden herkömmliche Technologien wie Telefon und Fax zwar leicht an Bedeutung verlieren, jedoch weiterhin von einem Großteil der externen Dienstleister und Lieferanten genutzt werden. Allerdings ist im Bereich der externen Kommunikation von einer zunehmenden Verbreitung Internet-basierter Technologien auszugehen: Gerade für die Steuerung und Koordination der Zusammenarbeit mit Lieferanten ist das Internet ein geeignetes Instrument zur Automatisierung von Geschäftsprozessen, wie beispielsweise der Versorgung. Gegenüber Electronic Data Interchange (EDI), dessen Verwendung in Dienstleistungsunternehmen keine hinreichenden Vorteile erzielen kann, werden sich Internet-basierte Technologien auf Grund der geringen Grenzkosten und unproblematischen Erweiterbarkeit durchsetzen.

Die grundsätzlichen Implementierungskosten für Internet-basierte Systeme sind zwar ebenfalls sehr hoch, da eine vollständige Ausstattung der Arbeitsplätze mit Personal Computern und deren Vernetzung die Voraussetzung für die Nutzung der Systeme ist. Allerdings ist diese Ausstattung in Dienstleistungsunternehmen größtenteils notwendiger Bestandteil der primären Leistungserstellung. Die folgende Abbildung

[563] Vgl. Frodl (1998), S. 58.

40 verdeutlicht den Nutzungsgrad verschiedener für den Datenaustausch mit externen Parteien verwendeter Systeme.

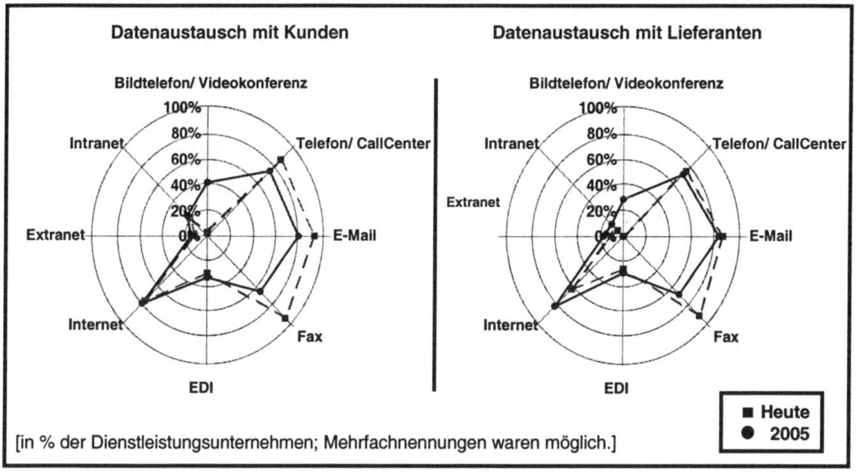

Abbildung 40: Zum Datenaustausch mit Kunden und Lieferanten genutzte Systeme[564]

Dabei ist grundsätzlich festzustellen, dass „sich der Weg, veraltete [...] Informationsabläufe lediglich zu elektrifizieren, als unzureichend erweist."[565] Andernfalls kommt es häufig dazu, dass ineffiziente Abläufe zwar technisch optimal gelöst werden, das erhebliche Verbesserungspotenzial der Informationslogistik jedoch größtenteils ungenutzt bleibt, da die organisatorische Grundvoraussetzung für einen effektiven Einsatz nicht gegeben ist. In vielen Fällen kann in Unternehmen heute jedoch nicht wirklich von Informationslogistik gesprochen werden, da eben nicht die erforderlichen Informationen in der richtigen Menge, zur richtigen Zeit am richtigen Ort zur Verfügung gestellt werden.[566]

Die steigenden Budgets für IuK-Systeme in Unternehmen zeigen, dass Unternehmen immer mehr die Relevanz einer funktionierenden Informations- und Kommunikationsstruktur erkennen. Ein Blick auf die Abläufe in einem Unternehmen zeigt, dass IuK-Systeme an allen Schnittstellen und in allen Prozessen benötigt werden. Da gerade bei großen Dienstleistungsunternehmen – wie z. B. global tätigen Unternehmensberatungen, Banken, Versicherungen oder Krankenkassen – beinahe jeder Arbeitsplatz ein Bildschirmarbeitsplatz ist, findet der Anstieg der Kosten für Informa-

[564] Quelle: Baumgarten (2000b).
[565] Frodl (1998), S. 4.
[566] Vgl. Hammann, Palupski (1997), S. 1.282.

tionssysteme bei diesen Unternehmen auf einem höheren Niveau statt. Daher liegen dort die Kosten für IT-Systeme im Verhältnis zu den Gesamtkosten heute und zukünftig deutlich höher.[567] *Frodl* beschreibt die „Bereitstellung von Informationen, Daten, Dokumenten und Kommunikationsinstrumenten als strategische Aufgabe der Unternehmenslenkung".[568] Die Leistungserstellung von Dienstleistungsunternehmen basiert auf der Verarbeitung von Informationen. Sie müssen daher die Informationslogistik zu einer Kernkompetenz entwickeln. Für öffentliche Verwaltungen – die immer mehr wie Dienstleistungsunternehmen agieren sollten – gilt diese Regel damit analog.[569]

4.4 Wissensmanagement als Aufgabe der Logistik in Dienstleistungsunternehmen

Der Faktor Wissen wird in der Informationsgesellschaft zur Ware und zum wesentlichen Produktionsfaktor.[570] Immer mehr Menschen beschäftigen sich mit der Recherche, der Verarbeitung, der Verwaltung und dem Verkauf von Informationen. Wissen, das bisher an Menschen, Unternehmen und Standorte gebunden war, ist heute – zumindest theoretisch – weltweit verfügbar und kann mit Hilfe der neuen Informations- und Kommunikationstechnologien in kürzester Zeit weltweit verbreitet werden.

Wissensmanagement bzw. Wissenslogistik wird desto wichtiger, je komplexer sich die Struktur eines Unternehmens oder Unternehmensnetzwerks darstellt. In vielen großen Unternehmen herrscht Unklarheit über den Umfang des vorhandenen Wissens. Häufig werden Wissensbestände wiederholt produziert und Problemlösungen neu erarbeitet. Durch die damit verbundene Schaffung von Redundanzen werden leichtfertig Ressourcen verschwendet. Insbesondere in Unternehmensnetzwerken, die sich durch eine starke Dezentralisierung von Kompetenzen und Wissen auszeichnen, erlangt das Wissensmanagement strategische Relevanz.[571]

---

[567] Vgl. Baumgarten, Darkow, Walter (2000), S. 20.

[568] Frodl (1998), S. 6.

[569] Vgl. Zack (1999a), S. 125.

[570] Obwohl seit langem diskutiert, begann der „Siegeszug" des „neuen" Produktionsfaktors Wissen erst durch den Artikel von *Nonaka* – „The knowledge creating company". Vgl. Nonaka (1991). Heute schwanken die Kommentare zum Wissensmanagement zwischen „leerer Worthülse" und *dem* „Produktivitätsnachbrenner" überhaupt.

[571] Baumgarten, Walter (2001), S. 92.

4.4.1 Grundlagen des Wissensmanagements in Dienstleistungsunternehmen

Für Dienstleistungsunternehmen hat der Produktionsfaktor Wissen eine herausgehobene und weiter wachsende Bedeutung, da Kunden zunehmend individualisierte und „intelligente" Leistungen erwarten. Zudem erfordert die Integration des externen Faktors in den Leistungserstellungsprozess in vielen Fällen eine intensive fachliche und emotionale Kommunikation zwischen Kunde und Dienstleister. Problematisch ist jedoch, dass dabei verschiedene Individuen mit unterschiedlichen Erfahrungshintergründen und Wissensständen aufeinandertreffen, sich also selbst im Falle konstanter situativer Bedingungen unterschiedliche „Produktionsergebnisse" einstellen.

Auf Grund dieser Tatsache müssen Dienstleistungsunternehmen zusätzlich zu der internen Ebene des Wissensmanagements, die Prozesse innerhalb der Organisation bzw. des Netzwerks und Interaktion unter den Mitarbeitern betrifft, eine externe Ebene berücksichtigen, die Prozesse und Interaktionen mit den Kunden beinhaltet. Ein Dienstleister muss beide Ebenen beherrschen, da die Aufnahme, Speicherung, Nutzung und der Transfer von artikuliertem Wissen des Kunden zum einen für zukünftige Leistungserstellungsprozesse mit diesem Kunden genutzt werden könnte und zum anderen Rückschlüsse auf die generelle Leistungserstellung gezogen werden, was notwendige Innovationen anstoßen kann.[572] An dieser Stelle existiert eine deutliche Parallelität zur Informationslogistik, die sich auch in unterschiedlichen Literaturansätzen widerspiegelt: Nach *Hammann und Palupski* umfasst Informationslogistik „die zielorientierte Planung, Steuerung und Kontrolle von Wissensflüssen sowie die diese Wissensflüsse beeinflussenden Strukturen."[573] Damit wird die Informationslogistik synonym mit der Wissenslogistik[574] verwendet. Ziel ist es in jedem Fall, in einer Organisation die benötigten Informationen und Wissen in der richtigen Menge, zur richtigen Zeit, am richtigen Ort und in der erforderlichen Qualität zur Verfügung zu stellen, wobei sowohl organisatorische als auch technische Aspekte zu berücksichtigen sind. Da für Dienstleistungsunternehmen gerade der Faktor Wissen eine herausgehobene Bedeutung hat, wird an dieser Stelle eine getrennte Betrachtung durchgeführt.

Ähnlich der Definition von „Information" sind auch die Definitionen von „Wissen" äußerst uneinheitlich und stark von der Zielsetzung des Definierenden beeinflusst.

---

[572] Vgl. Bouncken (2001), S. 209f

[573] Hammann, Palupski (1997), S. 1.281.

[574] Vgl. zum Begriff „Wissenslogistik" vgl. Hammann, Palupski (1997), S. 1.281f.

In Kapitel 4.3.1 wird die Vernetzung von Informationen als Voraussetzung für die Schaffung von Wissen definiert. Damit ist Wissen jedoch nicht ausreichend definiert: Die reine Verfügbarkeit von Informationen in einem Computernetzwerk liefert noch kein verwendbares Wissen. Menschliches Wissen ist eng mit Erfahrungen verbunden und entsteht als Ergebnis eines individuellen Interpretationsvorganges von Daten und Informationen. Dieser interpretative Charakter unterscheidet Wissen von Informationen.[575] Wissen wird daher als *vernetzte und verstandene Informationen* bezeichnet.[576] Daraus folgt, dass für ein sinnvolles Wissensmanagement das reine Vernetzen von Informationen nicht ausreicht; analog zu Computern müssen Menschen über Routinen das Interpretieren und damit das „Verstehen" lernen. Daher wird in Anlehnung an *Nonaka* der Wissensdefinition ein weiterer Gedanken hinzugefügt: „Wissen ist seinem Wesen nach mit menschlichem Handeln verbunden."[577]

Der Verständnisprozess hat das Ziel, das erlangte Wissen anwenden zu können. Damit ist Wissen die Summe an Informationen, die der Mensch in einem Moment braucht, um seine Aufgaben richtig zu erfüllen. Auf Grund der spezifischen Charakteristika der Dienstleistungserstellung hat damit die bedarfsgerechte Verfügbarkeit von Wissen unmittelbare Auswirkungen auf die Leistungsqualität. Aus diesem Grund umfasst Wissensmanagement die Beschaffung, Generierung, Strukturierung, Archivierung und Verteilung bzw. Bereitstellung von Wissen, um es zur richtigen Zeit am richtigen Ort und in der richtigen Form zum Erreichen der Organisationsziele nutzen zu können. Dieses Verständnis von Wissensmanagement folgt damit dem Netzwerkgedanken der Logistik, verbindet alle Netzwerk-Partner und integriert sowohl das Management von internem als auch externem Wissen.

Die Beschaffung bzw. Bereitstellung von Wissen erfordert eine Kommunikation zum Austausch von Wissen. Im Gegensatz zu Informationen lässt sich Wissen im engen Sinne jedoch nicht zwischen Personen transferieren, da „durch die individuellen Deutungsmuster der Personen [...] Wissen immer anders in die bestehenden mentalen Muster eingeordnet" wird.[578] Insofern ist Wissenstransfer genaugenommen ein

---

[575] Dies wird von *Probst* durch seine betriebswirtschaftliche Wissensdefinition unterstrichen: „Wissen bezeichnet die Gesamtheit der Kenntnisse und Fähigkeiten, die Individuen zur Lösung von Problemen einsetzen. Dies umfasst sowohl theoretische Erkenntnisse als auch praktische Alltagsregeln und Handlungsanweisungen. Wissen stützt sich auf Daten und Informationen, ist im Gegensatz zu diesen jedoch immer an Personen gebunden. Es wird von Individuen konstruiert und repräsentiert deren Erwartungen über Ursache-Wirkungs-Zusammenhänge." Siehe Probst (1999), S. 44.

[576] Vgl. Dietlein (2000), S. 5.

[577] Nonaka, Takeuchi (1997), S. 70f.

[578] Bouncken (2001), S. 206.

Transfer von Informationen, der dann wieder zu Wissen führt. Diese Eigenschaft ist bei logistischen Betrachtungen von Wissensflüssen zu berücksichtigen: Mit dem Transfer von Informationen allein findet noch kein Wissenstransfer statt. Daher muss der Informationsaufbereitung als Basis einer Wissensgenerierung beim Empfänger besondere Beachtung geschenkt werden.

Grundsätzlich ist es notwendig, zwischen verschiedenen Wissensformen zu unterscheiden, um daraus Ansatzpunkte für die Generierung, Versorgung und Bereitstellung von Wissen im Rahmen der Dienstleistungslogistik ableiten zu können. Für die ökonomische Betrachtung von Wissen bietet sich die in Literatur und Praxis akzeptierte Unterscheidung zwischen implizitem und explizitem Wissen an. Explizites Wissen – z. B. Berichte – kann in formaler und kodierter Sprache weitergeben werden. Dieses Wissen kann unproblematisch zwischen Individuen übertragen werden und stellt das hauptsächlich wahrgenommene Wissen dar. Implizites Wissen hingegen – z. B. Erfahrungswissen oder subjektive Einstellungen – ist subjektiv, kontextspezifisch und daher nur schwer dokumentier- und kommunizierbar.

Die Interaktion von implizitem und explizitem Wissen ist eine der zentralen Problemstellungen des Wissensmanagements und gilt als Schlüssel zur Wissensgenerierung. Die folgende Abbildung 41 zeigt die im Rahmen dieser Interaktion möglichen Formen der Wissensumwandlung.

Von \ Nach	Implizites Wissen	Explizites Wissen
Implizites Wissen	**Sozialisation** Bsp.: „Gelbe Seiten" geben Auskunft über Wissensträger. Offene Kommunikationskultur notwendig. („Schulstundenprinzip")	**Externalisierung** Bsp.: Projekterfahrungen und Best Practices werden dokumentiert und im Intranet verfügbar gemacht.
Explizites Wissen	**Internalisierung** Bsp.: Auffinden und Verstehen einer Information aus einer Datenbank.	**Kombination** Bsp.: Analyse strukturierter Datenbestände durch Data Mining und Erzeugen neuer Strukturen.

Abbildung 41: Vier Formen der Wissensumwandlung[579]

[579] Vgl. Nonaka, Takeuchi (1997), S. 75.

Wissen wird individuell von Einzelpersonen erzeugt und verwendet, auch wenn dies in einer kollektiven Umgebung stattfinden kann. Die kollektive Verfügbarmachung von Wissen für die Organisation erfordert die Bereitstellung von Prozessen, die die Wissensgenerierung Einzelner unterstützen und verstärken sowie das Wissen in der Organisation verankern.[580] Organisationales Wissen umfasst die Gesamtheit des für die Mitarbeiter in einer Organisation zugänglichen und geteilten Wissens – beispielsweise gespeichert in Datenbänken, Berichten und Normen.[581]

4.4.2 Entwicklungsstand des Wissensmanagements

In Anlehnung an *Teller* kann die Verteilung des Wissens auf unterschiedliche Wissensträger in einem Unternehmen in Abhängigkeit vom Strukturierungsgrad unterteilt werden. Abbildung 42 verdeutlicht diese Wissensverteilung:

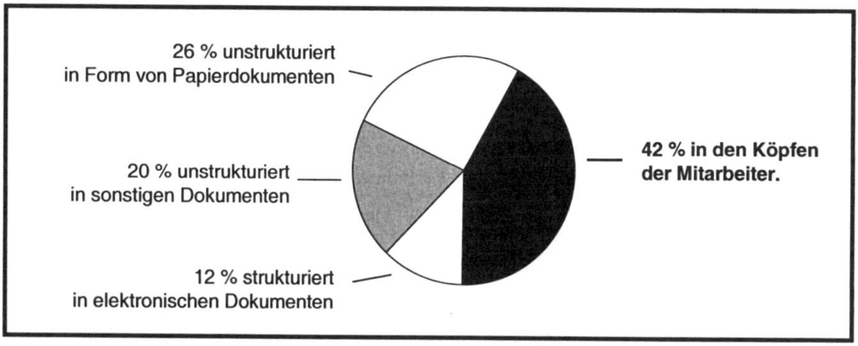

Abbildung 42: Verteilung des Wissens auf „Wissensträger"[582]

Der explizite Teil des Wissens wird häufig in Form von Datenbanken bzw. unstrukturiert beispielsweise durch Dokumentenmanagement-Systeme (DMS) verwaltet. Dabei ist allerdings nur der elektronisch gespeicherte Teil des Wissens sofort global verfügbar. Der mengenmäßig bedeutendere Teil – das implizite Wissen – kann durch IT-Lösungen nur indirekt berücksichtigt werden, z. B. durch „Gelbe Seiten". Extremere Schätzungen gehen sogar von einem 80/20-Verhältnis zwischen implizitem und explizitem Wissen aus.[583]

---

[580] Vgl. Nonaka, Takeuchi (1997), S. 71.

[581] Vgl. Bouncken (2001), S. 207. Organisationales Wissen ist Gegenstand einer teils kontrovers geführten wissenschaftlichen Diskussion, deren Inhalte aus Gründen des Umfangs hier nicht vertieft dargestellt werden können.

[582] Teller (1999).

[583] Vgl. Heller (2001), S. 24.

Die folgende Abbildung 43 zeigt, wie das vorhandene Wissen tatsächlich verwendet wird.

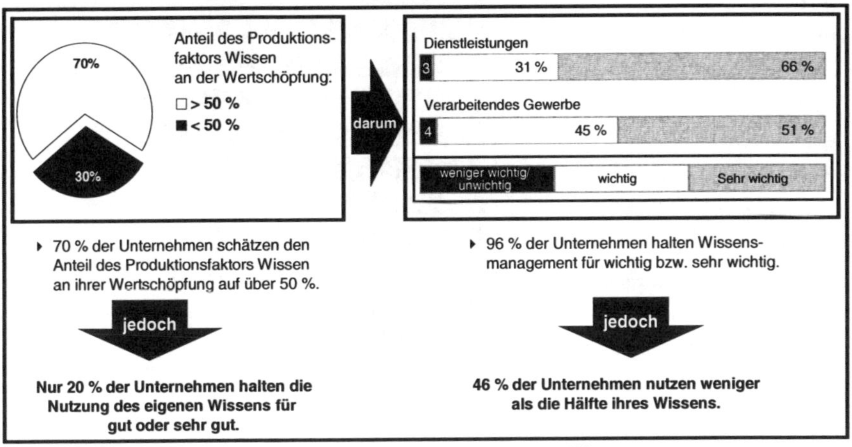

Abbildung 43: Wissensmanagement in deutschen Unternehmen[584]

Würde man in dieser Grafik den Begriff „Wissen" durch den Begriff „Material" austauschen, ließe sich eine zugehörige Logistik als „katastrophal" beschreiben. Zwar ist sich die überwiegende Mehrheit der befragten Unternehmen der Relevanz und Notwendigkeit des Wissensmanagements bewusst – Dienstleistungsunternehmen sogar in höherem Maße als das Verarbeitende Gewerbe – jedoch herrscht große Unsicherheit über sinnvolle und geeignete Werkzeuge.

Viele Unternehmen haben das Management ihres Wissens noch nicht professionalisiert. Dies wird auch bei der Betrachtung der eingesetzten Wissensmanagement-Instrumente deutlich. So werden überwiegend klassische Instrumente, wie Schulungen, Handbücher und interne Veröffentlichungen eingesetzt, die das Potenzial der Ressource Wissen jedoch nur unzureichend nutzen. Die folgende Abbildung 44 gibt einen Überblick über den Einsatz verschiedener Instrumente des Wissensmanagements.

[584] Vgl. o. V. (1999).

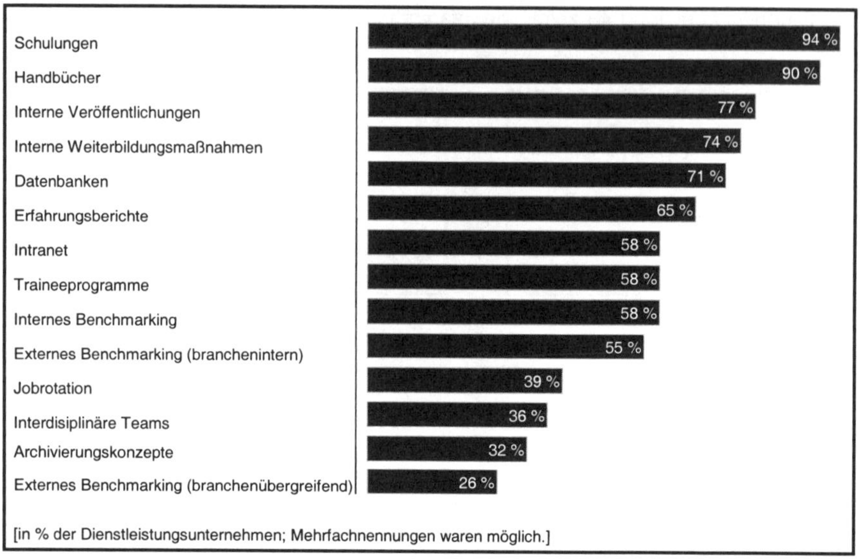

Abbildung 44: Instrumente des Wissensmanagements in Dienstleistungsunternehmen[585]

Die Befragung richtete sich dabei an Logistikabteilungen in den Unternehmen. Daher zeigen die Ergebnisse insbesondere die von der Logistik verwendeten Instrumente.[586]

4.4.3 Gestaltungselemente eines ganzheitlichen Wissensmanagements

Nach einer Analyse der British Telecom sind 80 % der Mitarbeiter an einem durchschnittlichen Arbeitstag mindestens 1,5 Stunden damit beschäftigt, notwendige Informationen zu suchen und bereits von anderen Mitarbeitern ausgeführte Tätigkeiten zu wiederholen.[587] Diese Ergebnisse unterstreichen die hohe Einschätzung der erwarteten Potenziale durch ein wirkungsvolles Wissensmanagement.[588] Die folgenden positiven Effekte werden einem effizienten Wissensmanagement zugesprochen:

---

[585] Quelle: Baumgarten (2000b).

[586] Eine ggf. vorhandene spezialisierte Wissensmanagement-Abteilung wird in dieser Form der Untersuchung nicht befragt, außer es erfolgt von Seiten der Befragten eine interne Kommunikation.

[587] Vgl. Teller (1999), S. 3.

[588] Optimistische Schätzungen gehen von Produktivitätserhöhung um 30 % aus, wenn das gesamte im Unternehmen vorhandene und benötigte Wissen jederzeit verfügbar wäre. Vgl. Ohlhausen, Rüger, Grote (2000), S. 55.

69 % der Unternehmen erwarten eine größere Kundennähe, 59 % der Unternehmen gehen von Qualitätsverbesserungen der Produkte aus. Eine gesteigerte Innovationsfähigkeit nennen 59 % der Unternehmen. Dabei werden große Hoffnungen in den Einsatz von Informationstechnologien gesetzt, die jedoch noch keine Garantie für effizientes Wissensmanagement darstellen. So entscheidet oftmals die Unternehmenskultur über Erfolg und Misserfolg. Entscheidende Barrieren sind z. B. die Unkenntnis und fehlendes Bewusstsein für Wissensangebot und -bedarf, sowie die Einstellung „Wissen ist Macht", die insbesondere den Wissensaustausch behindert. Insofern sind für einen methodischen und kontinuierlichen Einsatz von Wissensmanagement neben der *Technologie* auch die Komponenten *Organisation* und *Mensch* (Mitarbeiter und Kunden) kritische Erfolgsfaktoren.[589]

Die Dimension *Organisation* beinhaltet dabei die Ausgestaltung der Aufbau- und Ablauforganisation der Institution bzw. ihres gesamten Netzwerks. Darin müssen Methoden zur Wissensgenerierung, -akquisition, -speicherung und -bereitstellung integriert werden, da eine Stimulierung allein durch das Vorhandensein von Informationstechnologien nicht ausreicht. Das Management von Wissen darf nicht an den internen Strukturen scheitern und muss daher in die Organisation integriert werden – gerade für diese Aufgabe ist die Querschnittsfunktion Logistik besser als jede andere Unternehmensfunktion geeignet, da ihre Aufgabengebiete bereits unternehmensbereichs- und unternehmensübergreifend ausgerichtet sind. Als Kernaufgaben des Wissensmanagements gelten:

1. der systematische Aufbau von neuem Wissen,
2. die systematische Erfassung und Nutzbarmachung des vorhandenen Wissens,
3. der regelmäßige Einsatz von Methoden zum Wissenstransfer und
4. der regelmäßige Transfer von Best-Practice-Fällen bzw. der Hinweis auf vermeidbare Fehler.

Insbesondere die Punkte 2 bis 4 können dabei von einer Wissenslogistik[590] übernommen werden, während der erste Punkt insbesondere in den einzelnen Unternehmensbereichen direkt erfolgt.

Der Faktor *Mensch* spielt insbesondere beim Wissenstransfer im Sinne der Beschaffung und Bereitstellung von Wissen eine entscheidende Rolle. Im Zuge der

[589] Vgl. Ohlhausen, Rüger, Grote (2000), S. 57.
[590] Vgl. Hammann, Palupski (1997), S. 1.281f.

Anwendung von Wissen erfolgt in jedem Fall eine Umwandlung in implizites Wissen durch Sozialisierung oder Internalisierung. Die Beschaffung von explizitem Wissen setzt eine vorherige Gewinnung aus implizitem Wissen durch Externalisierung voraus. Durch die Beteiligung von Menschen an diesen Prozessen sind deren „Soft-Skills" der kritische Erfolgsfaktor.[591] Der Wissenstransfer muss daher organisationsseitig durch eine offene Kommunikationskultur bzw. „Wissensaustauschkultur" unterstützt werden. Eine wichtige Rolle spielen auch Instrumente des Personalmanagements, z. B. die Ausgestaltung geeigneter Anreizsysteme, die das Zurverfügungstellen von Wissen fördern. Gleichzeitig, ist es notwendig, den Wissensverlust beim Ausscheiden von Mitarbeitern zu minimieren, da Wissensträger vor allem auch Personen sind. Ein weiterer Wissensträger ist zudem der Kunde, der daher auch in ein Wissensmanagement-System bzw. Customer Relationship Management eingebunden werden sollte. Je mehr der Dienstleister über den einzelnen Kunden weiß, desto besser kann er auf seine individuellen Bedürfnisse eingehen.

Die notwendige *Technologie*, insbesondere die IT-Architektur, ist so auszugestalten, dass sie die Anforderungen des Wissensmanagements in den Dimensionen *Organisation* und *Mensch* unterstützt und damit insbesondere die Effizienz steigert. Die folgende Abbildung 45 gibt einen Überblick über verschiedene im Rahmen des Wissensmanagements genutzte Technologien:

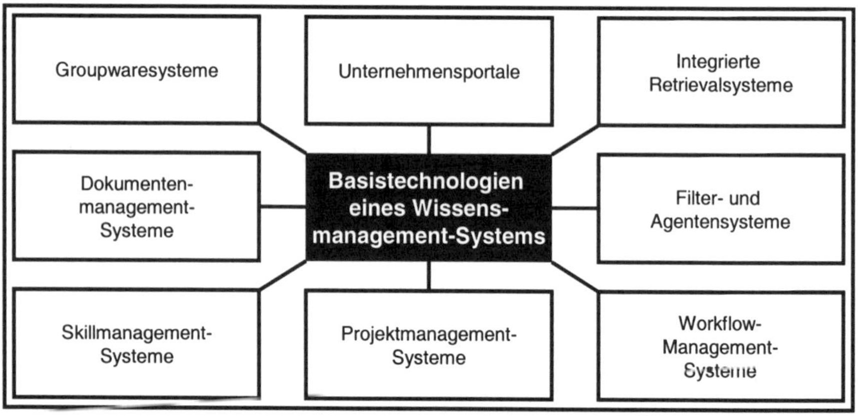

Abbildung 45: Basistechnologien für ein Wissensmanagement-System[592]

---

[591] Vgl. zur Bedeutung der Soft-Skills die Überlegungen im Rahmen der Sozialkompetenz von Logistik-Mitarbeitern in Kapitel 5.1.5.

[592] Vgl. Föcker, Lienemann (2000), S. 25.

Bezüglich der Inhalte dieser Systeme besteht eine Vielzahl definitorischer Unterschiede, welche Funktionalitäten von den jeweiligen Systemen abgedeckt werden.[593] Während hinsichtlich elektronischer Archivierungssysteme bzw. integrierter Retrievalsysteme in der Regel noch Konsens bezüglich ihrer Definition vorherrscht, bestehen bei Dokumentenmanagement- und Workflow-Management-Systemen unterschiedliche Auffassungen. So sieht beispielsweise *Becker* elektronische Archivierungssysteme und Dokumentenmanagement-Systeme als integrative Bestandteile von Workflow-Management-Systemen,[594] während *Berndt* und *Leger* Workflow-Management umgekehrt als Bestandteil von Dokumenten-Management-Systemen sehen.[595] Oftmals ist in der Literatur auch die synonyme Verwendung der Begriffe Dokumentenmanagement- und Workflow-Management-Systemen zu finden.[596]

Die Optimierung der Wissenslogistik erfordert grundsätzlich die Abstimmung der drei Dimensionen Organisation, Mensch und Technologie aufeinander. Im Rahmen des Wissensmanagements lassen sich dafür zwei grundsätzliche Strategien für Verarbeitung der in der Institution existierenden Informationen nach der Form der Weitergabe unterscheiden.

Die *Kodifizierungsstrategie* oder „codified strategy"[597] entkoppelt durch den Einsatz von Technologie Informationen sowie Wissen von Personen durch sorgfältige Kategorisierung nach vorgegebenen Kriterien sowie Speicherung in Datenbanken und erzeugt damit explizites Wissen. Dadurch wird Wissen von einzelnen Personen unabhängig gemacht und kann dann beliebig oft wiederverwendet werden. Der Prozess beginnt damit, aus Unterlagen kundensensitive Daten zu entfernen und anschließend Wissensobjekte – wie zum Beispiel Interviewleitfäden, Benchmarkdaten oder Arbeitspläne – herauszufiltern. Mit Hilfe geeigneter Datenbanken und durch den Einsatz des Intranets kann dieses Wissen einer großen Personenzahl zugänglich gemacht. Zielsetzung dieser Strategie ist die weitestgehende Kodifizierung des gewonnenen Wissens – z. B. mittels CRM-Tools –, denn nur in dieser Form ist eine direkte Übertragung bzw. Verfügbarkeit durch Informationstechnologien realisierbar. Dieser Ansatz ist damit naturgemäß für explizites Wissen und Informationen geeignet, insbesondere wenn sie eine lange Lebensdauer haben. In diesem Zu-

---

[593] Vgl. z. B. die Arbeiten von Becker (1999), Berndt, Leger (1994).

[594] Vgl. Becker (1999), S. 36.

[595] Vgl. Berndt, Leger (1994), S. 28.

[596] Eine vollständige Beschreibung und Darstellung der Wissensmanagement-Bausteine ist an dieser Stelle nicht zielführend. Vgl. vertiefend Föcker, Lienemann (2000), S. 25ff.

[597] *Zack* bezeichnet diesen Ansatz als „*integrative* knowledge processing". Vgl. Zack (1999b), S. 50.

sammenhang ist die Unterstützung der dann notwendig werdenden Internalisierung des kodifizierten Wissens ein wesentlicher Erfolgsfaktor. Allerdings muss das Ablegen von Wissen und Informationen in Datenbanken zielorientiert erfolgen, um die unmittelbare Nutzbarkeit zu gewährleisten.[598]

Die *Personifizierungsstrategie* oder „personalized strategy"[599] ist auf die individuelle Übertragung von Wissen von Person zu Person fokussiert. Sie eignet sich insbesondere für implizite Informationen. Dies ist nur bedingt durch IT-Tools zu unterstützen, da implizites Wissen subjektiv, oftmals emotional und mit Intuition verbunden ist. Implizites Wissen kann jedoch gezielt abgefragt werden, wenn die Wissensquelle durch die Informationssysteme feststellbar ist – z. B. durch „Gelbe Seiten". Bei diesem Vorgehen werden nicht die Informationen selbst im System gespeichert, sondern es wird lediglich festgehalten, welche Person über welches Wissen und welche Informationen verfügt. Dies entspricht einer Expertendatenbank im Rahmen der Prozesskette Versorgung. Bei der Personifizierungsstrategie wird damit durch den Einsatz von Wissensdatenbanken die Kommunikation von Informationen erleichtert, der Weitergabeprozess bzw. Wissenstransfer basiert jedoch auf einem direkten Mensch-zu-Mensch-Dialog. Durch diesen Ansatz wird verhindert, dass Kontextinformationen, die zur Beurteilung der gesuchten Informationen notwendig sind, verloren gehen.[600]

Je nach Anforderungen und Geschäftsprozess können auch beide Strategien parallel verfolgt werden. Wichtig ist die Auswahl geeigneter Instrumente, die – ausgehend von der jeweiligen Zielsetzung – die unterschiedlichen Anforderungen der Dimensionen Organisation, Mensch und Technologie berücksichtigen, wobei die Strategieauswahl von folgenden Kriterien beeinflusst werden:

- Art des dominierenden Wissens, seine Veränderungsdynamik und Komplexität;
- Interne und externe Interaktionsintensität;
- Anzahl der internen Nutzer;
- Standardisierungsgrad der Dienstleistung.[601]

Bei der Ausgestaltung der jeweiligen Wissensmanagement-Strategie muss besondere Rücksicht auf die Vermeidung der „Informationsüberflutung" genommen wer-

---

[598] Vgl. Schütt (2001), S. 52.
[599] *Zack* bezeichnet diesen Ansatz als „*interactive* knowledge processing". Vgl. Zack (1999b), S. 50.
[600] Vgl. Hansen et al. (1999), S. 107f.
[601] Vgl. Bouncken (2001), S. 220.

den. Relevante Informationen gehen leicht in der Masse der täglichen E-Mails, Anrufe oder Faxe, die ein Mitarbeiter erhält, unter.[602] Der Informationszuwachs kann damit zu einem Mangel an anwendbarem Wissen führen, da Informationen nur oberflächlich wahrgenommen und – wenn sie nicht direkt relevant für die Arbeit sind – ignoriert werden. Nicht in Wissen umgewandelte, archivierte Informationen führen im Ergebnis zu Datenarchiven von fragwürdigem Nutzen.[603] Die Kodifizierung von Wissen – auf Papier oder elektronisch – verstärkt zunächst nur die Informationsflut.[604]

Trotz der grundsätzlich unterschiedlichen Abläufe haben beide Vorgehensweise gemeinsam, dass sie sich auf die involvierten Personen verlassen müssen. Bei der Kodifizierungsstrategie muss die Person, deren Wissen und Informationen in die Datenbank aufgenommen werden, absolut zuverlässig hinsichtlich der Verwendung der Kategorien und der Vollständigkeit der Informationseingabe sein. Bei der Personalisierungsstrategie müssen die Träger von Wissen erreichbar sein und ihr Wissen und Informationen unabhängig von persönlichen Präferenzen weitergeben. Bei beiden Strategien muss also ein Anreiz bestehen, das Wissen auch zu teilen.

Der Aspekt der Darstellung der Informationen hat bei der Kodifizierungsstrategie eine höhere Relevanz. In diesem Fall ist der Einsatz spezieller Suchmaschinen, die eine Suche nach verschiedenen Parametern ermöglichen, oder hierarchisch gegliederter Datenbanksysteme, bei denen auf der höchsten Stufe in der Größe begrenzte Datenbanken mit den jeweils besten Informationen zu einem bestimmten Thema stehen, sinnvoll.[605]

4.4.4 Wissensmanagement im Rahmen des Prozesskettenmodells der Logistik in Dienstleistungsunternehmen

Das Wissensmanagement kann unmittelbar in das Prozesskettenmodell der Logistik in Dienstleistungsunternehmen eingeordnet werden. Hauptziel der Prozesskette Auftragsabwicklung ist die Erstellung der Dienstleistung. Wissen ist dafür ein notwendiger Produktionsfaktor und muss zum richtigen Zeitpunkt an der richtigen Stelle bereitstehen, um die Leistungserstellung zu ermöglichen. Die Wissensquelle kann

---

[602] Vgl. Slodczyk (2001).
[603] Vgl. Stopr (2000), S. 1.
[604] Es existieren teils „skurrile" Taktiken, um der Informationsflut Herr zu werden. So plant Nestlé seinen Angestellten das Lesen von E-Mails freitags zu verbieten. Man erhofft sich Kreativitätsschübe. Vgl. Slodczyk (2001).
[605] Vgl. Hansen et al. (1999), S. 114.

dabei als Lieferant und der Empfänger als Kunde bezeichnet werden. Lieferanten sind in diesem Sinne z. B. Zulieferer, Kunden, Wettbewerber, Wissenschaft, Kooperationspartner und die eigenen internen Prozesse. Die Generierung bzw. der externe Erwerb von benötigtem Wissen sollte grundsätzlich immer mit dessen Speicherung, Transfer und Nutzung verbunden sein. Der Wissenstransfer und gegebenenfalls die Speicherung des Wissens bzw. der Informationen können – wie in der folgenden Abbildung 46 dargestellt – der Prozesskette Versorgung zugeordnet werden:

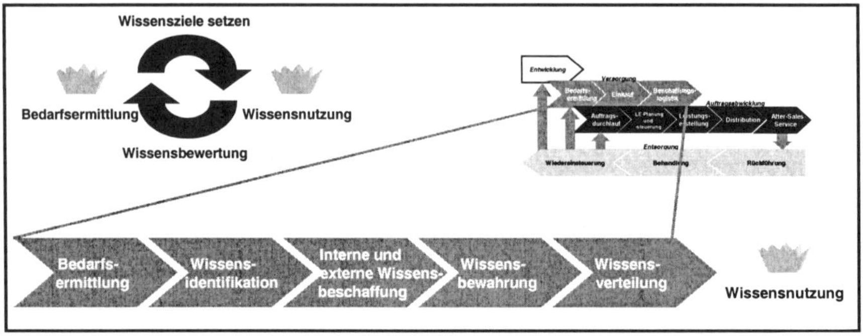

Abbildung 46: Wissensmanagement im Rahmen der Prozesskette Versorgung

Wissen wird an den unterschiedlichsten Orten innerhalb und außerhalb der Organisation generiert. Neben dem Innovationsprozess als Wissensgenerierungsprozess findet insbesondere bei Dienstleistungsunternehmen die Wissensgenerierung innerhalb der Prozesskette Auftragsabwicklung statt, z. B. durch Kunden-Feedback im Rahmen des After-Sales-Service. Damit ist die Auftragsabwicklung gleichzeitig Lieferant und Kunde für den Wissenstransfer. Dieses Beispiel verdeutlicht die noch wesentlich ausgeprägtere Verzahnung der einzelnen Prozessketten im Rahmen des Wissensmanagements: Die Prozesskette Versorgung stellt den Wissensfluss zwischen den Prozessketten Auftragsabwicklung und Entwicklung sicher.

Die Synthese von Wissensmanagement und dem Prozessdenken des Prozesskettenmodells eröffnet damit die Möglichkeit, Wissensmanagement prozessorientiert durchzuführen, Standardisierungspotenziale aufzudecken, Synergien zu erkennen und Wissen und Informationen als Ressource für die Organisation zu begreifen.

Durch die Identifikation und Katalogisierung bestehender unternehmensinterner Ressourcen kann auch eine Nutzenmaximierung dieser Ressourcen bewirkt werden. Dadurch sinkt die Notwendigkeit der Inanspruchnahme externen Expertenwissens und damit die Ausgaben für externe Beratungsunternehmen. In diesem Sinne ist der Aufbau eines Inhouse-Consultings im Bereich der Wissenslogistik anzusiedeln.

Gleichzeitig kann das Training neuer Mitarbeiter unterstützt werden, da diese schneller über benötigte Informationen verfügen können, so dass unproduktive Einarbeitungszeiten deutlich verkürzt werden können.

4.5 Koordination logistischer Netzwerke als Aufgabe der Logistik in Dienstleistungsunternehmen

Die Gründe, aus denen Unternehmen und Organisationen nicht mehr die vollständige Wertschöpfung aus eigener Kraft erbringen, sind vielfältig und folgen im Falle von Dienstleistungsunternehmen insbesondere aus dem sich stetig ändernden, komplexen Marktszenario.[606] Die Entscheidung über die Fremdvergabe von Logistik-Leistungen setzt dabei ein schlüssiges und zukunftsweisendes Gesamtkonzept voraus.[607] In einer global orientierten Wirtschaft scheitert die vollständige Erbringung der Wertschöpfung durch ein Unternehmen hauptsächlich an der aus dem Marktszenario resultierenden, schwer überschaubaren Komplexität, mangelnden bzw. knappen Ressourcen, zunehmender Inflexibilität und letztendlich mangelnder Wettbewerbsfähigkeit durch fehlende Spezialisierung. Diese Komplexität des Aufgabenumfangs führt zur Arbeitsteilung, die eine Gesamtaufgabe in Teil- bzw. Einzelaufgaben aufspaltet und dadurch beherrschbar macht. Im Rahmen der Konzentration auf die eigenen Kernkompetenzen stellen Wertschöpfungspartnerschaften eine moderne Form der Arbeitsteilung dar. In Bezug auf die Logistik in Industrie- und Handels- zunehmend jedoch auch in Dienstleistungsunternehmen kristallisieren sich als grundsätzlicher Haupt-Trend globale Netzwerke als Ausprägung dieser Wertschöpfungspartnerschaften heraus.[608]

In Industrie und Handel bezieht sich dieser Trend auf Unternehmensnetzwerke. Da die Logistik in Dienstleistungsunternehmen eine spezifische Form der Unternehmenslogistik ist, kann der zu entwickelnde Netzwerkgedanke auf jede Art von Institution ausgeweitet werden, auf die der Dienstleistungslogistik-Gedanke Anwendung findet. Ein Netzwerk in diesem Sinne ist dann sowohl ein Verbund rechtlich selbständiger Institutionen als auch eine komplexe, überregional agierende Institution mit geographisch verteilter Standortstruktur.[609]

---

606 Vgl. Kapitel 4.1.3.
607 Vgl. Gudehus (2000b), S. 382.
608 Vgl. Baumgarten, Walter (2001), S. 77.
609 Vgl. Baumgarten, Zadek, Keller (2001), S. 14.

4.5.1 Grundsätze und Potenziale von Netzwerken

Grundsätzlich können horizontale und vertikale Netzwerke unterschieden werden. Horizontale Netzwerke beziehen sich auf Beteiligte der gleichen Wertschöpfungsstufe – beispielsweise in einem Filialnetzwerk – wohingegen vertikale Netzwerke verschiedene Wertschöpfungsstufen umfassen. Als Beispiel für ein vertikales Netzwerk lassen sich Produzenten-Lieferanten-Beziehungen anführen. Die Zusammenarbeit in Netzwerken kann auf verschiedene Art und Weise hergestellt werden, und die Auswahl einer geeigneten Strategie hängt von einer Vielzahl von Parametern ab, wobei die folgende Abbildung 47 eine Auswahl an Möglichkeiten zur „Knüpfung" von Logistik-Netzwerken aus der Sicht von Dienstleistungsunternehmen darstellt.[610]

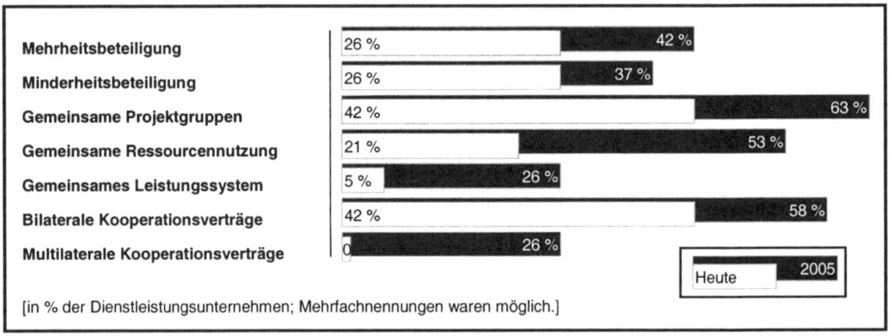

Abbildung 47: Formen der Logistik-Netzwerkbildung[611]

Netzwerke können demnach durch unterschiedlich intensive Beteiligungsverhältnisse, Verschmelzungen, gemeinsame Projekte, rein vertraglich gebundene Allianzen, insbesondere jedoch auch durch Outsourcing, entstehen. Das Outsourcing ist jedoch ein Sonderfall, der sich erheblich von den anderen Formen unterscheidet, da es sich um die Externalisierung einer bereits intern erbrachen Leistung handelt.[612] Die Tiefe der Netzwerkbeziehungen gemessen an der gesamten Wertschöpfung kann zwischen der Übernahme einer einfachen Teilleistung bis hin zur Gesamtsteuerung vollständiger Geschäftsprozesse variieren.

Eine spezielle Netzwerkart stellen dabei virtuelle Organisationsformen dar, wobei der Begriff „virtuell" in diesem Zusammenhang „physisch nicht existent" bedeutet, obwohl als solches wahrnehmbar. Virtuelle Organisationsformen werden für den

[610] Zur Vertiefung der Thematik Netzwerktypen siehe Baumgarten, Darkow (1999), Pfohl, Häusler (2000) bzw. Pfohl (2001b), Scheer, Odendahl (2000) oder Picot (2000).

[611] Quelle: Baumgarten (2000b).

[612] Vgl. insbesondere Kapitel 4.5.2.

Dienstleistungsbereich als besonders geeignet eingeschätzt. Sie „entstehen durch die problemorientierte Vernetzung standortverteilter Organisationseinheiten, die an einem Leistungsprozess beteiligt sind.“[613] Der Vorteil virtueller Organisationsformen – z. B. anpassungsfähige, unabhängige Mitarbeiter, Teams, Unternehmen, Wertschöpfungsketten – ist, dass diese auf Grund ihrer Eigenschaften schnell und flexibel auf Kunden- und Marktanforderungen reagieren können.

Grundsätzlich können zwei Ausprägungsformen dieser Netzwerkart unterschieden werden:[614]

- Interorganisationale Netzwerke, die Verbindungen zwischen verschiedenen Institutionen darstellen, sowie
- Intraorganisationale Netzwerke, die innerhalb einer Institution existieren.

Die einzelnen Mitglieder von virtuellen Netzwerken konzentrieren sich auf ihre Kernkompetenzen und verfolgen gemeinsame Ziele. Die Netzwerke konfigurieren sich problembezogen entlang der Wertschöpfungskette, treten nach innen damit flexibel, nach außen hingegen als Einheit auf. Im Mittelpunkt stehen Koordinations- und Kommunikationsfunktionen, die durch eine geeignete Stelle wahrgenommen werden müssen.

Durch den strategischen Einsatz von Netzwerken wird die Realisierung sowohl von „Economies of Scale“ – Skaleneffekten – und „Economies of Scope“ ermöglicht. Unter „Economies of Scale“ werden Kosteneinsparungen durch Degressions- und Mengeneffekte auf Grund der gemeinsamen Nutzung von Ressourcen verstanden. „Economies of Scope“ beschreiben erlössteigernde Effekte durch die Ausweitung des Angebots im Rahmen eines Netzwerkes.[615] Im Falle eines Outsourcings können „Economies of Scale“ indirekt über einen Dienstleister genutzt werden, der diese für sich realisieren kann. Synergien durch die Bildung von Netzwerken ergeben sich zudem durch die mögliche Bündelung von Beschaffungsaufträgen, die das Erzielen von Preisvorteilen auf Grund eines höheren verhandelbaren Beschaffungsvolumens gewährleisten. Die Bildung von Netzwerken ist darüber hinaus oftmals eine sinnvolle Alternative zu eigenständigem organischen Wachstum, wenn dieses im Zuge wachsender Wettbewerbsintensität als zu langwierig angesehen wird. Durch den Netzwerkaufbau lassen sich vergleichsweise schnell neue Märkte und Technologien

---

613 Vgl. Picot, Neuburger (1998), S. 519.
614 Vgl. Frodl (1998), S. 25.
615 Vgl. Witten (2001), S. 72.

erschließen, sowie dem Kunden global Angebote unterbreiten, z. B. mit einem weltweiten durch Allianzen geknüpften Servicenetz. Rationalisierungspotenziale ergeben sich dann insbesondere durch die Übernahme des jeweiligen Best-Practice in einem Aufgabenbereich durch den Abschluss von Verträgen mit leistungsfähigen Dienstleistern bzw. Lieferanten. Die Organisation in Netzwerken bietet außerdem die Möglichkeit, auf Umfeldveränderungen flexibel zu reagieren und dadurch Innovationskraft und Anpassungsfähigkeit zu erreichen.

4.5.2 Koordination der Netzwerke und Outsourcing physischer logistischer Aufgaben

Neben den notwendigen organisatorischen, unternehmenskulturellen und personellen Gestaltungsparametern ist die grundsätzliche Voraussetzung für die effiziente Koordination der Leistungserstellung, dass die Logistik-Strukturen und Informationssysteme der einzelnen Partner – im Falle von Dienstleistungsunternehmen sind dies insbesondere Lieferanten und externen Dienstleister – in das Netzwerk integriert werden. Diese interorganisationale Aufgabe kann jedoch problematisch sein. So sind nur 40 % aller Unternehmenszusammenschlüsse – Mergers and Acquisitions – hinsichtlich der gesetzten Ziele erfolgreich.[616] Beim Outsourcing ist der Gegensatz zwischen Zielsetzung und Zielerreichung ebenfalls mehr als deutlich.[617]

Die Logistik ist auf Grund ihrer ganzheitlichen und systemübergreifenden Sichtweise ein geeignetes Instrument, effiziente Strukturen innerhalb von komplexen und ggf. global agierenden Netzwerken zu schaffen und diese zu koordinieren.[618] In diesem Zusammenhang handelt es sich insbesondere um die Ausrichtung der Prozesse, die Integration aller Systeme und das Management der Schnittstellen, das Netzwerkmanagement und das Wissensmanagement.[619] Die Kosten für die im Zusammenhang mit Netzwerken notwendige und immer aufwändigere technische Infrastruktur sind jedoch zunehmend nur ab einer gewissen Unternehmensgröße zu finanzieren. Aus diesem Grund können Fourth-Party-Logistics-Provider (4PL) den Aufbau und das Management von Logistiknetzwerken als Dienstleistung anbieten und dann Logistik-Planung und -Beratung übernehmen. Allerdings bedeutet dies nicht eine vollständige Fremdvergabe auch der Koordinationsfunktion der Logistik. Nicht nur das Vermeiden einer Abhängigkeit von 4PL sondern gerade auch aus

---

616 Vgl. Baumgarten, Zadek, Keller (2001), S. 15.
617 Siehe Abbildung 48.
618 Vgl. Baumgarten, Zadek, Keller (2001), S. 16.
619 Vgl. Baumgarten, Walter (2001), S. 54, sowie die Ausführungen in Kapitel 3.2.

Gründen der notwendigen Steuerung und Kontrolle bzw. der unternehmensinternen Kommunikation wird immer eine Unternehmenseinheit die strategischen Logistikaufgaben koordinativ wahrnehmen müssen.

Die Abwicklung bzw. Durchführung von operativen logistischen Aufgaben dagegen ist in Dienstleistungsunternehmen sehr geeignet für eine Fremdvergabe, da diese nicht unmittelbar wertschöpfend sind. Werden Leistungen nicht mehr intern von der Organisation erbracht, sondern ausgegliedert und von rechtlich unabhängigen externen Dienstleistern übernommen, wird dieser Vorgang als Externalisierung bzw. Outsourcing bezeichnet, wobei damit die eigene Leistungstiefe reduziert, gleichzeitig aber die Komplexität der Versorgungskette erhöht wird, da Wertschöpfungsanteile nun in den Verantwortungsbereich der Prozesskette Versorgung gelegt werden. Das Outsourcing kann intern – mittels Ausgliederung der Leistungen in ein eigenständiges, jedoch wirtschaftlich verbundenes Unternehmen – oder extern – durch Vergabe über den Markt – erfolgen.[620]

Grundsätzlich steht jedes Dienstleistungsunternehmen vor der Entscheidung, die notwendigen logistischen Leistungen selbst zu erstellen oder sie extern zu beschaffen. Der Entscheidungsspielraum wird durch die folgenden Faktoren eingeschränkt:[621]

- Fehlendes eigenes Know-how;
- Fehlende eigene Ressourcen in personeller, zeitlicher, finanzieller oder sachlicher Hinsicht;
- Rechtliche Faktoren;
- Unzureichende Qualifikation der externen Anbieter;
- Zu hohe Preise externer Anbieter.

Unter Berücksichtigung dieser Restriktionen ergeben sich drei grundsätzliche Entscheidungsbereiche:

---

[620] Vgl. Lohmann (1998), S. 66.

[621] In Anlehnung an Corsten (1990), S. 74. Es existiert grundsätzlich eine Vielzahl weiterer Aufzählungen von Restriktionen bzw. Voraussetzungen, die an dieser Stelle jedoch nicht weiter aufgeführt werden.

Make-Bereich: Dieser Bereich ist grundsätzlich Gegenstand der strategischen Unternehmungs- bzw. Geschäftsfeldplanung und ist vor der Entscheidung über eine Fremdvergabe von Leistungen festzulegen. Er sollte die eigenen Kernkompetenzen enthalten. Kernkompetenzen sind dabei diejenigen Tätigkeiten und Prozesse, die für die Organisation strategisch relevant sind, ihr Fortbestehen begründen und / oder bei denen die Organisation auf Grund führender Technologien oder bestehender Erfahrungen klare Kosten- bzw. Wettbewerbsvorteile realisiert.[622] Durch diese Konzentration auf Kernkompetenzen wird vermieden, dass Ressourcen in Randbereichen gebunden werden, die an anderer Stelle bessere Verwendung finden würden.[623]

Buy-Bereich: Dieser Bereich umfasst grundsätzlich alle diejenigen Tätigkeiten, Aufgaben und Prozesse, die nicht innerhalb der Organisation ausgeführt werden können oder sollten. Ein nicht-logistisches Beispiel ist die Wirtschaftsprüfung, die auf Grund rechtlicher Auflagen durch einen unabhängigen externen Wirtschaftsprüfer erfolgen muss.

Make-or-Buy-Bereich: In diesem Bereich besitzt die Organisation einen erheblichen Dispositionsspielraum. Make-or-Buy-Entscheidungen können dabei auch grundlegend sein. Beispielsweise gibt es bei einzelnen Banken Überlegungen, das Filialsystem fremd zu vergeben.

Die Logistik in Dienstleistungsunternehmen hat im Fall der Eigenerstellung die Aufgabe, die eigenen Kapazitäten auszulasten. Bei Leerkapazitäten bietet sich die Möglichkeit an, diese am Markt anzubieten und Skaleneffekte zu erzielen.[624] Unterkapazitäten können durch Zukauf – als „partielles Buy" z. B. von Call-Center-Kapazitäten – ausgeglichen werden.[625] Im Fall der Fremdvergabe müssen die zum externen Dienstleister entstandenen Schnittstellen und dessen Integration in die eigene Organisation koordiniert werden.[626] Hier beginnt das Netzwerk- und Wissensmanagement, der Koordinationsaufwand steigt.

Die folgende Abbildung 48 verdeutlicht die unterschiedlichen Motivationsgründe von Dienstleistungsunternehmen, sich für die „Buy-Alternative", also die Fremdvergabe von logistischen Leistungen zu entscheiden.

---

[622] Vgl. Lohmann (1998), S. 66.
[623] Vgl. Baumgarten, Walter (2001), S. 46.
[624] Beispielsweise bietet die Lufthansa Gebäudemanagement GmbH ihre Facility-Management-Dienstleistungen auch am Markt an.
[625] Vgl. Lohmann (1998), S. 86.
[626] Vgl. Kapitel 3.2.

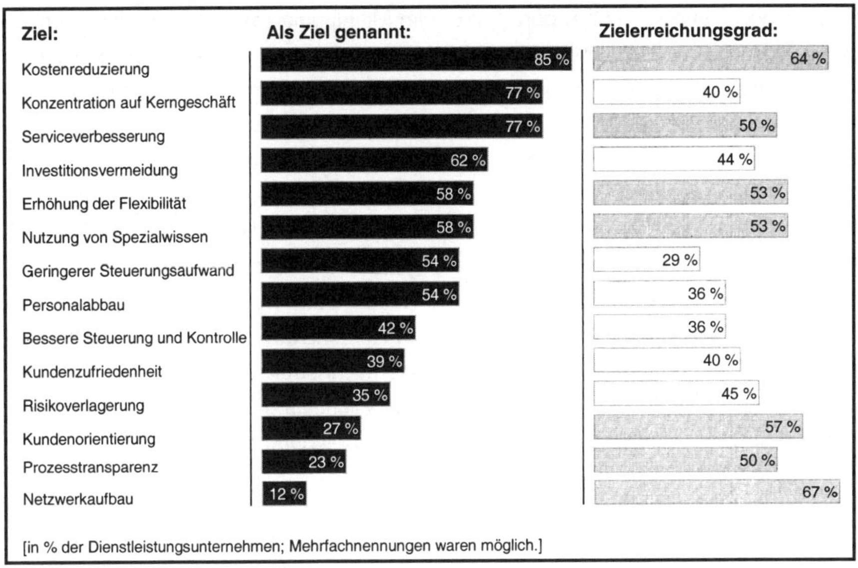

Abbildung 48: Verfolgte Ziele beim Einsatz von Logistik-Dienstleistern und Zielerreichungsgrad bei deren Realisierung[627]

Im Vordergrund der Vergabe von logistischen Leistungen an spezialisierte externe Dienstleister steht das Ziel der Reduzierung von Kosten, vor allem fixer Kosten. Eine ähnlich hohe Bedeutung im Rahmen des Outsourcings besitzen Aspekte wie die Konzentration auf Kernprozesse und Serviceverbesserungen, wobei in Dienstleistungsunternehmen die Zielnennungen noch höher sind als in Industrie- und Handelsunternehmen.[628] Outsourcing wird damit das Potenzial zugerechnet, Kosten- und Qualitätsvorteile zu schaffen, und kann durch die Nutzung des Spezialwissens der externen Dienstleister in Teilbereichen helfen, neue Innovationen anzustoßen.[629] Der Aufbau eines Netzwerks findet sich dagegen nur an letzter Stelle der gesetzten Ziele. Dies weist darauf hin, dass diese Strategie bisher noch nicht ausreichend geprüft wurde, denn insbesondere der im Verhältnis zu allen anderen Zielen höchste Zielerreichungsgrad in Bezug auf die angestrebten Verbesserungen lässt die grundsätzliche Eignung vermuten. Durch das Outsourcing von Leistungen wird zwar ohnehin de facto ein Netzwerk erzeugt, jedoch stehen die Potenziale der Netzwerkorganisation – Economies of Scale and Scope, Synergien, Erschließung neuer Märkte,

---

[627] Quelle: Baumgarten (2000b). Ein Zielerreichungsgrad von 50 % oder höher wurde rot hervorgehoben.
[628] Vgl. Baumgarten, Walter (2001), S. 46.
[629] Vgl. Hipp (2000), S. 82.

Technologien und Kunden – derzeit nicht im Mittelpunkt einer Outsourcingentscheidung. Der im Grundsatz durchweg geringe Zielerreichungsgrad weist auf erhebliche Koordinationsprobleme und Risiken beim Outsourcing hin.[630] Dabei wird die Bedeutung eines sorgfältigen Entscheidungsprozesses bei der Auswahl des Dienstleisters sowie eines professionellen Managements während der Integrationsphase und im operativen Tagesgeschäft deutlich, denn auftretende Probleme haben einen direkten negativen Einfluss auf die Geschäftstätigkeit. Dies ist für die Logistik eine Kernaufgabe im Rahmen ihrer Netzwerksteuerungsfunktion für das Dienstleistungsunternehmen. Eine reine Fokussierung auf die Kostenreduzierung, insbesondere auf einen – ggf. unternehmenspolitisch motivierten Personalabbau – erscheint nicht sinnvoll, wobei die Verwendung prozessorientierter Instrumente und Methoden der Logistik und damit die gesamthafte Berücksichtigung der Auswirkungen der Outsourcing-Entscheidung eine verbesserte Zielerreichung ermöglicht.[631]

Derzeit entfallen rund 25 % der Logistik-Kosten von Dienstleistern auf externe Logistik-Dienstleister. Bis zum Jahr 2005 wird dieser Anteil bei den befragten Unternehmen leicht ansteigen.[632] Die folgenden beiden Abbildungen geben einen Überblick über Stand und Prognose des Outsourcings im operativen und administrativen Logistikbereich und damit insbesondere einen Hinweis auf die zukünftige Entwicklung im Bereich der Aufgabencluster 3 bis 6, die in Kapitel 3.2.4 abgeleitet wurden.

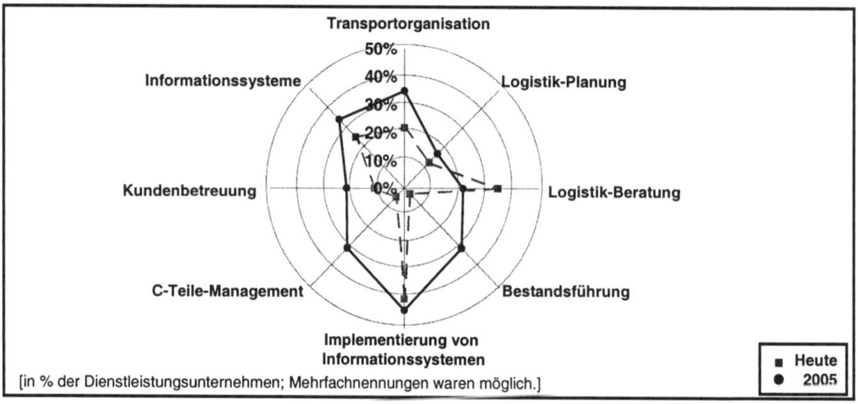

Abbildung 49: Fremdvergabe administrativer logistischer Leistungen an externe Dienstleister[633]

630 Vgl. Lohmann (1998), S. 90.

631 Vgl. Baumgarten, Walter (2001), S. 46.

632 Vgl. zu Kostensenkungspotenzialen durch Logistik-Konzepte auch Kapitel 5.4.

633 Quelle: Baumgarten (2000b).

Die Outsourcing-Intensität bei den sogenannten administrativen („Büro"-) Tätigkeiten ist bisher nur relativ gering ausgeprägt. Hier muss eine stärkere Hinterfragung der Kernkompetenzen stattfinden. Bislang werden vor allem IT-Aufgaben externalisiert. Zukünftig finden allerdings verstärkt die Transportorganisation, die Bestandsführung, das C-Teile-Management sowie die Implementierung von Informationssystemen Berücksichtigung bei Buy-Entscheidungen. Im Gegensatz dazu wird die Logistik-Beratung in Zukunft zunehmend internalisiert und – ggf. nach Aufbau einer eigenen Koordinationseinheit – selbst erbracht.

Die „klassischen" operativen logistischen Leistungen werden hingegen wesentlich öfter externalisiert, auch wenn dies schwächer ausgeprägt ist, als in der Industrie:[634]

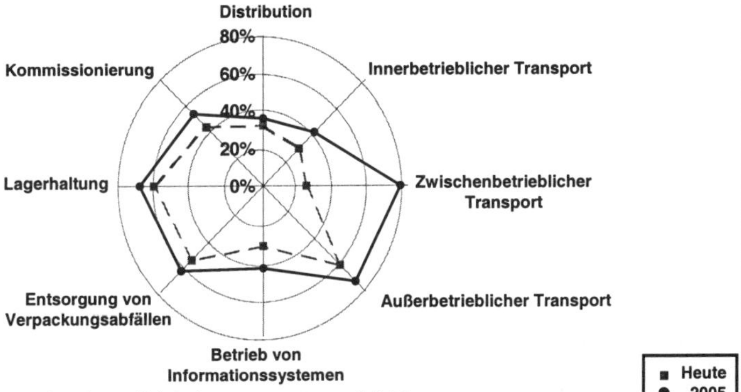

[in % der Dienstleistungsunternehmen; Mehrfachnennungen waren möglich.]

Abbildung 50: Fremdvergabe operativer logistischer Leistungen an externe Dienstleister[635]

Im Rahmen der Vergabe operativer logistischer Leistungen überwiegen insbesondere die Externalisierung des außerbetrieblichen Transports, von Entsorgungsaufgaben, der Lagerhaltung sowie der Kommissionierung. Zwischen- und innerbetrieblichen Transportaufgaben werden hingegen bislang vor allem unter Nutzung eigener Kapazitäten durchgeführt. Bis zum Jahr 2005 ändert sich dies im Falle des zwischenbetrieblichen Transports, der dann zu mehr als 70 % durch externe Dienstleister übernommen werden soll. Die Externalisierungsrate des innerbetriebli-

[634] Gesamtwirtschaftlich spielte für den Dienstleistungssektor das Volumen des Outsourcings bisher noch keine bedeutende Rolle. Vgl. Hipp (2000), S. 82. Zu den Outsourcingaktivitäten logistischer Leistungen in der Industrie vgl. Baumgarten, Walter (2001), S. 45. Kritisch zur gesamtwirtschaftlichen Relevanz des Outsourcings vgl. Hipp (2000), S. 82.

[635] Quelle: Baumgarten (2000b).

chen Transports verbleibt hingegen auf niedrigem Niveau. Von zunehmender Bedeutung wird weiterhin der Betrieb von Informationssystemen sein.

Im Rahmen der Hinterfragung des Leistungs- und Beteiligungskatalogs der Logistik in Dienstleistungsunternehmen ist das Outsourcing eine erfolgversprechende Methode, wobei auch vollständige Glieder der Leistungskette – im Sinne der prozessorientierten Logistik-Konzeption auch ganze Aufgabencluster – an hochspezialisierte Dienstleister übergeben werden können. Die Durchführung und gegebenenfalls Planung, Organisation und Kontrolle der Logistikleistung wird in diesem Fall von leistungsfähigen Logistik-Dienstleistern übernommen.[636] Im Extremfall könnte sogar die Koordinationsfunktion der Dienstleistungslogistik dem Outsourcing unterliegen.[637] Die stetige Zunahme der Fremderstellung logistischer Leistungen erfordert jedoch eine umfassende Koordination der Aufgabenbereiche und damit eine geeignete Ausgestaltung des Lieferanten- und Dienstleisternetzwerks, bzw. einzelner Kooperationsbeziehungen in diesem Netzwerk.

4.5.3 Kooperationen im Rahmen von Lieferanten- und Dienstleisternetzwerken

Kooperationen im Bereich der Logistik konzentrieren sich in Industrie- und Handelsunternehmen vorwiegend auf die klassischen Logistik-Kompetenzen Versorgung und Distribution, da diese Bereiche in den meisten Branchen tendenziell wettbewerbsunkritisch sind und sich damit zur gemeinsamen Erzielung von Synergieeffekten eignen.[638] In Dienstleistungsunternehmen werden Kooperationen auf Grund der spezifischen Charakteristika der Leistungserstellung und der Immaterialität des Leistungsergebnisses hauptsächlich innerhalb der Prozesskette Versorgung, zukünftig jedoch auch in der Prozesskette Entsorgung im Rahmen des Netzwerkmanagements eingesetzt.

---

636 „Im Zuge der generellen Fokussierung des Geschäfts auf die Kernkompetenzen der Bank werden logistische Leistungen (wie beispielsweise die Archivierung) nicht mehr selbst erbracht, sondern vermehrt durch professionelle Anbieter abgewickelt." Deutsche Bank, AT Kearney (2000), S. 4.

637 Z. B. durch Übernahme des gesamten Dienstleistungsbündels durch einen 4PL.

638 Vgl. Baumgarten, Walter (2001), S. 51.

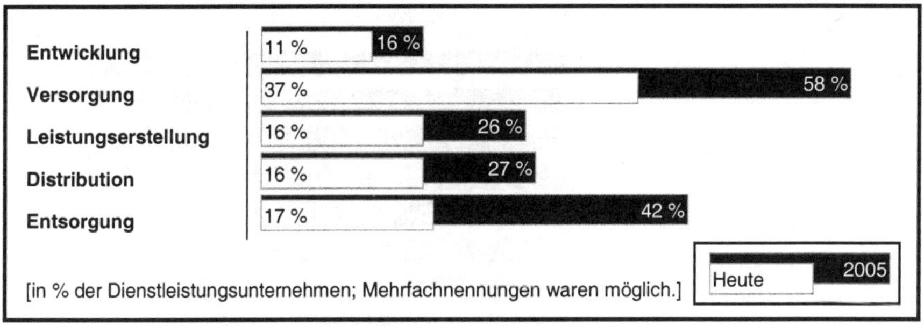

Abbildung 51: Kooperationen auf dem Gebiet der Logistik in Dienstleistungsunternehmen[639]

In Dienstleistungsunternehmen bietet die Prozesskette Versorgung die größten Potenziale für Kooperationen. Die Versorgung wird in den meisten Fällen als nicht unmittelbar wettbewerbsdifferenzierend eingestuft, sie bietet jedoch Synergiepotenziale für die beteiligten Partner. Dazu zählt beispielsweise die Bündelung von Einkaufsvolumina und damit die Stärkung der Einkaufsmacht z. B. durch gemeinsam betriebene elektronische Marktplätze. Mittelbar ist die Prozesskette Versorgung jedoch wettbewerbsdifferenzierend, insbesondere wenn eine mögliche höhere Effizienz durch geringere Kosten in der Prozesskette Versorgung berücksichtigt wird, die sich dann in geringeren Preisen für den Kunden bei gleichbleibender Dienstleistungsqualität und/ oder einer Unternehmenswertsteigerung äußern kann. Da eine Kooperation in der Prozesskette Versorgung diese Potenziale für alle beteiligten Partner gerade erst erschließt, sind Kooperationen in diesem Bereich sehr sinnvoll, jedoch werden die Kooperationspartner im Regelfall nicht aus dem Feld der direkten Konkurrenten ausgesucht werden. Die folgende Abbildung 52 gibt daher einen Überblick über weitere erwartete Vorteile durch Kooperationen im Bereich der Logistik:

[639] Quelle: Baumgarten (2000b).

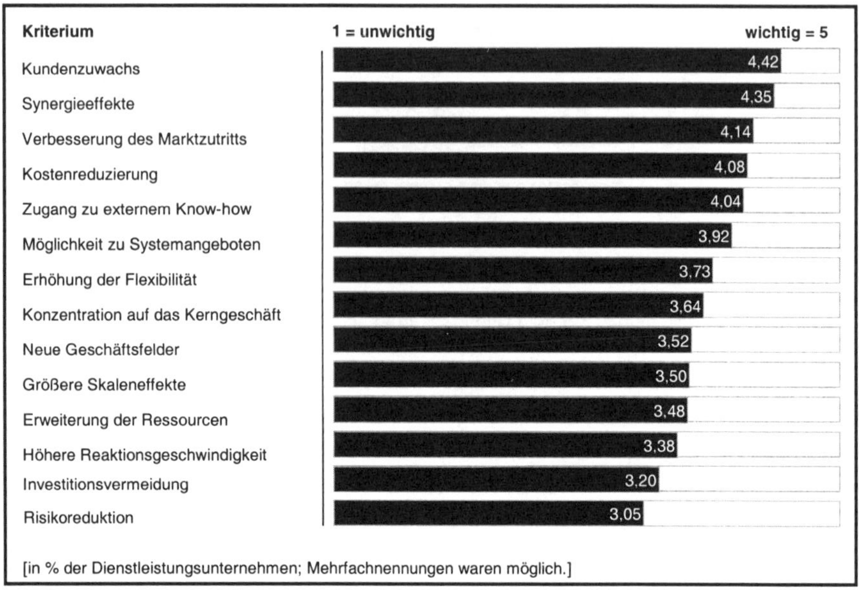

Abbildung 52: Beweggründe für Kooperationen in Dienstleistungsunternehmen[640]

Kooperationen zielen in Dienstleistungsunternehmen damit insbesondere auf einen Kundenzuwachs, Synergieeffekte und verbesserten Marktzutritt. Kostenreduzierungen, die Konzentration auf das Kerngeschäft, Flexibilität und die Möglichkeit zu Systemangeboten sind ebenfalls sehr wichtig, treten jedoch bei Dienstleistern als Motivation für diese Art von Netzwerkbildung etwas in den Hintergrund. Kooperationen sind in diesem Sinne eher eine aktive und antizipative Antwort auf den stetig zunehmenden Wettbewerb als eine reine Maßnahme zur Verbesserung der eigenen Wirtschaftlichkeit.

4.6 Auswirkungen der dienstleistungsspezifischen Trends auf die Logistik-Konzeption

Die ganzheitliche Betrachtung logistischer Aufgabenstellungen in Dienstleistungsunternehmen zieht grundlegende Veränderungen für das Gesamtunternehmen nach sich. Insbesondere die Kundenorientierung, das Wissensmanagement und der Aufbau von Netzwerken unter logistischem Fokus haben einen wesentlichen Einfluss auf den Status und die Bedeutung der Logistik in Dienstleistungsunternehmen. Die

[640] Quelle: Baumgarten (2000b).

notwendige Integration des externen Faktors impliziert, dass sich die Kundenorientierung nicht nur am Produkt Dienstleistung, sondern insbesondere auch im Ablauf des Leistungserstellungsprozesses und an den von der dienstleistenden Institution geschaffenen Randbedingungen äußern muss. Hierbei kommt Wissen und Informationen eine besondere Bedeutung zu. Da Wissen und Informationen gerade in Dienstleistungsunternehmen den Status eines Produktionsfaktors einnehmen, sind Wissensmanagement und Informationslogistik prädestinierte Aufgaben der Logistik. Kooperationen und insbesondere Outsourcing als Form der Netzwerkbildung können die Tätigkeit der Dienstleistungslogistik gerade in Großkonzernen wirkungsvoll unterstützen.

Bezogen auf die operative Ebene der dienstleistungsorientierten Logistik-Konzeption ist – auf der Basis dieser logistischen Trends und Entwicklungsperspektiven – im Ergebnis die Aufgabenstellung der Logistik in Dienstleistungsunternehmen mit der Planung, Steuerung, Koordination und Kontrolle eines Lieferanten- und Dienstleisternetzwerks zur unmittelbaren Steuerung der operativen und administrativen logistischen Prozesse innerhalb des Dienstleistungsunternehmens zu beschreiben. Die Aufgabenerfüllung insbesondere im Bereich der operativen Prozesse, die die in Kapitel 3.2.4 dargestellten Aufgaben aus den Clustern 3 „Transportlogistik“ und 4 „Logistik physischer Güter“ umfassen, ist nicht dem Kerngeschäft von Dienstleistungsunternehmen[641] zuzurechnen. Im Bereich der administrativen Prozesse gilt diese Argumentation analog für die in Cluster 6 unter dem Begriff „Infrastrukturlogistik“ zusammengefassten Teilgebiete, deren operative Umsetzung z. B. im Rahmen des Facility-Managements, des (technischen) Gebäudemanagements oder des Umzugsmanagements bereits in großem Maße von externen Dienstleistern erbracht wird. Damit können diese Aufgaben grundsätzlich im Rahmen einer strategischen Entscheidungsfindung an externe Lieferanten oder (Logistik)-Dienstleister fremdvergeben werden. Diese Aufgaben sind sogar weitestgehend automatisierbar, d. h. auch die inhaltliche Planung kann externen Partnern zugeordnet werden. Ein Leistungsabruf kann dann z. B. über eine im Intranet des Dienstleistungsunternehmens verankerte Plattform direkt durch den Bedarfsnehmer aus dem Unternehmen erfolgen, ohne dass es einer inhaltlichen Planung durch die Logistik bedarf.

In Bezug auf das Aufgabencluster 5 „Informationslogistik“ ist in diesem Zusammenhang eine differenzierte Betrachtung notwendig. Gerade im Bereich der Informa-

---

[641] Mit Ausnahme von Logistik-Dienstleistern, die allerdings einem anderen mikrologistischen Bereich der Unternehmenslogistik zugeordnet wurden. Siehe Abbildung 7 in Kapitel 2.1.4.

tions- und Wissenslogistik muss die Leistungserbringung durch die Logistik selbst erfolgen, wobei Aufgaben wie die Archivierung, Reproduktion oder Dokumentenmanagement dann wiederum von externen Dienstleistern operativ umgesetzt werden. Die folgende Abbildung 53 verdeutlicht die mögliche Aufgabenzuordnung der einzelnen Cluster:

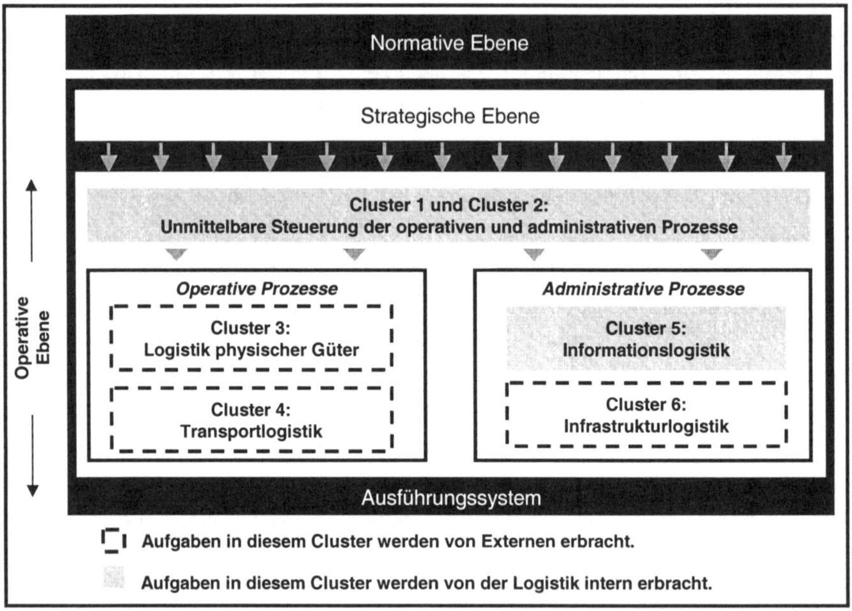

Abbildung 53: Operativer Aufgabenumfang der Logistik in Dienstleistungsunternehmen

Ebenso wie auf der strategischen Ebene sind die koordinierenden Aufgabencluster 1 „Logistik-Management" und 2 „Logistik-Prozesse" auf der operativen Ebene der Logistik-Konzeption Instrumente für die effiziente Steuerung der operativen und administrativen logistischen Prozesse für das Gesamtunternehmen. Sie beinhalten gerade auch die prozess- und ergebnisorientierte Steuerung der Lieferanten- und Dienstleisternetzwerke in den einzelnen Clustern. Dies generiert unmittelbar einzelne und übergreifende Aufgaben auf der strategischen Ebene der Logistik-Konzeption.

Im Rahmen der Notwendigkeit einer verstärkten Hinterfragung der eigenen Kernkompetenzen und der Zuordnung der einzelnen logistischen Prozesse ist dabei die logistikgerechte Ausgestaltung der Prozessketten essenziell. Bei einer weitestgehenden Standardisierung des Leistungsprozesses muss gleichzeitig die Fähigkeit zur Generierung individueller Dienstleistungsprodukte gewährleistet werden.

Diese Ergebnisse sind direkt auf die allgemeine Logistik-Konzeption und damit auf Industrie- und Handelsunternehmen übertragbar. Gerade im Bereich der Kontraktlogistik sind auch dort die logistischen Aufgabencluster bzw. -module 3 bis 6 Gegenstand des Outsourcings. Auf Grund der stärkeren Orientierung an materiellen Güterströmen ist allerdings die Logistik physischer Güter von größerer Bedeutung und wird daher nur selten vollständig fremdvergeben. Da das Modul 5 Informationslogistik – im Gegensatz zur Situation in Dienstleistungsunternehmen – nicht unmittelbar Gegenstand der Leistungserstellung ist, wurde diesem Bereich in der Vergangenheit häufig lediglich eine untergeordnete Bedeutung zugewiesen. Dabei wurden zumeist nur die direkt material- bzw. warenflussbezogenen Informationsflüsse in die logistische Betrachtung einbezogen Im Zuge der ganzheitlichen Kunden- und Prozessorientierung und der unternehmensübergreifenden Verkettung der Unternehmen im Rahmen von logistischen Netzwerken sowie Supply Chains gewinnen diese Aufgaben jedoch an Bedeutung und gewährleisten die Vernetzung bzw. Verkettung der Unternehmen. Gerade im Bereich des Wissensmanagements zeigt sich dabei eine analoge Einschätzung in allen Unternehmen, so dass die Ergebnisse der Betrachtung von logistischen Trends in Dienstleistungsunternehmen einen Hinweis auf designierte Outsourcingoptionen für die allgemeine Logistik-Konzeption[642] liefert. Bei dieser zweiten Spezifikation der Logistik-Konzeption stehen damit die operativen Kernaufgaben der Logistik fest. In Kapitel 5 werden darauf aufbauend Handlungsempfehlungen für die strategieorientierte Umsetzung der Logistik-Konzeption in Dienstleistungsunternehmen abgeleitet und analysiert. Damit wird insbesondere die Grundlage für die Spezifikation der strategischen Ebene der Logistik-Konzeption gelegt.

642 Vgl. Kapitel 2.4 bzw. 3.4.

5 Strategieorientierte Umsetzung der Logistik-Konzeption in Dienstleistungsunternehmen

In Kapitel 3 wurde die Logistik in Dienstleistungsunternehmen analysiert und die in Kapitel 2 entwickelte, allgemeine prozessorientierte Logistik-Konzeption, für eine prozessorientierte Logistik in Dienstleistungsunternehmen spezifiziert. In Kapitel 4 erfolgte die Darstellung und Bewertung dienstleistungsspezifischer Logistik-Trends in Dienstleistungsunternehmen. Diese Trends liefern – so lange sie nicht unreflektiert aufgegriffen werden und dadurch spezifische Gegebenheiten und Potenziale ignorieren – fundierte Zukunftsaussagen. Sie liefern Unternehmen bzw. Institutionen Anhaltspunkte darüber, wie sich eine größere Anzahl anderer Institutionen verhält. Obwohl die grundsätzlichen Logistik-Trends Kundenintegration, Globale Netzwerke und E-Business im vierten Kapitel bereits für Dienstleistungsunternehmen fokussiert worden sind, bestehen bei der konkreten strategieorientierten Umsetzung der dienstleistungsspezifischen Trends in Strategien Freiheitsgrade und Erfolgspotenziale, die insbesondere auch vom strategisch zu bestimmenden Umsetzungsgrad der entwickelten Logistik-Konzeption abhängt. Die Basisaufgabe von Strategien ist in diesem Zusammenhang das Festlegen von Handlungsempfehlungen. Strategien sind als langfristige „Wegbeschreibungen“ zu verstehen, mit deren Beschreiten vorher formulierte Ziele[643] erreicht und dadurch die vorhandenen Erfolgspotenziale genutzt werden sollen.[644] Die Umsetzung einer Strategie bedingt jedoch im Regelfall auch Investitionen und bildet den Rahmen für das operative Geschäft.

Die Bedeutung der Logistik in Dienstleistungsunternehmen ergibt sich im konkreten Einzelfall aus ihrer Fähigkeit, die Wettbewerbsfähigkeit des Dienstleisters zu erhöhen, also Leistungssteigerungen und/ oder Kostensenkungen – insbesondere in Bezug auf die Gesamtkosten des Unternehmens – herbeizuführen. Eine strategischen Bedeutung kann der Logistik zugerechnet werden, wenn diese bedeutsame und/ oder langfristige Wettbewerbsvorteile erzeugt.[645]

[643] Die von einer Institution verfolgten Ziele sind vielfältig und können grob in Sachziele (z. B. Preisführerschaft), Wertziele (monetäre Größen) und Sozialziele (z. B. Arbeitsplatzsicherung) unterteilen. Für ein Unternehmen gilt als oberstes Ziel seine Erhaltung und erfolgreiche Weiterentwicklung. Dies wird erreicht durch das Streben nach maximalem Kapitalwert (Barwert zukünftiger Cash Flows) bei steter Aufrechterhaltung der Liquidität und unter Berücksichtigung weiterer Wert-, Sach- und Sozialziele. Vgl. Hahn (1996), S. 167f.

[644] Vgl. Meyer, Blümelhuber (1998), S. 380.

[645] Vgl. Lohmann (1998), S. 80.

Die in Kapitel 4 dargestellten logistikrelevanten Trends können für Dienstleistungsunternehmen durchaus bereits als Strategievorschläge verstanden werden. Auf ihrer Basis können erfolgversprechende Logistik-Strategien formuliert und implementiert werden. Strategien sollten jedoch insbesondere auf der Reflexion von Trends und eigenständigen Denkansätzen beruhen, die die Berücksichtigung spezifischer Besonderheiten gewährleistet. Ziel dieses Kapitels ist die konzeptionelle Umsetzung der prozessorientierten Logistik-Konzeption für Dienstleistungsunternehmen. Zu diesem Zweck werden in Kapitel 5.1 fünf Kernstrategien abgeleitet, die Basis und Rahmen für spezifische Logistik-Strategien und damit ein erfolgreiches Logistik-Management in Dienstleistungsunternehmen darstellen. Der Logistik in Dienstleistungsunternehmen werden damit in den Kapiteln 5.1.1 bis 5.1.5 insbesondere die Aufgaben der konsequenten Integration interner und externer Kunden in die Prozesse der Logistik in Dienstleistungsunternehmen, die Informations- und Wissenslogistik, die Steuerung und Koordination von Lieferanten- und Dienstleisternetzwerken sowie – daraus folgend – den Aufbau von Wertschöpfungspartnerschaften mit leistungsfähigen Lieferanten und (Logistik-) Dienstleistern zugewiesen. Diese Aufgabenstellungen ergeben ein spezifisches Anforderungsprofil an die in der Logistik tätigen Mitarbeiterinnen und Mitarbeiter, so dass gezielte Maßnahmen zur Gewährleistung eines hinreichenden Qualifikationsprofils notwendig sind.

Diese Kernstrategien ermöglichen die strategieorientierte Umsetzung einer dienstleistungsorientierten Logistik-Konzeption. Fundament dieser Logistik-Konzeption ist dabei insbesondere die systemorientierte Logistik-Konzeption. Ausgehend vom Ansatz „Structure follows Process follows Strategy“[646] erfordert deren Umsetzung – unabhängig von der organisatorischen Verankerung der Logistik – die Integration eines leistungsfähigen Prozessmanagements, deren Bausteine in Kapitel 5.2 beschrieben werden.

Darauf aufbauend werden in Kapitel 5.3 Alternativen der organisatorischen Verankerung der Logistik als Querschnitts- und Koordinationsfunktion in die Organisation des Dienstleistungsunternehmens beschrieben und Alternativen der organisatorischen Aufgabenverteilung diskutiert. Kapitel 5.4 fasst im Anschluss die realisierbaren Effizienzsteigerungs- und Rationalisierungspotenziale in Dienstleistungsunternehmen durch die prozessorientierte Logistik-Konzeption zusammen, so dass in Kapitel 5.5 die gewonnenen Erkenntnisse aus der Betrachtung der Logistik in Dienstleistungsunternehmen auf die allgemeine, in Kapitel 2 entworfene und in den

---

[646] Vgl. Kapitel 2.3 sowie Darkow (2001), S. 133, bzw. Bogaschewsky, Rollberg (1998), S. 12ff.

Kapiteln 3.4 und 4.6 bereits spezifizierte Logistik-Konzeption übertragen werden können.

Aus Gründen der Übersichtlichkeit werden die strategischen Säulen der Logistik-Konzeption in der folgenden Abbildung 54 noch einmal zusammengefasst.

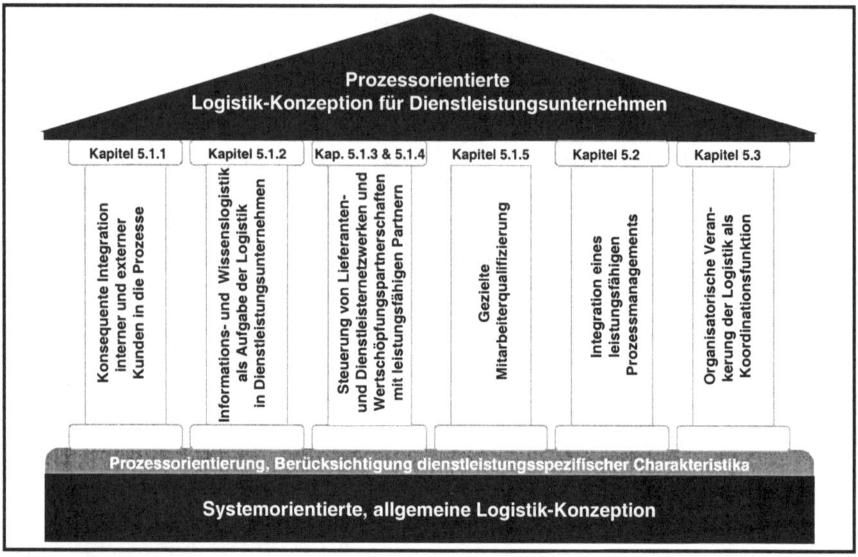

Abbildung 54: Strategische Säulen der Logistik-Konzeption in Dienstleistungsunternehmen

Bereits hier muss darauf hingewiesen werden, dass die strategischen Empfehlungen nicht losgelöst vom übrigen Dienstleistungsmanagement betrachtet werden dürfen, da zwangsläufig Überlappungen zwischen den Logistikaufgaben und Elementen beispielsweise des Marketing, der IT oder des Controlling auftreten. Dies führt generell zur Notwendigkeit der sinnvollen Verteilung von Aufgaben und Kompetenzen zwischen den betreffenden Organisationseinheiten.

5.1 Dienstleistungsorientierte Strategien zur Umsetzung der Logistik-Konzeption

Ausgehend von den in Kapitel 4 dargestellten logistischen Trends in Dienstleistungsunternehmen erfolgt in den folgenden Kapiteln die Erläuterung der fünf wesentlichen Strategien zur Umsetzung der Logistik-Konzeption in Dienstleistungsunternehmen. Diese sind der Ausgangspunkt und erster Aufgabeninhalt für die Integration eines leistungsfähigen Prozessmanagements. Der Umsetzungsgrad dieser Strategien determiniert dabei die Überlegungen über die organisatorische Verankerung der Logistik in Dienstleistungsunternehmen und die realisierbaren Synergien. Gleichzeitig zeigen sie einen spezifischen Teilausblick auf zu erwartende notwendige Strategieanpassungen in Industrie- und Handelsunternehmen im Zuge der Entwicklung zur Dienstleistungsgesellschaft.

5.1.1 Integration interner und externer Kunden in die Prozesse der Dienstleistungslogistik

Zwischen der Orientierung an den Bedürfnissen des – externen – Kunden und dem wirtschaftlichen Erfolg eines Dienstleistungsunternehmens besteht ein direkter Zusammenhang. Die Bestimmung dieser Kundenbedürfnisse, die Ausrichtung der Kundenorientierung am jeweiligen Wert des Kunden für das Unternehmen im Zeitablauf – dem Customer Lifetime Value – sowie das Management möglichst langfristiger Kundenbeziehungen im Rahmen des Customer Relationship Managements (CRM) sind wesentliche Erfolgsfaktoren für ein erfolgreiches Dienstleistungsmanagement und beeinflussen über ihre Anforderungen die Ausgestaltung von Logistik-Systemen. Das gilt insbesondere für Dienstleister, bei denen in vielen Fällen direkter Kundenkontakt auch während des Produktionsprozesses der Dienstleistung besteht. Insbesondere das CRM entwickelt sich zu einer Basiskomponente der kundenorientierten Institution. Allerdings konzentriert sich das CRM – wie auch dessen zukünftige Weiterentwicklung zum ERM – auf die Daten der Endkunden.[647] Bezieht man die Kundenorientierung jedoch konsequent auf das der Logistik zu Grunde liegende Kunde-Lieferanten-Prinzip – und damit auf jeden innerhalb der Leistungskette stattfindenden Leistungsaustausch – finden sich „Kunden" nicht nur extern, sondern im gesamten Netzwerk. Das komplexe Beziehungsnetzwerk einer Institution bildet sich aus Kunden, Mitarbeitern, Lieferanten, sonstigen Unternehmen aber auch Eigen- und Fremdkapitalgebern, staatlichen Einrichtungen und sogar Wettbewerbern. Damit muss die Logistik in Dienstleistungsunternehmen ihren Denkansatz von einem Serviceanbieter für den unternehmensinternen Kunden auf das gesamte involvierte Netzwerk und damit mittelbar auf den externen Kunden ausdehnen.

Daher wird an dieser Stelle als Handlungsempfehlung die interorganisationale Erweiterung des Customer Relationship Managements (CRM) bzw. Enterprise Relation-

---

[647] Vgl. insbesondere Kapitel 4.2.2.

ship Managements (ERM) auf die weiteren Beteiligten des Netzwerks – Kunden, Lieferanten und Dienstleister – zum *Network Relationship Management* (NRM) vorgeschlagen. Dabei könnte – die technische Realisierbarkeit vorausgesetzt – mittels einer einheitlichen Datenbasis (aus Gründen des Daten- und Vertraulichkeitschutzes gesteuert über Zugriffsrechte) der Wissensstand über die jeweiligen Netzwerk-Partner und Kunden z. B. im Internet bzw. einem spezifischen Extranet verfügbar gemacht werden. Auf diese Weise könnten Mitarbeiter entsprechend ihrer Zugriffsprofile weltweit zielgerichtet mit Wissen und Informationen versorgt werden. Auf die Logistik hätte ein NRM zwei wesentliche Auswirkungen: Zum einen müssten die jeweils individuellen Anforderungen der Netzwerk-Partner durch das Management bzw. die Steuerung logistischer Dienstleistungen erfüllt werden und zum anderen wäre die Logistik Plattform für die Koordination der NRM-Maßnahmen. Damit wäre eine interorganisationale Ausweitung der Logistik-Konzeption in diesem Bereich möglich und notwendig.

Gerade in diesem Fall ist eine Abgrenzung der Aufgabenfelder der beteiligten Querschnittsfunktionen – z. B. Marketing, Controlling und der IT-Bereich – eine wesentliche Voraussetzung für die Effizienz des Dienstleistungsmanagements. Sollen beispielsweise Kundenkontakte durch ein CRM optimiert werden, kommt der Dienstleistungslogistik u. a. die Aufgabe der Koordination des Daten-, Informations- und Wissensflusses zu. Damit stellt sich die Frage, inwieweit sie „klassische" Aufgaben des Marketings, z. B. die Informationsgewinnung während vorhergehender Kundenkontakte, des IT-Bereichs, z. B. die Bereitstellung und der Betrieb der für das CRM notwendigen Informationstechnologien, oder des Controllings, z. B. im Rahmen von Kundenrentabilitätsrechnungen, übernehmen kann und soll. Für die Umsetzung der dienstleistungsorientierten Logistik-Konzeption ergibt sich daraus die Forderung nach einer Implementierung von Wissensmanagement und Informationslogistik als unternehmungsübergreifende Aufgaben der Dienstleistungslogistik.

5.1.2 Informations- und Wissenslogistik als Aufgaben der Logistik in Dienstleistungsunternehmen

Informationen und Wissen sind Produktionsfaktoren. Das Zusammenführen, Aufbereiten und Verteilen von Wissen gehört damit an sich zur Versorgungsfunktion der Informationssysteme. In der Realität besteht allerdings – verursacht durch zunehmende Komplexität und „Informationsüberflutung" – oftmals eine deutliche Diskrepanz zwischen der alltäglichen Versorgung der Geschäftsprozesse mit Informationen und Wissen auf der einen Seite und dem tatsächlich Bedarf an Wissen auf der anderen Seite. Aus diesem Grund ist die Funktion von Informationssystemen im Rahmen der Kundenbeziehungen und zur Unterstützung des Wissensmanagements hier gesondert hervorzuheben. Die Ausführungen in Kapitel 4.3 und 4.4 haben die essenzielle Bedeutung von Informationssystemen für Dienstleistungsunternehmen dargelegt. Informationen durchdringen die gesamte Wertschöpfungskette und sind durch ein ganzheitliches und prozessorientiertes System – wie es die in dieser Arbeit entwickelte dienstleistungsorientierte Logistik-Konzeption darstellt – zu koordinieren.[648] Die Implementierung durchgängiger Workflow- und Datenmanagement-Systeme ist daher eine erfolgversprechende Strategie zur Realisierung von Effizienzsteigerungspotenzialen. Dies gilt gerade für große Dienstleistungsunternehmen jedoch auch für Industrie und Handel.

Der durchgängige Einsatz standardisierter Technologien wird in Zukunft zu einer weiteren Beschleunigung der Wissensverbreitung, zu einer effizienteren Ausschöpfung des Wissenspotenzials und zu einer deutlichen Verbesserung der Transparenz hinsichtlich existierender Wissensbestände führen. Unternehmen, die mit der Implementierung neuer Wissensmanagement-Systeme dem Trend voraus sind, können damit bereits heute erhebliche Wettbewerbsvorteile erzielen.[649]

Trotz seiner Potenziale ist für das Wissensmanagement in Organisationen teilweise niemand explizit zuständig. In jedem Unternehmen gibt es verantwortliche Stellen für die Finanzen oder das Personal, das Wissensmanagement hingegen wird häufig als „natürlicher Bestandteil“ einer jeden Managementposition angesehen und demzufolge vielfach nicht angemessen und unkoordiniert betrieben oder z. B. lediglich in einer Stabsaufgabe im Sinne eines Konzernbeauftragen für das Knowledge Management institutionalisiert. Die Logistik in Dienstleistungsunternehmen im Sinne dieser Arbeit hat hingegen das Potenzial und auf Grund der Tatsache, dass Wissen ein Gut darstellt, auch die Aufgabe, das Management des Produktionsfaktors Wissens zu übernehmen. Sie besitzt auf Grund ihrer Ausgestaltung als Querschnitts- und Koordinationsfunktion hinreichend viele Schnittstellen zu allen beteiligten Organisationseinheiten, um das Wissensmanagement bzw. die Wissenslogistik strategisch zu leiten und operativ unterstützen zu können.

[648] Vgl. Baumgarten, Zadek, Keller (2001), S. 16.
[649] Vgl. Baumgarten, Walter (2001), S. 92.

5.1.3 Steuerung von Lieferanten- und Dienstleisternetzwerken

Im Rahmen der Konzentration auf Kernkompetenzen und der Reduzierung der Wertschöpfungstiefe sind Netzwerke eine geeignete Organisationsform für die Planung und Realisierung logistischer Gesamtsysteme in Industrie-, Handels- und Dienstleistungsunternehmen bzw. -konzernen, die auf die Realisierung von strategischen Wettbewerbsvorteilen zielt. Der Trend zur Verschlankung von Unternehmen und zum kooperativen Zusammenschluss in vertikalen Netzwerken hat die Wertschöpfungsketten auch in der Dienstleistungsbranche grundlegend verändert.[650] Netzwerke lassen sich entsprechend den Zielsetzungen entlang der verschiedenen logistischen Prozessketten knüpfen. Für die Logistik in Dienstleistungsunternehmen ist die Organisationsform Netzwerk von besonderer Bedeutung, da sie als Dienstleister für den internen Kunden – den Dienstleistungskonzern – als Querschnitts- und Koordinationsfunktion die Planung, Steuerung, Koordination und Kontrolle aller Güter- und Informationsflüsse leistet. Dabei muss sich die Logistik an logistischen Prozessketten orientieren und folgerichtig die Grenzen bisher funktionaler Aufbau- und Ablaufstrukturen überwinden. Dies führt u. a. zur Übernahme von Koordinationsaufgaben wie z. B. dem Schnittstellen- oder Prozessmanagement.

Make-Cooperate-or-Buy-Entscheidungen sowie der Aufbau und die Steuerung der entstehenden Dienstleister- und Lieferantennetzwerke sind hier von zentraler Bedeutung. Diese Netzwerke bestehen aus Partnern mit spezialisiertem Produkt- und Prozess-Know-how, die gemäß ihrer jeweils relativen Kompetenzen ausgewählt werden.

Synergieeffekte, die bei konzernweiter Anwendung von Konzepten des Logistik-Managements entstehen können, machen die Anwendung moderner logistischer Betrachtungsweisen attraktiv. Dabei ist insbesondere die Beschaffungslogistik, die in einer Vielzahl der oben genannten Anwendungsgebiete eine tragende Rolle spielt, von besonderer Bedeutung für die konzernweite Realisierung von Größenvorteilen und Prozessoptimierungen. Beispiele für die Fremdvergabe logistischer Leistungen z. B. im Bereich von Finanz-Dienstleistern sind Geld- und Wertetransporte oder die Point-of-Sale-Versorgung – also z. B. von Bankfilialen oder Geschäftsstellen von Versicherungen – mit allen notwendigen Informationen und Materialien, innerbetriebliche und bundesweite Postservices oder auch das Umzugsmanagement.[651]

---

[650] Vgl. Baumgarten, Walter (2001), S. 86, und Kapitel 4.5.

[651] Vgl. zu den designierten logistischen „Buy-Leistungen" die Ausführungen in Kapitel 4.6 in Bezug auf die dienstleistungsorientierte Logistik-Konzeption.

5.1.4 Aufbau von Wertschöpfungspartnerschaften mit leistungsfähigen Logistik-Dienstleistern

Die mit der Netzwerkbildung einher gehende Konzentration auf Kernkompetenzen innerhalb des Dienstleistungsunternehmens erfordert auf Grund der Komplexität der logistischen Aufgaben zum einen zuverlässige Vertragspartner und zum anderen gut qualifizierte Mitarbeiter für langfristigen unternehmerischen Erfolg. Da die operativen sowie ein Großteil der administrativen logistischen Leistungen von Lieferanten oder Dienstleistern beim internen Kunden der Dienstleistungslogistik vor Ort erbracht werden, determiniert die Dienstleistungsqualität des externen Dienstleisters die „gefühlte" Dienstleistungsqualität der Koordinationsfunktion Logistik in Dienstleistungsunternehmen. Daher ist der Aufbau von auf Dauer angelegten Wertschöpfungspartnerschaften mit leistungsfähigen (Logistik-) Dienstleistern eine sinnvolle Strategie im Rahmen des Netzwerkaufbaus.

Zur Erzielung optimaler Ergebnisse sollten theoretisch die Unternehmen auf allen Liefer- und Kundenstufen kooperieren und in ein Network Relationship bzw. Supply Chain Management einbezogen werden. Das ideale Ziel wäre die Erhöhung des Wertes der gesamten Kette aus Kundensicht und die Unternehmenswertsteigerung jedes einzelnen Unternehmens in der Kette.[652] Dass dies so noch nicht umsetzbar ist, ist im Wesentlichen in zwei der Grundvoraussetzungen für Kooperationen begründet: Vertrauen und Anreize.

Vertrauen zwischen den Unternehmen ist für die Umsetzung von SCM-Konzepten essenziell, da dies z. B. die Weitergabe von sensiblen Betriebsdaten erfordert oder Aufgabenverlagerungen – z. B. Nachfrageprognosen oder Qualitätskontrollen – innerhalb der Wertschöpfungskette an andere Unternehmen beinhaltet.[653] Die Entwicklung von Vertrauen geschieht zunächst zwischen den unmittelbaren Nachbarn einer Wertschöpfungskette, also zwischen einem Unternehmen und dessen Partnern der direkt angrenzenden Wertschöpfungsstufe, z. B. Lieferanten der ersten Lieferstufe. Der Aufbau von Vertrauen in einer, wie z. B. in der Automobilindustrie üblichen, achtstufigen Lieferkette ist in der Praxis anspruchsvoll.[654]

---

[652] Vgl. Lambert, Pohlen (2001), S. 13.

[653] Vgl. zu den konstruktiven Wirkungen von Vertrauen gerade zwischen Unternehmen Krystek (2002), S. 1044ff. und die dort angegebene Literatur.

[654] Vgl. Göpfert (2000a), S. 289.

Die Zusammenarbeit in Form einer Wertschöpfungspartnerschaft stellt daher die anspruchsvollste Form einer vertikalen Kooperationsform dar. Diese ist geprägt durch umfassende Kooperationsbeziehungen mit einer arbeitsteiligen Erfüllung aller beteiligten Netzwerk-Partner. Wertschöpfungspartner vollziehen ganzheitliche Aufgabenkomplexe, da sie nicht nur Einzelleistungen erstellen, sondern in die unternehmensübergreifende Prozessentwicklung integriert sind.[655]

Voraussetzung für eine erfolgreiche Zusammenarbeit ist damit eine starke Vertrauensbasis, die in langfristigen und offen gestalteten Kooperationsverträgen sowie häufig in der nach Werten und Normen vorhandenen Ähnlichkeit der beteiligten Unternehmen zum Ausdruck kommt. Die zu Beginn einer Wertschöpfungspartnerschaft – insbesondere durch die Logistik-Abteilung – geführten Kostenverhandlungen mit Lieferanten und Dienstleistern können zunehmend durch einen offenen Diskurs ersetzt werden, wie die gemeinsame Wertschöpfungskette optimiert werden kann. Im Rahmen einer vertrauensbasierten Kontrollkultur können dabei spezifische Qualitätskontrollen durch Zielvereinbarungen und Zielerreichungsgrade ersetzt werden.[656]

Die zukünftigen Anforderungen vor allem an Dienstleister werden damit hauptsächlich von beschaffungsseitig determiniert: Alle Abläufe und Vorgänge sind entsprechend der logistischen Prinzipien Prozessorientierung und Standardisierung zu gestalten.[657] Ziel der Logistik in Dienstleistungsunternehmen ist die Gewährleistung eines für das Dienstleistungsunternehmen und damit mittelbar für den externen Kunden optimalen Versorgungsnetzwerks. Insbesondere für Vorgänge und Aufgabengebiete, die mit der Materialphysis zusammenhängen, sollten mit leistungsfähigen Logistik-Dienstleistern Wertschöpfungspartnerschaften angestrebt werden. Das heißt, zwischen Dienstleistungsunternehmen und dem externen Dienstleister und gegebenenfalls der Dienstleistungslogistik[658] ist ein Vertrag zu schließen, der ein besonderes Vertrauensverhältnis zwischen den Vertragsparteien begründet.

---

[655] Vgl. Reichwald et al. (2002), S. 155, und die dort angegebene, weiterführende Literatur.
[656] Vgl. Krystek (2002), S. 1055, bzw. Krystek (1997b), S. 283f.
[657] Vgl. Feldkamp (1999), S. 35.
[658] Im Falle einer formellen Ausgliederung der Dienstleistungslogistik muss diese in den Vertrag mit eingebunden werden. Vgl. Kapitel 5.3.2.4 bzw. 5.3.3.4.

Der Logistik-Dienstleister verpflichtet sich in diesem Vertrag über seine „Standard"-Dienstleistungen hinaus

- Auskunft über seine Kostenstrukturen zu geben;
- Probleme in der Prozesskette frühzeitig zu antizipieren und den Vertragspartnern rechtzeitig mitzuteilen;
- realisierte Einsparungen, die aus dem Vertrag rühren, nach einem bestimmten Schlüssel den Vertragspartner zukommen zu lassen, zum Beispiel durch Preissenkung im Rahmen von Cost-Benefit-Sharing-Vereinbarungen.[659]

Das Dienstleistungsunternehmen verpflichtet sich

- sämtliche Aufträge für einen bestimmten Zeitraum von den Vertragspartnern ausführen zu lassen;
- erkannte Einsparpotenziale beim Dienstleister nur nach dem vereinbarten Schlüssel zu realisieren;
- zeitnah Auskunft über erwartete oder geplante Aufträge zu erteilen.

Kommt es zu einer Ausgründung der Dienstleistungslogistik, verpflichtet sich diese

- den Vertragspartnern, insbesondere dem Dienstleistungsunternehmen, Auskunft über ihre Kostenstrukturen zu geben;
- die Koordination gemäß der Aufgabenstellung marktgerecht und prozessorientiert durchzuführen;
- ggf. eine Zertifizierung nach der Normenreihe DIN EN ISO 9000ff. anzustreben.[660]

Eine so geartete Wertschöpfungspartnerschaft kann für alle Beteiligten eine erhebliche Erhöhung der Effizienz und der Kostentransparenz zur Folge haben. Gewinne auf Grund von Kosteneinsparungen seitens des Dienstleistungsunternehmens oder des Logistik-Dienstleisters sollten gemäß einer vorherigen Vereinbarung geteilt werden und gegebenenfalls zu einer Provisionszahlung an die Dienstleistungslogistik führen. Ein analoges Verfahren des Cost-Benefit-Sharings wäre bei einer – nur bedingt möglichen – vollständigen Fremdvergabe auch der logistischen Koordinationsfunktion an einen 4PL analog anzuwenden.

---

[659] Als geeignetes Mittel gilt die Vereinbarung von Savings-Incentive-Modellen, bei denen als Anreiz für eine prozessbezogene Kostensenkung eine Provision vereinbart wird.

[660] Vgl. dazu Bogaschewsky, Rollberg (1998), S. 159.

Im Rahmen der Neustrukturierung der Logistik – und damit der gesamten Back-Office-Bereiche gerade eines großen oder großen mittelständischen Unternehmens – durch die Umsetzung einer dienstleistungsorientierten Logistik-Konzeption ist das spezifische, und damit nicht fremd zu vergebende Kerngeschäft abzugrenzen. Dieses umfasst insbesondere die Verwaltung und Verwendung von unternehmensspezifischen logistischen Informationen und unternehmensbezogenem Wissen, die aus geschäftspolitischen und sicherheitstechnischen Gründen nicht Dritten überlassen werden können oder sollen, sowie die Prozesskoordination im Dienstleistungsunternehmen und zwischen Unternehmen und Logistik-Dienstleister. Über diese Aufgaben der Logistik in Dienstleistungsunternehmen hinausgehende operative und administrative logistische Aufgaben, die den logistischen Aufgaben-Clustern 3 bis 6[661] zugeordnet worden sind, können zumindest bundesweit ausgeschrieben werden. Diese Ausschreibung führt zu einem Vertrag mit einem bundesweit vertretenen Logistik-Dienstleister, der als Generalunternehmer alleiniger Ansprechpartner der Dienstleistungslogistik ist, was den Prozessablauf stark vereinfacht. Unabhängig von der Entscheidung, ob eine Allgemein- oder Speziallösung gewählt wird, sollte dem geeigneten Partner Planungssicherheit gegeben werden, indem ihm für einen bestimmten Zeitraum eine Auswahl zugesagt wird. Dies macht wiederkehrende Ausschreibungen überflüssig, bei denen auf Grund von aufgebauten Vertrauenspositionen derselbe Dienstleister ausgewählt wird, indem man ihm gegebenenfalls die Möglichkeit gibt, sein Angebot nachzubessern. Die Kosten- und Zeitersparnis durch diese neue Vorgehensweise ist erheblich, die Kostenansätze können offen diskutiert und verglichen werden, ohne dass im Nachhinein eine Zusatzrechnung nötig wird.[662]

5.1.5 Gezielte Mitarbeiterqualifizierung

Die Ausgestaltung der Logistik in Dienstleistungsunternehmen als Koordinations- und Querschnittsfunktion nach der Maßgabe der entwickelten dienstleistungsorientierten Logistik-Konzeption fordert und erfordert hochqualifizierte, interdisziplinär ausgebildete Logistiker.

---

661 Vgl. Kapitel 3.2.4.

662 Weitere Ersparnisse können sich durch den Einsatz elektronischer Ausschreibungen im Rahmen des E-Procurements ergeben. Für diese ist jedoch ebenfalls eine gründliche Vorbereitung notwendige Voraussetzung. Da in der Regel die minimalen Kosten das entscheidende Kriterium für eine Auftragsvergabe darstellen, ist der Einsatz für Aufgaben, bei denen die Dienstleistungsqualität von größter Bedeutung ist, teilweise problematisch. Vgl. zum E-Procurement z. B. Darkow, Schupp (2002).

Auf Grund der ihnen zuzuweisenden Koordinationsaufgaben und dem übergreifenden Prozess- bzw. Projektcharakter[663] dieser Aufgaben müssen die Fach- und Führungskräfte in der Logistik über ein besonders breites Wissensspektrum der betrieblichen Abläufe und insbesondere über soziale Kompetenz verfügen.[664] Diese Bedeutung spiegelt sich auch im Anforderungsprofil der Logistiker wider. In Dienstleistungsunternehmen sollten Logistiker dabei über die in der folgenden Abbildung 55 nach ihrer Wichtigkeit bewerteten besonderen Fähigkeiten verfügen:

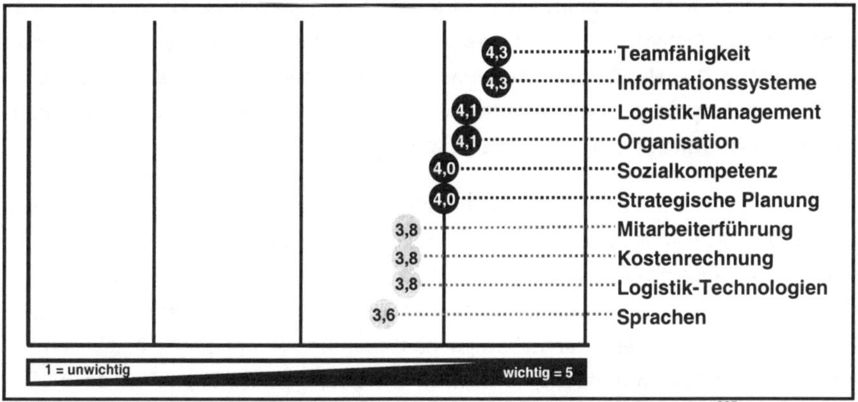

Abbildung 55: Anforderungsprofil für Logistiker in Dienstleistungsunternehmen[665]

Die Ergebnisse zeigen, dass Logistiker in Dienstleistungsunternehmen teamfähig und absolut sicher in der Beherrschung von Informationssystemen sein müssen. In diesem Bereich sind Kenntnisse sogar noch wichtiger als organisatorische Logistik-Management-bezogene Kenntnisse. Grundsätzlich werden koordinierende und planende Aufgaben in Dienstleistungsunternehmen sogar als noch wichtiger eingestuft als in Industrie- und Handelsunternehmen. Ihnen werden besondere Befähigungen im Bereich Projektmanagement, Organisation und Mitarbeiterführung abverlangt, wobei gerade auf Grund der koordinativen Aufgaben der Logistik in Dienstleistungsunternehmen die Bedeutung der charakterbezogenen Persönlichkeitsmerkmale – der Soft-Skills – deutlich zunimmt. Hier stehen Kommunikationsfähigkeit, analytisches Denken, Belastbarkeit und Teamfähigkeit im Vordergrund.

---

[663] Insbesondere in der Phase der Implementierung der Logistik-Konzeption.

[664] Vgl. Baumgarten, Tufinkgi, Walter (2000), S. 1. Zum grundsätzlichen Berufsbild bzw. dem geforderten Qualifikationsprofil des Logistikers vgl. insbesondere Baumgarten (2001d), Baumgarten, Walter (2001), S. 10, Baumgarten, Tufinkgi, Walter (2000), Walter (1999) und grundlegend Baumgarten, Benz (1997).

[665] Quelle: Baumgarten (2000b).

Der qualifizierte Logistiker muss in der Lage sein, Projekte und Mitarbeiter zu führen, betriebliche Teilprozesse zu koordinieren, Prozesse und Prozessschnittstellen ganzheitlich zu optimieren und dabei insbesondere Reibungsverluste zu vermeiden bzw. zu minimieren, da die Qualität dieses Schnittstellenmanagements direkte Auswirkungen auf die vom internen Kunden wahrgenommene Dienstleistungsqualität hat. Gerade vor dem Hintergrund des zunehmenden Aufbaus von Wertschöpfungspartnerschaften und des Aufbaus der Lieferanten- und Dienstleisternetzwerke kommt diesen Fähigkeiten eine zentrale und weiter steigende Bedeutung zu. Im Sinne einer ganzheitlichen Optimierung der Prozesse beinhaltet das spezifisches Arbeitsfeld des Logistikers in Dienstleistungsunternehmen – ebenso wie in Industrie und Handel – die Verknüpfung unternehmensinterner wie -externer Prozesse zu einem Unternehmensnetzwerk, das effizient, flexibel und stabil arbeitet.

In diesem Anforderungsprofil spiegelt sich der Querschnittscharakter der Logistik auch in Dienstleistungsunternehmen wider. Damit sind grundsätzliche Aussagen zur notwendigen Qualifikation von Logistikern, insbesondere Top-Logistikern, die in Industrie und Handel koordinative Managementaufgaben erfüllen, direkt übertragbar: Der Logistiker muss neben betriebswirtschaftlichen und technischen Fähigkeiten sowohl über fundierte Kenntnisse im Bereich der Informationssysteme als auch über eine sehr gute Allgemeinbildung verfügen. Die hierzu erforderliche Verzahnung der wissenschaftlichen Ausbildung in wirtschaftswissenschaftlichen wie auch technischen Bereichen[666] wird insbesondere im Ausbildungskonzept des Wirtschaftsingenieurs, das auf der Verzahnung von Wirtschaft und Technik basiert, verwirklicht.[667] Unter den Hochschulabsolventen beträgt daher auch in Dienstleistungsunternehmen der Anteil der Logistiker mit einem Abschluss im Studiengang Wirtschaftsingenieurwesen rund 11 %, weitere 21 % verfügen über ein abgeschlossenes ingenieurwissenschaftliches Hochschulstudium.[668]

Trotz der in den letzten Jahren deutlich erweiterten Ausbildungskapazität für Logistiker übersteigt der Bedarf an qualifizierten Logistik-Mitarbeitern auch in Dienstleistungsunternehmen zum Teil das Angebot. Daher sind innerbetriebliche Aus- und Weiterbildungsprogramme sowohl für neue als auch für langjährige Mitarbeiter in den Unternehmen notwendig. Das Wissen und die Fähigkeiten der Mitarbeiter sind

---

[666] Diese Auffassung von der Logistik wird in dieser Arbeit explizit vertreten, siehe dazu die Ausführungen zur wissenschaftlichen Einordnung in Kapitel 1.3.

[667] Vgl. Baumgarten (2001), Baumgarten, Tufinkgi, Walter (2000), S. 7ff., oder Baumgarten, Walter (2000a), S. 156ff.

[668] Vgl. Baumgarten (2000b)

für die Anpassungsfähigkeit der Logistik in Dienstleistungsunternehmen an neue Marktanforderungen, z. B. im Zusammenhang mit Fusionen, die effiziente Erfüllung der Koordinationsfunktion, die Steuerung der Lieferanten- und Dienstleisternetzwerke und die vollständige Nutzung vorhandener Effizienzsteigerungs- und Kostensenkungspotenziale von essenzieller Bedeutung. Eine gezielte (Weiter-) Qualifizierung der Mitarbeiter ist daher die Voraussetzung für das Erreichen einer angestrebten Kostensenkung, Serviceausweitung und -verbesserung, Zeitersparnis oder Verbesserung der Dienstleistungsqualität. Aus diesem Grunde ist die Implementierung und systematische Durchführung einer bedarfsspezifischen Mitarbeiterqualifizierung anzustreben, die zumindest die Qualifikationsdimensionen Fach-, Methoden- und Sozialkompetenz berücksichtigt und die Mitarbeiter damit zur notwendigen Übernahme von Entscheidungs- und Handlungskompetenz im Rahmen ihrer Aufgabenerfüllung befähigt. Der Zusammenhang und die Überschneidungen dieser Kompetenzarten lassen sich wie folgt darstellen:

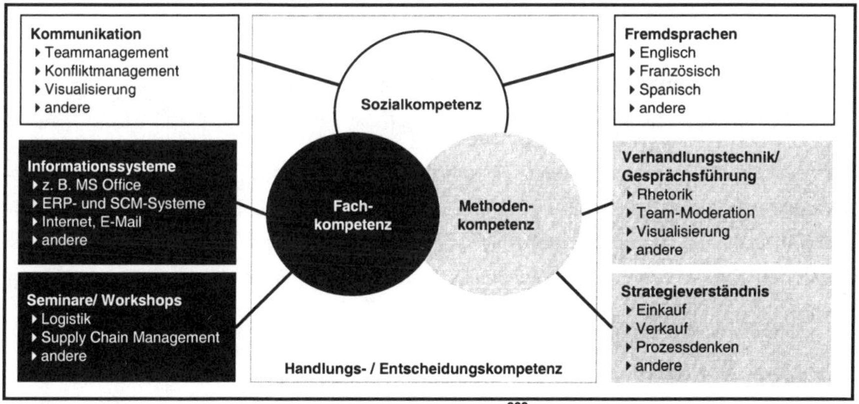

Abbildung 56: Dimensionen der Mitarbeiterqualifizierung[669]

Entsprechend einem modularen Mitarbeiterqualifikationskonzept sollten die Mitarbeiter und insbesondere die Prozessverantwortlichen je nach Anforderungsprofil in den Modulen der drei Kompetenzdimensionen geschult werden, so dass die effiziente Aufgabenerfüllung der einzelnen Mitarbeiter und damit der Logistik für das Dienstleistungsunternehmen langfristig gesichert ist. Personaleinsparungen im Logistikbereich sind auf Grund der umfassenden Fremdvergabe operativer Logistikaufgaben im Rahmen des Aufbaus der Lieferanten- und Dienstleisternetzwerke und der im Verhältnis zum Gesamtunternehmen danach zu erwartenden rela-

[669] In Anlehnung an Walter (1999), S. 1.665, Baumgarten, Walter (2000a), S. 157, bzw. Baumgarten, Tufinkgi, Walter (2000), S. 9.

tiv geringen Zahl hochqualifizierter Logistik- bzw. Supply Chain Manager dann kein geeignetes Mittel zur Senkung der Gesamtkosten des Dienstleistungsunternehmens mehr sondern tendenziell eher kontraproduktiv.

5.2 Prozessmanagement in Dienstleistungsunternehmen

Die strategische Umsetzung der prozessorientierten Logistik-Konzeption in Dienstleistungsunternehmen setzt die Anpassung der Prozesse an die strategischen Vorgaben für die Logistik voraus. Damit folgt aus der der Logistik in Dienstleistungsunternehmen zugeordneten Koordinationsfunktion die Notwendigkeit einer spezifischen Ausgestaltung des Prozessmanagements, die möglichst standardisiert und für die Vielzahl der Aufgaben anwendbar ist. In diesem Zusammenhang bietet sich ein modularer Aufbau des Prozessmanagements an, dessen Bausteine jeweils bedarfsspezifisch für die einzelnen Aufgaben bzw. Aufgabencluster innerhalb des Logistik-Systems einsetzbar sind.

5.2.1 Prozessmanagement-Bausteine der Logistik in Dienstleistungsunternehmen

Die Abgrenzung der Bausteine des Prozessmanagements wird in der Literatur unterschiedlich vorgenommen. Grundlage der Abgrenzung und Beschreibung der Prozessbausteine ist die Betrachtung von Geschäftsprozessen.[670] Die Bausteine eines effizienten Prozessmanagements der Dienstleistungslogistik werden dabei wie folgt festgelegt:

1) Projektmanagement,
2) Schnittstellenmanagement,
3) Prozesskettenmanagement,
4) Internes Prozessmanagement,
5) Prozesskostenmanagement.

Diese Bausteine des Prozessmanagements müssen durch ein prozessorientiertes Logistik-Controlling unterstützt und ergänzt werden. Im Folgenden werden die einzelnen Bausteine erläutert und voneinander abgegrenzt, wobei davon auszugehen ist, dass beim Management der Geschäftsprozesse mehrere dieser Bausteine

---

[670] Vgl. Kapitel 2.3.

gleichzeitig anzuwenden sind. Dies gilt insbesondere für das Prozesskostenmanagement bzw. das damit eng verbundene prozessorientierte Logistik-Controlling. Dieser Zusammenhang der einzelnen Bausteine des Prozessmanagements wird in der folgenden Abbildung 57 dargestellt:

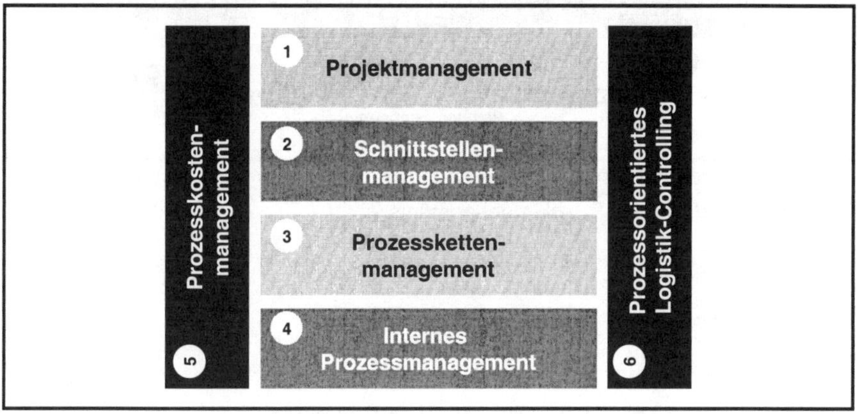

Abbildung 57: Prozessmanagement-Bausteine der Dienstleistungslogistik

Diese Bausteine eines leistungsfähigen Prozessmanagements werden im Folgenden einzeln erläutert.

5.2.1.1 Baustein 1: Projektmanagement

Bei Projekten, die logistische Fragestellungen innerhalb der Dienstleistungsunternehmen berühren, übernimmt die Dienstleistungslogistik im Rahmen ihres Prozessmanagements das Projektmanagement. Dabei definiert *Schwarze* ein Projekt als ein zeitlich, räumlich und sachlich begrenztes Arbeitsvorhaben, bei dem durch den Einsatz von Verbrauchsgütern (Material), Nutzungsgütern (Maschinen, Anlagen) und Arbeitskräften eine bestimmte Zielsetzung (Aufgabe) zu erreichen ist.[671] Bei Übertragung dieser Definition auf Projekte in Dienstleistungsunternehmen sind bei Nutzungsgütern insbesondere Dienstleistungen, Informationen und Wissen zu berücksichtigen. Diese Erweiterung gilt jedoch grundsätzlich für Projekte. Das Projektmanagement umfasst alle Aufgaben der Planung, Steuerung, Koordination und Überwachung von Projekten.

671 In Anlehnung an Schwarze (1997), S. 846.

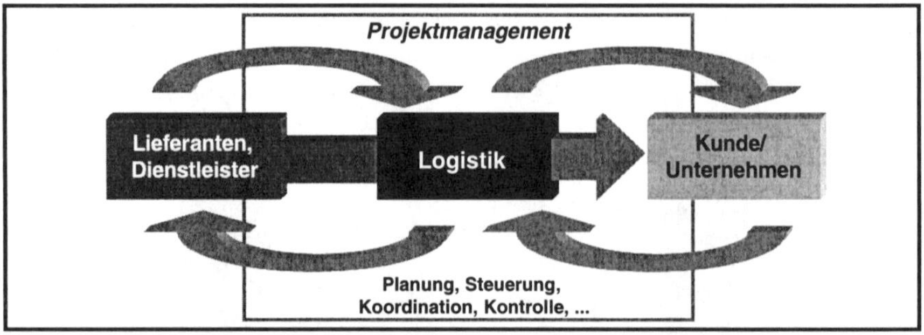

Abbildung 58: Logistik übernimmt Projektmanagement in Dienstleistungsunternehmen

Mindestbestandteile des Projektmanagements sind:

- Projektvorbereitung;
- Projektanalyse;
- Projektplanung;
- Projektrealisierung mit Projektsteuerung und –kontrolle;
- Erfolgskontrolle für das Projekt.

Allgemeine Aufgabe der Projektplanung ist dabei die Vorbereitung der Projektdurchführung, um eine reibungslose Projektrealisierung sicherzustellen. Aufgabe der Projektsteuerung ist die wirtschaftliche und termingerechte Realisierung des Projekts, insbesondere die Koordinierung der Beteiligten – im Rahmen des Schnittstellenmanagements – und der einzelnen Projektaktivitäten. Die Projektkontrolle dient der Sicherstellung einer anforderungs- und plangerechten Projektrealisierung. Ein effizientes Projektmanagement durch die Dienstleistungslogistik im Rahmen logistischer Projekte sollte dabei mindestens folgende Anforderungen erfüllen:

- Übersichtliche Erfassung aller Aktivitäten und deren Reihenfolgebedingungen sowie der sonstigen Projektelemente;
- vollständige und übersichtliche Darstellung des Projektablaufs;
- exakte und detaillierte Zeit- und Terminplanung mit Angabe der kritischen Stellen und der Zeitreserven (Pufferzeiten);
- Integration unter anderem von Kapazitätsmanagement, Materialbereitstellung, Kosten- und Finanzmanagement;
- Bereitstellung zuverlässiger und einfach zu handhabender Unterlagen für die Arbeitsvorbereitung und Projektsteuerung;

- sofortiges Erkennen von Planabweichungen und schnelle, wirksame Reaktion auf Probleme;
- Integration aller Phasen der Projektabwicklung;
- Bereitstellung aller relevanten Projektinformationen durch ein Projektinformationssystem.[672]

5.2.1.2 Baustein 2: Schnittstellenmanagement

In jedem logistischen System entstehen zwangsweise Übergänge zwischen Elementen, Subsystemen und/ oder Systemen, die als logistische Schnittstellen bezeichnet werden. Jeder Material- und Informationsfluss muss auf seinem Weg durch ein komplexes System mehrfach logistische Schnittstellen überwinden, so dass ihre Gestaltung in der Logistik-Konzeption eine große Rolle spielt. Logistische Schnittstellen können anhand des Merkmals *Art der Schnittstelle*[673] klassifiziert und charakterisiert werden. Bezogen auf das Subsystem Logistik treten vier prinzipielle Arten von Schnittstellen auf:

(1) Schnittstellen zwischen Elementen des Subsystems Logistik.

(2) Schnittstellen zwischen Elementen des Subsystems Logistik und anderen Subsystemen oder deren Elementen innerhalb der Unternehmung bzw. im Konzern.

(3) Schnittstellen zwischen Elementen des Subsystems Logistik und anderen Subsystemen/ Elementen außerhalb der Unternehmung.

(4) Schnittstellen zwischen Subsystemen/ Elementen innerhalb der Unternehmung und Subsystemen bzw. Elementen außerhalb der Unternehmung im Rahmen eines Prozesses oder Projektes, dessen Betreuung der Logistik obliegt.

Bei den Schnittstellen (1) und (2) handelt es sich dabei um unternehmensinterne, bei (3) und (4) dagegen um unternehmensübergreifende Schnittstellen. Die Verknüpfung verschiedener logistischer Subsysteme, Elemente und/ oder Systeme ist auf Grund unterschiedlicher Ausprägungen und weiterer Verbindungen äußerst komplex. Daher erfordern sowohl bestehende als auch neu zu schaffende Schnittstellen ein effektives Schnittstellenmanagement.

---

[672] Vgl. Schwarze (1997), S. 846.

[673] Das heißt: Zwischen welchen Elementen, Subsystemen, Systemen befindet sich die Schnittstelle?

Ziel des Schnittstellenmanagements als weiterer Baustein des Prozessmanagements ist die Optimierung der Schnittstellen. Das bedingt die Vermeidung von unnötigen Arbeiten, Tätigkeiten oder Funktionen an den Systemübergängen. Die Verbesserung der Gestaltung der logistischen Schnittstellen führt zur Einsparung von Ressourcen und damit zu Kostensenkungen. Der volle Gestaltungsspielraum eröffnet sich, wenn logistische Konzeptansätze integrativ, ganzheitlich und systemübergreifend verstanden und angewandt werden.[674] Im Folgenden sollen diese theoretischen Überlegungen systematisch für die Dienstleistungslogistik erläutert werden; auf Schnittstelle (1) wird allerdings erst unter 5.2.1.4 im Rahmen der Betrachtung des internen Prozessmanagements genauer eingegangen.

Schnittstelle (2) verbindet die Dienstleistungslogistik mit ihrem Kunden – der Unternehmung. Ihre effiziente Gestaltung ist daher von besonderer Bedeutung und einer der Hauptansatzpunkte des Schnittstellenmanagements im Rahmen des Prozessmanagements.

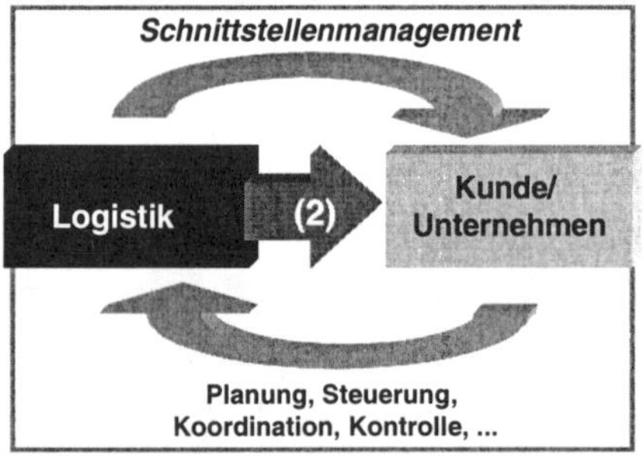

Abbildung 59: Koordination der Schnittstelle zwischen Unternehmen und Logistik

Zielsetzung des Schnittstellenmanagements ist es, die geeigneten Ressourcen zur richtigen Zeit am benötigten Ort bedarfsgerecht bereitzustellen, wobei diese Ressourcen Güter aller Art, insbesondere aber auch Dienstleistungen, Informationen und Wissen darstellen können. Dabei wird eine Optimierung der Prozesse unter Beachtung eines marktgerechten Lieferservices unter Minimierung der Prozesskosten angestrebt.

Die Ziele einer Logistik-Beratung im Sinne einer Bereitstellung der Ressource „Information" werden durch die Kundenanforderungen determiniert und können von Fall zu Fall stärker auf strategische oder auf operative Ziele ausgerichtet sein.

---

[674] Vgl. Baumgarten, Walter (2001), S. 89, oder Feierabend (1997), S. 923.

Bei strategischen Zielsetzungen stehen im Vordergrund:

- Kundenservice (marktgerechter Lieferservice und Lieferbereitschaft);
- Wirtschaftlichkeit des gesamten Logistik-Prozesses;
- Flexibilität bei der Anpassung an Marktveränderungen;
- Ökologieorientiertes Logistik-Management.

Die operativen Zielsetzungen sind dagegen häufig auf kurzfristige Ergebnisverbesserung oder Kostensenkung ausgerichtet.[675]

Die unternehmensübergreifende Schnittstelle (3) verbindet die Unternehmung mit ihren externen Dienstleistern und dient vor allem dem Management der Beschaffung als einer Grundfunktion des Unternehmens. Die Aufgabe der Beschaffung besteht darin, die wirtschaftliche Versorgung mit den benötigten Produktionsfaktoren sicherzustellen, die nicht selbsterstellt werden.[676] Bei Dienstleistungsunternehmen handelt es sich überwiegend um Informationen und Produktionsfaktoren aus dem technisch-organisatorischen Bereich in Form der sachlichen Ausstattung des Betriebs mit Betriebsmitteln sowie um Dienstleistungen.

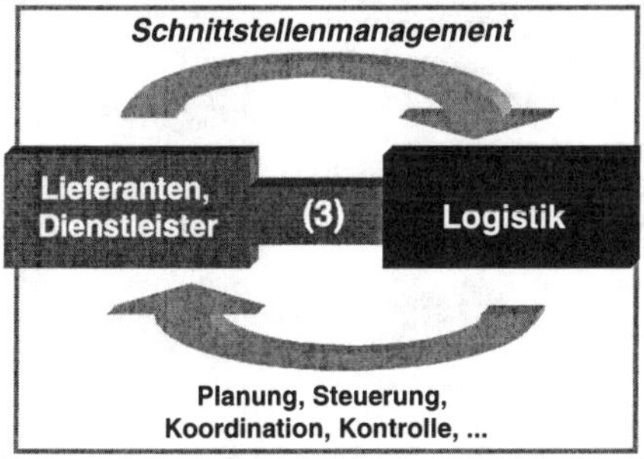

Abbildung 60: Koordination der Schnittstelle zwischen Dienstleistungslogistik und externen Dienstleistern bzw. Lieferanten

Das Beschaffungsmanagement ist als Kernbereich des Versorgungsmanagements (Supply Management) zu sehen.[677] Wesentliche Aufgabe des Beschaffungsmanagements ist es, die marktliche Schnittstelle zwischen Unternehmen und vorgelagerten Wertschöpfungsstufen zu gestalten. Extern soll das Beschaffungsmanagement die Beschaffungsmärkte so beeinflussen, dass das Unternehmen Erfolgspotenziale er-

---

[675] Vgl. Waldmann (1997), S. 562f.
[676] Vgl. Mikus (1997), S. 64.
[677] Vgl. zum Versorgungsmanagement z. B. Darkow (2001) und die dort angegebene Literatur.

schließen und marktbedingte Risiken abwehren kann. Dafür müssen die notwendigen internen Maßnahmen durchgeführt werden sowie insbesondere eine moderne, institutionale Managementstruktur aufgebaut werden (Planungs-, Entscheidungs- und Organisationsstruktur).[678] Ein effizientes Schnittstellenmanagement im Sinne eines strategischen Managements der Beschaffung beinhaltet auch Aufgabengebiete der Beschaffungslogistik, zum Beispiel den Aufbau, die Pflege und den Ausbau der strategischen Potenziale. Dabei handelt es sich um Kapazitäten, Strukturen und Fähigkeiten eines Systems, zukünftig anfallende Anforderungen erfolgreich zu erfüllen. Zielobjekte sind insbesondere Kooperationssysteme mit Lieferanten und Logistik-Dienstleistern zur effizienten Regelung der Zulieferer-Abnehmer-Beziehungen, die sich in vielfältiger Weise gestalten und weiterentwickeln lassen. Insbesondere Transporte und Lagerhaltung werden für Dienstleistungsunternehmen häufig durch externe Logistik-Dienstleister übernommen.[679] Diese Dienstleister sind Hauptadressaten des Managements der Schnittstelle (3).

Im Rahmen der anforderungsgerechten Versorgung der Geschäftsbereiche der Unternehmung mit Betriebsmitteln und externen Dienstleistungen ist die direkte Schnittstelle (4) von erheblicher Bedeutung.

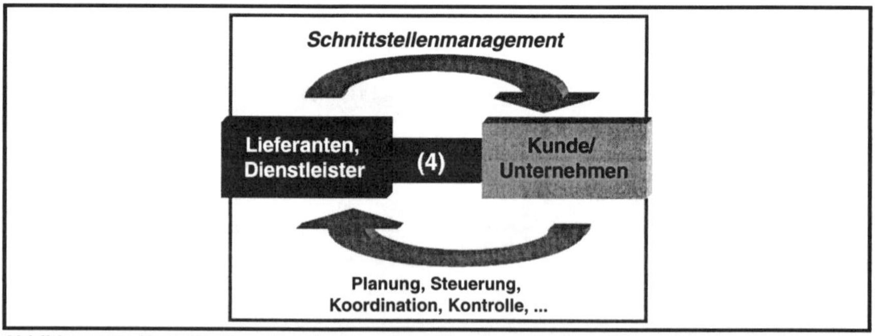

Abbildung 61: Koordination der direkten Schnittstelle zwischen Unternehmung und externen Dienstleistern bzw. Lieferanten

Das Schnittstellenmanagement entspricht bezüglich Schnittstelle (4) größtenteils dem Network Relationship Management, u. a. im Sinne der Pflege von Geschäftsbeziehungen. Das heißt, sowohl der Unternehmung als auch den externen Dienstleistern dient die Dienstleistungslogistik zwar in erster Linie als Ansprechpartner, bei

[678] Vgl. Arnold (1997), S. 72.
[679] Vgl. Bloech (1997b), S. 69f.

der Leistungserstellung respektive bei der Auslieferung kommt es allerdings zu direktem Kontakt zwischen Kunde (Unternehmung) und Lieferant. Daher ist besonderes Augenmerk auf Lieferqualität, -service und –dauer durch den Dienstleister zu legen, da Probleme gleich welcher Art direkt der Dienstleistungslogistik zugerechnet werden. Insbesondere bei großen Projekten kommt der Dienstleistungslogistik eine Mittlerfunktion zu, die bei der Gesprächsanbahnung beginnt und bis zum Beschwerdemanagement führen kann. Die Integration der internen und externen Kunden in die logistischen Prozesse von besonderer Bedeutung.

5.2.1.3 Baustein 3: Prozesskettenmanagement

Ziel des Prozesskettenmanagements ist es, einzelne Funktionen im Zusammenhang zu verbessern und dabei die Auswirkungen auf andere Unternehmensbereiche zu beachten, um ein Optimum entlang der gesamten logistischen Kette zu erreichen. Dieses Optimum muss bezüglich der relevanten Zielgrößen Kosten, Qualität, Service und Prozessdauer gefunden werden. Ein unternehmensübergreifender Optimierungsansatz kann erhebliche Kostensenkungs- und Rationalisierungspotenziale erschließen. Durch neue Formen der Zusammenarbeit, beispielsweise im Verhältnis zu externen Dienstleistern,[680] können Unternehmensgrenzen in Teilbereichen fast vollständig an Bedeutung verlieren.

Das Prozesskettenmanagement löst die durch starre Hierarchiemuster geprägte Aufbauorganisation durch eine an bereichsübergreifenden Prozessen ausgerichtete Prozessorganisation ab. Diese richtet sich an den für die Wertschöpfung und den Kundenservice relevanten Kernprozessen aus und gliedert gewachsene Strukturen im Unternehmen neu.[681] Dadurch wird auch eine Neuabgrenzung und ein effizientes Management der Prozessschnittstellen notwendig und möglich.

---

[680] Siehe Kapitel 2.3.3 und die Ausführungen zu Schnittstelle (3) und (4).
[681] Vgl. Baumgarten, Wiegand (1997c), S. 853f.

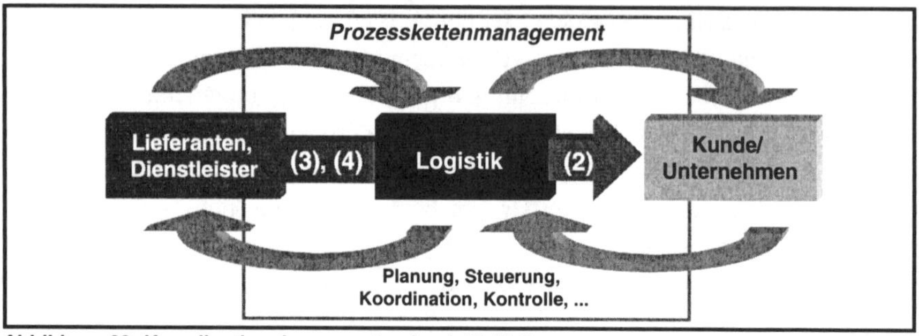

Abbildung 62: Koordination der gesamten Logistik-Kette

Die Logistik in Dienstleistungsunternehmen muss daher in der Lage sein, sich zum einen als Kunde, zum anderen als Lieferant zu verstehen. Dies ermöglicht die Übertragung des Kunden-Lieferanten-Prinzips auf jeden einzelnen Teilprozess einer Prozesskette, so dass der vorgelagerte Prozess (Lieferant) den nachgelagerten Prozess (Kunde) anforderungsgerecht beliefert. Zur Umsetzung des Prozessgedankens werden Prozessteams gebildet, die aus heterogenen, abteilungsübergreifenden Gruppen von Mitarbeitern bestehen und durch einen verantwortlichen Prozesskettenmanager koordiniert und moderiert werden.

Dieser Prozesskettenmanager übernimmt das Key Account Management für die Prozesskette im Verhältnis zum Top-Management und ist damit dessen Ansprechpartner und Bindeglied zur ausführenden Ebene:

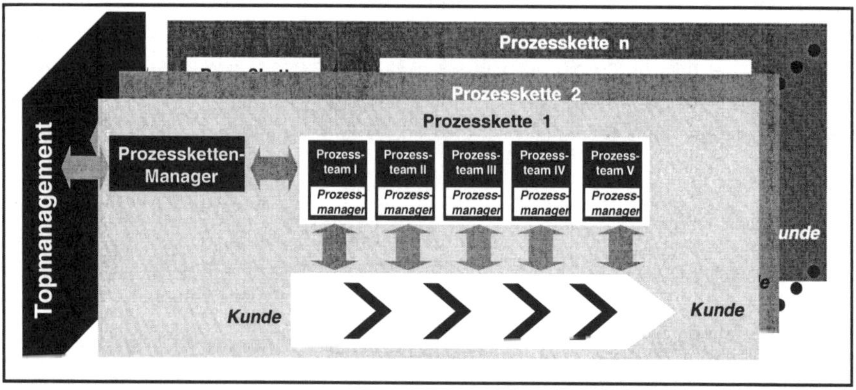

Abbildung 63: Beispiel einer prozessorientierten Unternehmensstruktur[682]

[682] Vgl. Baumgarten (1995), S. 149, und analog Bogaschewsky, Rollberg (1998), S. 191.

Eine effektive Prozessorganisation benötigt klare und institutionalisierte Entscheidungsprozesse, kurze Entscheidungswege und flache Hierarchien. Das Top-Management in einer Prozessorganisation befasst sich neben der Festlegung von Schlüsselstrategien für einzelne Geschäftsfelder und der Erarbeitung von Unternehmenszielen für alle Prozessteams auch stärker mit den Belangen einzelner Prozessteams. So kann zum Beispiel die fachliche Kompetenz des Top-Managements bei der Erarbeitung zukünftiger Entwicklungsstrategien mit einem Systempartner den Aspekt Qualität unterstreichen, so dass das Qualitätsdenken des eigenen Managements auf die Prozessgestaltung des Partnerunternehmens transferiert wird. Die veränderte Unternehmensstruktur begünstigt eine höhere Kommunikationsbereit-schaft und beugt so Fehlentscheidungen und Informationsdefiziten an Schnittstellen vor.[683] Diese Struktur sollte für die Dienstleistungslogistik gewählt werden, auch wenn die sonstige Unternehmensstruktur in einer Unternehmung bzw. im Konzern sich auf Dauer nicht an Prozessen orientiert.

5.2.1.4 Baustein 4: Internes Prozessmanagement

Das interne Prozessmanagement betrifft die Koordination der internen Aufbau- und Ablauforganisation und insbesondere das Management der Schnittstelle (1) zwischen den Elementen des Subsystems Dienstleistungslogistik.

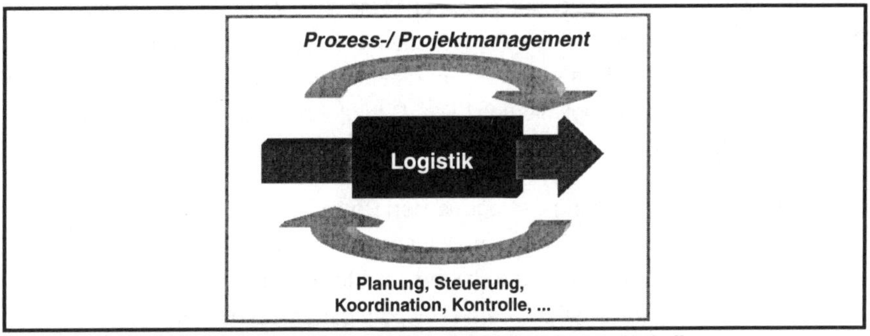

Abbildung 64: Koordination der internen Abläufe der Dienstleistungslogistik

Innerhalb der Dienstleistungslogistik müssen alle in diesem Kapitel dargestellten Bausteine des Prozessmanagements berücksichtigt werden, um den Anforderungen, denen sich die Dienstleistungslogistik gegenübersieht, gerecht zu werden. Ein effektives internes Prozessmanagement durch die Einführung konkreter Logistik-

[683] Vgl. Baumgarten (1995), S. 148-151, und Baumgarten, Wiegand (1997c), S. 854f.

Konzepte ermöglicht bereits eine deutliche Effizienzsteigerung. Ein gesamtheitliches Prozessmanagement ist ohne ein internes Prozessmanagement nicht möglich.

5.2.1.5 Baustein 5: Prozesskostenmanagement

Ziel des Prozesskostenmanagements ist die Analyse und Gestaltung von Prozessen und ihres Outputs in den indirekten Bereichen.[684] Durch die verursachungsgerechte Zurechnung von Kosten auf Prozesse mit Hilfe der Prozesskostenrechnung eröffnen sich neue Möglichkeiten der Bewertung und Steuerung von Geschäftsprozessen.[685] Insbesondere die Steuerung und Effizienzkontrolle durch ein stringentes Kostenmanagement ist dabei von besonderer Bedeutung. Das Prozesskostenmanagement wird dabei auch und gerade als Voraussetzung bzw. Ergänzung des Logistik-Controllings verstanden, das Handlungsalternativen und Schwächen in der Prozessgestaltung aufzeigt. Die Einführung eines effektiven Prozesskostenmanagements ist dabei abhängig von der Einführung einer Prozesskostenrechnung für die Dienstleistungslogistik. Dabei ist nicht unbedingt eine unternehmensweite Umgestaltung der Kostenrechnung notwendig, auch eine ausschließliche Betrachtung der Kosten in Prozessen in der Unternehmung durch die Dienstleistungslogistik ermöglicht ein Prozesskostenmanagement. Dieses sollte in den Stufen Prozessanalyse, -definition, -optimierung und Durchführung des Prozesskostenmanagements eingeführt werden.[686] Nach der Analyse und Strukturierung der verrichteten Tätigkeiten im Rahmen der Analyse erfolgt die Prozessoptimierung durch die Identifikation von Hauptschwachstellen und die Ableitung der Idealprozesse sowie die Entwicklung von Maßnahmen zur Prozessoptimierung. Die Durchführung wird ergänzt durch die Planung, die Kalkulation sowie die Ergebnisrechnung mit Prozesskosten.[687]

Im Rahmen der Neugestaltung der logistischen Bereiche eines Dienstleistungsunternehmens zu einer prozessorientierten Dienstleistungslogistik sollte die notwendige Umstrukturierung der Aufbau- und Ablauforganisation mit der Einführung einer Prozesskostenrechnung einhergehen, deren Hauptaufgaben darin besteht:

- die Kostentransparenz in den logistischen Leistungsbereichen zu erhöhen,
- einen effizienten Ressourcenver- und -gebrauch sicherzustellen,

[684] Vgl. Mayer (1998), S. 5.
[685] Vgl. Schwarze (1997), S. 853.
[686] Vgl. Kapitel 2.3.
[687] Vgl. Horváth, Mayer (1989), S. 214-219.

- die Kostenkalkulation durch die Betrachtung der Gesamtkosten zu verbessern und damit letztendlich
- strategische Fehlentscheidungen zu vermeiden.[688]

Die Prozesskostenrechnung wird in diesem Zusammenhang nicht in erster Linie als Mittel zur Kostenkalkulation sondern als Basis für den Aufbau einer Prozessorganisation in der Dienstleistungslogistik betrachtet, die allerdings nach Einführung – unter anderem durch die durchgeführte Prozessanalyse – erhebliche Auswertungsmöglichkeiten im Rahmen eines prozessorientierten Logistik-Controllings bietet.

Die prozessorientierte Vorgehensweise der Prozesskostenrechnung lässt aufbauorganisatorische Aspekte weit gehend unberücksichtigt, wodurch sich bereits im Rahmen der Analyse viele Möglichkeiten der Prozessverbesserung zeigen. Durch umfangreiche Tätigkeits- und Prozessanalysen sowie die koordinierende Funktion der Hauptprozesse werden bereits in der Einführungsphase wichtige Schritte in Richtung einer Prozessorganisation unternommen.[689] Das folgende Schema verdeutlicht das Vorgehen bei der Einführung aber auch bei wiederholter Anwendung der Prozesskostenrechnung als Mittel zur Effizienzüberprüfung einer bestehenden Prozessorganisation:

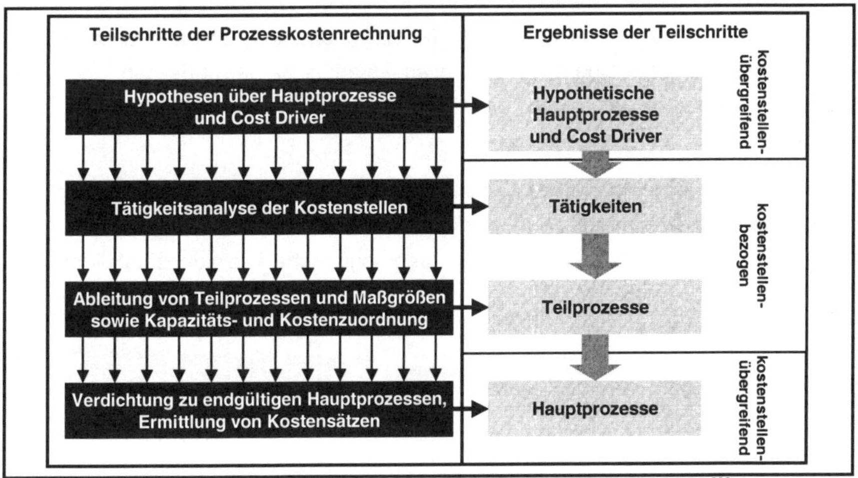

Abbildung 65: Vorgehensweise bei der Einführung der Prozesskostenrechnung[690]

---

[688] Vgl. Horváth, Mayer (1989), S. 214.
[689] Vgl. Niemand, Fröhlich (1994), S. 267f.
[690] Vgl. Mayer (1991a), S. 85 und Kapitel 2.3.

Als *Hauptprozesse* werden abteilungsübergreifende Vorgänge, die das Gemeinkostenvolumen von Dienstleistungsunternehmen treiben – Cost Driver – bezeichnet. Der Anfang und das Ende eines Hauptprozesses ist dabei immer der Kunde. *Teilprozesse* sind Tätigkeitsgebiete, die mengen- und wertmäßig erfasst und kostenmäßig zugeordnet werden können. Durch die Einführung einer Prozesskostenrechnung erhöhen sich die Möglichkeiten zur Durchführung eines effizienten Prozess- und insbesondere Prozesskostenmanagements als Voraussetzung des Logistik-Controllings um ein Vielfaches.[691]

5.2.1.6 Baustein 6: Prozessorientiertes Logistik-Controlling

Gerade die Einführung der vorgenannten Bausteine des Prozessmanagements, insbesondere des Prozesskostenmanagements im Rahmen der Umsetzung der prozessorientierten Logistik-Konzeption macht es erforderlich, auch die Planungs- und Kontrollsysteme der Unternehmung zu ergänzen bzw. umzugestalten, so dass sie die Logistik-Konzeption unterstützen. Dabei bedeutet gerade das prozessorientierte Logistik-Controlling im Rahmen des ganzheitlichen Prozessmanagements mehr als ein spezifisches funktionsorientiertes Controlling.

In diesem Sinne muss die Ausgestaltung des Controllingsystems sowohl auf strategischer als auch auf operativer Ebene die Anwendbarkeit auf die Steuerung von Netzwerken durch eine Orientierung an allen Güterflüssen gewährleisten.[692] Aus der Sicht der Logistik-Konzeption sind dabei zwei grundsätzliche Gestaltungsbereiche zu unterscheiden:

- Entwicklung logistikgerechter Controllinginstrumente, die der Bereitstellung von Entscheidungs-, Kontroll- und Koordinationsinformationen zur übergreifenden, systemweiten Gestaltung und Steuerung logistischer Leistungserstellungsprozesse dienen.

---

[691] Auf die Ergebnisse und weitere Anwendungsmöglichkeiten der Prozesskostenrechnung wird in Kapitel 5.3.3 weiter eingegangen.

[692] Vgl. zur Logistikorientierung des Controllings Delfmann (2000b), S. 75f. Zur Diskussion über die Frage konkurrierender Konzepte der Logistik und des Controllings vgl. Kortschak (2001), der für eine getrennte Entwicklung der Logistik- und der Controlling-Konzeption zum beiderseitigen Nutzen plädiert, wobei er in diesem Zusammenhang den Stand der wissenschaftlichen Diskussion nachzeichnet. *Göpfert* und *Neher* betrachten den Realisierungsstand des unternehmensübergreifenden Logistik-Controllings im Sinne eines Supply Chain Controllings. Vgl. Göpfert, Neher (2002), S. 36f. Vgl. zum Supply Chain Controlling auch Weber, Bacher, Groll (2002).

- Gewährleistung der Berücksichtigung von Ausstrahlungseffekten der Logistik-Konzeption auf das Gesamt-Controlling durch die Klärung von Schnittstellen und notwendigen Modifikationen der Controllingsysteme.[693]

Diese ganzheitliche Ausgestaltung des Logistik-Controllings ist insbesondere vor dem Hintergrund notwendig, dass das Controllingsystem des Gesamtunternehmens zum Zeitpunkt der Einführung des ganzheitlichen Prozessmanagements im Regelfall nicht prozessorientiert ausgestaltet ist. Gerade die Kompatibilität der Controllingsysteme ist jedoch ein wesentlicher Gesichtspunkt für die Ausgestaltung der Leistungsverrechnung bzw. der Preisbildung für die gegenseitige Inanspruchnahme von Leistungen. Für die Umsetzung der prozessorientierten Logistik-Konzeption müssen die Controllingsysteme dem Logistik-Management in Dienstleistungsunternehmen schnittstellenübergreifende und prozessorientierte Informationen zur Verfügung stellen.

Damit steht das prozessorientierte Logistik-Controlling in direkter Wechselbeziehung mit dem oben beschriebenen Prozesskostenmanagement und kann gerade im Hinblick auf die Identifizierung von Effizienzsteigerungs- und Rationalisierungspotenzialen wesentliche Hinweise und Informationen liefern. Gleichzeitig kann das prozessorientierte Logistik-Controlling die Schwächen herkömmlicher Controlling-Ansätze aufheben und ist zur Aufdeckung von Organisationsdefiziten, Motivationsproblemen und Identifizierung von Kernleistungsprozessen geeignet.[694]

5.2.2 Auswirkungen auf die Logistikprozesse in Dienstleistungsunternehmen

Vor Einführung des ganzheitlichen Prozessmanagements mit den oben beschriebenen Bausteinen ist das Aufgabenfeld der Dienstleistungslogistik einerseits geprägt von hochkomplexen und teilweise undurchschaubaren Prozessen, wobei die immer weiter fortschreitende Arbeitsteilung andererseits zu einfachen und leicht wiederholbaren Einzeltätigkeiten führt. Um diese Prozesse zu führen, ist gerade in Dienstleistungsunternehmen ein großer administrativer Aufwand notwendig.

Die Prozesse sind wegen ihrer Komplexität, aber auch auf Grund arbeitsrechtlicher Restriktionen nur schwer an sich rasch ändernde Umweltbedingungen anpassbar. Das führt dazu, dass die Logistik bzw. die Abwicklung logistischer Aufgaben in Dienstleistungsunternehmen häufig langsam und unflexibel ist. Im Zuge der Einfüh-

[693] Vgl. Delfmann (2000b), S. 75.
[694] Vgl. Darkow (2001), S. 80, die u. a. auf Krystek (1997b), S. 279f., verweist.

rung des Prozessmanagements wird stattdessen eine grundlegende Vereinfachung von Prozessen und Prozessketten – auch im Rahmen von Projekten – durch die Dienstleistungslogistik angestrebt. Diese Vereinfachung geht einher mit komplexer werdenden Einzeltätigkeiten der Mitarbeiter, die eine Erhöhung der Mitarbeiterqualifikation erfordert. Dem einzelnen Mitarbeiter werden in erheblichem Maß Eigenverantwortung und dezentrale Entscheidungskompetenz zugeordnet, was zu einer Erhöhung der Leistungsmotivation führen kann.

Durch die Vereinfachung der Prozesse und Abläufe werden diese durchschaubar und beherrschbar; die Dienstleistungslogistik wird flexibel und steuerbar. Erhebliche Verbesserungen der Unternehmensabläufe, die die Dienstleistungslogistik in die Lage versetzen, den gewachsenen Marktanforderungen gerecht zu werden, sind durch einen Übergang zum Prozessmanagement und insbesondere zum Prozesskettenmanagement zu erzielen.

Dabei sind die Auswirkungen eines solchen Übergangs kurzfristig nur sehr schwer zu ermitteln. Allerdings ist davon auszugehen, dass die Kommunikation verschiedener Bereiche, die vorher bei einer nach Funktionen gegliederten Organisationsform zu wenig stattgefunden hat, stark verbessert wird. Durch die Kommunikation wird ein bereichsübergreifendes Denken gefördert, was grundsätzlich zu reibungsfreieren und effektiveren Abläufen im Gesamtunternehmen führt.

Die konsequente Ausrichtung der Prozesse und Prozessketten am Kundennutzen führt zu einer deutlichen Verbesserung der Parameter Kosten, Qualität, Prozessdauer und Service. Insbesondere die Beschleunigung der betrieblichen Abläufe ermöglicht es dem Unternehmen, schneller und flexibler auf Kundenwünsche und –anforderungen zu reagieren und führt damit zu Serviceverbesserungen. Die Verbesserung der Qualität reduziert nicht nur die Kostenbelastung, da beispielsweise Doppelarbeiten vermieden werden, sondern eröffnet neue Absatzpotenziale im Falle eines externen Marktzugangs, indem sie die Konkurrenzfähigkeit der Dienstleistungslogistik erhöht.[695] Die Realisierung dieser Potenziale der dienstleistungsorientierten Logistik-Konzeption setzt jedoch eine organisatorische Zuordnung der zu erbringenden Aufgabencluster zu Aufgabenträgern innerhalb oder außerhalb des Unternehmens voraus. Eine einheitliche Verankerung in einem Unternehmensbereich erleichtert die Aufgabenzuweisung und –erfüllung aller Bausteine des Prozessmanagements.

[695] Vgl. Baumgarten, Wiegand (1997c), S. 856f.

5.3 Organisation der Logistik in Dienstleistungsunternehmen

Dieses Kapitel konkretisiert die Aspekte der organisatorischen Ausgestaltung der Dienstleistungslogistik. Dazu werden zunächst Alternativen bezüglich der wahrgenommenen logistischen Leistungstiefe und die daraus resultierende Kompetenzverteilung analysiert. Zum Abschluss werden grundsätzliche Steuerungsmechanismen für interne Dienstleistungsabteilungen, insbesondere Budgetierung, Cost-Center und Profit-Center diskutiert.

Im Folgenden werden zunächst die grundsätzlichen Alternativen der organisatorischen Verankerung der Logistik in Dienstleistungsunternehmen dargestellt. Prinzipiell können sämtliche logistischen Aufgaben auch ohne eine institutionalisierte Dienstleistungslogistik wahrgenommen werden. In diesem Fall verbleiben alle Logistikaufgaben bei den betreffenden Stellen und Abteilungen. Bezüglich des grundsätzlichen Entwicklungsstands der Logistik entspricht diese Alternative allerdings dem Stand der Logistik in den 1970er Jahren in Industrie- und Handelsunternehmen, wo Optimierungen lediglich innerhalb der einzelnen Funktionsbereiche stattfanden. Da die Potenziale einer ganzheitlichen und systemübergreifenden Sichtweise der modernen Logistik nicht adäquat ausgenutzt werden könnten, erscheint dieser Ansatz als nicht empfehlenswert.

5.3.1 Aufgaben- und Kompetenzverteilung der Logistik in Dienstleistungsunternehmen

Insbesondere die in Kapitel 5.2 erarbeiteten Bausteine des Prozessmanagements und die Überlegungen über die Notwendigkeit der Einführung einer Prozesskostenrechnung machen eine Untersuchung möglicher Organisationsalternativen der Aufbau- und/ oder Ablauforganisation der Logistik in Dienstleistungsunternehmen notwendig. Dazu werden in diesem Kapitel ausgehend von einer systematischen Betrachtung der Ausgangssituation einer Make-or-Buy-Entscheidung vier *mögliche* Alternativen mit einer jeweils unterschiedlichen Aufgabenverteilung zwischen Dienstleistungsunternehmen, Dienstleistungslogistik und (Logistik-) Dienstleistern bzw. Lieferanten voneinander abgegrenzt. Ziel der Betrachtung ist auch eine Überprüfung, inwieweit die gewählte Organisationsform die Umsetzung der prozessorientierten Logistik-Konzeption unterstützt, behindert oder gegebenenfalls verhindert.

Als Ausgangspunkt für die Betrachtung der Alternativen bietet sich eine Gliederung der auszuwählenden Organisationskonzepte analog der Vorgehensweise bei einer Make-or-Buy-Entscheidung an. Diese werden in der Literatur insbesondere in Bezug auf Industrieunternehmen betrachtet, allerdings werden heute sinngemäß auch Entscheidungen über die Fremdvergabe oder Eigenerstellung von Service- und Dienstleistungen mit dem vorhandenen Instrumentarium untersucht.[696] Insbesondere im Rahmen einer Hinterfragung von Kernkompetenzen sind Make-or-Buy-Entscheidungen Investitionskalküle, bei denen langfristige, komplexe Kooperationsbeziehungen zu (Logistik-) Dienstleistern und Lieferanten einer wirtschaftlichen Gesamtbewertung unterworfen werden.[697]

Dienstleistungsunternehmen verfolgen häufig ein kombiniertes Make-*und*-Buy-Konzept für die Abwicklung logistischer Aufgabenstellungen. Entsprechend dieser Ausgangssituation ergeben sich die folgenden vier Alternativen:

Alternative	Erläuterung	Organisationsänderung
A	Gleiche Kombination aus Make und Buy	Keine Änderung des Aufgabenumfangs, ansatzweise Umsetzung geeigneter ablauforientierter Konzepte
B	Wechsel zu einer anderen Kombination aus Make und Buy	Erweiterung des Aufgabenumfangs, Neustrukturierung, teilweise Umsetzung geeigneter ablauforientierter Konzepte
C	Wechsel zu nur Make	Änderung des Aufgabenumfangs, Akquisition von externen Dienstleistern, teilweise Umsetzung ablauforientierter Konzepte
D	Wechsel zu nur Buy	Änderung des Aufgabenumfangs, Ausgliederung der Dienstleistungslogistik-Bereiche, konsequente Umsetzung ablauforientierter Konzepte

Tabelle 5: Auswahl geeigneter Organisationsalternativen

Bei der Bewertung dieser Organisationskonzepte sind insbesondere die Möglichkeiten der Einführung eines effizienten Prozessmanagements unter Berücksichtigung der anfallenden Prozesskosten zu gewährleisten.

Die Logistik in Dienstleistungsunternehmen sollte zumindest als eine die unterschiedlichen logistischen Tätigkeiten koordinierende Stelle organisiert sein. In welcher Form dies letztendlich geschieht, ist abhängig von der objektiv und individuell zu ermittelnden Bedeutung der Dienstleistungslogistik und ihrer tatsächlichen Leistungstiefe.[698] Durch diese „Mindestinstitutionalisierung“ lassen sich logistische Res-

---

[696] Vgl. auch Weber (1993), S. 11f.

[697] Vgl. Männel (1997a), S. 680f.

[698] Als Möglichkeiten bieten sich beispielsweise an: Profit-Center, Fachabteilung, Vorstandsressort, Stelle innerhalb der Organisationsabteilung, Stab, externer Dienstleister.

sourcen sowie Know-how bündeln und Optimierungspotenziale erschließen. Gemäß Definition beinhaltet die Leistungserstellung der Dienstleistungslogistik Aufgaben der Planung, Steuerung, Koordination und Kontrolle. Findet zumindest eine Koordination statt, fallen die hierfür notwendigen Elemente der Planung, Steuerung und Kontrolle der Funktion bzw. Stelle zu, die die Dienstleistungslogistik verantwortet.

Im Falle der Mindestinstitutionalisierung sollte die Entscheidungskompetenz für die logistische Aufgabenerfüllung in der strategischen Führungsebene verankert sein, um bei der Wahrnehmung der ganzheitlichen Aufgaben einer modernen Logistik nicht an mangelnden Kompetenzen zu scheitern. Die erstmalige Ausgestaltung einer Dienstleistungslogistik bedingt eine Verlagerung von Aufgaben und Funktionen weg von den bisher ausführenden Stellen bzw. Abteilungen, was im Extremfall zu deren vollständigen Auflösung führen kann. Ein Beispiel ist die Verlagerung des Strategischen Einkaufs in den Verantwortungsbereich der Dienstleistungslogistik. Daraus ergibt sich das Problem der Abgrenzung der Aufgaben und Kompetenzen zwischen einer – wie auch immer konkret ausgestalteten – Logistik und den bisher verantwortlichen Stellen. Historisch bedingte Grenzen zwischen Unternehmensfunktionen müssen zu Gunsten einer den Prozessgedanken und den Kundennutzen berücksichtigenden interdisziplinären Lösung dieses Verantwortlichkeitsproblems hinterfragt werden.

Im weitesten Sinne handelt es sich dabei um eine Entscheidung über die Eigenerstellung oder Fremdvergabe, wobei Fremdvergabe nicht allein den Ein- bzw. Zukauf von Logistikleistungen über den Markt, sondern auch die „interne Fremdvergabe" an eine in diesem Fall zum Verantwortungsbereich der Dienstleistungslogistik gehörenden Organisationseinheit bedeuten kann. Die so aufgeworfene Frage Eigenerstellung – durch die bisher ausführende Organisationseinheit – oder Fremdbezug – durch die Dienstleistungslogistik oder einem externen Dienstleister bzw. Partner – muss die strengen Kriterien der Make-or-Buy-Analyse berücksichtigen. Fällt die Entscheidung für einen Fremdbezug und zugunsten der Dienstleistungslogistik, erhöht das die Leistungstiefe der Dienstleistungslogistik, da Durchführungs- und zugehörige Planungs-, Steuerungs- und Kontrollaufgaben auf sie übertragen werden. Im Falle des Fremdbezugs von externen Dienstleistern bleibt die Leistungstiefe der Dienstleistungslogistik konstant, da sich „nur" die intern orientierte Koordination zu einer extern orientierten Koordination von Dienstleistern wandelt. Die strategische und operative Ausgestaltung der Koordinationsfunktion – z. B. in Form von Steuerungsmechanismen, Verrechnungsmodalitäten, Informationssystemen, persönlichen

Beziehungsnetzwerken etc. – ist ein entscheidender Erfolgsfaktor für das Gelingen der Zusammenarbeit.

5.3.2 Phasenmodell zur Implementierung der Dienstleistungslogistik

In den vorhergehenden Kapiteln wurde die Bedeutung logistischer Aufgaben und Funktionen für Dienstleister aus den unterschiedlichsten Perspektiven dargestellt. Es konnte gezeigt werden, dass eine leistungsfähige Dienstleistungslogistik den Markterfolg und die durch den Kunden wahrgenommene Qualität determinieren kann. Logistik-Strategien sind damit ein Erfolgsfaktor für das Dienstleistungsmanagement, der – um genutzt zu werden – die Integration der Dienstleistungslogistik in die Organisation des Dienstleisters und die Entwicklung einer auf deren Bedürfnisse zugeschnittenen Logistik-Konzeption bedingt.

Eine „Idealform" für die organisatorische Ausgestaltung der Dienstleistungslogistik existiert in diesem Sinne nicht, allerdings lässt sich unter Berücksichtigung der objektiven Gegebenheiten ein individuelles Dienstleistungslogistik-System entwickeln. Viele Dienstleistungsunternehmen haben bisher jedoch noch keine ganzheitliche Logistik-Philosophie entwickelt und die Implementierung der Dienstleistungslogistik bedeutet für sie einschneidende organisatorische Veränderungen auf allen Ebenen.

Aus diesem Grund wird die Implementierung des Dienstleistungslogistik-Systems anhand eines 3-Phasen-Modells vorgeschlagen, um den Veränderungsprozess erfolgreich zu gestalten.[699]

---

[699] Für vertiefende Literatur zur Thematik Veränderungsmanagement und Systemanalyse vgl. Hammer, Champy (1994), Wohlgemuth (1998), Krallmann, Frank, Gronau (2002) sowie Gareis, Raudaschl, Rottländer (2001).

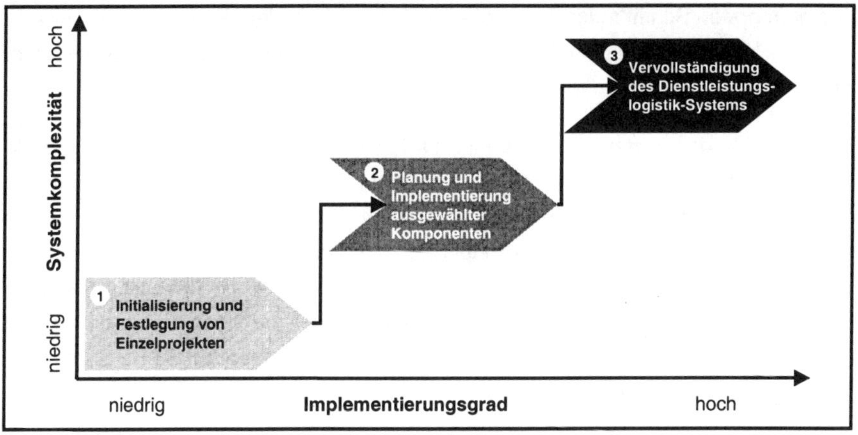

Abbildung 66: 3-Phasenmodell zur Implementierung der Dienstleistungslogistik

Ein wichtiger Erfolgsfaktor bei Veränderungsprozessen ist die Mitarbeiterpartizipation und – insbesondere bei Dienstleistern – die Kundenpartizipation. Dadurch kann deren Know-how eingebunden und die Akzeptanz der Maßnahmen gesteigert werden.[700] Diese Vorgehensweise wird als „bipolares Change Management" bezeichnet, wobei das Top-Management die Makrostruktur – die in groben Zügen und auf lange Sicht festgelegte Aufbau- und Ablauforganisation der Gesamtinstitution – strategisch festlegt und die Mikrostruktur insbesondere durch die Beteiligung der Betroffenen entwickelt wird.[701] Zur Mikrostruktur gehören dabei die Aufbau- und Ablauforganisation der organisatorischen Teilbereiche, sowie auch informelle Strukturen.

5.3.2.1 Phase 1: Initialisierung und Festlegung von Einzelprojekten

Die Planung, Steuerung, Durchführung und Kontrolle der Implementierung erfordert vielschichtiges Wissen und erzeugt tiefgreifende Veränderungen in der Aufbau- und Ablauforganisation. Daher empfiehlt es sich, die Implementierung im Rahmen eines interdisziplinär besetzten Projekts mit externer Beratung und Unterstützung durch die oberste Hierarchieebene zu organisieren.

[700] Gemäß einer im Auftrag von IBM durch McKinsey durchgeführten Studie scheitern 35 % der Veränderungsprozesse auf Grund zu geringer oder fehlender Bereitschaft der Mitarbeiter Vgl. Gareis, Raudaschl, Rottländer (2001), S. 67.

[701] Vgl. Wohlgemuth (1998), S. 794.

In einem ersten Schritt muss ein solches – für den Veränderungsprozess verantwortliches – Projektteam aufgestellt und mit den notwendigen Kompetenzen ausgestattet werden.

Die Basis für das weitere Vorgehen ist die Existenz eines grundsätzlichen Logistikverständnisses. Darauf aufbauend werden strategische Logistikziele formuliert und in das Zielsystem des Dienstleisters eingebunden. Als Hilfsmittel zur Ermittlung des spezifischen Stellenwerts einzelner logistischer Aufgaben und Funktionen bzw. Module bietet sich die in Kapitel 3.2.4 vorgestellte Aufgaben- und Funktionsclusterung der Dienstleistungslogistik an. In Zusammenarbeit mit dem Top-Management und der strategischen Planung werden nun klare Ziele und Regeln für den Implementierungsprozess festgelegt.

Das Ziel der ersten Phase ist die Definition der verschiedenen Projekte, um die Komponenten der Dienstleistungslogistik einzuführen bzw. – wenn die Komponenten bereits bestehen – für deren Integration in das System Dienstleistungslogistik. Diese Projekte – z. B. Projekt C-Teile-Management, Projekt Archivierung etc. – werden entsprechend ihrer Dringlichkeit bewertet und in den Phasen 2 bzw. 3 geplant und implementiert. Zur Planung von Elementen des Dienstleistungslogistik-Systems gehört die ausführliche Analyse des Ist-Zustands und eine darauf aufbauende Schwachstellenanalyse. Für die Planung des Sollkonzepts – das Neudesign – bietet sich die Einbindung externen Logistik-Know-hows an, falls dieses Know-how nicht innerhalb der Organisation vorhanden sein sollte.

5.3.2.2 Phase 2: Planung und Implementierung ausgewählter Komponenten

Entsprechend den in der ersten Phase festgelegten „Dringlichkeitsstufen“ und den vorhandenen Kapazitäten zur Durchführung des Veränderungsprozesses findet in der zweiten Phase die Planung und Implementierung ausgewählter Projekte statt. Dabei muss es sich zunächst um die Mindestinstitutionalisierung der Dienstleistungslogistik handeln. Deren personelle Komponente kann aus Mitgliedern des für den Gesamtveränderungsprozess verantwortlichen Projektteams rekrutiert werden und muß den gesamten weiteren Implementierungsprozess aktiv begleiten, da ihr ein Großteil der Planungs-, Steuerungs- und Kontrollaufgaben des endgültigen Dienstleistungslogistik-Systems und damit für die Umsetzung der dienstleistungsorientierten Logistik-Konzeption zukommen.

Schnelle und wahrnehmbare Erfolge bei der Umsetzung von Teilprojekten erhöhen das Vertrauen und die Akzeptanz in die Implementierung der Dienstleistungslogistik.

Es ist daher empfehlenswert, in dieser zweiten Phase Elemente zu implementieren, die schnell sichtbare und messbare Erfolge realisieren und nicht von vornherein die gesamte Institution umfassen, sondern als Basis für eine spätere Ausdehnung auf weitere Bereiche dienen können. In diesem Sinne sind Pilotprojekte, insbesondere das Outsourcing von Aufgaben aus den operativen Clustern 3 bzw. 4 zu initialisieren. Diese müssen von einem internen Marketing der Erfolgswirksamkeit – z. B. durch Hinweis auf kostensenkende Prozessverbesserungen oder auf Grund ihrer direkten Kundenrelevanz wettbewerbsdifferenzierende Maßnahmen – begleitet werden.

5.3.2.3 Phase 3: Vervollständigung des Dienstleistungslogistik-Systems

In der dritten Phase werden schließlich die verbliebenen Elemente der Dienstleistungslogistik-Systems betrachtet. Diese Projekte umfassen gewöhnlich die gesamte Institution und erzeugen auf Grund ihres Umfangs im Vergleich zu Phase zwei höhere Kosten sowie ein höheres Risiko. Mögliche Beispiele sind ein Projekt „Wissensmanagement“ oder ein Projekt „Enterprise Relationship Management“

Das hier vorgeschlagene 3-Phasen-Modell soll als systematische Richtlinie gelten. Insbesondere Phase zwei und Phase drei lassen sich in der Praxis jedoch nicht trennscharf behandeln, da kein Dienstleistungslogistik-Teilsystem – z. B. Mindestinstitutionalisierung in der zweiten Phase – implementiert werden kann, ohne auch Aspekte ganzheitlicher Aufgaben – z. B. Wissensmanagement in der dritten Phase – zu bedenken. Die Trennung in Phase zwei und Phase drei macht jedoch insofern Sinn, als sie die beschränkten Kapazitäten für Projekte dieser Größenordnung berücksichtigt und die Notwendigkeit der Prioritätenformulierung aufzeigt. Diese Interdependenzen müssen bereits in der ersten Phase eingeplant werden.

5.3.2.4 Option: Öffnung der eigenen Logistik-Kompetenz für den externen Markt

Werden Logistikleistungen innerhalb der Institution erstellt, werden Kompetenzen in diesem Bereich aufgebaut. Allerdings müssen diese Kompetenzen langfristig einer die eigenen Kernkompetenzen hinterfragenden Make-or-Buy-Analyse standhalten können, um auch weiterhin intern ausgeführt zu werden. Ein erfolgversprechender Ansatz, um wettbewerbsfähige Logistikleistungen sicherzustellen, ist der externe Marktauftritt als Logistik-Dienstleister, z. B. gesteuert als Profit-Center. Die Logistikleistungen werden zu Markpreisen angeboten, wodurch die jeweilige Kosten-Nutzen-Relation zu Tage tritt. Dies ist zu empfehlen, solange in Einzelfällen keine begründeten geschäftspolitischen Bedenken bestehen. Die logistischen Dienstleistungen des Profit-Centers sollten branchenübergreifend angeboten werden, um das Problem einer möglicherweise mangelnden Nachfrage durch Wettbewerber zu umgehen, die aus geschäftspolitischen Gründen nicht bereit sind, ihre logistischen Prozesse offenzulegen.

Neben der zu erwartenden höheren Leistungsfähigkeit durch das Zulassen von Wettbewerb ergeben sich weitere Potenziale aus einem externen Marktauftritt. So können beispielsweise

- *Skaleneffekte*, z. B. durch die bessere Ausnutzung der eigenen Kapazitäten über das Anbieten von freien Call-Center-Kapazitäten;
- *Synergien*, z. B. durch Vereinbarung von Großkundenkonditionen mit Reiseveranstaltern, Fluglinien, Autovermietern etc. im Rahmen eines auch extern angebotenen Travelmanagements;
- *engere Kundenbindungen*, z. B. können mittelständische Unternehmen enger an die Hausbank gebunden werden, wenn diese ihnen ein Travelmanagement und andere logistische Dienstleistungen zur Verfügung stellt; sowie
- *Cross- und Up-Sell-Potenziale*, z. B. durch Einbindung der Logistikkunden in das CRM-System einer Bank und Finanzierung von deren Reiseausgaben;

erzielt werden.[702]

5.3.3 Prozessorientierte Organisationsgestaltung der Logistik in Dienstleistungsunternehmen

In Kapitel 5.2.1.5 wurde die Vorgehensweise der Prozesskostenrechnung grob beschrieben und deren Bedeutung für die Integration eines leistungsfähigen Prozessmanagements herausgearbeitet. Die Ausnutzung der durch die Prozesskostenrechnung bereitgestellten Informationen erfolgt durch das Prozessmanagement bzw. Logistik-Controlling, das folgende Bereiche betrachten muss:

- Im Rahmen der prozessorientierten beziehungsweise strategischen Kalkulation werden die durch ein Produkt – im Falle der Dienstleistungslogistik handelt es sich dabei um (Logistik-) Dienstleistungen für das Gesamtunternehmen – verur-

[702] Vgl. vertiefend Kapitel 5.3.3.4.

sachten Gemeinkosten verursachungsgerecht über die in Anspruch genommenen Hauptprozesse ermittelt.[703]

- Im Rahmen eines Target Costings werden die Produktgemeinkosten bereits in der Produktentstehungsphase anhand der durch das zukünftige Produkt in Anspruch genommenen Hauptprozesse vorkalkuliert.[704]
- In der Gemeinkostenplanung werden Gemeinkosten durch die Planung von Prozessmengen auf der Basis eines jährlich im Voraus festgelegten Hauptprozessgerüstes mengenmäßig geplant.[705]
- Beim operativen Gemeinkostenmanagement werden auf der Grundlage der Erkenntnisse aus der Prozesskostenrechnung Vereinbarungen über Anzahl, Qualität und Kosten von Hauptprozessen getroffen. Durch die bereichsübergreifende Prozessbetrachtung leistet die Prozesskostenrechnung dabei einen erheblichen Beitrag zur Schnittstellenüberwindung.[706] Diese Aufgaben sind zum größten Teil ebenfalls Teilgebiete des prozessorientierten Logistik-Controllings.

Das bedeutet, dass wesentliche Fortschritte in Richtung Prozessorganisation durch diese umfangreichen Tätigkeits- und Prozessanalysen sowie die koordinierende Funktion der Hauptprozesse bereits im Rahmen des Aufbaus einer Prozesskostenrechnung erreicht werden können.[707] Es liegt deshalb nahe, die Prozesskostenrechnung als Instrument der Organisationsgestaltung zu verwenden, und die Dienstleistungslogistik für die effektive Gestaltung der Aufbau- und Ablauforganisation mit einer Prozessorganisation auszustatten.[708]

5.3.3.1 Prozesskostenrechnung als Instrument der Organisationsgestaltung

Die Einführung einer Prozessorganisation für die Logistik in Dienstleistungsunternehmen kann mit der Einführung der Prozesskostenrechnung parallel erfolgen. Dafür kann nach dem in der folgenden Abbildung 67 dargestellten Konzept vorgegangen werden:

---

[703] Vgl. Niemand. (1992), S.160ff.
[704] Vgl. Seidenschwarz. (1991), S. 47ff., sowie Horváth u. a. (1993), S. 612.
[705] Vgl. Mayer (1991a), S. 94f.
[706] Vgl. Mayer (1991b), S. 224.
[707] Vgl. Niemand, Fröhlich (1994), S. 268.
[708] Vgl. dazu die Ausführungen in Kapitel 2.3.

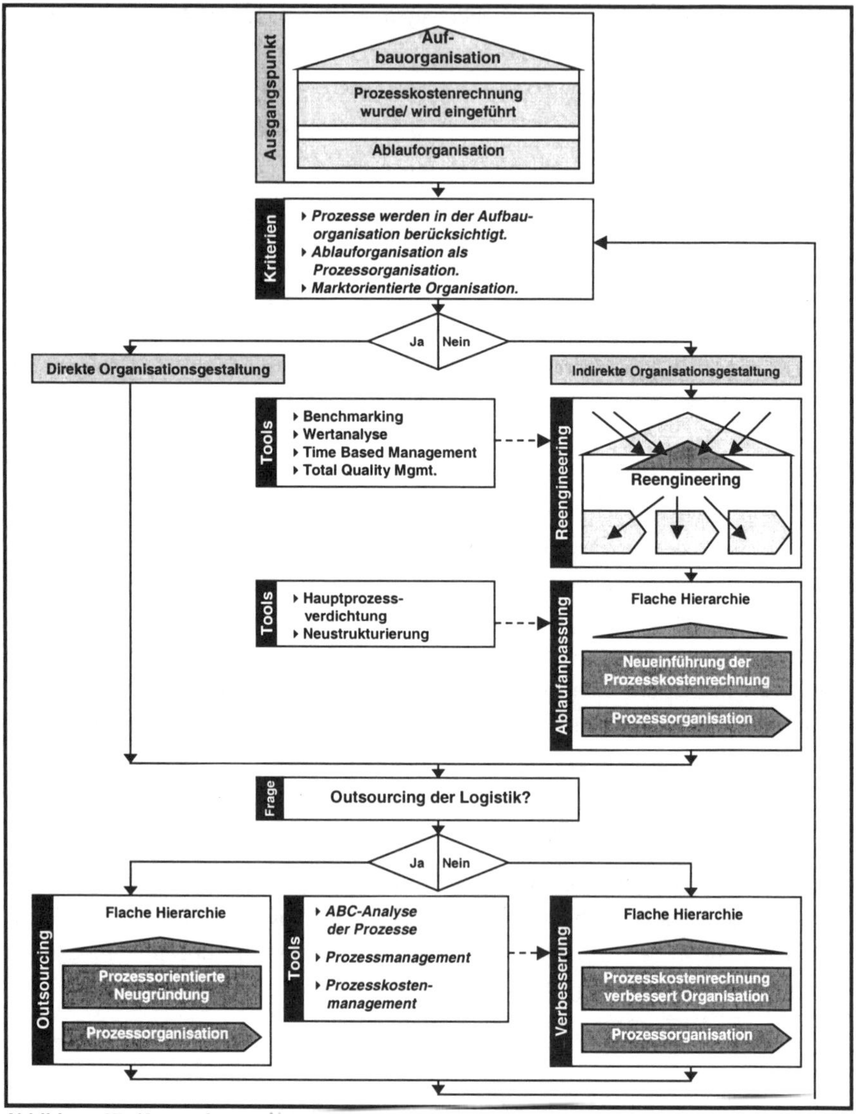

Abbildung 67: Konzept zur Nutzung der Prozesskostenrechnung für die Gestaltung der Dienstleistungslogistik zu einer Prozessorganisation[709]

[709] Aufbauend auf Niemand, Fröhlich (1994), S. 274.

Ausgangspunkt der Betrachtung ist die Dienstleistungslogistik in der jeweils bestehenden Organisationsform, das heißt, die Aufgaben fallen an und werden wahr genommen, nicht jedoch zwingend von einer Abteilung „Logistik", ggf. auch von mehreren Abteilungen.

Die Aufbau- und Ablauforganisation der Dienstleistungslogistik wird auf Basis der folgenden *Zielkriterien* untersucht:

(A) Die Aufbauorganisation der Dienstleistungslogistik berücksichtigt Prozesse und Projekte.

(B) Die Ablauforganisation ist als Prozessorganisation ausgestaltet.

(C) Die gesamte Organisationsstruktur des Unternehmens ist marktorientiert gestaltet.

Nach dieser Untersuchung der Organisation der Dienstleistungslogistik besteht grundsätzlich Klarheit über die Entscheidungswege und die Struktur der Abteilung sowie über die Verwendbarkeit der Aussagen der bestehenden Kostenrechnung für die Planung, Steuerung, Koordination und Kontrolle der logistischen Prozesse. Als Ergebnis dieses ersten Schrittes des Organisationsgestaltungsprozesses sollen strategische Maßnahmen ergriffen werden, deren Einsatz vom Maß der Übereinstimmung der Dienstleistungslogistik mit den Kriterien abhängig sind.

Dabei wird zwischen *direkter* und *indirekter Organisationsgestaltung* unterschieden. Nur wenn *alle* Kriterien ohne Abstriche erfüllt werden, sollte die direkte, in jedem anderen Fall die indirekte Ausprägung gewählt werden.

5.3.3.2 Direkte Organisationsgestaltung

Unter dem Begriff *direkte Organisationsgestaltung* wird im Folgenden die Möglichkeit der Prozesskostenrechnung verstanden, unmittelbar, das heißt ohne die Notwendigkeit der Umgestaltung der bestehenden Organisationsstruktur innerhalb der Abteilung, auf die Aufbau- und Ablauforganisation gestaltend einzuwirken.[710] Es besteht ein Zusammenhang zwischen den Unternehmensprozessen und der sie umgebenden Organisationsstruktur, so dass die Ablauforganisation bereits prozess- und marktorientiert gestaltet ist.

[710] Vgl. Niemand, Fröhlich (1994), S. 269.

Entsprechend dem verfolgten Konzept werden damit die Schritte *Reengineering* und *Ablaufanpassung* übersprungen und direkt die strategische Frage nach der Notwendigkeit eines Outsourcings gestellt. Auf die Gesichtspunkte, die für oder gegen eine Ausgliederung der Logistik in Dienstleistungsunternehmen sprechen, wird in den folgenden beiden Kapiteln eingegangen. Als nächster Schritt erfolgt ggf. eine organisatorische *Verbesserung* der Aufbau- und Ablauforganisation insbesondere durch die Werkzeuge (Tools) der *ABC-Analyse von Prozessen* sowie des *Prozess- und Prozesskostenmanagements.*

Bei Anwendung der Grundsätze der *ABC-Analyse* auf Prozesse werden sowohl die Prozesskosten als auch die Ressourcenbindungen berücksichtigt. Dabei erfolgt die Durchführung nach folgender Vorgehensweise:

- Für alle in der Prozessanalyse verdichteten Hauptprozesse werden die Prozesskosten und Ressourcenbindungen ermittelt.
- Es erfolgt eine Sortierung der Hauptprozesse entsprechend dem Prozesskosten- und Ressourcenbindungsanteil.
- Je Hauptprozess wird der relative Anteil an der Zahl der Gesamtprozesse und an den Gesamtprozesskosten oder der Gesamtressourcenbindung errechnet.
- Die kumulierten Werte werden in eine Lorenzkurve eingetragen, die eine Gruppierung und Klassifikation in wenige teure/ zeitintensive A-, durchschnittlich viele teure/ zeitintensive B- und viele billige/ schnelle C-Prozesse erlaubt.

Bei der Gestaltung der Aufbauorganisation werden Prozesse oder Projekte, die eine hohe Zeit- und/ oder Kostenintensität aufweisen, gesondert betrachtet. Diese Prozesse sollten besonders erfahrenen Prozessverantwortlichen und spezialisierten, effektiven Prozessteams zugeordnet werden. Die genaue Betrachtung der in der ABC-Analyse zu ermittelnden und von der vorhandenen Prozesskostenrechnung identifizierten, wenigen aber zeitaufwendigen und kostenintensiven Hauptprozesse ist in diesem Zusammenhang von entscheidender Bedeutung. Dabei sind die Ergebnisse der ABC-Analyse Auslöser für Überlegungen bezüglich Zeit- und Kostenoptimierungen in der Ablauforganisation und bieten die quantitative Grundlage für Entscheidungen über Möglichkeiten einer Optimierung, Fremdvergabe oder Elimination übergreifender Prozesse. Prozesse, die mit wichtigen Kernkompetenzen und/ oder Interessen der Dienstleistungsunternehmen oder der Dienstleistungslogistik verbunden sind, sollten aus Wettbewerbsgründen nicht fremdvergeben werden; in diesen Fällen ist spezielles Know-how aufzubauen.

Für die zielorientierte Steuerung der Dienstleistungslogistik – unabhängig davon, ob sachzielorientierte Projekte oder ablauforientierte Prozesse betrachtet werden – ist es notwendig, Instrumente zur Erkennung und Gestaltung der die Kosten beeinflussenden Faktoren zu entwickeln. *Prozesskostenmanagement* ist insoweit sowohl operatives Kostenmanagement im bestehenden Entscheidungsfeld als auch strategisches Kostenmanagement in zu gestaltenden, neuen Entscheidungsräumen,[711] zum Beispiel im Falle der direkten Organisationsgestaltung einer ausgegliederten Dienstleistungslogistik. Die effektive Gestaltung der Aufbau- und Ablauforganisation mit Hilfe der Prozesskostenrechnung kann durch die Orientierung an geeigneten Kennzahlen bezüglich Zeit, Qualität und Kosten erfolgen. Weiterhin gelten die Ausführungen zum Prozessmanagement aus Kapitel 5.2.

Ergebnis der direkten Organisationsgestaltung ist eine durch die Prozesskostenrechnung verbesserte Prozessorganisation, die – da das Konzept selbst als Prozess aufgefasst wird – nun wiederum auf ihre Übereinstimmung mit den oben genannten Kriterien überprüft werden muss. So wird ein sich selbstregulierendes System implementiert, das – bei gewissenhafter Durchführung – eine kontinuierliche Verbesserung oder Anpassung an ein geändertes Unternehmensumfeld gewährleisten kann. Allerdings ist im Falle der Implementierung der prozessorientierten Logistik-Konzeption (*Ausgangspunkt*) davon auszugehen, dass die Dienstleistungslogistik weder markt- noch prozessorientiert organisiert und strukturiert ist, und damit zumindest eines der drei Kriterien nicht erfüllt ist. Damit kommen die Schritte Reengineering und Ablaufanpassung im Rahmen der indirekten Organisationsgestaltung zum Einsatz.

5.3.3.3 Indirekte Organisationsgestaltung

Unter *indirekter Organisationsgestaltung* wird im Folgenden die Möglichkeit der Prozesskostenrechnung verstanden, mittelbar – das heißt über eine Umgestaltung der bestehenden Organisationsstruktur – die Aufbau- und Ablauforganisation der Dienstleistungslogistik zu verändern.[712] In einem ersten Schritt löst die Prozesskostenrechnung für die Dienstleistungslogistik einen *Reengineering*-Prozess aus. Dabei werden alle der bisherigen Geschäftstätigkeit zu Grunde liegenden Regeln und Annahmen grundsätzlich in Frage gestellt und überdacht. Anschließend wird eine Neugestaltung der Organisation und der Prozesse der Dienstleistungslogistik durchgeführt, nicht nur

---

[711] Vgl. Horváth (1991), S. 1ff.
[712] Vgl. Niemand, Fröhlich (1994), S. 271.

eine Veränderung bestehender Abläufe. Ziel ist es dabei, erhebliche Verbesserungen in entscheidenden, messbaren Leistungsgrößen in den Bereichen Kosten, Qualität, Service und Zeit zu realisieren.[713]

Die Abläufe in der Dienstleistungslogistik werden als Prozesse verstanden und diese zur Gestaltung der Organisation als Prozessorganisation verwendet.[714] Die Implementierung einer Prozessorganisation ist Ziel des Reengineerings im Rahmen des verfolgten Konzepts, so dass der Aufbau einer Prozesskostenrechnung auf Grund des engen Zusammenhangs zur Prozessorganisation in dieser Umstrukturierungsphase erfolgen sollte. Zur Unterstützung des Reengineerings bei der Neugestaltung der Organisation werden im Rahmen des verfolgten Konzepts neben der Prozesskostenrechnung folgende Instrumente (Tools) eingesetzt:

Ein wesentlicher Baustein des Business Reengineering ist *Benchmarking* als kontinuierlicher Prozess, bei dem Produkte, Dienstleistungen und insbesondere Prozesse und Methoden betrieblicher Funktionen innerhalb des Unternehmens und über mehrere Unternehmen hinweg verglichen werden.[715] Benchmarking soll dabei nicht nur im Rahmen der indirekten Organisationsgestaltung zum Aufbau einer optimalen Prozessstruktur genutzt werden, sondern auch bei der direkten Organisationsgestaltung, um den laufenden Verbesserungsprozess durch externe Vergleichsgrößen wirkungsvoll unterstützen zu können.[716]

Das systematische, analytische Durchdringen der Prozessstrukturen im Rahmen der *Wertanalyse* gewährleistet das Erkennen wertsteigernder Prozesse, so dass eine abgestimmte Beeinflussung der Elemente des Prozesses in Richtung einer Wertsteigerung ermöglicht wird.[717]

Ziel des *Time Based Managements* ist eine Umgestaltung der bestehenden Organisationsstruktur nach den Grundsätzen der Zeit-, Prozess und Wertorientierung, wobei dem Zeitaspekt im Sinne der Verkürzung der Prozessdauer eine besondere Bedeutung beigemessen wird.[718]

---

[713] Vgl. Hammer, Champy (1994), S. 48.
[714] Vgl. Hammer, Champy (1994), S. 48ff.
[715] Vgl. Horváth, Herter (1992), S. 5.
[716] Vgl. Niemand, Fröhlich (1994), S. 273. Vgl. zum Benchmarking auch Kapitel 4.1.1.
[717] Vgl. Jehle (1991), S. 288.
[718] Vgl. Seifert (1992), S. 263ff.

Mit dem Konzept des *Total Quality Managements* (TQM) soll in allen Bereichen der Dienstleistungslogistik größtmögliche Qualität im Sinne von größtmöglichem Kundennutzen durch die Übertragung der Verantwortung für die Qualität auf jeden einzelnen Mitarbeiter und eine unternehmensübergreifende Zusammenarbeit erreicht werden, wobei auch die Qualität einer ständigen Verbesserung unterzogen wird.[719] Als *Ergebnis* weist die durch die indirekte Organisationsgestaltung restrukturierte Dienstleistungslogistik im Wesentlichen folgende charakteristischen Merkmale auf:

- Anstelle von Fachabteilungen gibt es Prozessteams.
- Stellen beinhalten nicht nur isolierte Aufgaben, sondern sind auf die Mitarbeit in Prozessteams ausgerichtet.
- Selbststeuerung und Selbstkontrolle der Mitarbeiter ergänzen die Kontrolle.
- Prozessverantwortliche fungieren als Coach, nicht als Kontrolleur.
- Während die alte Organisationsstruktur hierarchisch gegliedert war, gleicht die neue einer flachen Organisation (Lean Management).[720]

In der Ausgangssituation existiert eine strenge hierarchische Gliederung mit einer Vielzahl an Über- und Unterordnungsverhältnissen, die sich in Form einer Pyramide darstellen lässt. Nach der Restrukturierung gibt es ein hierarchisch flach gegliedertes Leitungsorgan, das sich direkt an die Prozessverantwortlichen in den Prozessteams wendet. Es fungiert als Dach eines mit einer Prozessorganisation gefüllten Hauses.

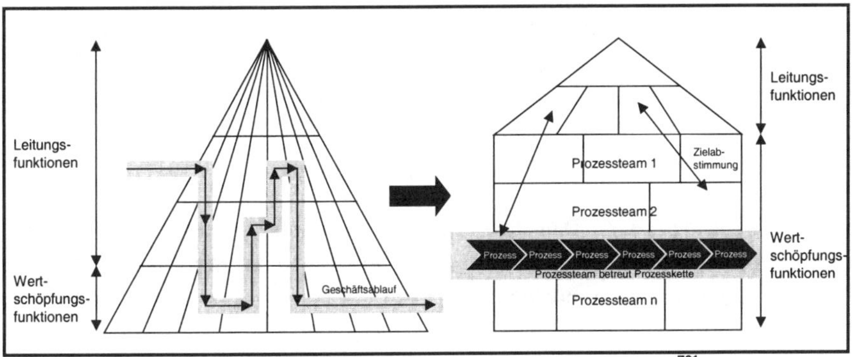

Abbildung 68: Von der „Organisationspyramide" zum „Unternehmenshaus"[721]

---

[719] Vgl. Herter (1993), S. 29f.

[720] In Anlehnung an Hammer, Champy (1994), S. 90ff.

[721] In Anlehnung an Bogaschewsky, Rollberg (1998), S. 120. Vgl. ebenfalls die dort angegebene Literatur.

Im Verlauf des Reengineerings ist eine Prozesskostenrechnung aufzubauen, die in der Ablaufanpassungsphase die Neustrukturierung ermöglicht. Die Vorgehensweise bei deren Aufbau wurde bereits in Kapitel 5.2.1.5 erläutert. Im Rahmen der durch die indirekte Organisationsgestaltung neu geschaffenen Prozessorganisation ist die Prozesskostenrechnung nun – analog zur direkten Organisationsgestaltung – zur unmittelbaren und laufenden effektiven Gestaltung der Aufbau- und Ablauforganisation einzusetzen.

Fällt bei der Frage nach einem *Outsourcing der Dienstleistungslogistik* die Entscheidung für eine strategische Ausgliederung, sind die durch die direkte und/oder indirekte Organisationsgestaltung gewonnen Erkenntnisse direkt für eine Neugründung der Aufbau- und Ablauforganisation als Prozessorganisation nutzbar.

5.3.3.4 Outsourcing der Dienstleistungslogistik

Die Einführung einer Prozesskostenrechnung ist eine Voraussetzung für die Integration eines leistungsfähigen Prozessmanagements entsprechend Kapitel 5.2. Neben einer intern neu eingeführten Prozesskostenrechnung existiert jedoch die Kostenrechnung des Dienstleistungsunternehmens, die bisher die Grundlage für die Festsetzung von Verrechnungspreisen ist. Daher ergeben sich verschiedene Probleme bei der Kostenverrechnung zwischen der Dienstleistungslogistik den restlichen Unternehmensbereichen. Es kommt zu erheblichem Doppelaufwand, wenn die Dienstleistungslogistik weiterhin nach der allgemeinen Kostenrechnung des Unternehmens abrechnen muss. Insbesondere das Prozesskostenmanagement wird deutlich erschwert. Zudem ist die Umgestaltung der Aufbau- und Ablauforganisation der Dienstleistungslogistik in eine Prozessorganisation bei gleichzeitigem Hierarchieabbau als Insellösung innerhalb der Dienstleistungsunternehmen ebenso problematisch wie die Veränderung von Entscheidungsprozessen.

Ein Outsourcing der Dienstleistungslogistik würde dagegen eine eher unproblematische Einführung sowohl einer Prozessorganisation als auch einer Prozesskostenrechnung ermöglichen. Das Prozessmanagement könnte danach alle Bausteine und insbesondere das Prozesskostenmanagement beinhalten, die die Wahrnehmung der Querschnittsfunktion für die logistischen Prozesse innerhalb der Dienstleistungsunternehmen ermöglichen. Daher sollte ein „formelles" Outsourcing durchgeführt werden, das die Aufgabenkomplexe der Dienstleistungslogistik an eine rechtlich selbständige, wirtschaftlich aber dem Gesamtkonzern zugehörige Dienstleistungslogistik-Gesellschaft ausgliedert. Dadurch sind die Leistungsbereiche der Dienstleistungslogistik zwar wirtschaftlich nicht selbständig, können aber als selbständiges Profit-Center geführt werden, das zu Marktpreisen abrechnet. Ziel der Ausgliederung ist die Reduzierung der Leistungstiefe des Dienstleistungsunternehmens, die Erhöhung der Leistungstransparenz der Dienstleistungslogistik insbesondere durch eine Vereinfachung der Verrechnung sowie eine Verminderung der Komplexität des Gesamtkonzerns.[722] Die ausgegliederte Dienstleistungslogistik sollte ihre Aufgabengebiete für den Gesamtkonzern, insbesondere für die verbundenen Dienstleistungsunternehmen ausüben, insofern erfüllt sie also konzernlogistische Aufgaben. Eine ganzheitlich konzipierte Konzernlogistik für die rechtlich selbständigen Unternehmen orientiert sich dabei an der Gesamtzielsetzung des Konzerns unter anderem bezüglich Kosten, Zeit und Qualität und kann insbesondere die Bedingungen für die Beschaffungslogistik vielfältig verbessern.[723]

Der Dienstleistungslogistik sollte es zugestanden werden, ihre Leistungspalette auch anderen Abnehmern zu offerieren, da es auf Grund von Know-how-Aufbau möglich sein wird, Fremdaufträge sowohl branchenweit als auch branchenübergreifend – für Großunternehmen der Dienstleistungsbranche – zu akquirieren, wenn und soweit diese eine ähnliche Einrichtung nicht haben oder diese für Großprojekte nicht ausreichend Erfahrung haben. Allerdings können sicherheitstechnische oder andere Bedenken – zum Beispiel Publicitygründe – Fremdaufträge verhindern. Es ist fraglich, ob ein Dienstleistungsunternehmen – z. B. eine Großbank – ihre Dienstleistungslogistik von der Dienstleistungslogistik-Gesellschaft eines anderen Unternehmens, z. B. einer anderen Großbank, ausführen lassen würde. Zur Bewahrung der Vertraulichkeit und um eine Übervorteilung eines potenziellen externen Kunden zu verhindern, ist die Anwendung des Network Relationship Managements im Sinne von Kapitel 5.1.1 in der Dienstleistungslogistik notwendig. Dessen Aufgabe ist unter anderem die Vermeidung von Interessenkonflikten zwischen der Konzernmutter – also dem internen Kunden – und der Dienstleistungslogistik.

Neben dem formellen Outsourcing sollte auch die vollständige Fremdvergabe einzelner Funktionen beziehungsweise Aufgaben an externe Dienstleister im Rahmen einer Hinterfragung der Kernkompetenz der Dienstleistungslogistik durchgeführt werden. Entsprechend können insbesondere nicht-dienstleistungslogistische Tätigkeiten, die direkt mit der Materialphysis zusammenhängen, und reine Servicetätigkeiten an Dienstleistungsspezialisten übertragen werden, die auch zur technisch-or-

---

[722] Vgl. Männel (1997b), S. 777f.
[723] Vgl. Bloech (1997c), S. 450.

ganisatorischen Weiterentwicklung des jeweiligen Aufgabenfelds verpflichtet werden. Daher sind insbesondere die dienstleistungslogistischen Aufgabencluster 3 und 4 Gegenstand von Outsourcing-Überlegungen Zielobjekte sind zum Beispiel die Ressourcen- und Aufgabenbereiche Reinigung, Wartung und Instandhaltung von Gebäuden, Maschinen und Transportsystemen, Verpflegung und Betreuung von Mitarbeitern, Materialanlieferungen, Lagerung, Distribution und anderen Diensten.[724]

Durch eine Ausgliederung der Dienstleistungslogistik wird es zudem möglich, diese als Profit-Center zu führen und nicht nur als Cost-Center zur Begrenzung der verwaltungstechnischen Kosten. Die Berechnung von marktgerechten Preisen erfolgt auf Basis von prozessorientierten Kosten. Es werden nicht nur ausgehandelte interne Verrechnungspreise verglichen, so dass eine effektive Beurteilung der Leistungen der Dienstleistungslogistik erfolgen kann. Dies ermöglicht auch eine Verbesserung der unternehmensbereichs- beziehungsweise abteilungsbezogenen Profit-Center-Rechnung des Dienstleistungsunternehmens, da die Kosten auf Grund der Rechnungsstellung durch die Dienstleistungslogistik genau und verursachungsgerecht zugeordnet werden können. Die Berechnung der marktgerechten Preise ist jedoch insofern problematisch, als ein Markt für „Dienstleistungslogistik-Dienstleistungen“ (noch) nicht besteht. Die Marktkomponente bei der Preisbildung kann durch das Zulassen eines Dienstleistungsangebotes der Dienstleistungslogistik-Gesellschaft an andere Dienstleistungsunternehmen – zum Beispiel innerhalb des Konzerns – erreicht werden. Insofern steht die Dienstleistungslogistik im Wettbewerb mit internen Abteilungen potenzieller Kunden. Eine wichtige Rolle spielt dabei die Budgetierung der Ressourcenzuordnung für die Bereiche und Prozesse, die die Dienstleistungslogistik koordiniert. Durch Budgetierung jedes einzelnen Prozesses im Voraus, sowie Provisionen für die Unterschreitung der Budgets lässt sich eine Anreizstruktur für die Dienstleistungslogistik zur effizienten Durchführung der Prozesse erreichen. Ein Marktdruck lässt sich in diesem Zusammenhang durch strikte strategische Vorgaben erzeugen.

5.3.3.5 Steuerungsmechanismen für interne Dienstleister

Logistikleistungen, die nicht fremdvergeben werden, sondern beim Dienstleistungsunternehmen verbleiben – entweder institutionalisiert unter dem Verantwortungsbereich der Dienstleistungslogistik oder in den ursprünglichen Abteilungen, aber koordiniert durch die Dienstleistungslogistik – müssen im Rahmen der Koordinationsfunk-

[724] Vgl. Männel (1997b), S. 778.

tion möglichst optimal und dem Kunde-Lieferanten-Prinzip entsprechend von der Logistik gesteuert werden. Der jeweilige Lieferant der Logistikleistung tritt gegenüber seinen Kunden als interner Dienstleister auf, zu dessen Steuerung je nach Zielsetzung unterschiedliche Mechanismen zur Verfügung stehen. Die folgende Tabelle 6 stellt die grundsätzlichen Alternativen Budgetierung, Cost-Center und Profit-Center gegenüber.

	Budgetierung	Cost-Center	Profit-Center
Ziel	‣ Ausgabenbegrenzung	‣ Erhöhung des Kostenbewusstseins	‣ Gewinnmaximierung, ‣ Internes Unternehmertum
Steuerungsgrundlage	‣ Einhaltung des vorgegebenen Kostenbudgets	‣ Kostenabweichung	‣ Differenz von Aufwand und Ertrag
Elemente	‣ Budgetierung ‣ Aufgabenbeschreibung ‣ Kostenkontrolle	‣ Verrechnung von Leistungen anhand der anfallenden Kosten (nach Leistungsmenge, Stundensatz oder Kapazitätsbereitstellung) ‣ Kostenkontrolle	‣ Zurechnung von Kosten und Umsätzen auf das Center ‣ Preisbildung auf internem und ggf. externem Markt ‣ Durchführung einer Ergebnisrechnung ‣ Kostenkontrolle
Typische Anwendungsbereiche	‣ Verwaltung ‣ F&E	‣ Produktionsabteilungen	‣ Sparten ‣ Spin-offs

Tabelle 6: Steuerungsmechanismen für interne Dienstleister[725]

Viele interne Dienstleister erbringen ihre Dienstleistungen in nach außen abgeschlossenen Märkten und unterliegen keinem Wettbewerb. Dadurch entsteht eine monopolähnliche Situation, die sich negativ auf die Leistungsqualität auswirken kann. Um langfristig einer die Kernkompetenzen hinterfragenden Make-or-Buy-Analyse standhalten zu können, muss einem dazu fähigen internen Dienstleister markt- und wettbewerbsorientiertes Verhalten eingeräumt werden. Gleichzeitig ist ggf. ein Kontrahierungszwang einzuführen. Dies ist auch ein Bestandteil der zu Grunde liegenden Logistik-Konzeption und beinhaltet die Möglichkeit, Leistungen extern anzubieten, Kooperationen einzugehen, Skaleneffekte zu nutzen und in die eigene Wettbewerbsfähigkeit zu investieren.

Eine generelle Empfehlung bezüglich der Wahl der Steuerungsmechanismen kann auf Grund der Vielfalt an möglichen Situationen und Randbedingungen nicht

[725] Vgl. Mertins et al. (2000), S. 110.

gegeben werden. Die Budgetierung ist beispielsweise eine Alternative im Rahmen der Mindestinstitutionalisierung, da sich hier eine Leistungsverrechnung auf Basis von Leistungsmenge, Stundensatz bzw. Kapazitätsbereitstellung als schwierig gestaltet.[726] Allerdings sind auch Situationen möglich, in denen diese Leistungsverrechnung als akzeptabel angesehen und die Mindestinstitutionalisierung von einem externen Dienstleister oder einem Profit-Center wahrgenommen wird.

5.4 Realisierbare Effizienzsteigerungs- und Rationalisierungspotenziale durch die Umsetzung der prozessorientierten Logistik-Konzeption

Ein wesentliches, hier jedoch nicht genau quantifizierbares Ergebnis der Umsetzung der prozessorientierten Logistik-Konzeption in Dienstleistungsunternehmen muss zwangsläufig ein deutlicher Anstieg der Logistik-Kosten in den Unternehmen sein. Dies ist insbesondere in der erheblichen Ausdehnung des Aufgabenumfangs der Logistik in Dienstleistungsunternehmen begründet, folgt jedoch gerade auch aus der Verfolgung hybrider Wettbewerbsstrategien, also dem Anstreben von Höchstleistung für den Kunden bei gleichzeitiger Senkung der Gesamtkosten für das Dienstleistungsunternehmen.

Das Selbstverständnis von bisherigen Non-profit-Abteilungen wie der Dienstleistungslogistik, deren Ziel die kostengünstige Bereitstellung von Informationen und Material für die „eigentlich wichtigen" Abteilungen ist, wird durch die Umsetzung der prozessorientierten Gesamtkonzeption für alle logistischen Aufgaben stark verbessert. Die damit einher gehende Ausweitung des Verantwortungs- bzw. Kompetenzspielraums hat in der Regel positive Auswirkungen auf die Motivation der Mitarbeiter. Durch eine nicht ausreichende Qualifizierung der Mitarbeiter kann es zu einer erheblichen Personalfluktuation innerhalb der Abteilung kommen, die einen Know-how-Aufbau erheblich erschwert. Insbesondere wenn eine Abteilung unterbesetzt ist oder Arbeiten grundsätzlich unter großem Zeitdruck erledigt werden müssen – unter anderem wegen ablaufbezogener Mängel – wird auch die Ablage beziehungsweise die Dokumentation der Projekte vernachlässigt und Know-how geht abermals verloren. Eine Ausgliederung der Abteilung ermöglicht einen besonderen Know-how-Aufbau, da sich die neue Dienstleistungslogistik nun auf *ihr* Kerngeschäft konzentrieren und einen eher festen Mitarbeiterstamm aufbauen kann, in dem Abläufe dokumentiert, standardisiert, überprüft und neu festgelegt werden können.

[726] Siehe hierzu vertiefend: Mertins et al. (2000), S. 113f.

Dies geschieht, um die Effizienz zu steigern und marktgerecht und prozessorientiert arbeiten zu können.

Durch die Einführung des Pull-Prinzips bei Gestaltung der Entscheidungsprozesse und durch eine gezielte Mitarbeiterqualifizierung ist die größtmögliche Realisierung von Synergieeffekten durch Know-how-Aufbau möglich. Unter anderem durch die Einführung einer einheitlichen definitorischen Basis und geeigneter Konzepte in allen Bereichen der Dienstleistungslogistik ist eine Verminderung der Prozessdauer, die Steigerung der Kundenzufriedenheit und die konzernweite Erschließung von Kostensenkungspotenzialen durch die ganzheitliche Betrachtung der Gesamtkosten möglich. Des Weiteren werden Umstrukturierungen direkt von der Geschäftsleitung der Dienstleistungslogistik initiiert und nicht durch einen Beschluss der Gesamtunternehmensleitung. Entsprechend können von einer auf ihr Kerngeschäft – Erbringung logistischer Leistungen für das Dienstleistungsunternehmen – konzentrierten Dienstleistungslogistik die folgenden Verbesserungen für das Gesamtunternehmen geleistet werden.

5.4.1 Verminderung der Prozessdauer

Die unzureichende Abgrenzung und Standardisierung der dienstleistungsspezifischen Kernprozesse ist ein Hauptproblem bei der Begrenzung und Verkürzung der Prozessdauer. Zur Lösung erkannter Entscheidungsprobleme auf Grund der Beteiligung verschiedener Abteilungen an einem Prozess sollten Entscheidungsprozesse innerhalb des Dienstleistungsunternehmens vor Beginn des Kernprozesses abgeschlossen sein. Die strategische Planung sollte dabei als in sich geschlossener standardisierter Prozess bei Berücksichtigung der Prozess-Beteiligten – Mitglied der Unternehmensleitung, Mitglieder der betroffenen Abteilungen, Projektkoordinator der Dienstleistungslogistik – aufgebaut sein

Ein bereits abgeschlossener Entscheidungsprozess innerhalb des Dienstleistungsunternehmens über die Notwendigkeit eines Projekts führt dazu, dass der Kunde – das Dienstleistungsunternehmen – an die Dienstleistungslogistik herantritt und der Prozess damit beim Kunden startet. Diese Einführung des Pull-Prinzips für die Logistik-Ketten im Gesamtkonzern führt zu einer Effizienzsteigerung durch die Verkürzung der Prozessdauer. Die an der strategischen Planung beteiligten, hierarchisch hoch angesiedelten Entscheidungsträger sind dann in einen Entscheidungsprozess eingebunden, der grundsätzlich schneller und effektiver durchgeführt wird. Daher entstehen geringere Opportunitäts-(Personal-)kosten durch Reibungsverluste. Im Falle einer organisatorisch ausgegliederten Dienstleistungslogistik ist eine schnellere Umsetzbarkeit der neuen Entscheidungsstruktur zu erwarten. Zumindest im Verhältnis zwischen Dienstleistungsunternehmen und Dienstleistungslogistik ist dann eine Trennung von strategischer Planung und Prozessdurchführung möglich, auch wenn dieses Vorgehen nicht unternehmensweit eingeführt wird.

5.4.2 Steigerung der Kundenzufriedenheit

Kunden der Dienstleistungslogistik sind die Abteilungen des Dienstleistungsunternehmens, sie stehen im Mittelpunkt der Betrachtung. Das Dienstleistungsunternehmen löst nach Abschluss des internen Entscheidungsprozesses durch einen Auftrag an die Dienstleistungslogistik den Prozess aus, zum Beispiel wer wann wohin umzieht. Durch die anforderungsgerechte Durchführung der dienstleistungslogistischen Aufgaben, die direkte Beteiligung der betroffenen Bereiche am Entscheidungsprozess und eine eindeutige Zuordnung der Ansprechpartner erhöht sich die Zufriedenheit der Abteilungsleiter und der einzelnen Mitarbeiters. Dadurch sind in der tatsächlichen Durchführungsphase keine „Trotzreaktionen" mehr zu erwarten. Ein effizientes Network Relationship Management im Sinne von Kapitel 5.1.1 sollte daher das Dienstleistungsangebot der Dienstleistungslogistik ergänzen. Jede Abteilung weiß, an wen sie sich wenden kann, wenn und soweit ein Problem auftritt. Das bedingt allerdings auch – zum Beispiel in der Durchführungsphase eines Umzugs – eine hinreichende Personalausstattung und ggf. die Hinzuziehung geeigneter externer Dienstleister bzw. Berater, um die notwendige Betreuung zu gewährleisten.

5.4.3 Erschließung von Kostensenkungspotenzialen

Die Senkung oder Umwandlung von sprungfixen Personalkosten in begrenzt variable Sachkosten ist im Dienstleistungsbereich von erheblicher *praktischer* Bedeutung. Ein Outsourcing zum Beispiel des Gebäudemanagements kann für das Gesamtunternehmen bedeuten, dass der Anteil seiner Personalkosten am Verwaltungsaufwand zu Lasten der Sachkosten gesenkt werden kann. Dabei wird in der Literatur regelmäßig von einer Einsparung von 20 % bei den direkten Lohnkosten ausgegangen.[727] Besteht dieses Lohndelta jedoch nicht, sind die Verbesserungen rein buchungstechnischer Natur und haben auf die Effizienz kaum Einfluss, sondern hauptsächlich Auswirkungen auf Kennzahlen und Benchmarks. Dieses sollte nicht Ziel des

[727] Vgl. Weber (1993), S. 29.

Outsourcings der dienstleistungslogistischer Aufgaben sein, auch wenn der Aufwand für Abfindungen für outgesourcte Mitarbeiter als „Restrukturierungsaufwand“ gebucht wird. Die Höhe des Restrukturierungsaufwands ist dabei ein Indikator, dessen sich Rating-Agenturen[728] für die Einschätzung der Anpassungsfähigkeit von Dienstleistungsunternehmen bedienen. Die Einführung effizienter, standardisierter Prozessstrukturen macht es dagegen im Fall einer Ausgliederung der Dienstleistungslogistik möglich, eine geringe Zahl hochqualifizierter Spezialisten zu beschäftigen, die von Mitarbeitern unterstützt werden, die nicht mehr unbedingt nach dem vergleichsweise kostentreibenden Tarifvertrag – z. B. für das Bankgewerbe – entlohnt werden müssen. Auf Grund des Know-how-Aufbaus werden die Prozesse zudem in erheblich geringerer Zeit durchgeführt, was zum einen zur Senkung der Personalkosten – in der Abteilung bzw. beim Prozessteam – pro Prozess beiträgt und gleichzeitig dem Prozesskoordinator einen Spezialisierungs- und Informationsvorsprung sichert, der ihn befähigt die externe Kostenkontrolle effizienter durchzuführen.

Verglichen mit Industrie und Handel, die durch jahrelange Entwicklung bereits über effiziente Logistik-Systeme verfügen, erwarten Dienstleistungsunternehmen ein geringeres Kostensenkungspotenzial – ausgedrückt in Prozent der Gesamtkosten – durch die Umsetzung von Logistik-Konzepten. Im Detail sind das bei Dienstleistungsunternehmen -5,7 %; im Handel -10,7 % und in der Industrie: -7,6 %. Als Ursache für dieses Phänomen kommen drei Erklärungen in Frage:

- *Die spezifische Kostenstruktur von Dienstleistungsunternehmen*: Die Kostenstrukturen von Industrie-, Handels- und Dienstleistungsunternehmen unterscheiden sich in der Zusammensetzung der zu Grunde liegenden Gesamtkostenbasis. So haben beispielsweise Industrieunternehmen mit einem im Vergleich zum Handel höheren Anteil von Materialkosten an den Gesamtkosten eine höhere Gesamtkostenbasis. Kosteneinsparungen durch Logistik betreffen oftmals vor allem den Bereich der Prozesskosten und fallen daher prozentual weniger ins Gewicht.[729] Ohne Analyse der Kostenstruktur lässt sich daher wegen des im Vergleich zu Industrie und Handel geringeren anteiligen Kostensenkungspotenzials nicht automatisch auf eine geringe Bedeutung von Logistik-Konzepten für die Kosten bei Dienstleistern schließen.

[728] Zum Beispiel Moody's Investors Service, New York, oder Standard & Poors, New York.
[729] Vgl. Baumgarten, Walter (2001), S. 12.

- *Geringe Kostenrelevanz der Logistikaufgaben*: Diese These kann nur durch eine detaillierte Prozesskostenbetrachtung bei Dienstleistern überprüft werden. Im Bereich der Beschaffung kann dies jedoch grundsätzlich verneint werden.

- *Fehlendes Bewusstsein bezüglich der Potenziale durch Logistik:* Die vergleichsweise geringe Zuordnung logistischer Aufgaben zur Logistik in Kapitel 3.2.4 induziert einen ebenfalls vergleichsweise geringen Logistik-Kostenanteil, der einer Senkung durch Logistik-Konzepte unterliegen könnte. Ein größerer Leistungsumfang würde höhere anteilige Logistik-Kosten an den Gesamtkosten bedeuten und über die daraus folgenden möglichen Prozessoptimierungen ließe sich wiederum ein sinkender Kostenanteil erwarten.

Eine genaue Aussage über die monetären Potenziale der Einführung einer dienstleistungsorientierten Logistik-Konzeption ist damit nur über die detaillierte Betrachtung der Prozesskosten möglich. Das ist auch auf Grund der extremen Heterogenität des Dienstleistungssektors mit stark unterschiedlichen Betriebsgrößen notwendig.

Es bleibt jedoch festzuhalten, dass trotz eines sich erst im Beginn befindlichen Logistikverständnisses bei Dienstleistungsunternehmen ein Kostensenkungspotenzial von fast 6 % eine eindeutige Tendenz beschreibt. Diese Aussage wird durch den erwarteten Anstieg des Anteils der Logistik-Kosten an den Gesamtkosten von 15,6 % auf 18,2 % gestützt, der nicht eine Zunahme der Kosten bei bestehenden Aufgaben, sondern vor allem ein Umdenken und eine Zunahme des Aufgabenumfangs der Logistik darstellt.[730] Zudem kann angeführt werden, dass viele Logistik-Konzepte und Logistik-Managementstrategien erhebliche Investitionen insbesondere in Informationstechnologien voraussetzen, die dann als Logistik-Kosten erfasst werden, jedoch wiederum Kostensenkungen hervorrufen, die im Prozessbereich liegen. Es kann davon ausgegangen werden, dass mit dem Durchsetzen eines verstärkten Logistikverständnisses aussagekräftigere und umfassendere Kostenwerte entstehen und sich einige Logistik-Führer mit großem der Logistik zugeordnetem Aufgabenspektrum bei sehr geringen Logistik-Kosten hervortun.

Eine in Industrie und Handel erfolgreiche Methode zur Senkung der Gesamtkosten ist die Auslagerung logistischer Leistungen, die zu einer effizienteren Abwicklung der logistischen Prozesse führt.[731] Die Vergabe an einen externen Logistik-Dienstleister mit speziellem Logistik-Know-how bietet die Möglichkeit, von kostengünstigen und

[730] Vgl. Baumgarten, Walter (2001), S. 12f.
[731] Vgl. Keller, Walter (2000), S. 45.

qualitativ hochwertigen Logistiklösungen zu profitieren. Auch die untersuchten Dienstleistungsunternehmen gehen diesen Weg.

Im Rahmen der Diskussion der Wirtschaftlichkeit der Dienstleistungslogistik muss allerdings beachtet werden, dass den Einsparmöglichkeiten durch Logistik-Konzepte auf der anderen Seite höhere Ausgaben für Logistik-Systeme – z. B. Informationssysteme – gegenüberstehen und in jedem Fall eine Wirtschaftlichkeitsbetrachtung durchgeführt werden muss.

5.4.4 Realisierung von Differenzierungsvorteilen durch Logistik-Exzellenz

Service – Lieferfähigkeit, Lieferzeit, Lieferflexibilität – und Qualität – Lieferqualität, Termintreue, Informationsbereitschaft – sind Maßgrößen für die logistische Leistung und besitzen auch für Dienstleistungsunternehmen vielfach eine ähnliche oder sogar höhere Bedeutung als der Preis.[732] Die heutige und zukünftige Bedeutung der logistischen Leistung aus Sicht der untersuchten Dienstleistungsunternehmen wird in der folgenden Abbildung 69 veranschaulicht.

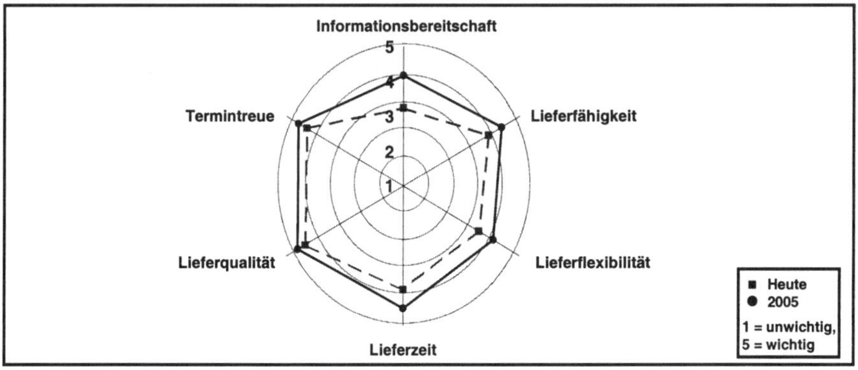

Abbildung 69: Bedeutung der Komponenten der logistischen Leistung aus der Sicht von Dienstleistungsunternehmen[733]

Dienstleister erkennen mehr und mehr den positiven Einfluss der Komponenten der logistischen Leistung für ihren eigenen Markterfolg. Dies spiegelt sich in der zunehmenden Bedeutung aller aufgeführten Kriterien wider.

[732] Vgl. Kapitel 3.3.1.
[733] Quelle: Baumgarten (2000b).

Zur Sicherstellung der *Termintreue* müssen dem Kunden bei Auftragseingang zuverlässige Zeitangaben gemacht werden, die während der Leistungserstellung innerhalb des gesamten Netzwerkes der Institution gewährleistet bleiben (Available to Promise). *Lieferzeit, Lieferfähigkeit und Lieferflexibilität* werden direkt von der Dienstleistungslogistik determiniert, da diese mit geeigneten Konzepten eine auf wirtschaftlichen Kapazitätsdimensionen basierende schnelle und flexible Leistungserstellung sicherstellt. Die Sicherstellung der *Lieferqualität* ist sehr von der vom Kunden erwarteten Qualität abhängig. Daher ist neben der hohen Qualität der internen Prozesse und des Dienstleistungsprodukts vor allem die Kenntnis der Qualitätserwartungen des Kunden notwendig.[734]

Die höchste Wachstumsrate verzeichnet das Kriterium *Informationsbereitschaft*. Voraussetzung für eine kundenorientierte Informationsbereitschaft sind leistungsfähige Informationssysteme. Durch das Internet als Zugangsweg bietet sich die Möglichkeit, die Informationsbereitschaft weitestgehend automatisch zur Verfügung zu stellen. Denkbar wäre ein „Tracking und Tracing“ für Dienstleistungen durch kontinuierlichen informellen Zugriff auf den Status und die Verlaufsprognose der Auftragsabwicklung.

Bei vielen Dienstleistern ist die tatsächliche Informationsbereitschaft bisher oftmals nur unbefriedigend ausgeprägt. Es existiert eine Vielzahl an praktischen Problemen: Der Bearbeitungsstand eines Antrags kann oft nur über mehrfache Telefonate ermittelt werden; E-Mails mit Standardanfragen werden erst nach Tagen oder im Extremfall gar nicht beantwortet; Kunden sind vielfach sogar unsicher darüber, ob ihre E-Mail überhaupt schon gelesen oder an die bearbeitende Stelle weitergeleitet wurde, und wenn ja, an wen. Die Folge dieser Unzulänglichkeiten sind Kundenunzufriedenheit und eine übermäßige Beanspruchung von beispielsweise Call-Centern mit „unnötigen“ Nachfragen. Darüber hinaus entstünde dem Dienstleister durch eine höhere Informationsbereitschaft die Möglichkeit, die eigene Leistungserstellung flexibler zu gestalten.[735]

---

[734] Siehe dazu Kapitel 4.2.2.

[735] Beispielsweise bestünde für einen Antragsteller die Möglichkeit, online zusätzliche Angaben zu machen und deren Auswirkungen auf den weiteren Bearbeitungsprozess (z. B. Fertigstellungstermin) sofort zu erkennen; oder: der Kunde eines Paketdienstes könnte ein falsch adressiertes Paket noch während des Transportes orten, elektronisch umadressieren und sofort den neuen Anliefertermin und das zusätzliche Porto in Erfahrung bringen.

5.5 Berücksichtigung der dienstleistungsspezifischen Ergebnisse bei der Ausgestaltung der allgemeinen Logistik-Konzeption

Nachdem als Ergebnis der theoretischen Überlegungen zur Logistik in Dienstleistungsunternehmen insbesondere eine modulare, prozessorientierte Grundkonzeption abgeleitet werden konnte,[736] wurde diese in Bezug auf die wesentlichen Aspekte der Logistik in Dienstleistungsunternehmen weiter spezifiziert. Die Betrachtung des Marktszenarios der Logistik in Dienstleistungsunternehmen ergab insbesondere die Notwendigkeit der Integration der internen Kunden der Dienstleistungslogistik – der Abteilungen, Geschäftsbereiche, Beteiligungen des Dienstleistungsunternehmens – in die logistischen Prozesse. Die interne Kundenorientierung als Basiselement der Logistik-Konzeption in Dienstleistungsunternehmen war dabei eine Voraussetzung für die Gewährleistung einer hohen Dienstleistungsqualität gegenüber dem externen Kunden. Da insbesondere Wissen und Informationen als wesentliche Produktionsfaktoren in Dienstleistungsunternehmen identifiziert werden konnten, wurde deren herausragende Bedeutung in Bezug auf die Logistik herausgearbeitet. Im Rahmen der Überprüfung logistischer Trends konnte dabei festgestellt werden, dass außer dem Modul „Informationslogistik“, das aus Gründen der Know-how-Sicherung und auf Grund der Notwendigkeit der Erhaltung organisationalen Wissens selbst zu erbringen ist, alle anderen Module, die auf der operativen Ebene verortet worden waren, weder dem Kerngeschäft des Dienstleistungsunternehmens zuzurechnen noch zu den zu erhaltenden Kernkompetenzen zu zählen sind.[737]

Daraus folgte – als Konsequenz aus der Betrachtung logistischer Trends und Entwicklungsperspektiven – die Handlungsempfehlung der Fremdvergabe dieser Aufgaben an leistungsfähige Dienstleister und damit nur implizite Berücksichtigung über die Steuerungs- bzw. Koordinationsaufgaben der Cluster 1 „Logistik-Management“ und 2 „Logistik-Prozesse“ auf operativer, insbesondere jedoch auf strategischer Ebene der Logistik-Konzeption.

Aus dieser Betrachtung der Logistik-Trends in Dienstleistungsunternehmen wurden in Kapitel 5 dienstleistungsspezifische Strategieempfehlungen abgeleitet, die insbesondere die Notwendigkeit der Integration eines leistungsfähigen Prozessmanagements im Rahmen der Wahrnehmung der Koordinationsaufgabe aller logistischen Prozesse für das Gesamtunternehmen beinhalteten.

---

[736] Vgl. Kapitel 3.4.
[737] Vgl. Kapitel 4.6.

Dabei wurde u. a. das prozessorientierte Logistik-Controlling im Zusammenhang mit dem Prozesskostenmanagement als entscheidend für die Quantifizierung und Realisierung von Rationalisierungs- und Effizienzsteigerungspotenzialen durch die Umsetzung der Logistik-Konzeption bewertet. Daneben wurden wiederum dienstleistungsorientierte und kundenintegrierende Strategien auf der Basis der Überlegungen zur Notwendigkeit der Verankerung der Informationslogistik und des Wissensmanagements und der Fremdvergabe von Leistungen, die nicht die Kernkompetenzen des Gesamtunternehmens nachhaltig stützen, entwickelt. Als Folge kommt der Logistik in Dienstleistungsunternehmen insbesondere die Aufgabe der Steuerung von Lieferanten- und Dienstleisternetzwerken sowie der dazu notwendige Aufbau von Wertschöpfungspartnerschaften mit leistungsfähigen Logistik-Dienstleistern zu.

Diese im Besonderen für die Logistik in Dienstleistungsunternehmen extrahierten Strategieempfehlungen im Rahmen der prozessorientierten Logistik-Konzeption sind grundsätzlich z. B. auf öffentliche Organisationen übertragbar, wobei diese zwar wiederum spezifische Rahmenbedingungen beachten müssen, jedoch grundsätzlich demselben Marktszenario unterliegen.

Durch den systemorientierten Aufbau der allgemeinen, prozessorientierten Logistik-Konzeption[738] und die Verwendung des Referenz-Prozesskettenmodells der Logistik für die Strukturierung der prozessorientierten Dienstleistungslogistik ist auch eine Berücksichtigung dieser dienstleistungsspezifischen Ergebnisse bei der Ausgestaltung der allgemeinen Logistik-Konzeption grundsätzlich für alle Unternehmen möglich. Die in Kapitel 3.2.4 bzw. 3.4 durchgeführte Modularisierung ermöglicht nun eine Anpassung der Logistik-Konzeption in Abhängigkeit von der strategieorientierten Ausgestaltung der Logistik in Unternehmen. Aufgrund des Nachweises der Übertragbarkeit des Referenz-Prozesskettenmodells auf alle Unternehmen ist zudem dessen – in der folgenden Abbildung 70 dargestellte – Verwendung für die interorganisationale Ausprägung der Logistik-Konzeption möglich:

[738] Vgl. Kapitel 2.4

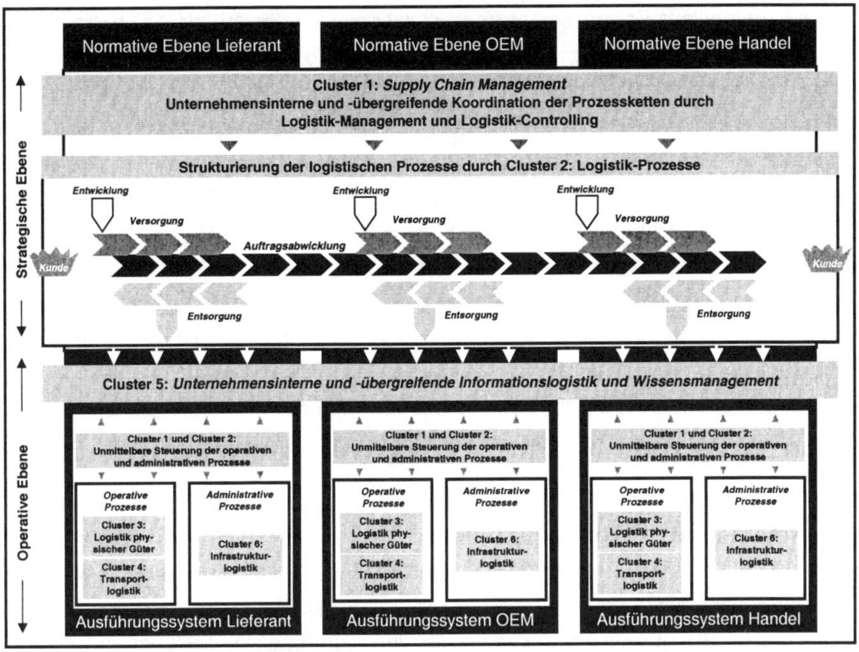

Abbildung 70: Unternehmensübergreifende Ausgestaltung der allgemeinen, prozessorientierten Logistik-Konzeption

In diesem Zusammenhang wird die Verortung des Supply Chain Managements im Sinne des interorganisationalen, strategischen Logistik-Managements innerhalb der Logistik-Konzeption deutlich. Daraus folgt die Umbenennung des Clusters 1 „Logistik-Management" in „Supply Chain Management" auf der strategischen Ebene der Logistik-Konzeption.

Auf der strategischen Prozessebene wird deutlich, dass die Strukturierung der Prozessketten durch die Methoden und Instrumente, die in Cluster 2 „Logistik-Prozesse" verortet sind, auf der Basis des unternehmensinternen und –übergreifenden Prozesskettenmodells der Logistik erfolgt. Damit wird das Referenz-Prozesskettenmodell der Logistik an dieser Stelle erstmals in seiner interorganisationalen Ausprägung dargestellt. Unternehmensübergreifend ist dabei insbesondere die Prozesskette Auftragsabwicklung ausgestaltet, die alle in der Supply Chain involvierten Unternehmen auf der Prozessebene verbindet. Eine Zusammenarbeit ist zwar auch in den anderen Prozessketten – insbesondere in der Versorgung – möglich und sinnvoll, allerdings sind diese Prozessketten unterstützend für die vom Kunden angestoßene und beim Kunden endende Prozesskette Auftragsabwicklung.

Auf der operativen Ebene der Logistik-Konzeption erfolgt grundsätzlich die unternehmensinterne Aufgabenerfüllung im Rahmen der operativen und administrativen Prozesse, wobei die Durchführung wiederum abhängig von der gewählten Unternehmensstrategie und der spezifischen Bewertung der Kernkompetenzen bzw. des Kerngeschäfts ist. Im Zuge der Konzentration auf Kernkompetenzen und zunehmender Leistungsfähigkeit von Logistik-Dienstleistern, insbesondere von System-Dienstleistern (3PL) im Rahmen der Kontraktlogistik, können diese Module bzw. Cluster ggf. fremdvergeben werden, ohne dass die allgemeine Logistik-Konzeption anzupassen wäre. Gerade Transportdienstleistungen eignen sich dabei für eine durchgängige Fremdvergabe an einen Logistik-Dienstleister über die gesamte Wertschöpfungskette. Auch Cluster 6 „Infrastrukturlogistik", kann jeweils unproblematisch outgesourct werden, wobei die strategische und operative Koordination dieser Aufgabenfelder bei der Logistik unter einheitlicher Leitung verbleiben sollte.

Die eigentliche Besonderheit des neu entwickelten interorganisationalen Referenz-Prozesskettenmodells liegt jedoch in der herausgehobenen und ebenfalls unternehmensübergreifenden Verankerung des Clusters 5 „Informationslogistik" in direktem Zusammenhang mit der strategischen (Prozess-) Ebene der Logistik-Konzeption. Auf diese Weise gelingt eine Verankerung der durch die Logistik gesteuerten Informations- und Wissensflüsse. Diese werden nicht mehr nur im Zusammenhang mit Güterflüssen betrachtet, sondern werden als eigener Produktionsfaktor in allen Unternehmen sowohl auf der strategischen als auch auf der operativen Ebene berücksichtigt und ermöglichen damit erst die effiziente Umsetzung ganzheitlicher interorganisationaler Logistik-Management-Konzepte wie Supply Chain Management bei einem Fokus auf Industrieunternehmen bzw. von CPFR- oder ECR-Konzepten in Handel und Konsumgüterindustrie.

Damit liefert die allgemeine, prozessorientierte Logistik-Konzeption bereits grundsätzlich – auch bei einer zukünftig zu erwartenden zunehmenden Outsourcingtendenz bzw. der Zunahme der Bedeutung und des wertschöpfenden Anteils von Dienstleistungen, Wissen und Informationen im Rahmen der Leistungserstellung auch in Industrie und Handel – eine geeignete, modulare Basis und kann gegebenenfalls als mikrologistisches Logistik-System übergreifend koordiniert bzw. betrachtet werden.

Für die Frage nach der Institution, die in unternehmensübergreifenden Supply Chains bzw. Logistik-Netzwerken die strategische Steuerungs- und Koordinationsaufgaben im Rahmen der Logistik-Konzeption übernehmen kann, ist das Konzept des 4PL theoretisch erfolgversprechend. Allerdings ist in diesem Zusammenhang die ungelöste – und vielleicht unlösbare – Frage des Cost-Benefit-Sharings innerhalb der Supply Chain von herausgehobenem Interesse. Daher ist nicht zu erwarten, dass die Vertrauensbildung innerhalb der Supply Chain in den nächsten Jahren soweit voranschreiten wird, dass sich alle Vertragspartner einer Supply Chain auf einen gemeinsamen unabhängigen Steuerer einigen. Dies würde auch ein sehr kompliziertes Vertragswerk mit geeigneten Savings-Incentive-Modellen voraussetzen, die ggf. auch Wettbewerbsverbote bedingen würden. Ein Logistik-Dienstleister, der durch Bündelung von Tätigkeiten für verschiedene Supply Chains seine Auslastung und seine Kostenstrukturen nachhaltig verbessert, hätte kein Interesse daran, dies in einer Supply Chain – oder in allen – anteilig abzugeben. Dann hätten diejenigen Supply Chains, die nicht von einem unabhängigen 4PL gesteuert werden einen komparativen Vorteil gegenüber 4PL-Supply Chains.

Zu erwarten ist daher eher eine ggf. gemeinsame, übergreifende Steuerung durch den stärksten oder involviertesten Partner.[739] Damit käme als Strukturierungskriterium der Metalogistik wiederum die bisherigen Strukturmerkmale der Unternehmenslogistik zum Tragen: Netzwerke – von Supply Chains – mit zentraler Steuerung durch Industrie-, Handels-, Logistik-Dienstleistungs- oder Dienstleistungsunternehmen. Entscheidend ist hier, wer den entscheidenden Know-how-Vorsprung für *dieses* Netzwerk hat.

[739] Vgl. Abbildung 5 in Kapitel 2.1.4.1. Dieses Unternehmen wird in der Literatur derzeit überwiegend als fokales Unternehmen bezeichnet. Vgl. z. B. Stock, Lambert (2001), S. 58 bzw. 66, oder Bretzke (2002), S. 41ff. Vgl. zur Diskussion prädestinierter Steuerer der Supply Chain Baumgarten, Thoms (2002), insbesondere S. 61ff.

6 Zusammenfassung und Ausblick

Die Logistik hat – insbesondere durch ihre prozessorientierte und ganzheitliche Sichtweise – erfolgswirksame Strategien zur Realisierung nachhaltiger Wettbewerbsvorteile entwickelt. Wesentliche Einflussfaktoren auf die zukünftige Ausgestaltung der Logistik sind die Entwicklung zur Dienstleistungs- und Informationsgesellschaft, die fortschreitende und unternehmensübergreifende Prozessorientierung, der rasante Fortschritt bei Informations- und Kommunikationssystemen sowie die zunehmende Durchdringung von Wirtschaft und Gesellschaft durch diese Systeme. Diesen Herausforderungen kann die Logistik im Zuge ihres permanenten Wandels durch das unternehmensübergreifende Netzwerk- und Prozesskettenmanagement, verstärkte Integration innovativer Informations- und Kommunikationssysteme sowie die Ausweitung und Anwendung logistischer Konzepte auf den Dienstleistungsbereich gerecht werden.

Als Hauptziele dieser Arbeit wurden in Kapitel 1.1 die

- Entwicklung einer modernen systembasierten und prozessorientierten Logistik-Konzeption, die grundsätzlich für die Ausgestaltung der Logistik in Unternehmen anwendbar ist, und
- Erweiterung bzw. Anpassung der Logistik-Konzeption durch die Berücksichtigung der Besonderheiten einer spezifischen Logistik-Konzeption in Dienstleistungsunternehmen

formuliert. Den Ausgangspunkt der Untersuchung bildete dabei die in Kapitel 1.3 erläuterte wissenschaftliche Grundannahme, dass die Logistik in Wissenschaft und Praxis ein Integrationskonzept darstellt. Diese Arbeit verfolgte daher einen dezidiert interdisziplinären Ansatz an der Schnittstelle von Ingenieurwissenschaften und Betriebswirtschaftslehre. Dabei orientierte sie sich zunächst an der institutionellen Abgrenzung von Logistik-Systemen.

In einem ersten Schritt war als Grundlage für die Ausgestaltung einer modernen systembasierten und prozessorientierten Logistik-Konzeption in Kapitel 2 die institutionelle Gliederung der Logistik auf notwendige Anpassungen zu überprüfen. Auf der Basis einer Darstellung der historischen Entwicklung der Logistik wurde in Kapitel 2.1 ein aktueller, umfassender Logistik-Begriff herausgearbeitet. In diesem Zusammenhang erwies es sich als sinnvoll, die institutionelle Differenzierung anzupassen und eine Gliederung der Unternehmenslogistik in Industrie-, Handels- und Dienstleistungslogistik sowie Logistik-Dienstleistung vorzunehmen. Gleichzeitig wurde innerhalb dieser Gliederung zwischen unternehmungsinterner und unternehmungsübergreifender Logistik unterschieden. Damit wurde der zunehmend unternehmungsübergreifende Einsatz der Logistik gegenüber der vormals inner- und zwischenbetrieblichen Orientierung herausgehoben. Gleichzeitig war die inhaltliche Integration des Netzwerkgedankens im Sinne einer Meta-Ebene der einzelwirtschaftlichen Mikrologistik und damit eine Verkettung einzelner Unternehmen im Sinne einer Supply Chain bzw. eines Supply Netzwerks möglich.

Auf dieser Grundlage wurde in Kapitel 2.2 eine systemorientierte, allgemeine Logistik-Konzeption entwickelt, die als Basiselemente die Systemorientierung und den spezifischen logistischen Denkansatz beinhaltet. Die Logistik-Konzeption stellt dabei die besondere Sichtweise der Aufgaben und Probleme in Unternehmen dar, die spezifische Lösungs- und Steuerungsmöglichkeiten generiert. Ergebnis der Darstellung wissenschaftlicher Evolutionsmodelle und der Analyse der Rolle der Logistik in der Unternehmensführung war, dass die Logistik-Konzeption keine reine Führungs- oder Ausführungsfunktion darstellt. Es wurde vielmehr festgestellt, dass die Logistik die Rolle einer übergreifenden Koordinationsfunktion und eines Unternehmensprinzips übernimmt.

In Kapitel 2.3 wurde diese Logistik-Konzeption prozessorientiert ausgestaltet. Dabei erwies es sich als sinnvoll, die System-, Wertketten- und Prozesstheorie gemeinsam zu betrachten. So konnte die Aufbau- und Ablauforganisation der Logistik im Sinne der Prozessorganisation integriert und dadurch das verwendete Referenz-Prozesskettenmodell der Logistik theoretisch begründet werden. Auf dieser Basis war es im abschließenden Kapitel 2.4 möglich, eine moderne prozessorientierte Logistik-Konzeption darzustellen, die auf Grund ihrer systembasierten Ausgestaltung auf alle Unternehmen – und damit auch für Dienstleistungsunternehmen – anwendbar ist. Die Strukturierung auf Prozessebene erfolgte dabei unter Verwendung des Prozesskettenmodells. Die entwickelte Logistik-Konzeption beinhaltet dabei ein Führungssystem, das die normative Ebene der Konzeption darstellt, sowie ein Ausführungssystem, in dem die strategische und operative Ebene der Logistik-Konzeption verortet ist. Auf der normativen Ebene wurde dabei festgestellt, dass die Logistik ein koordinatives Führungsinstrument und kein eigenständiges Führungsteilsystem ist. Dieses tragfähige Rahmenkonzept bildete die Grundlage der spezifischen Ausgestaltung der Dienstleistungslogistik-Konzeption in den folgenden Kapiteln, wobei die allgemeine Logistik-Konzeption im Verlauf der Arbeit jeweils durch Rückübertragung der gewonnenen Erkenntnisse aus der dienstleistungsspezifischen Betrachtung der Logistik am Ende jedes Kapitels in den Kapiteln 3.4, 4.6 und 5.5 weiterentwickelt wurde.

In Kapitel 3 wurden im Rahmen von Kapitel 3.1 zunächst die spezifischen Rahmenbedingungen der Logistik in Dienstleistungsunternehmen betrachtet. Dazu war es notwendig, die Entwicklung der Dienstleistungsgesellschaft kurz zu skizzieren und den Begriff „Dienstleistung“ differenziert zu betrachten. Dabei wurde deutlich, dass die Dienstleistungslogistik zwar in höherem Maße immaterielle Faktoren wie Informationen und Wissen berücksichtigen muss, im Grundsatz die Aufgabenstellung der Logistik jedoch analog zur Logistik in Industrie- und Handelsunternehmen interpretiert werden kann. Dies wird auch daran deutlich, dass neben dem Anteil des tertiären Sektors an der Bruttowertschöpfung von annähernd 70 % auch rund 50 % der Bruttowertschöpfung im sekundären Sektor durch Dienstleistungen geleistet werden, da Produkte heute häufig hybride Produkte im Sinne von Leistungsbündeln aus Sachgütern und immateriellen Gütern sind.

Im anschließenden Kapitel 3.2 wurden die spezifischen Inhalte der Logistik in Dienstleistungsunternehmen festgelegt. Dabei erwies es sich als zielführend, zunächst wissenschaftliche Ansätze zur Logistik in Dienstleistungsunternehmen darzustellen und zu bewerten. Auf der Basis einer Analyse der zu berücksichtigenden logistikrelevanten Charakteristika von Dienstleistungen war es dann möglich, eine Definition der Logistik in Dienstleistungsunternehmen abzuleiten, die auf dem umfassenden Logistik-Begriff aus Kapitel 2.1 aufsetzt. Neben diesen theoretischen Betrachtungen zum Stand der Dienstleistungslogistik wurde im Anschluss der Stellenwert berücksichtigt, den Logistik sowie logistische Aufgaben und Funktionen in der Dienstleistungspraxis besitzen. Dabei stellte sich heraus, dass Logistik für Dienstleistungsunternehmen von höherer Bedeutung ist, als es der geringe Umfang an theoretischer Literatur vermuten ließ. Bei der Ableitung eines Cluster-Schemas konnte gezeigt werden, dass Dienstleister insbesondere Aufgaben und Funktionen aus den Bereichen Informationslogistik sowie Infrastrukturlogistik als logistikrelevant sehen. Gleichzeitig bilden die sechs abgeleiteten Aufgaben- und Funktionscluster *„Logistik-Management“*, *„Logistik-Prozesse“*, *„Physische Logistik – Transportlogistik“*, *„Physische Logistik – Logistik physischer Güter“*, *„Informationslogistik“* und *„Infrastrukturlogistik“* die Basis für die Modularisierung der Logistik-Konzeption.

In Kapitel 3.3 wurde die dienstleistungsorientierte Logistik-Konzeption prozessorientiert ausgestaltet. Dabei erfolgte die Strukturierung der Prozessketten in Anlehnung bzw. Abwandlung des Referenz-Prozesskettenmodells der Logistik, das nun auch für

Dienstleistungsunternehmen anwendbar ist. Als wesentliche Prozesskette wurde analog zu Industrie- und Handelsunternehmen die Prozesskette Auftragsabwicklung identifiziert, die durch den notwendigen direkten Kundenkontakt bei der Dienstleistungserstellung von herausragender Bedeutung für den Markterfolg von Dienstleistungsunternehmen ist. Die effiziente Ausgestaltung der Prozesskette Versorgung war dabei notwendige Voraussetzung für die Leistungsfähigkeit der Auftragsabwicklung. Sie berücksichtigte ebenfalls die logistikrelevanten Charakteristika von Dienstleistungen entsprechend Kapitel 3.2 und stellte neben der Versorgung mit materiellen, unterstützenden Gütern die Verfügbarkeit insbesondere von Wissen und Informationen im Rahmen der Leistungserstellung sicher.

Kapitel 3.4 übernahm eine Doppelfunktion: Es stellte zum einen die prozessorientierte Dienstleistungslogistik-Konzeption zusammenfassend dar, zum anderen diente es der Rückübertragung der – insbesondere in Bezug auf die Modularisierung gewonnenen – Erkenntnisse auf die allgemeine Logistik-Konzeption und damit zur ersten Spezifikation. Wesentliches Ergebnis war dabei, dass die Methoden und Instrumente der Module *„Logistik-Management“* und *„Logistik-Prozesse“* sowohl auf der operativen Ebene der Logistik-Konzeption für die Steuerung der operativen und administrativen Prozesse als auch auf der strategischen Ebene für die unternehmensbereichs- und unternehmensübergreifende Koordination der logistischen Prozessketten eingesetzt werden.

Im Rahmen von Kapitel 4 wurden aufbauend auf dem Rahmenkonzept der Dienstleistungslogistik entsprechend Kapitel 3.4 Trends und Entwicklungstendenzen der Logistik in Dienstleistungsunternehmen dargestellt. Nach einer kurzen Erläuterung der Grundlagen der logistischen Trendanalyse erwies es sich als sinnvoll, in Kapitel 4.1 das Marktszenario, dem sich die Logistik in Dienstleistungsunternehmen gegenübersieht, darzustellen und grundsätzliche Handlungsfelder bzw. Trends abzugrenzen. Dabei wurde deutlich, dass gerade für Dienstleistungsunternehmen Wissen und Informationen als eigenständige Erfolgsfaktoren neben Kosten, Qualität bzw. Service und Zeit getreten sind. Aus diesem Marktszenario wurden die Haupttrends Kundenorientierung, Informationslogistik und Wissensmanagement sowie Netzwerkbildung bzw. Outsourcing abgeleitet, die in den Kapiteln 4.2 bis 4.5 unter Berücksichtigung empirischer Ergebnisse beschrieben wurden.

In Kapitel 4.2 wurde die interne und externe Kundenorientierung als Basiselement der Logistik-Konzeption in Dienstleistungsunternehmen offenkundig. In diesem Zusammenhang wurde als dienstleistungsspezifische Besonderheit festgestellt, dass die Dienstleistungslogistik bei ihrer Leistungserstellung sowohl interne Kunden – die servicenehmenden Abteilungen innerhalb des Dienstleistungsunternehmens – als auch externe Kunden – die eigentlichen Kunden des Dienstleistungsunternehmens – berücksichtigen muss. Daher sind das Customer Relationship Management bzw. das Enterprise Relationship Management geeignete Instrumente für das Management der Kundenbeziehungen sowie für das Schnittstellenmanagement in einem Netzwerk.

Die Informationslogistik wurde in Kapitel 4.3 als Kernfunktion der Dienstleistungslogistik-Konzeption identifiziert. Dabei waren insbesondere die Informationsversorgung sowie die Koordination von Geschäftsprozessen wesentliche Aktionsfelder der Informationslogistik. Da die Leistungserstellung von Dienstleistungsunternehmen auf Informationen basiert, war die Entwicklung der Informationslogistik zur Kernkompetenz und deren effiziente Ausgestaltung ein wesentlicher Trend.

Analog zur Einschätzung des Produktionsfaktors Information wurde auch die Bedeutung des Wissens in Dienstleistungsunternehmen eingeschätzt. Daher wurde das Wissensmanagement als Aufgabe der Logistik in Dienstleistungsunternehmen in Kapitel 4.4 vertieft betrachtet. Hauptergebnis war die Verankerung des Wissensmanagements im Rahmen der Prozesskette Versorgung. Die Synthese von Wissensmanagement und dem Prozessdenken des Prozesskettenmodells eröffnet die Möglichkeit, Wissensmanagement prozessorientiert auszugestalten, Standardisierungspotenziale aufzudecken, Synergien zu erkennen und Wissen und Informationen als Ressource unter logistischen Gesichtspunkten anforderungsgerecht zu organisieren.

Kapitel 4.5 beleuchtete die Frage, inwieweit operative und administrative logistische Leistungen von Dienstleistungsunternehmen selbsterstellt oder fremdvergeben werden sollen. Dabei wurde der Logistik in Dienstleistungsunternehmen die Aufgabe der Koordination von Lieferanten- und Dienstleisternetzwerken zugewiesen, da gerade die Module der Logistik-Konzeption gemäß Kapitel 3.4, die sich auf physische Aufgabenstellungen konzentrieren, Gegenstand des Outsourcings bzw. von umfassenden Outsourcing-Überlegungen sind.

Dies war auch eines der Hauptergebnisse von Kapitel 4.6, das insbesondere die Frage der Ausgestaltung der operativen Ebene der Logistik-Konzeption thematisierte. Auf der Basis der Überlegungen zu den Trends und Entwicklungsperspektiven der Logistik in Dienstleistungsunternehmen wurde dieser die Aufgabe der Planung, Steuerung, Koordination und Kontrolle eines Lieferanten-

und Dienstleisternetzwerks zugewiesen. Auf der operativen Ebene beinhaltete dies die unmittelbare Steuerung der operativen und administrativen Prozesse, die nicht zum Kerngeschäft von Dienstleistungsunternehmen gezählt werden und daher mit Ausnahme des Moduls „Informationslogistik“ fremdvergeben werden können. Informationslogistik und insbesondere das Wissensmanagement stellen eine Kernkompetenz der Dienstleistungslogistik dar und dienen unmittelbar der Leistungserstellung. In Industrie- und Handelsunternehmen trifft dies (noch) nicht zu, während operative Prozesse im Bereich des Moduls „Logistik physischer Güter“ dort teilweise zur Kernkompetenz zählen. Im Sinne der Spezifikation der allgemeinen Logistik-Konzeption waren damit jedoch wesentliche Aussagen zu den designierten Outsourcingoptionen bezüglich der operativen Module gemacht, wobei die Realisierung gerade spezifische Unternehmensstrategien berücksichtigen muss. Die Module waren jedoch auch im Falle der Fremdvergabe in der Logistik-Konzeption verankert, da die Logistik hier weiterhin entscheidende Steuerungs- und Koordinationsaufgaben wahrnahm.

Kapitel 5 beinhaltete die strategieorientierte Umsetzung der Logistik-Konzeption. In diesem Zusammenhang erfolgte in Kapitel 5.1 die Ableitung von fünf dienstleistungsorientierten Kernstrategien aus den in Kapitel 4 dargestellten Trends und Entwicklungsperspektiven. Die erste Handlungsempfehlung enthielt die Einführung eines Network Relationship Managements zur Integration interner und externer Kunden sowie Lieferanten und externer Dienstleister in die Prozesse der Dienstleistungslogistik. Gleichzeitig wurde die Verankerung der Informations- und Wissenslogistik als Aufgabe der Dienstleistungslogistik empfohlen, da dieses Modul zum Kerngeschäft des Unternehmens zählte und einer übergreifenden Koordination bedarf. Da die anderen drei Module auf der operativen Ebene der Logistik-Konzeption nicht zum Kerngeschäft zu zählen waren, war der Aufbau und die Steuerung von Lieferanten- und Dienstleisternetzwerken eine strategische logistische Aufgabe. Diese drei grundlegenden Strategieempfehlungen müssen inhaltlich ausgestaltet werden, um die Realisierung von vorhandenen Effizienzsteigerungs- und Rationalisierungspotenzialen zu gewährleisten. Bei der Konstruktion des Lieferanten- und Dienstleisternetzwerks waren daher leistungsfähige, qualitäts- und kundenorientierte Partner auszuwählen. Eine weitere wesentliche Strategie, die die Umsetzung bzw. Funktionsfähigkeit der gesamten Logistik-Konzeption determiniert, war die gezielte Mitarbeiterqualifizierung bzw. –rekrutierung, da in den Modulen „Logistik-Management“ und „Logistik-Prozesse“ komplexe Steuerungs- und Koordinierungsaufgaben zu bewältigen sind.

Die Qualität der Mitarbeiter und der Partner im Netzwerk gewährleistet die Umsetzbarkeit der prozessorientierten Logistik-Konzeption. Gleichzeitig ist das Prozessmanagement ein wesentlicher Erfolgsfaktor für die Effizienz der Koordinations-Module. Daher wurde in Kapitel 5.2 eine Struktur des Prozessmanagements in die Bausteine Projekt-, Schnittstellen-, Prozessketten-, internes Prozess- und Prozesskostenmanagement sowie prozessorientiertes Logistik-Controlling entworfen, die die Umsetzung der fünf Kernstrategien aus Kapitel 5.1 unterstützt bzw. ermöglicht.

In Kapitel 5.3 wurde die Organisation der Logistik in Dienstleistungsunternehmen dargestellt, wobei zum einen ein konkretes 3-Phasenmodell zur sukzessiven Umsetzung des Gesamtlogistik-Systems sowie die prozessorientierte Organisationsgestaltung u. a. durch die Einführung bzw. Verwendung der Prozesskostenrechnung erläutert wurde. Beide Argumentationslinien endeten dabei in der Überlegung, sowohl aus Gründen der besseren Steuerbarkeit als auch der Marktchancen einer effizienten Dienstleistungslogistik eine Öffnung der Logistik-Kompetenz für den externen Markt durchzuführen. Auf Grund der Heterogenität möglicher Dienstleistungen und Dienstleister ist eine einheitliche Soll-Strategie für die organisatorische Ausgestaltung jedoch nicht möglich, da diese gleichzeitig von der spezifischen Unternehmensstrategie abhängt. Unter den Gesichtspunkten der problematischen praktischen Umsetzbarkeit des Prozessmanagements innerhalb gewachsener Strukturen und Entscheidungsvorgänge und der eingeschränkten Anwendbarkeit für den Gesamtkonzern wurde das Outsourcing der Dienstleistungslogistik als sinnvoll betrachtet.

Als Ergebnis bei der vollständigen Umsetzung der dienstleistungsorientierten Logistik-Konzeption wurde in Kapitel 5.4 die Realisierung von Effizienzsteigerungs- und Rationalisierungspotenzialen durch eine Verminderung der Prozessdauer, die Steigerung der Kundenzufriedenheit, die Erschließung von Kostensenkungspotenzialen und die Realisierung von Differenzierungsvorteilen durch eine exzellente Dienstleistungslogistik herausgearbeitet.

In Kapitel 5.5 erfolgte die dritte Spezifikation der allgemeinen, im Rahmen der beiden vorhergehenden Spezifikationen modularisierten Logistik-Konzeption. Wesentliches Ergebnis war die Darstellung der interorganisationalen Ausprägung der allgemeinen Logistik-Konzeption und des zur Strukturierung verwendeten Referenz-Prozesskettenmodells. Damit einher ging die Umbenennung des strategischen Moduls „Logistik-Management" in „Supply Chain Management". Unternehmensübergreifend wurde auf der Prozessebene insbesondere die Prozesskette Auftragsabwicklung ausgestaltet, die alle in der Supply Chain involvierten Unternehmen auf der Prozessebene verbindet.

Damit sind beide Hauptziele dieser Arbeit erreicht worden:

Es liegt eine allgemeine, unternehmensübergreifende Logistik-Konzeption vor, die auf alle Unternehmen bzw. Institutionen übertragbar ist und eine geeignete modulare Basis für die übergreifende Koordination und Betrachtung als mikrologistisches System darstellt.

Die Logistik ist gleichzeitig als ein Erfolgsfaktor auch für das Management von Dienstleistungsprozessen identifiziert worden. Die tiefgreifendste Leistung der prozessorientierten Logistik-Konzeption – nicht nur in Dienstleistungsunternehmen – liegt dabei darin, dass sie als Querschnittsfunktion in der Lage ist, eine einheitliche – definitorische – Basis für die Anwendung verschiedener Managementkonzepte zu bieten. Sie bündelt unterschiedliche Ansätze unter dem „Dach" einer einheitlichen Philosophie, insbesondere für Back-Office-Funktionen in Dienstleistungsunternehmen. Dies kann insbesondere in Großkonzernen oder zusammenwachsenden Unternehmensverbünden bzw. Netzwerken die wesentliche Errungenschaft einer ganzheitlichen Implementierung der Logistik-Konzeption sein. Daher erfahren sowohl das Dienstleistungsmanagement als auch das Logistik-Management in Form der Dienstleistungslogistik eine sinnvolle und praktisch relevante Erweiterung.

Die im Rahmen dieser Arbeit erarbeiteten Analysen, Aussagen und Ergebnisse, insbesondere zu den Trends und Entwicklungstendenzen sowie zu den daraus abgeleiteten Strategien sind weiter gezielt empirisch zu überprüfen bzw. zu hinterfragen. Ein erster Schritt dazu ist die Arbeit des BVL-Arbeitskreises „Finanzen und Logistik", insbesondere der Arbeitsgruppe „Back-Office". Dieser hat die Strukturierung des Aufgabenspektrums der Dienstleistungslogistik im Sinne von Kapitel 3.2.4 übernommen und bei einer Untersuchung von Banken und Versicherungen empirisch validiert. Ein Ergebnis der gemeinsam vom Bereich Logistik der TU Berlin, dem Fachgebiet Unternehmensführung der TU Darmstadt und der Bundesvereinigung Logistik durchgeführten Untersuchung ist, dass ein Großteil der befragten Finanz-Dienstleister nicht über ein logistisches Gesamtkonzept verfügt. Die 50 teilnehmenden Unternehmen bestätigen dabei grundsätzlich die steigende Relevanz der Logistik für die befragten Dienstleistungsunternehmen und sehen die Hauptaufgabe zukünftig im Aufbau, der Steuerung und Koordination von Lieferanten- und Dienstleister-Netzwerken, die im Rahmen der konsequenten Fremdvergabe von operativen und administrativen Logistikaufgaben im Sinne der Module 3, 4 und 6 der hier entwickelten Logistik-Konzeption entstehen.

Die Verifizierung der Ergebnisse sollte jedoch darüber hinaus durch vertiefende Betrachtungen, Analysen und Untersuchungen sowohl auf institutionaler Ebene – z. B. bei Krankenkassen, Unternehmensberatungen, Banken, Versicherungen oder in großen Hotelketten – als auch auf instrumentaler Ebene – z. B. der Event- oder Messelogistik – erfolgen. In diesem Zusammenhang ist auch in den einzelnen operativen und administrativen Aufgaben und Funktionen eine Strukturierung und Ausrichtung der Prozesse nach logistischen Gesichtspunkten sinnvoll und erfolgversprechend.

Im Rahmen der Weiterentwicklung der prozessorientierten Logistik-Konzeption liegen die zukünftigen Forschungsfelder insbesondere im Bereich des strategischen Moduls „Logistik-Management" im Sinne des Supply Chain Managements. Daher sind ggf. neue Aufgabenfelder, die in diesem Bereich entstehen, in diesem Modul zu berücksichtigen. Wesentlicher Forschungsbedarf besteht ebenso im Bereich des unternehmensübergreifenden prozessorientierten Logistik-Controllings im Sinne des Supply Chain Controllings, u. a. zur Quantifizierung der Erfolgswirksamkeit der interorganisationalen Logistik-Konzeption.

7 Literaturverzeichnis

Aberle, G. (2000): Transportwirtschaft. Einzelwirtschaftliche und gesamtwirtschaftliche Grundlagen; 3. Auflage; München 2000.

Al-Ani, A. (1996): Business Reengineering in Banken – Erfahrungen aus der Praxis; Wien 1996.

Albrecht, K.; Zemke, R. (1985): Service-America! Doing business in the new economy; Hamburg 1985.

Albach, H.; Delfmann, W. (Hrsg.) (1995): Risikofreude und Dynamik in der Unternehmensführung; Wiesbaden 1995.

Alt, R.; Schmid, B. (2000): Logistik und E-Commerce – Perspektiven durch zwei sich wechselseitig ergänzende Konzepte; in: ZfB, 70. Jg. (2000) Heft 1; S. 75-99.

Altobelli, C. F.; Gaitanides, M. (1999): Prozessorganisation und Logistik; in: Weber, J.; Baumgarten, H. (Hrsg.): Handbuch Logistik. Management von Material- und Warenflussprozessen; Stuttgart 1999; S. 590-606.

Arnold, U. (1997): Beschaffungsmanagement; in: Bloech, J. und Ihde, G. B. (Hrsg.): Vahlens Großes Logistiklexikon; München 1997; S. 72f.

Arnold, D.; Isermann, H.; Kuhn, A.; Tempelmeier, H. (Hrsg) (2002): Handbuch Logistik; Berlin et al. 2002.

Ballou, R. H. (1973): Business Logistics Management; Englewood Cliffs 1973.

Bauer, P. (1996): Benchmarking – Chancen und Risiken für die Logistik; in: Meyer, J. (Hrsg.): Benchmarking: Spitzenleistungen durch Lernen von den Besten; Stuttgart 1996.

Baumgarten, H. (2001a): Trends und Strategien in der Logistik – Die Entwicklung und die Zukunft der Logistik; in: Baumgarten, H. (Hrsg.): Logistik im E-Zeitalter; Frankfurt am Main 2001; S. 9-34.

Baumgarten, H. (2001b): 4PL in der Praxis – Auf halbem Weg; in: Logistik heute; 23. Jg. (2001); Heft 11 München 2001; S. 36-38.

Baumgarten, H. (2001c): Allein schafft es kaum noch einer; in: Deutsche Verkehrs-Zeitung 10/2001; 55. Jg. (2001); S. 14f.

Baumgarten, H. (2001d): Neue Aufgaben für den Logistiker; in: Karriere in der Logistik; München 2001; S. 28-32.

Baumgarten, H. (2000a): Terminologie der Logistik; in: Baumgarten, H.; Wiendahl, H.-P. ; Zentes, J. (Hrsg.): Springer Experten System Logistik Management: Strategien – Konzepte – Praxisbeispiele; Berlin, Heidelberg, New York 2000; Abschnitt 2.01.01; S. 1-15.

Baumgarten, H. (2000b): Unveröffentlichte Ergebnisse der Untersuchung „Trends und Strategien in der Logistik *2000+*"; TU Berlin, Bereich Logistik; Berlin 2000.

Baumgarten, H. (1999): Prozesskettenmanagement in der Logistik; in: Weber, J.; Baumgarten, H. (Hrsg.): Handbuch Logistik; Stuttgart 1999; S. 226-237.

Baumgarten, H. (1996): Trends und Strategien in der Logistik 2000; Berlin 1996.

Baumgarten, H. (1995): Prozesskettenmanagement; in: Hossner, R. (Hrsg.): Jahrbuch der Logistik 1995; Düsseldorf 1995; S. 148-151.

Baumgarten, H. (1985): Entwicklungstendenzen innerbetrieblicher Transportsysteme; in: Baumgarten, H.; Holzinger, D.; Rühle, H. v.; Schäfer, H.; Stabenau, H.; Witten, P. (Hrsg.): RKW-Handbuch Logistik. Integrierter Material- und Warenfluß in Beschaffung, Produktion und Absatz; Berlin, 9. Lfg. IX/1985; Abschnitt 2880; S. 1-19.

Baumgarten, H. (Hrsg.) (2001): Logistik im E-Zeitalter; Frankfurt am Main 2001.

Baumgarten, H.; Benz, M.; Walter, S. (1999): Karrierechancen in der Logistik; in: Reinecke, G. (Hrsg.): Reinecke-Handbuch Karriere; München 1999; S. 23-30.

Baumgarten, H.; Darkow, I.-L. (2002a): Konzepte im Supply Chain Management; in: Busch, A.; Dangelmaier, W. (Hrsg.): Integriertes Supply Chain Management. Theorie und Praxis effektiver unternehmensübergreifender Geschäftsprozesse; Wiesbaden 2002; S. 89-108.

Baumgarten, H.; Darkow, I.-L. (2002b): Versorgungsmanagement – Integration von Beschaffung und Logistik; in: Hahn, D.; Kaufmann, L. (Hrsg.): Handbuch Industrielles Beschaffungsmanagement; 2. Auflage; Wiesbaden 2002; S. 381-399.

Baumgarten, H.; Darkow, I.-L. (2000): Management von Logistikprozessen; in: Baumgarten, H.; Wiendahl, H.-P.; Zentes, J. (Hrsg.): Springer Experten System Logistik Management: Strategien – Konzepte – Praxisbeispiele; Berlin, Heidelberg, New York 2000; Abschnitt 2.03.01; S. 1-18.

Baumgarten, H.; Darkow, I.-L. (1999): Gestaltung und Optimierung von Logistiknetzwerken; in: Hossner, R. (Hrsg.): Jahrbuch der Logistik 1999; Düsseldorf 1999; S. 146-151.

Baumgarten, H.; Darkow, I.-L.; Walter, S. (2000): Die Zukunft der Logistik – Kundenintegration, globale Netzwerke und e-Business; in: Hossner, R. (Hrsg.): Jahrbuch der Logistik 2000; Düsseldorf 2000; S. 12-23.

Baumgarten, H.; Feilhauer, K. (2000): Berufsbild des Wirtschaftsingenieurs; 10. Auflage; Verband deutscher Wirtschaftsingenieure (VWI) (Hrsg); Berlin 2000.

Baumgarten, H.; Holzinger, D.; Rühle, H. v.; Schäfer, H.; Stabenau, H.; Witten, P. (Hrsg.): RKW-Handbuch Logistik. Integrierter Material- und Warenfluß in Beschaffung, Produktion und Absatz; Berlin; zur laufenden Ergänzung ab 1981.

Baumgarten, H.; Kasiske, F.; Zadek, H. (2002): Logistics Service Providers – Quo Vadis? Stellenwert der Fourth Party Logistics Provider (4PL); in: Logistik Management, 4. Jg. (2002), Heft 1; S. 27-40.

Baumgarten, H.; Kornack, C. (1990): Trends in der Logistik in den 90er Jahren – Basis für Unternehmensstrategien. Kurzfassung; Berlin 1990.

Baumgarten, H.; Thoms, J.: Trends und Strategien in der Logistik: Supply Chains im Wandel; Berlin 2002.

Baumgarten, H.; Tufinkgi, P.; Walter, S. (2000): Qualifikationsprofil des Logistikers; in: Baumgarten, H.; Wiendahl, H.-P.; Zentes, J. (Hrsg.): Logistik-Management, Strategien – Konzepte – Praxisbeispiele; Berlin Heidelberg New York 2000; Abschnitt 2.06.01; S. 1-13.

Baumgarten, H.; Walter, S. (2001): Trends und Strategien in der Logistik *2000+*; 2. unveränderte Auflage; Berlin 2001.

Baumgarten, H.; Walter, S. (2000a): Die Berufsaussichten für Logistiker sind glänzend; in: Internationales Verkehrswesen; 52. Jg. (2000); Heft 4; S. 156-158.

Baumgarten, H.; Walter, S. (2000b): Trends und Strategien in der Logistik; in: Baumgarten, H.; Wiendahl, H.-P.; Zentes, J. (Hrsg.): Springer Experten System Logistik Management: Strategien – Konzepte – Praxisbeispiele; Berlin, Heidelberg, New York 2000; Abschnitt 3.05.01; S. 1-22.

Baumgarten, H.; Walter, S. (2000c): Trends und Strategien in Logistik und E-Business; in: Logistik für Unternehmen; 14. Jg. (2000); Heft 10; S. 6-10.

Baumgarten. H.; Walter, S. (2000d): Internationale Entwicklungstendenzen in der Logistik; in: Baumgarten, H.; Wiendahl, H.-P.; Zentes, J. (Hrsg.): Logistik-Management, Strategien – Konzepte – Praxisbeispiele; Berlin, Heidelberg, New York 2000; Abschnitt 3.05.02; S. 1-12.

Baumgarten, H.; Wiegand, A. (1997a): Managementtrends und Entwicklungstendenzen in der Logistik. Ergebnisse der Untersuchung Trends und Strategien in der Logistik 2000; Berlin 1997.

Baumgarten, H.; Wiegand, A. (1997b): Logistikkette; in: Bloech, J.; Ihde, G. B. (Hrsg.): Vahlens Großes Logistiklexikon; München 1997; S. 588.

Baumgarten, H.; Wiegand, A. (1997c): Prozesskettenmanagement; in: Bloech, J.; Ihde, G. B. (Hrsg.): Vahlens Großes Logistiklexikon; München 1997; S. 853-857.

Baumgarten, H.; Wiendahl, H.-P.; Zentes, J. (Hrsg.) (2002): Springer Experten System Logistik Management: Strategien – Konzepte – Praxisbeispiele; 7. Auflage; Berlin, Heidelberg, New York 2002.

Baumgarten, H.; Wolff, St. (1999): The Next Wave of Logistics: Global Supply Chain e-fficiency; Berlin, Boston 1999.

Baumgarten, H.; Wolff, St. (1993): Perspektiven der Logistik. Trend-Analysen und Unternehmensstrategien; Berlin 1993.

Baumgarten, H.; Zadek, H. (2002): Netzwerksteuerung durch Fourth-Party-Logistics-Provider (4PL); in: Hossner, R. (Hrsg.): Jahrbuch der Logistik 2002; Düsseldorf 2002; S. 14-20.

Baumgarten, H.; Zadek, H.; Keller, T. (2001): Mergers & Acquisitions – Logistik als Erfolgsfaktor; in: Hossner, R. (Hrsg.): Jahrbuch der Logistik 2001; Verlagsgruppe Handelsblatt; Düsseldorf 2001; S. 14-18.

Baumgarten, H.; Zadek, H. (2000): Kundenintegration in logistische Prozessketten; in: Hossner, R. (Hrsg.): Jahrbuch der Logistik 2000; Düsseldorf 2000; S. 128-133.

Baumgarten, H.; Zibell, R. (1988): Trends in der Logistik; Schriftenreihe der Bundesvereinigung Logistik e.V., Band 18; München 1988.

Becker, H. (1999): Produktivitätssteigerungen durch Workflow-Management; Lohmar 1999.

Becker, J.; zur Mühlen, M. (1999): Rocks, Stones and Sand – Zur Granulation von Komponenten in Workflow-Management-Systemen; in: Information Management & Consulting; Heft 2; 1999; S. 57-67.

Benkenstein, M. (1998): Besonderheiten des Innovationsmanagements in Dienstleistungsunternehmen; in: Bruhn, M.; Meffert, H. (Hrsg.): Handbuch Dienstleistungsmanagement – Von der strategischen Konzeption zur praktischen Umsetzung; Wiesbaden 1998; S. 699f.

Benkenstein, M.; Güthoff, J. (1998): Methoden zur Messung der Dienstleistungsqualität; in: Bruhn, M.; Meffert, H. (Hrsg.): Handbuch Dienstleistungsmanagement – Von der strategischen Konzeption zur praktischen Umsetzung; Wiesbaden 1998; S. 429-447.

Berglund, M.; Laarhoven, P. v.; Sharman, G.; Wandel, St. (1999): Third Party Logistics: Is There a Future?; in: International Journal of Logistics Management; 10 (1999) 1; S. 59-70.

Berndt, O.; Leger, L. (1994): Dokumenten-Management-Systeme – Nutzen, Organisation, Technik; Neuwied 1994.

Biethahn, J. (1997): Stichwort: Informations- und Kommunikationssystem; in: Bloech, J.; Ihde, G. B. (Hrsg.): Vahlens großes Logistiklexikon; München 1997; S. 389-394.

Binner, H. F. (2000): Unternehmensübergreifendes Logistikmanagement. Organisationsmanagement und Fertigungsautomatisierung; Leipzig 2001.

Bjelicic, B. (1987): Logistik – Eine sprachhistorische und begriffsinhaltliche Untersuchung; in: Muttersprache, Band 97, 1987; S. 153-161.

Bloech, J. (1997a): Logistikgeschichte; in: Bloech, J.; Ihde, G. B. (Hrsg.): Vahlens Großes Logistiklexikon; München 1997; S. 577-579.

Bloech, J. (1997b): Beschaffungslogistik; in: Bloech, J.; Ihde, G. B. (Hrsg.): Vahlens Großes Logistiklexikon; München 1997; S. 69-72.

Bloech, J. (1997c): Konzernlogistik; in: Bloech, J.; Ihde, G. B. (Hrsg.): Vahlens Großes Logistiklexikon; München 1997; S. 450.

Bloech, J.; Ihde, G. B. (Hrsg.) (1997): Vahlens Großes Logistiklexikon; München 1997.

Bogaschewsky, R.; Rollberg, R. (1998): Prozeßorientiertes Management; Berlin et al. 1998.

Bokranz, R.; Kasten, L. (2000): Organisations-Management in Dienstleistung und Verwaltung; Wiesbaden 2000; S. 25.

Bouncken, R. B. (2001): Transfer, Speicherung und Nutzung von Wissen bei Dienstleistungsunternehmen; in: Bruhn, M.; Strauss, B. (Hrsg.): Dienstleistungsmanagement Jahrbuch 2001; Wiesbaden 2001; S. 205-223.

Bowersox, D. (1999): Logistics: From Necessity to Competitive Advantage; in: Logistik Management, Heft 1 (1999); S. 35-39.

Bowersox, D. J.; Closs, D. J. (1996): Logistical Management. The Integrated Supply Chain Process; Boston et al. 1996.

Bowersox, D. J.; Closs, D. J.; Cooper, M. B. (2002): Supply Chain Logistics Management; Boston et al. 2002.

Bowersox, D. J.; Closs, D. J.; Helferich, O. K. (1986): Logistical Management. A Systems Integration of Physical Distribution, Manufaturing Support and Materials Procurement; 3. Auflage; New York, London 1986.

Bowersox, D. J.; Smykay, E. W.; La Londe, B. J. (1968): Physical Distribution Management; New York; 1968.

Bretzke, W.-R. (2002): „SCM Collaboration" und „4PL´s": Bemerkungen über die Grenzen des Paradigmas; in: Logistik Management, 4. Jg. (2002), Heft 1; S. 41-44.

Bretzke, W.-R. (1997): Dienstleistung, logistische; in: Bloech, J.; Ihde, G. B. (Hrsg.): Vahlens Großes Logistiklexikon; München 1997; S. 165f.

Bruhn, M.; Meffert, H. (1998): Dienstleistungsmanagement als unternehmerische Herausforderung; in: Bruhn, M.; Meffert, H. (Hrsg.): Handbuch Dienstleistungsmanagement – Von der strategischen Konzeption zur praktischen Umsetzung; Wiesbaden 1998; S. 1-25.

Bruhn, M.; Meffert, H. (Hrsg.) (1998): Handbuch Dienstleistungsmanagement – Von der strategischen Konzeption zur praktischen Umsetzung; Wiesbaden 1998.

Bruhn, M.; Strauss, B. (Hrsg.) (2001): Dienstleistungsmanagement Jahrbuch 2001; Wiesbaden 2001.

Budde, R. (1972): Materialmanagement. Aktive Materialflußgestaltung – Methoden und Verfahren der Lager- und Fördertechnik; Hamburg 1972.

Büttgen M. (2001): Kundengerechte Gestaltung von Dienstleistungsprozessen; in: Bruhn, M.; Strauss, B. (Hrsg.): Dienstleistungsmanagement Jahrbuch 2001; Wiesbaden 2001; S. 162.

Bullinger, H. J.; Krämer, M. (2000): Logistik in der Dienstleistungswirtschaft; in: Klaus, P.; Krieger, W. (Hrsg.): Gabler Lexikon Logistik. Management logistischer Netzwerke und Flüsse; 2. Auflage; Wiesbaden 2000; S. 85-90.

Bullinger, H. J.; Teichmann, W. T.; Wiedmann, G. (2000): Service Design: Design neuer Dienstleistungen – Herausforderungen für das Service-Management; http://www.htwm.de/bitsa/infoon/service/service.htm; Abrufdatum: 19.04.2001.

Busch, A.; Dangelmaier, W. (Hrsg.) (2002): Integriertes Supply Chain Management. Theorie und Praxis effektiver unternehmensübergreifender Geschäftsprozesse; Wiesbaden 2002.

Chandler, A. D. Jr. (1995): Strategy and Structure: Chapters in the History of the American Industrial Enterprise; 19. Auflage; Cambridge London 1995.

Christopher, M. (1994): The Strategy of Distribution Management; Oxford 1994.

Churchman, C. W. (1970): Einführung in die Systemanalyse; München 1970.

Clausewitz, C. v. (1832): Vom Kriege; Leipzig 1832.

Cooper, M. C.; Lambert, D. M.; Pagh J. D. (1997): Supply Chain Management. More Than a New Name for Logistics; in: The International Journal of Logistics Management; Vol. 8, No. 1, 1997; S. 1-14.

Corsten, D.; Gabriel, Ch. (2002): Benchmarking in der Logistik; in: Fahrni, F.; Völker, R.; Bodmer, Chr. (Hrsg.): Erfolgreiches Benchmarking in Forschung und Entwicklung, Beschaffung und Logistik; München 2002; S. 165-178.

Corsten, H. (2001): Dienstleistungsmanagement; 4. Auflage; München, Wien 2001.

Corsten, H. (1998): Ansatzpunkte für ein integratives Dienstleistungsmanagement; in: Bruhn, M.; Meffert, H. (Hrsg.): Handbuch Dienstleistungsmanagement – Von der strategischen Konzeption zur praktischen Umsetzung; Wiesbaden 1998; S. 73-92.

Corsten, H. (1993): Dienstleistungsproduktion; in: Wittmann, W. et al. (Hrsg.): Handwörterbuch der Betriebswirtschaft; 5. Auflage; Stuttgart 1993; S. 765-776.

Corsten, H. (1992): Produktionswirtschaft. Einführung in das industrielle Produktionsmanagement; 3. Auflage; München, Wien 1992.

Corsten, H. (1990): Betriebswirtschaftslehre der Dienstleistungsunternehmungen; München, Wien 1990; S. 18.

Corsten, H. (Hrsg.) (1998): Lexikon der Betriebswirtschaftslehre; München, Wien 1998.

Corsten, H.; Reiß, M. (Hrsg.) (1995): Handbuch Unternehmensführung; Wiesbaden 1995.

Corsten, H.; Stuhlmann, S. (2001): Die Integration des externen Faktors und ihre Auswirkungen auf das Kapazitätsmanagement von Dienstleistungsunternehmen; in: Bruhn, M.; Strauss, B. (Hrsg.): Dienstleistungsmanagement Jahrbuch 2001; Wiesbaden 2001; S. 225-248.

Corsten, H.; Stuhlmann, S. (1998): Zur Mehrstufigkeit in der Dienstleistungsproduktion; in: Bruhn, M.; Meffert, H. (Hrsg.): Handbuch Dienstleistungsmanagement – Von der strategischen Konzeption zur praktischen Umsetzung; Wiesbaden 1998; S. 141-164.

Czichos, H. (2000): Die Ingenieurwissenschaften – Ihr Profil in Technik und Gesellschaft, Studium und Beruf; in: Hütte: die Grundlagen der Ingenieurwissenschaften; Hrsg.: Akademischer Verein Hütte e. V., Berlin; Hrsg. von Czichos, H.; 31. neu bearbeitete und erweiterte Auflage; Berlin et al. 2000; S. 1-14.

Czichos, H. (Hrsg.) (2000): Hütte: die Grundlagen der Ingenieurwissenschaften; Hrsg.: Akademischer Verein Hütte e. V., Berlin; Hrsg. von Czichos, H.; 31. neu bearbeitete und erweiterte Auflage; Berlin et al. 2000.

Daniels, J. D.; Radebaugh, L. H. (1998): International Business – Environment and Operations; 1998

Darkow, I.-L. (2001): Logistik-Controlling in der Versorgung – Konzeption eines modularen Controllingsystems für das prozessorientierte Versorgungsmanagement; Dissertation TU Berlin; Berlin 2001.

Darkow, I.-L.; Schupp, F. (2002): Ableitung von E-Procurement-Strategien aus einem Versorgungsportfolio; in: Baumgarten, H.; Wiendahl, H.-P.; Zentes, J. (Hrsg.): Logistikmanagement – Strategien-Konzepte-Praxisbeispiele; Berlin et al. 2002; lfd. aktualisiert; Abschnitt 4.02.04; S. 1-14.

Dehler, M. (2001): Entwicklungsstand der Logistik: Messungen – Determinanten – Erfolgswirkungen; Wiesbaden 2001.

Delfmann, W. (2002): Prozessmanagement; in: Arnold, D.; Isermann, H.; Kuhn, A.; Tempelmeier, H. (Hrsg): Handbuch Logistik; Berlin et al. 2002; Abschnitt D 1.2; S. D1-10 – D1-17.

Delfmann, W. (2000a): Kernelemente der Logistik-Konzeption; in: Klaus, P.; Krieger, W. (Hrsg.): Gablers Lexikon Logistik; 2. Auflage; Wiesbaden 2000; S. 322-326.

Delfmann, W. (2000b): Logistikorientierung des Controllings; in: Klaus, P.; Krieger, W. (Hrsg.): Gablers Lexikon Logistik; 2. Auflage; Wiesbaden 2000; S. 75f.

Delfmann, W. (1999): Kernelemente der Logistik-Konzeption; in: Pfohl, H.-Chr. (Hrsg.): Logistikforschung. Entwicklungszüge und Gestaltungsansätze; Berlin 1999; S. 37-60.

Delfmann, W. (1995a): Logistik; in Corsten, H.; Reiß, M. (Hrsg.): Handbuch Unternehmensführung; Wiesbaden 1995.

Delfmann, W. (1995b): Logistik als strategische Ressource. Theoretisches Modell und organisatorische Umsetzung integrierten Lernens in logistischen Netzwerken; in: Wildemann, H. (Hrsg.): Die lernende Unternehmung; Wiesbaden 1995.

Delfmann, W. (1995c): Logistische Segmentierung. Ein modellanalytischer Ansatz zur Gestaltung logistischer Auftragszyklen; in: Albach, H.; Delfmann, W. (Hrsg.): Risikofreude und Dynamik in der Unternehmensführung; Wiesbaden 1995.

Deutsche Bank; AT Kearney (2000): Intranet-basiertes Supply-Chain-Management in der Bank Archivierung; Deutsche Bank AG, Corporate Real Estate & Services; Frankfurt am Main 2000.

Dietlein, S. (2000): Best-Practice-Konzepte für die Wissensvernetzung; in: Wissensmanagement – Das Magazin für Führungskräfte; Heft 3/2000, 2. Jg.; S. 4-7.

Dunn, S. C.; Seaker, R. F.; Stenger, A. J.; Young, R. (1993): An Assessment of Logistics Research Paradigms; in: Masters, J. M. (Hrsg.): Current Topics in Logistics Education and Research. The Transportation and Logistics Research Fund; Columbus, OH 1993; S. 121-139.

Ehrmann, H. (1999): Logistik: Kompendium der praktischen Betriebswirtschaft; 2. Auflage; Kiel 1999.

Engeser, M. (2000): Die Welt verteilen: Die S-Kurve der Konzentration; in: Wirtschaftswoche; Ausgabe 52/2000; S. 129-135.

Fähnrich, K. P. (2000): Dienstleistungsstandards für globale Märkte; Fraunhofer-Institut für Arbeitswirtschaft und Organisation; http://www.dienstleistungs-standards.de/aktuelles/ 001128_kpf_dlstandards.pdf; Abrufdatum: 18.04.2001.

Fahrni, F.; Völker, R.; Bodmer, Chr. (Hrsg.) (2002): Erfolgreiches Benchmarking in Forschung und Entwicklung, Beschaffung und Logistik; München 2002.

Fayol, H. (1929): Allgemeine und industrielle Verwaltung; Berlin 1929 (Deutsche Übersetzung von: Administration Industrielle et Générale; Paris 1916).

Feierabend, R. (1997): Schnittstellen, logistische; in: Bloech, J. und Ihde, G. B. (Hrsg.): Vahlens Großes Logistiklexikon; München 1997; S. 922f.

Feldkamp, W. (1999): Automobilindustrie – Player einer globalen Produktionsfamilie; in: Logistik Heute 7-8/1999; München; S. 35.

Fourastié, J. (1954): Die große Hoffnung des zwanzigsten Jahrhunderts; Köln-Deutz 1954.

Freichel, St. L. K. (1992): Organisation von Logistikservice-Netzwerken. Theoretische Konzeption und empirische Fallstudien; Berlin 1992.

Frese, E. (2000): Grundlagen der Organisation. Konzept – Prinzipien – Strukturen; 8. Auflage; Wiesbaden 2000.

Frese, E. (Hrsg.) (1992): Handwörterbuch der Organisation; 3., völlig neu gestaltete Auflage; Stuttgart 1992.

Frodl, A. (1999): Dienstleistungslogistik: Informations- und kommunikationstechnische Unterstützung des Marketing; in: Der Markt; 38. Jahrgang, Nr. 149; S. 76-85.

Frodl, A. (1998): Dienstleistungslogistik – Informationen, Kommunikation, Daten, Dokumente: Zur richtigen Zeit, am richtigen Ort; München, Wien 1998; S. 27-180.

Föcker, E.; Lienemann, C. (2000): Informationslogistische Dienste für Unternehmensportale; in: Wissensmanagement – Das Magazin für Führungskräfte; Heft 3/2000, 2. Jg.; S. 25-29.

Gaitanides, M. (1992): Aufbauorganisation; in: Frese, E. (Hrsg.); Handwörterbuch der Organisation; 3., völlig neu gestaltete Auflage; Stuttgart 1992; Sp. 1-18.

Gaitanides, M. (1983): Prozessorganisation; München 1983.

Gareis, K. M.; Raudaschl, W.; Rottländer, M. (2001): Mittendrin statt nur dabei; in: eBanker; Ausgabe 1/2001; S. 66-69.

Gerken, S. (1997): Logistik und Banken; Wiesbaden 1997.

Ghahremani, A. (1998): Integrale Infrastrukturplanung. Facility Management und Prozeßmanagement in Unternehmensinfrastrukturen; Berlin et al. 1998.

Giesberg, G. (2001): Deutschland ist ein Dienstleistungsland; in: Die 100 größten Unternehmen; 43. Folge; in: FAZ vom 03.07.2001, Nr. 151; S. U 1.

Göpfert, I. (2002a): Auf dem Weg zu einem universitären Weiterbildungsstudiengang; in: Hossner, R. (Hrsg.): Jahrbuch der Logistik 2002; Düsseldorf 2002; S. 230-233.

Göpfert, I. (2002b): Einführung, Abgrenzung und Weiterentwicklung des Supply Chain Managements; in: Busch, A.; Dangelmaier, W. (Hrsg.): Integriertes Supply Chain Management. Theorie und Praxis effektiver unternehmensübergreifender Geschäftsprozesse; Wiesbaden 2002; S. 25-44.

Göpfert, I. (2001): Zukunftsforschung und Innovationsmanagement für die Logistik – Der Kunde steht im Mittelpunkt; in: Baumgarten, H. (Hrsg.): Logistik im E-Zeitalter; Frankfurt am Main 2001; S. 117-135.

Göpfert, I. (2000a): Logistik. Führungskonzeption. Gegenstand, Aufgaben und Instrumente des Logistikmanagements und –Controllings; München 2000.

Göpfert, I. (2000b): Die Anwendung der Zukunftsforschung für die Logistik; in: Göpfert, I. (Hrsg.): Logistik der Zukunft – Logistics for the Future; 2. aktualisierte und erweiterte Auflage; Wiesbaden 2000; S. 39-76.

Göpfert, I. (2000c): Formulierung von Logistik-Strategien; in: Hossner, R. (Hrsg.): Jahrbuch der Logistik 2000; Düsseldorf 2000; S. 182-187.

Göpfert, I. (1999): Stand und Entwicklung der Logistik. Herausbildung einer betriebswirtschaftlichen Teildisziplin; in: Logistik Management 1 (1999); S. 19-33.

Göpfert, I. (Hrsg.) (2000): Logistik der Zukunft – Logistics for the Future; 2. Aktualisierte und erweiterte Auflage; Wiesbaden 2000.

Göpfert, I.; Neher, A. (2002): Controlling-Instrumente. Mangel an Wissen und Vertrauen; in Logistik heute 7-8 (2002); S. 36f.

Grochla, E. (Hrsg.) (1976): Organisationstheorie; Band 2; Stuttgart 1976.

Grochla, E. (Hrsg.) (1975): Organisationstheorie; Band 1; Stuttgart 1975.

Grochla, E.; Wittmann, W. (Hrsg.) (1974): Handwörterbuch der Betriebswirtschaft; 4. Auflage; Stuttgart 1974.

Gronau, N. (1999): Prozeßorientierte Sicht des Unternehmens; in: Krallmann, H.; Frank, H.; Gronau, G.: Systemanalyse im Unternehmen; München, Wien, Oldenburg 1999; S. 212f.

Gudehus, T. (2000a): Logistik 1 – Grundlagen, Verfahren und Strategien; Berlin et al. 2000.

Gudehus, T. (2000b): Logistik 2 – Netzwerke, Systeme und Lieferketten; Berlin et al. 2000.

Hahn, D. (1996): Planungs- und Kontrollrechnung – PuK; Wiesbaden 1996.

Hahn, D.; Buske, A.; Mayer, A.; Willms, K. (1999): Moderne Managementkonzepte; Gießen 1999.

Hahn, D.; Kaufmann, L. (Hrsg.) (2002): Handbuch Industrielles Beschaffungsmanagement. Internationale Konzepte, Innovative Instrumente, Aktuelle Praxisbeispiele; 2. Auflage; Wiesbaden 2002.

Hahn, D.; Taylor, B. (Hrsg.) (2002): Strategische Unternehmensplanung. Strategische Unternehmensführung; 7. Auflage; Heidelberg 1997

Haischer, M.; Mörschel, I.; Kaiser, J. (2000): Produktmodelle und Leistungskataloge von Dienstleistungen; Fraunhofer IAO, IAT Universität Stuttgart; http://www.dienstleistungsstandards.de/aktuelles/001128_ws_produktmodelle_iao.pdf; Abrufdatum: 20.04.2001.

Haist, F.; Fromm, H. (1991): Qualität im Unternehmen. Prinzipien – Methoden – Techniken; 2. Auflage; München, Wien 1991.

Hammann, P.; Palupski, R. (1997): Wissenslogistik; in: Bloech, J.; Ihde, G. (Hrsg.): Vahlens großes Logistiklexikon; München 1997; S. 1.281f.

Hammer, M.; Champy, J. (1994): Business Reengineering – Die Radikalkur für das Unternehmen; Frankfurt am Main, New York 1994.

Hansen, M. T.; Nohria, N.; Tierney, T. (1999): What's your strategy for managing knowledge?; in: Harvard Business Review; March-April 1999; S. 106-116.

Happel, M. A. (2001): Wertorientiertes Controlling in der Praxis: eine empirische Überprüfung; Köln 2001.

Heiserich, O.-E. (2000): Logistik. Eine praxisorientierte Einführung; Wiesbaden 2000.

Heller, P. (2001): Vom Dokumentenmanagement zum Wissensmanagement – Wie groß ist der Schritt?; in: Wissensmanagement – Das Magazin für Führungskräfte; Heft 1/2001, 3. Jg.; S. 24-26.

Herter, R. N. (1993): Total Quality Management; in: Wirtschaftsstudium, 22 (1993), Heft 1; S. 29-32.

Herzog, E (1994): Geschäftsprozessbezogenes Ressourcen-, Kosten- und Deckungsbeitragsmanagement; in: Scheer, A. W. (Hrsg.): m&c-Management & Computer, 2 (1994), Heft 4; S. 259.

Heskett, J. L.; Ivie, R. M.; Glaskowsky Jr., N. A. (1964): Business Logistics Management of Physical Supply and Distribution; New York 1964.

Hettich, S.; Hippner, H.; Wilde, K. D. (2001): Customer Relationship Management – Informationstechnologien im Dienste der Kundeninteraktion; in: Bruhn, M.; Strauss, B. (Hrsg.): Dienstleistungsmanagement Jahrbuch 2001; Wiesbaden 2001; S. 167-202.

Hipp, C. (2000): Innovationsprozesse im Dienstleistungssektor: eine theoretisch und empirisch basierte Innovationstypologie; Heidelberg 2000; S. 11-18.

Homburg, C.; Faßnacht, M. (1998): Kundennähe, Kundenzufriedenheit und Kundenbindung bei Dienstleistungsunternehmen; in: Bruhn, M.; Meffert, H. (Hrsg.): Handbuch Dienstleistungsmanagement – Von der strategischen Konzeption zur praktischen Umsetzung; Wiesbaden 1998; S. 405-428.

Horváth & Partner (Hrsg.) (1998): Prozesskostenmanagement. Methodik und Anwendungsfelder; 2. Auflage; München 1998.

Horváth, P. (1998): Controlling; 7. Auflage; München 1998.

Horváth, P. (1991): Zur Zielsetzung und zum Inhalt des Buches; in: Horváth & Partner GmbH (Hrsg.): Prozesskostenmanagement; München 1991; S. 1-7.

Horváth, P.; Kieninger, M.; Mayer, R. und Schimank, C. (1993): Prozesskostenrechnung – oder wie die Praxis die Theorie überholt, Kritik und Gegenkritik; in: Die Betriebswirtschaft, 53 (1993), Heft 5; S. 609-628.

Horváth, P.; Herter, R. N. (1992): Benchmarking, Vergleich mit den Besten der Besten; in: Controlling 4 (1992), Heft 1; S. 4-11.

Horváth, P.; Mayer, R. (1989): Prozesskostenrechnung – Der neue Weg zu mehr Kostentransparenz und wirkungsvolleren Unternehmensstrategien; in: Controlling 1 (1989).

Horx, M. (2001): Vom Wolkenkuckucksheim zum Internet 2; in: Handelsblatt vom 14.03.2001; Seite B2.

Houlihan, J. (1987): International Supply Chain Management; in: International Journal of Physical Distribution and Logistics Management, 17 (1987); S. 51-66.

Ihde, G. B. (2001): Transport, Verkehr, Logistik: Gesamtwirtschaftliche Aspekte und einzelwirtschaftliche Handhabung; 3. Auflage; München 2001.

Ihde, G. B. (1999): Mikro- und Makrologistik; in: Weber, J.; Baumgarten, H. (Hrsg.): Handbuch Logistik. Management von Material- und Warenflussprozessen; Stuttgart 1999; S. 115-128.

Ihde, G. B. (1997): Logistik; in: Bloech, J.; Ihde, G. B. (Hrsg.): Vahlens Großes Logistiklexikon; München 1997; S. 549-552.

Ihde (1991): Transport, Verkehr, Logistik: Gesamtwirtschaftliche Aspekte und einzelwirtschaftliche Handhabung; 2. Auflage; München 1991.

Ihde, G. B. (1974): Logistik, betriebswirtschaftliche; in: Grochla, E.; Wittmann, W. (Hrsg.): Handwörterbuch der Betriebswirtschaft; 4. Auflage; Stuttgart 1974; S. 2524-2531.

Ihde, G. B. (1972): Logistik; Stuttgart 1972.

Isermann, H. (1998): Grundlagen eines systemorientierten Logistikmanagements; in: Isermann, H. (Hrsg.): Logistik. Gestaltung von Logistiksystemen; 2. überarbeitete und erweiterte Auflage; Landsberg/ Lech 1998; S. 1-60.

Isermann, H. (Hrsg.) (1998): Logistik. Gestaltung von Logistiksystemen; 2. überarbeitete und erweiterte Auflage; Landsberg/ Lech 1998.

Jähns, M (1889): Geschichte der Kriegswissenschaften vornehmlich in Deutschland; Band 1: Altertum, Mittelalter, 15. und 16. Jahrhundert; New York, Hildesheim 1966; Nachdruck der Ausgabe München 1889.

Jehle, E. (1991): Wertanalyse, Ein System zum Lösen komplexer Probleme, in: Wirtschaftswissenschaftliches Studium, 20 (1991) Heft 6; S. 287-294.

Jomini, A. H. (1881): Abriß der Kriegskunst; Berlin 1881.

Jünemann, R.; Beyer, A. (1998): Steuerung von Materialfluß- und Logistiksystemen; Informations- und Steuerungssysteme, Automatisierungstechnik; 2. Auflage; Berlin 1998.

Jünemann, R.; Schmidt, Th. (1999): Materialflußsysteme; Berlin et al. 1999.

Kaarst, J. W.; Walter, R. (1974): Lagerung, Versand und Transport – Bestandteile moderner Materialwirtschaft; in: Betriebswirtschafts-Magazin Nr. 4 vom 25.2.1974; S. 185-187.

Karlöf, B.; Östblom. S. (1994): Das Benchmarking-Konzept – Wegweiser zur Spitzenleistung in Qualität und Produktivität; München 1994.

Kirsch, W. (1971): Betriebswirtschaftliche Logistik; in Zeitschrift für Betriebswirtschaft; 41. Jg. (1971) 3; S. 221-234.

Kirsch, W. ; Bamberger, I.; Gabele, E.; Klein, H. K. (1973): Betriebswirtschaftliche Logistik; Wiesbaden 1973.

Keller, Th.; Walter, S. (2000): Banklogistik: Mehr als Geld und Werte; in: Logistik heute; Ausgabe 10/2000; S. 37f.

Klaus, P. (2000a): Logistikmanagement; in: Klaus, P.; Krieger, W.(Hrsg.): Gabler Lexikon Logistik; 2. Auflage; Wiesbaden 2000; S. 335-340.

Klaus, P. (2000b): Logistik für die Managementpraxis: Die Herausforderung der Systematisierung oder „Wie den Pudding an die Wand nageln", in: Klaus, P.; Krieger, W.(Hrsg.): Gabler Lexikon Logistik; 2. Auflage; Wiesbaden 2000; Seiten XIII-XVIII.

Klaus, P. (2000c): Supply Chain Management; in: Klaus, P.; Krieger, W.(Hrsg.): Gabler Lexikon Logistik; 2. Auflage; Wiesbaden 2000; S. 449-456.

Klaus, P. (1999): Logistik als „Weltsicht": der Prozessansatz; in: Weber, J.; Baumgarten, H. (Hrsg.): Handbuch Logistik. Management von Material- und Warenflussprozessen; Stuttgart 1999; S. 15-32.

Klaus, P. (1998): Jenseits einer Funktionenlogistik: Der Prozeßansatz; in: Isermann, H. (Hrsg.): Logistik. Gestaltung von Logistiksystemen; 2. überarbeitete und erweiterte Auflage; Landsberg/ Lech 1998; S. 61-78.

Klaus, P. (1993): Die dritte Bedeutung der Logistik; Nürnberger Logistik Arbeitspapier Nr. 3; Nürnberg 1993.

Klaus, P.; Krieger, W. (Hrsg.) (2000): Gablers Lexikon Logistik; 2. Auflage; Wiesbaden 2000.

Klein, H. (1998): Entwicklungstendenzen des Dienstleistungsmanagements aus Sicht der Praxis; in: Bruhn, M.; Meffert, H. (Hrsg.): Handbuch Dienstleistungsmanagement – Von der strategischen Konzeption zur praktischen Umsetzung; Wiesbaden 1998; S. 933-954.

Kleinaltenkamp, M. (1998): Begriffsabgrenzung und Erscheinungsformen von Dienstleistungen; in: Bruhn, M.; Meffert, H. (Hrsg.): Handbuch Dienstleistungsmanagement – Von der strategischen Konzeption zur praktischen Umsetzung; Wiesbaden 1998; S. 29-52.

Kopfer, H.; Bierwirth, Chr. (2000): Grundlagen der Systemorientierung; in: Baumgarten, H.; Wiendahl, H.-P.; Zentes, J. (Hrsg.): Springer Experten System Logistik Management: Strategien – Konzepte – Praxisbeispiele; Berlin, Heidelberg, New York 2000; Abschnitt 4.01.01; S. 1-21.

Kortschak, B. H. (2001): Logistik – Controlling oder eigenständige betriebswirtschaftliche Konzeption; in: DBW 61. Jahrgang, Heft 6/2001; S. 658-670.

Kortschak, B. H. (1999): Der Produktions- und Wettbewerbsfaktor Zeit in der Logistik; in: Weber, J.; Baumgarten, H. (Hrsg.): Handbuch Logistik. Management von Material- und Warenflussprozessen; Stuttgart 1999; S. 933-944.

Kosiol, E. (1962): Organisation der Unternehmung; Wiesbaden 1962.

Kotzab, H. (2000): Zum Wesen von Supply Chain Management vor dem Hintergrund der betriebswirtschaftlichen Logistikkonzeption – erweiterte Überlegungen; in: Wildemann, H. (Hrsg.): Supply Chain Management; München 2000; S. 21-48.

Krallmann, H.; Frank, H.; Gronau, N. (2002): Systemanalyse im Unternehmen. Vorgehensmodelle, Modellierungsverfahren und Gestaltungsoptionen; 4. Auflage; München et al. 2002.

Krallmann, H.; Frank, H.; Gronau, G. (1999): Systemanalyse im Unternehmen; 3. Auflage; München et al. 1999.

Krampe, H.; Lucke, H.-J. (2001): Einführung in die Logistik; in: Krampe, H.; Lucke, H.-J. (Hrsg.): Grundlagen der Logistik. Einführung in Theorie und Praxis logistischer Systeme; 2. Auflage; München 2001; S. 15-29.

Krampe, H.; Lucke, H.-J. (Hrsg.) (2001): Grundlagen der Logistik. Einführung in Theorie und Praxis logistischer Systeme; 2. Auflage; München 2001.

Krystek, U. (2002): Beschaffung und Vertrauen; in: Hahn, D.; Kaufmann, L. (Hrsg.): Handbuch Industrielles Beschaffungsmanagement; 2. Auflage; Wiesbaden 2002; S. 1039-1057.

Krystek, U. (1997a): Vertrauen als vernachlässigter Erfolgsfaktor der Internationalisierung; in: Krystek, U.; Zur, E. (Hrsg.): Internationalisierung. Eine Herausforderung für die Unternehmensführung; Stuttgart 1997.

Krystek, U. (1997b): Vertrauen als Basis erfolgreicher strategischer Führung; in: Hahn, D.; Taylor, B. (Hrsg.): Strategische Unternehmensplanung. Strategische Unternehmensführung; 7. Auflage; Heidelberg 1997; S. 266-288.

Krystek, U.; Zumbrock, St. (1993): Planung und Vertrauen. Die Bedeutung von Vertrauen und Mißtrauen für die Qualität von Planungs- Kontrollsystemen; Stuttgart 1993.

Krystek, U.; Zur, E. (Hrsg.) (1997): Internationalisierung. Eine Herausforderung für die Unternehmensführung; Stuttgart 1997.

Krippendorff, H. (1965): Integrierter Materialfluß; München 1965.

Krüger, L. (Hrsg.) (1977): Die Entstehung des Neuen; Frankfurt 1977.

Krumeich, G. (2000): Militärgeschichte für eine zivile Gesellschaft; in Cornelißen, Chr. (Hrsg.): Geschichtswissenschaften. Eine Einführung; Frankfurt am Main 2000; S. 178-193.

Kühn, G. (1996): Facility Management – Alles aus einer Hand?; in: Mehdorn, H. u. a. (Hrsg): Industrielle Dienstleistungen; S. 91-95; Neuwied 1996.

Kuhn (1989): Die Struktur wissenschaftlicher Revolutionen; 2. Auflage; Frankfurt 1989.

Kuhn (1977): Neue Überlegungen zum Begriff des Paradigmas; in: Krüger, L. (Hrsg.): Die Entstehung des Neuen; Frankfurt 1977; S. 389-415.

Kuhn, A.; Hellingrath, H. (2002): Supply Chain Management. Optimierte Zusammenarbeit in der Wertschöpfungskette; Berlin et al. 2002.

Kummer, S. (1999): Berücksichtigung der Logistik in der Unternehmensführung; in: Weber, J.; Baumgarten, H. (Hrsg.): Handbuch Logistik. Management von Material- und Warenflussprozessen; Stuttgart 1999; S. 33-51.

Kummer, S. (1992): Logistik im Mittelstand: Stand und Kontextfaktoren der Logistik im mittelständischen Unternehmen; Stuttgart 1992.

La Londe, B. J.; Powers, R. F. (1993): Disintegration and Re-Integration: Logistics of the Twenty-First Century; in: Journal of Logistics Management 4 (1993) 2; S. 1-12.

Lambert, D. M.; Pohlen, T. L. (2001): Supply Chain Metrics; in: The International Journal of Logistics Management, Volume 12, 1/2001; S. 1-19.

Large, R. (1995): Unternehmerische Steuerung von Ressourceneignern: Ein verstehender Ansatz zur Theorie der Unternehmung; Wiesbaden 1995.

Large, R.; Stölzle, W. (1999): Logistikforschung im Spiegel wissenschaftlicher Publikationen. Eine empirische Untersuchung auf der Basis betriebswirtschaftlicher und ingenieurwissenschaftlicher Dissertationen; in: Pfohl, H.-Chr. (Hrsg.): Logistikforschung. Entwicklungszüge und Gestaltungsansätze; Berlin 1999; S. 3-36

Lasch, R. (1998): Marktorientierte Gestaltung von Logistikprozessen; Wiesbaden 1998.

Lasch, R.; Trost, R. (1997): Wettbewerbs-Benchmarking: ein empfehlenswertes Management-Instrument ?; in: Zeitschrift für Betriebswirtschaft, 67. Jg. 1997, Heft 7; S. 689-712.

Lehmann, H. (1992): Organisationslehre, Betriebswirtschaftliche; in: Frese, E. (Hrsg.): Handwörterbuch der Organisation; 3., völlig neu gestaltete Auflage; Stuttgart 1992; Sp. 1.537-1.554.

Leibfried, K. H. J.; McNair, C. J. (1993): Benchmarking: von der Konkurrenz lernen, die Konkurrenz überholen; Freiburg i. Br. 1993.

Lewis, H. T.; Culliton, J. W.; Steele, J. D. (1956): The Role of Air Freight in Physical Distribution; Boston/ Mass. 1956.

Lohmann, L. (1998): Banklogistik: Logistiksysteme und –prozesse in Banken; Dissertation TU Darmstadt; Berlin 1998.

Luczak, H.; Wiendahl, H.-P.; Weber, J. (2001): Logistik-Benchmarking: Praxisleitfaden mit LogiBEST; Berlin et al. 2001.

Männel, W. (1997a): Make-or-buy-Entscheidung; in: Bloech, J.; Ihde, G. B. (Hrsg.): Vahlens Großes Logistiklexikon; München 1997; S. 680-683.

Männel, W. (1997b): Outsourcing; in: Bloech, J.; Ihde, G. B. (Hrsg.): Vahlens Großes Logistiklexikon; München 1997; S. 777-778.

Maleri, R. (1998): Grundlagen der Dienstleistungsproduktion; in: Bruhn, M.; Meffert, H. (Hrsg.): Handbuch Dienstleistungsmanagement – Von der strategischen Konzeption zur praktischen Umsetzung; Wiesbaden 1998; S. 117-139.

Maleri, R. (1994): Grundlagen der Dienstleistungsproduktion; 3. Auflage; Berlin et al. 1994.

Masters, J. M. (Hrsg.): Current Topics in Logistics Education and Research. The Transportation and Logistics Research Fund; Columbus, OH 1993.

Mayer, R. (1998): Prozeßkostenrechnung – State of the Art; in: Horváth & Partner GmbH (Hrsg.): Prozeßkostenmanagement: Methodik und Anwendungsfelder; München 1998; S. 3-28.

Mayer, R. (1991a): Prozeßkostenrechnung und Prozeßkostenmanagement, Konzept, Vorgehensweise und Einsatzmöglichkeiten; in: Horváth & Partner GmbH (Hrsg.): Prozeßkostenmanagement; München 1991; S. 73-99.

Mayer, R. (1991b): Die Prozesskostenrechnung als Instrument des Schnittstellenmanagements; in Horváth, P. (Hrsg.): Synergien durch Schnittstellen-Controlling; Stuttgart 1991; S. 211-226.

Meffert, H. (1994): Marktorientierte Führung von Dienstleistungsunternehmen – neuere Entwicklungen in Theorie und Praxis; in: Die Betriebswirtschaft 54 (1994) 4; S. 519-541.

Meffert, H.; Bruhn, M. (2000): Dienstleistungsmarketing: Grundlagen – Konzepte – Methoden; Wiesbaden 2000.

Menconi, P. (1999): Building a Great Customer Relationship Management Strategy; AMR Research Report on Enterprise Applications for August 1999; Download von http://www.amrresearch.com am 20.3.2000.

Mertins, K.; Edeler, S.; Schallock, P. (1995): Benchmarking zur Verbesserung der Unternehmensleistung; in: Mertins; Siebert; Kempf (Hrsg.): Benchmarking – Praxis in deutschen Unternehmen. Berlin 1995; S. 5-12.

Mertins, K.; Kohl, H.; Heisig, P.; Vorbeck, C. (2000): Benchmarking 2000: Benchmarking in der Dienstleistungswirtschaft; Stuttgart 2000.

Meyer, A. (1998a): Stichwort: Dienstleistungen; in: Corsten, H. (Hrsg.): Lexikon der Betriebswirtschaftslehre; München, Wien 1998; S. 185-189.

Meyer, A. (1998b): Stichwort: Dienstleistungsmarketing; in: Corsten, H. (Hrsg.): Lexikon der Betriebswirtschaftslehre; München, Wien 1998; S. 189-195.

Meyer, A.; Blümelhuber, C. (1998): Wettbewerbsorientierte Strategien im Dienstleistungsbereich; in: Bruhn, M.; Meffert, H. (Hrsg.): Handbuch Dienstleistungsmanagement – Von der strategischen Konzeption zur praktischen Umsetzung; Wiesbaden 1998; S. 375-404.

Mikus, B. (1997): Beschaffung; in: Bloech, J.; Ihde, G. B. (Hrsg.): Vahlens Großes Logistiklexikon; München 1997; S. 64-66.

Mösslang, A. M. (1995): Internationalisierung von Dienstleistungsunternehmen: empirische Relevanz, Systematisierung, Gestaltung; Wiesbaden 1995.

Morgenstern, O. (1955): Note on the formulation of the study of Logistics; in: Naval Research Logistics Quarterly; 5 (1955); S. 129-136.

Morgenstern, O. (1951): Note on the formulation of the study of Logistics; RM-614; ASTIA Document Number AD 116563; 28 May 1951; Santa Monica 1951.

Mossman, F.; Morton, N. (1965): Logistics of Distribution Systems; Boston 1965.

Nicklisch, H. (1922): Der Weg aufwärts! Organisation; 2. Auflage; Stuttgart 1922.

Niemand, S. (1992): Prozeßkostenrechnung für den Beschaffungsbereich eines Automobilherstellers; in krp 36 (1992), Heft 3; S. 160-167.

Niemand, S.; Fröhlich, M. (1994): Prozeßkostenrechnung als Instrument der Organisationsgestaltung in: Scheer, A.W. (Hrsg.): m&c-Management & Computer, 2 (1994), Heft 4; S. 267-276.

Nippa, M. (1995): Anforderungen an das Management prozeßorientierter Unternehmen; in: Nippa, M., Picot, A. (Hrsg.): Prozeßmanagement und Reengineering – Die Praxis im deutschsprachigen Raum; Frankfurt am Main, New York 1995; S. 39-60.

Nippa, M.; Picot, A. (Hrsg.) (1995): Prozeßmanagement und Reengineering – Die Praxis im deutschsprachigen Raum; Frankfurt am Main, New York 1995.

NIW (1997): Niedersächsisches Institut für Wirtschaftsforschung e.V.: Innovationen im Dienstleistungsbereich und IuK-Technologien; NIW-Workshop; Hannover 1997; S. 18.

Nonaka, I. (1991): The knowledge creating company; in: Harvard Business Review 69; Nov.-Dez. 1991; S. 96-104.

Nonaka, I.; Takeuchi, H. (1997): Die Organisation des Wissens; Frankfurt, New York 1997.

Nordsieck, F. (1972): Betriebsorganisation; 2. Auflage; Stuttgart 1972.

Nordsieck, F. (1934): Grundlagen der Betriebsorganisation; 1934

Nordsieck, F. (1931): Die schaubildliche Erfassung und Untersuchung der Betriebsorganisation; Dissertation an der Universität Köln; Köln 1931.

Ohlhausen, P.; Rüger, M.; Grote, P. (2000): Wissensmanagement heute – Untersuchungsergebnisse bei deutschen Unternehmen; in: Wissensmanagement – Das Magazin für Führungskräfte; Heft 3/2000, 2. Jg.; S. 55-58.

o. V. (2001): Volkswirtschaftliche Gesamtrechnung: Bruttowertschöpfung nach Wirtschaftsbereichen; Statistisches Bundesamt Deutschland, http://www.statistik-bund.de/basis/d/vgr/vgrtab3.htm; Abrufdatum: 19.04.2001.

o. V. (1999): Wettbewerbsfaktor Wissen – Leitfaden zum Wissensmanagement; Eine Studie der Deutschen Bank in Zusammenarbeit mit dem Fraunhofer-Institut für Arbeitswirtschaft und Organisation (Fraunhofer IAO); Frankfurt am Main 1999.

Parasuraman, A.; Zeithaml, V. A.; Berry, L. L. (1998): Alternative Scales for Measuring Service Quality; in: Bruhn, M.; Meffert, H. (Hrsg.): Handbuch Dienstleistungsmanagement – Von der strategischen Konzeption zur praktischen Umsetzung; S. 449-482; Wiesbaden 1998.

Paykowski, R. (1998): Evolution der Büroprozesse; in: Office Management; Heft 9 (1998); S. 44-45.

Pepels, W. (1999): Marketingrelevante Besonderheiten von Dienstleistungen; in: WISU – Das Wirtschaftsstudium; 5/1999; S. 699-704.

Pfohl, H.-Chr. (2001a): Wertsteigerung durch Innovation in der Logistik; in: Pfohl, H.-Chr. (Hrsg.): Jahrhundert der Logistik: Wertsteigerung des Unternehmens. customer related – glocal – e-based; Berlin 2001; S. 187-235.

Pfohl, H.-Chr. (2001b): Management von Produktionsnetzwerken; in: Baumgarten, H. (Hrsg.): Logistik im E-Zeitalter; Frankfurt am Main 2001; S. 35-54.

Pfohl, H.-Chr. (2000a): Logistiksysteme. Betriebswirtschaftliche Grundlagen; 6. neu bearbeitete und aktualisierte Auflage; Berlin et al. 2000.

Pfohl, H.-Chr. (2000b): Supply Chain Management: Konzept, Trends, Strategien; in: Pfohl, H.-Chr. (Hrsg.): Supply Chain Management: Logistik plus? Logistikkette – Marketingkette – Finanzkette; Berlin 2000; S. 1-44.

Pfohl, H.-Chr. (1999a): Vorwort; in: Pfohl, H.-Chr. (Hrsg.) :Logistikforschung. Entwicklungszüge und Gestaltungsansätze; Berlin 1999; S. V-VII.

Pfohl, H.-Chr. (1999b): Ständiger Wandel. Änderung der Organisations- und Personalstruktur als Voraussetzung zur Logistikexzellenz; in: Pfohl, H.-Chr. (Hrsg.): Logistik 2000plus. Visionen – Märkte – Ressourcen; Berlin 1999; S. 167-220.

Pfohl, H.-Chr. (1996): Logistiksysteme. Betriebswirtschaftliche Grundlagen; 5. Auflage; Berlin et al. 1996.

Pfohl, H.-Chr. (1994): Logistikmanagement. Funktionen und Instrumente; Berlin et al. 1994.

Pfohl, H.-Chr. (1992): Logistik, Organisation der; in: Frese, E. (Hrsg.): Handwörterbuch der Organisation. 3. Auflage. Stuttgart 1992; Sp. 1255-1270.

Pfohl, H.-Chr. (1974): Die Logistik als Beispiel für Auswirkungen des Systemdenkens in der entscheidungsorientierten Betriebswirtschaftslehre; in Management International Review; 14. Jahrgang, Heft 1 1974; S. 67-85.

Pfohl, H.-Chr. (1972): Marketing-Logistik; Mainz 1972.

Pfohl, H.-Chr. (Hrsg.) (2001): Jahrhundert der Logistik: Wertsteigerung des Unternehmens. customer related – glocal – e-based; Berlin 2001.

Pfohl, H.-Chr. (Hrsg.) (2000): Supply Chain Management: Logistik plus? Logistikkette – Marketingkette – Finanzkette; Berlin 2000.

Pfohl, H.-Chr. (Hrsg.) (1999): Logistikforschung. Entwicklungszüge und Gestaltungsansätze; Berlin 1999.

Pfohl, H.-Chr. (Hrsg.) (1999): Logistik 2000plus, Visionen – Märkte – Ressourcen; Berlin 1999.

Pfohl, H.-Chr.; Häusler, P. (2000): Netzwerkbildung – Vernetzung als Unternehmensstrategie; in: Baumgarten, H.; Wiendahl, H.-P.; Zentes, J. (Hrsg.): Springer Experten System Logistik Management: Strategien – Konzepte – Praxisbeispiele; Berlin, Heidelberg, New York 2000; Abschnitt 4.04.01; S. 1-21.

Picot, G. (Hrsg.) (2000): Handbuch Mergers & Acquisitions; Stuttgart 2000.

Picot, A.; Franck, E. (1995): Prozeßorganisation. Eine Bewertung der neuen Ansätze aus Sicht der Organisationslehre; in: Nippa, M.; Picot, A. (Hrsg.): Prozeßmanagement und Reengineering – Die Praxis im deutschsprachigen Raum; Frankfurt am Main, New York 1995; S. 13-38.

Picot, A.; Neuburger, R. (1998): Virtuelle Organisationsformen im Dienstleistungssektor; in: Bruhn, M.; Meffert, H. (Hrsg.): Handbuch Dienstleistungsmanagement – Von der strategischen Konzeption zur praktischen Umsetzung; Wiesbaden 1998; S. 513-534.

Picot, A.; Rohrbach, P. (1995): Organisatorische Einsatzmöglichkeiten von Workflow-Management-Systemen; in: DIN-Mitteilungen 74; Nr. 4; 1995; S. 230-236.

Pieper, C. B. (1995): Strategieorientierte Organisation der Logistikfunktion. Konzeption und empirische Untersuchung in der Automobilzulieferindustrie; München 1995.

Pieske, R. (1995): Die Auswahl von Benchmarking Partnern. In: Mertins; Siebert; Kempf (Hrsg.): Benchmarking – Praxis in deutschen Unternehmen; Berlin 1995; S. 49-71.

Piontek, J. (1994): Internationale Logistik; Stuttgart 1994.

Plinke, W. (2000): Betriebswirtschaft; in: Hütte: die Grundlagen der Ingenieurwissenschaften; Hrsg.: Akademischer Verein Hütte e. V., Berlin; Hrsg. von Czichos, H.; 31. neu bearbeitete und erweiterte Auflage; Berlin et al. 2000; S. M1-M19.

Porter, M. E. (1999a): Wettbewerbsvorteile (Competitive Advantage). Spitzenleistungen erreichen und behaupten; 5. Auflage; Frankfurt am Main, New York 1999.

Porter, M. E. (1999b): Wettbewerbsstrategie. Methoden zur Analyse von Branchen und Konkurrenten; 10. Auflage; Frankfurt am Main, New York 1999.

Porter, M. E. (1997): Nur Strategie sichert auf Dauer hohe Erträge; in: Harvard Business Manager; Sonderdruck aus Heft 3, 3. Quartal 1997; S. 1-18.

Porter, M. E. (1992): Wettbewerbsvorteile: Spitzenleistungen erreichen und behaupten; 3. Auflage; Frankfurt am Main, New York 1992.

Porter, M. E. (1986): Wettbewerbsvorteile: Spitzenleistungen erreichen und behaupten; Frankfurt am Main 1986.

Porter, M. E. (1985): Wettbewerbsstrategie; 3. Auflage; Frankfurt am Main 1985.

Probst, G. (1999): Wissen managen; Frankfurt a. M. 1999.

Reichheld, F. F. (1996): Learning from customer defections; in: Harvard Business Review, March-April 1996; S. 56-69.

Reichwald, R.; Piller, F. T.; Zanner, S. (2002): Potenziale und Arten von Zulieferintegrationen für Mass Customization; in: Wirth, S. (Hrsg.):Vernetzt planen und produzieren. Neue Entwicklungen in der Gestaltung von Forschungs-, Produktions- und Dienstleistungsnetzen; Stuttgart 2002; S. 145-160.

Riechelmann, L. (2002): Formularlogistik – Pilotphase einer Beziehungskiste; in: Logistik Heute 5/2002, 24. Jg. (2002); S. 44-45.

Rode, F. (1997): Militärlogistik; in: Bloech, J.; Ihde, G. B. (Hrsg.): Vahlens Großes Logistiklexikon; München 1997; S. 721-724.

Schäfer, Chr. (2002): Facetten der Zeitdimension – Ansatzpunkte für die Entwicklung eines Zeitmanagementkonzepts; in: Stölzle, W.; Gareis, K. (Hrsg.): Integrierte Management- und Logistikkonzepte; Wiesbaden 2002; S. 41-68.

Scheer, A. W.; Odendahl, C. (2000): Virtualisierung als strategische Option der Logistik; in: Baumgarten, H.; Wiendahl, H.-P.; Zentes, J. (Hrsg.): Springer Experten System Logistik Management: Strategien – Konzepte – Praxisbeispiele; Berlin, Heidelberg, New York 2000; Abschnitt 4.04.02; S. 1-19.

Schiemenz, B. (1993): Systemtheorie, betriebswirtschaftliche; in: Wittmann, W.; Kern, W.; Köhler, R.; Küpper, H.-U.; Wysocki, K. v. (Hrsg.): Handwörterbuch der Betriebswirtschaft; 5. Auflage; Stuttgart 1993; Sp. 4.127-4.140.

Schmitz, G. (2001): Die Dynamik dauerhafter Geschäftsbeziehungen in Dienstleistungsmärkten: Ein prozessorientierter Erklärungs- und Gestaltungsansatz; in: Bruhn, M.; Strauss, B. (Hrsg.): Dienstleistungsmanagement Jahrbuch 2001; Wiesbaden 2001; S. 5-34.

Schönsleben, P.; Hieber, R. (2002): Gestaltung von effizienten Wertschöpfungspartnerschaften im Supply Chain Management; in: Busch, A.; Dangelmaier, W. (Hrsg.): Integriertes Supply Chain Management. Theorie und Praxis effektiver unternehmensübergreifender Geschäftsprozesse; Wiesbaden 2002; S. 45-62.

Schütt, P. (2001): Wissensmanagement – wohin geht die Reise?; in: Wissensmanagement – Das Magazin für Führungskräfte; Heft 1/2001, 3. Jg.; S. 51-54.

Schwarze, J. (1997): Projektkontrolle, Projektlogistik, Projektmanagement, Projektorganisation, Projektplanung, Projektsteuerung; in: Bloech, J.; Ihde, G. B. (Hrsg.): Vahlens Großes Logistiklexikon; München 1997; S. 845-853.

Seidenschwarz, W. (1991): Target Costing und Prozeßkostenrechnung; in: Horváth & Partner GmbH (Hrsg.): Prozeßkostenmanagement; München 1991; S. 47-70.

Seifert, D. (2002): CPFR. Macht der Gemeinsamkeit; in: Logistik heute 5/2002, 24. Jg.; S. 50-51.

Seifert, D. (2001): Efficient Consumer Response: Supply Chain Management (SCM), Category Management (CM) und Collaborative Planning, Forecasting and Replenishment (CPFR) als neue Strategieansätze; 2. erweiterte Auflage; München 2001.

Seifert, H. (1992): Zeit ist Geld; in: Manager Magazin, 22 (1992), Heft 11; S. 262-269.

Slodczyk, K. (2001): E-Mails an Freitag verboten; in: Handelsblatt vom 07.03.2001; S. 27.

Smith, P. A.; Barry, J.; Cavinato, J. L.; Coyle, J. J.; Dunn, S. J. Grenoble, W. (1991): Logistics in Service Industries; Oak Brook, Illinois 1991.

Smykay, E. W.; Bowersox, D. J.; Mossman, F. H. (1961): Physical Distribution Management; New York 1961.

Stabenau, H.-P. (2000): Entwicklung und Stand der Logistik; in: Klaus, P; Krieger, K. (Hrsg.): Gabler Lexikon Logistik; 2. Auflage; Wiesbaden 2000; S. 127-132.

Stock, J. R.; Lambert, D. M. (2001): Strategic Logistics Management; 4. Auflage; Boston et al.; 2001.

Stock, J. R.; Lambert, D. M. (1987): Strategic Logistics Management; 2. Auflage; Homewood/ Illinois 1987.

Stölzle, W. (2002): Logistikforschung – Entwicklungszüge und Integrationsperspektiven; in: Stölzle, W.; Gareis, K. (Hrsg.): Integrierte Management- und Logistikkonzepte; Wiesbaden 2002; S. 511-528.

Stölzle, W.; Gareis, K. (Hrsg.) (2002): Integrierte Management- und Logistikkonzepte; Wiesbaden 2002.

Stopr, H. (2000): Aus Daten wird Wissen – Knowledge Management Systeme wandeln Informationen zu nutzbarem Wissen; in: www.knowledgemarkt.de/denkbar/basics/datenwissen.htm; Abrufdatum: 05.02.2001.

Taylor, F. W. (1913): Die Grundsätze wissenschaftlicher Betriebsführung; München 1913 (Übersetzung von: The Principles of Scientifc Management; New York 1911).

Teichmann, W. B.; Wiedmann, G. (1997): Gestaltung der Dienstleistungsproduktion – Intelligente Produkte und kreative Organisationen; www.iao.fhg.de/projects/dl2000/servicedesign/books/kreativ.html; Abrufdatum: 05.04.2001.

Teller, A. (1999): Knowledge-Management in den USA 1999; Ergebnisse einer Studie der Unternehmensberatung The Delphi Group; www.knowledgemarkt.de/denkbar/basics; Abrufdatum: 30.06.2002.

Ulrich, H. (1949): Betriebswirtschaftliche Organisationslehre; Bern 1949.

Vahrenkamp, Th. (1999): Supply Chain Management; in: Weber, J.; Baumgarten, H. (Hrsg.): Handbuch Logistik. Management von Material- und Warenflussprozessen; Stuttgart 1999; S. 308-321.

Volck (1997): Die Wertkette im prozessorientierten Controlling; Wiesbaden 1997.

Walter, S. (2002): Logistik als Erfolgsfaktor für das Management von Dienstleistungsprozessen; in: Hossner, R. (Hrsg.): Jahrbuch der Logistik 2002; Düsseldorf 2002; S. 173-178.

Walter, S. (1999): Karrierechancen in der Logistik; in: Berichtsband zum 16. Deutschen Logistik-Kongress der Bundesvereinigung Logistik in Berlin; 1999; S. 1657-1666.

Waldmann, J. (1997): Logistik-Beratung; in: Bloech, J.; Ihde, G. B. (Hrsg.): Vahlens Großes Logistiklexikon; München 1997; S. 562-564.

Weber, F. (1993): Outsourcing von Dienstleistungen – Modetrend oder Megatrend; in: Sulzer Infra Deutschland GmbH (Hrsg.): Betreiben von Immobilien – Eigenleistung oder Fremdvergabe; Tagungsband zur Vortragsveranstaltung mit Podiumsdiskussion am 27.10.1993; Stuttgart 1993; S. 9-35.

Weber, J. (2002a): Stand und Entwicklungsperspektiven des Logistik-Controlling; in: Arnold, D.; Isermann, H.; Kuhn, A.; Tempelmeier, H. (Hrsg): Handbuch Logistik; Berlin et al. 2002; S. D 5-1 bis D 5-13.

Weber, J. (2002b): Logistikkostenrechnung. Kosten-, Leistungs- und Erlösinformationen zur erfolgsorientierten Steuerung der Logistik; 2. Auflage; Berlin et al. 2002.

Weber, J. (1999): Ursprünge, praktische Entwicklung und theoretische Einordnung der Logistik; in: Weber, J.; Baumgarten, H. (Hrsg.): Handbuch Logistik. Management von Material- und Warenflussprozessen; Stuttgart 1999; S. 3-14.

Weber, J. (1998): Logistikmanagement – Verankerung des Flußprinzips im Führungssystem des Unternehmens; in: Isermann, H. (Hrsg.): Logistik. Gestaltung von Logistiksystemen; 2. überarbeitete und erweiterte Auflage; Landsberg/ Lech 1998; S. 79-89.

Weber, J. (1996): Zur Bildung und Strukturierung spezieller Betriebswirtschaftslehren; in: Die Betriebswirtschaft, 56 (1996); S. 63-84.

Weber, J. (1992): Logistik als Koordinationsfunktion. Zur theoretischen Fundierung der Logistik; in ZfB 62 (1992) 8; S. 877-895.

Weber, J.; Bacher, A.; Groll, M. (2002): Supply Chain Controlling; in: Busch, A.; Dangelmaier, W. (Hrsg.): Integriertes Supply Chain Management. Theorie und Praxis effektiver unternehmensübergreifender Geschäftsprozesse; Wiesbaden 2002; S. 145-166.

Weber, J.; Baumgarten, H. (Hrsg.) (1999): Handbuch Logistik. Management von Material- und Warenflussprozessen; Stuttgart 1999.

Weber, J.; Dehler, M. (2000): Entwicklungsstand der Logistik; in: Pfohl, H.-Chr. (Hrsg.): Supply Chain Management: Logistik plus? Logistikkette – Marketingkette – Finanzkette; Berlin 2000; S. 45-68.

Weber, J.; Dehler, M. (1999): Erfolgsfaktor Logistik. Wunsch und Wirklichkeit; in: Logistik Heute, Heft 12 1999; S. 34-41.

Weber, J.; Kummer, S. (1998): Logistikmanagement; 2. Auflage; Stuttgart 1998

Weber, J.; Kummer, S. (1994): Logistikmanagement; Stuttgart 1994.

Weber, J.; Kummer, S. (1990): Aspekte des betriebswirtschaftlichen Managements der Logistik; in: Die Betriebswirtschaft; 50 Jg. (1990); S. 775-787.

Weber, J.; Schmitt, A.; Engelbrecht, Chr.; Knobloch, U.; Wallenburg, C. M. (2002): E-Commerce in der Logistik: Quantensprung oder business as usual?; Bern 2002.

Wegner, U. (1993): Organisation der Logistik: Prozess- und Strukturgestaltung mit neuer Informations- und Kommunikationstechnik; Berlin 1993.

Weise, H. (2000): Aufbruch in ein neues Zeitalter: Wirtschaft und Gesellschaft im Netz der Logistik; Frankfurt am Main 2000.

Widmer, U.; Brun, J. (1999): Knowledge Management in der Professional Service Firm; in: Müller-Stewens, G. (Hrsg.) (1999); Professional Service Firms: Wie sich multinationale Dienstleister positionieren; Frankfurt am Main 1999; S. 235-258.

Wimmer, F.; Roleff, R. (1998): Beschwerdepolitik als Instrument des Dienstleistungsmanagement; in: Bruhn, M.; Meffert, H. (Hrsg.): Handbuch Dienstleistungsmanagement – Von der strategischen Konzeption zur praktischen Umsetzung; Wiesbaden 1998; S. 265-285.

Wildemann, H. (2001): Logistik Prozeßmanagement; 2. Auflage; München 2001.

Wildemann, H. (Hrsg.) (2000): Supply Chain Management; München 2000.

Wildemann, H. (Hrsg.) (1995): Die lernende Unternehmung; Wiesbaden 1995.

Wirth, S. (Hrsg.) (2002): Vernetzt planen und produzieren. Neue Entwicklungen in der Gestaltung von Forschungs-, Produktions- und Dienstleistungsnetzen; Stuttgart 2002.

Witten, P. (2001): Internationale Logistik als Tool für den Markterfolg; in: Baumgarten, H. (Hrsg.): Logistik im E-Zeitalter; Frankfurt am Main 2001; S. 68-88.

Wöhe, G. (2000): Einführung in die Allgemeine Betriebswirtschaftslehre; 20. neu bearbeitete Auflage; München 2000.

Wohlgemuth, A. C. (1998): Organisatorische Gestaltung von Dienstleistungsunternehmen; in: Bruhn, M.; Meffert, H. (Hrsg.): Handbuch Dienstleistungsmanagement - Von der strategischen Konzeption zur praktischen Umsetzung; Wiesbaden 1998; S. 779-799.

Wolff, St. (1996): Zeitmanagement in der Automobilindustrie; Berlin 1996.

Zack, M. H. (1999a): Developing a Knowledge Strategy; in: California Management Review; Volume 41, Number 3; Spring 1999; S. 125-145.

Zack, M. H. (1999b): Managing Codified Knowledge; in: Sloan Management Review; Volume 40, Number 4; Summer 1999; S. 45-58.

Zadek, H. (2000): Kundenorientierung und Kundenintegration; in: Baumgarten, H.; Wiendahl, H.-P.; Zentes, J. (Hrsg.): Springer Experten System Logistik Management: Strategien – Konzepte – Praxisbeispiele; Berlin, Heidelberg, New York 2000; Abschnitt 4.03.01; S. 1-27.

Zadek, H. (1999): Kundenorientierung in logistischen Prozeßketten. Ein Instrumentarium zur Entscheidungsunterstützung und zum Controlling für die strategische Logistiktiefengestaltung in Industrieunternehmen; Dissertation an der TU Berlin; Berlin 1999.

ZDV 30/41: Zentrale Dienstvorschrift ZDV 30/41 der Bundeswehr: Begriffe der Logistik und Rüstung; in: Allgemeiner Umdruck Nr. 220 des BMVg: Bestimmungen für die Planung, Entwicklung, Beschaffung, Einführung und Nutzung von Wehrmaterial und Datenverarbeitungsvorhaben.

Zentes, J. (2000): Wettbewerbsstrategien und Logistik; in: Baumgarten, H. ; Wiendahl, H.-P.; Zentes, J. (Hrsg.): Springer Experten System Logistik Management: Strategien – Konzepte – Praxisbeispiele; Berlin, Heidelberg, New York 2000; Abschnitt 3.03.02; S. 1-12.